献礼中国共产党百年华诞

新时代国家治理现代化研究丛书
编委会

◇ **顾　问：** 李景源（中国社会科学院）
　　　　　　赵剑英（中国社会科学出版社）

◇ **主　编：** 欧阳康（华中科技大学）
◇ **副主编：** 杜志章（华中科技大学）
　　　　　　吴　畏（华中科技大学）

◇ **编　委：**（以姓氏拼音排序）
　　　　　　杜志章（华中科技大学）
　　　　　　李　钊（江西财经大学）
　　　　　　欧阳康（华中科技大学）
　　　　　　吴　畏（华中科技大学）
　　　　　　杨华祥（武汉轻工大学）
　　　　　　杨述明（湖北省社会科学院）
　　　　　　叶学平（湖北省社会科学院）
　　　　　　虞崇胜（武汉大学）
　　　　　　张　毅（华中科技大学）
　　　　　　赵泽林（华中科技大学）

湖北省公益学术著作出版专项资金资助项目
新时代国家治理现代化研究丛书
丛书主编　欧阳康

◇ 国家社会科学基金重大项目"大数据驱动地方治理现代化综合研究"（项目批准号：19ZDA113）成果
◇ 华中科技大学文科双一流建设项目基金资助成果
◇ 华中科技大学自主创新研究基金"公共卫生安全、超大城市治理与国家治理现代化"项目资助成果

中国传统治理经验及其现代转换研究

杨华祥◎著

华中科技大学出版社
http://www.hustp.com
中国·武汉

图书在版编目(CIP)数据

中国传统治理经验及其现代转换研究/杨华祥著.—武汉:华中科技大学出版社,
2021.11

(新时代国家治理现代化研究丛书)

ISBN 978-7-5680-7398-1

Ⅰ.①中… Ⅱ.①杨… Ⅲ.①国家-行政管理-研究-中国 Ⅳ.①D630.1

中国版本图书馆 CIP 数据核字(2021)第 193805 号

中国传统治理经验及其现代转换研究   杨华祥 著
Zhongguo Chuantong Zhili Jingyan ji Qi Xiandai Zhuanhuan Yanjiu

策划编辑:周晓方　杨　玲
责任编辑:张　欣
封面设计:原色设计
责任校对:刘　竣
责任监印:周治超

出版发行:华中科技大学出版社(中国·武汉)	电话:(027)81321913
武汉市东湖新技术开发区华工科技园	邮编:430223

录　　排:华中科技大学惠友文印中心
印　　刷:湖北恒泰印务有限公司
开　　本:710mm×1000mm　1/16
印　　张:23.25　插页:2
字　　数:323 千字
版　　次:2021 年 11 月第 1 版第 1 次印刷
定　　价:159.00 元

本书若有印装质量问题,请向出版社营销中心调换
全国免费服务热线:400-6679-118　竭诚为您服务
版权所有　侵权必究

内容提要

本书在深入梳理中国古代治理思想主要内容及其发展历程的基础上，分析了中国历史上兴衰治乱的深层原因，认为古代跳不出其兴也勃、其亡也忽的周期律，主要在于政治上的专制主义使得纠错机制无法有效发挥，经济上的土地兼并导致百姓民不聊生，文化上的空谈性理使得社会积贫积弱，军事上的穷兵黩武耗尽了国家的财力；而国泰民安也具有一些共同点：政治上的相对开明，坚持民为邦本的执政理念，实行宽容、开放的对外政策，坚持实事求是的务实作风。在重点解读中国古代治国经典的基础上，提出在新时代要坚持实事求是和人民至上的原则，推进传统治理思想的创造性发展和传统典章制度的创造性转化，实现儒、道、法、佛、墨等家治理思想的现代阐释，在实践中对古代朝廷制度、郡县制度、土地制度、税赋制度、科举制度、监察制度、军事制度、宗法制度、书院制度取其精华、弃其糟粕，助推国家治理体系和治理能力现代化走向成熟和完善。

总 序
新时代国家治理现代化的使命与境界[①]

习近平总书记强调,面对改革进入攻坚期和深水区、各种深层次矛盾和问题不断呈现、各类风险和挑战不断增多的新形势,必须努力提高改革开放和发展进程中的科学决策水平,推进国家治理体系和治理能力现代化。

当前,中国国家治理正面临着从传统向现代的深度转型。这种转型既是一个渐进的过程,需要延续与传承,又是一个跃迁的过程,需要变革与创新。通过国家治理的理论创新和实践创新,有可能更好地发挥传统治理优势,创造新型治理优势,把两个优势内在地结合起来,为中国国家治理注入新的内容与活力,提升新时期新形势下的治国理政能力,也有可能为人类对更加理想的社会制度的探索提供中国方案。

一、强化使命意识,确立国家治理现代化的战略定位

自党的十八届三中全会首次提出推进国家治理体系

[①] 此序为作者主持的2014年度教育部哲学社会科学研究重大课题攻关项目"推进国家治理体系和治理能力现代化若干重大问题研究"(教社科司函〔2014〕177号)的成果之一;国家社科基金十八大以来党中央治国理政新理念新思想新战略研究专项工程项目"十八大以来党中央治国理政新理念新思想新战略的哲学基础研究"(批准号:16ZZD046)的成果之一;教育部社会科学司2018年"研究阐释党的十九大精神专项任务"的成果之一。

和治理能力现代化以来，中国共产党和中国政府的治国理政提升到了全新思想境界和高度实践自觉。习近平新时代中国特色社会主义思想中包含着治国理政的丰富内容，尤其是党的十九大报告，全面总结中国共产党治国理政的历史经验，将中国国家治理体系和治理能力现代化与中华民族伟大复兴的战略目标内在地结合起来，把全面建设社会主义现代化强国的新征程分为两个具体的阶段，并把国家治理现代化既作为社会主义现代化的必要制度保障条件，也作为其实现程度的重要表征。

第一个阶段，从2020年到2035年，在全面建成小康社会的基础上，再奋斗十五年，基本实现社会主义现代化。在这个阶段，除了经济实力、科技实力、社会文明程度，人民生活状态，生态文明状态等指标外，从国家治理的角度看，那就是"人民平等参与、平等发展权利得到充分保障，法治国家、法治政府、法治社会基本建成，各方面制度更加完善，国家治理体系和治理能力现代化基本实现，现代社会治理格局基本形成，社会充满活力又和谐有序"。第二个阶段，从2035年到21世纪中叶，在基本实现现代化的基础上，再奋斗十五年，把我国建成富强民主文明和谐美丽的社会主义现代化强国。到那时，我国物质文明、政治文明、精神文明、社会文明、生态文明将全面提升，实现国家治理体系和治理能力现代化，成为综合国力和国际影响力领先的国家，全体人民共同富裕基本实现，我国人民将享有更加幸福安康的生活，中华民族将以更加昂扬的姿态屹立于世界民族之林。

由上可以看出，国家治理现代化与民族伟大复兴的三重关系：国家治理现代化是中国特色社会主义现代化的必要制度体系和能力保障；国家治理现代化是中国特色社会主义现代化强国的重要内容和组成部分；国家治理现代化是社会主义现代化强国的突出标志和重要表征。

二、强化历史意识,深入总结中国国家治理的历史智慧

历史是现实的镜子,历史研究是学术研究的基础,也是实践创新的前提。中华民族五千多年的发展历史,留下了历代先哲贤人"修身齐家治国平天下"的丰富历史经验和思想智慧,给我们重要的启示与借鉴。深入研究古往今来中国国家治理从理念、制度、政策到行为等的发展历程,可以更好地总结历史经验,反省重大失误,探究深层原因,明晰历史教训,掌握客观规律,确立决策参照,提升决策智慧。例如:如何在传统之道与现代之势之间更好地保持张力?社会发展的延续性和传承性决定了历史演变规律会深刻地延续并影响到今天,要求我们尊重前人、历史和经验,但社会发展的不可逆性又决定了今天不可能是昨天和前天的简单延续,一定会有新的变革与需求,要求我们会通古今,勇于探索、超越与创新,自觉地从中国社会发展历史经验和教训中学习,不仅有可能使当代中国的国家治理体系和治理能力现代化获得更加丰富的中国经验和中国内涵,也有可能获得更加坚实的历史基础,丰富其理论内容,更新其理论形态。

三、强化创新意识,更好地发挥中国政治制度治理优势

提升国家治理能力首先必须研究如何更好地发挥中国的政治制度和政治治理优势。1949年以来,我们形成了马克思主义指导、中国共产党领导、社会主义道路、人民民主专政四位一体的国家治理体系,并在实践中不断加强和完善。这是我国政治制度的最大优势,已经成为我国国家治理的最基本传统和最重要格局,是我国国家治理的安身立命之所,必须在新时期得到自觉和有效的坚持。

随着时代的发展和中国的进步,它们也需要获得最大发展和创新,以保障和展示中国道路的特殊优越性。为此至少应努力实现四大升华:第一,马克思主义要进一步由外来思想真正内化和升华为"中国思想",与中国优秀传统文化内在融合,直面并回答当代中国最重大的理论和实践问题,造就中国化的马克思主义新形态,在中国化、时代化的进程中真正融入中国社会,融入中国民众的精神家园;第二,中国共产党要由领导角色进一步落实和升华为"服务角色",善于团结和汇聚中国各种政治力量,通过科学决策、政治引领和组织保障,强化协商民主,善于支持和激励人大、政协、政府、企业和各种社会组织等多元主体共同治理中国社会,发挥党员个体的先锋模范作用;第三,社会主义要由传统模式进一步拓展和升华为"中国模式",既能坚持社会主义核心价值体系,践行人类文明进步的基本原则,又能探索中国道路,强化中国特色,激发社会活力;第四,人民民主专政要由国家主导进一步拓展和升华为"人民主导",坚持依法治国,落实以人为本,切实保障人民主体地位。以上四个方面的变革与创新应当相互影响,良性共振,极大地激发中国国家治理的传统优势,在中国国家治理中发挥更大作用。

四、强化批判意识,透析当前中国社会的价值多元化状态

国家治理既要适应当前中国的价值多元化状态,也要引领中国社会的价值合理化进程,为此要求哲学社会科学研究发挥应有的批判功能。要准确盘点当前中国社会存在的各种社会思潮、各种利益诉求、各种价值取向、各种实践行为等,并对其做出合理性评估,张扬其合理内涵,批判其不合理方面,为人们做出恰当的价值选择提供指导。

当代社会迅速转型,进入价值多元化状态,难免泥沙俱下、鱼

龙混杂、良莠俱存。应当看到，当代中国社会的多元价值并非都是合理的和健康的，为此必须对那些不健康、不合理的价值观进行批判和斗争，对健康、合理的价值观予以保护和张扬，对多元价值进行有机和有序整合，在此基础上构建能够保障各种正当利益和合理价值诉求的社会利益分配机制和价值实现机制，引领多元价值的健康发展方向。例如，要研究当前中国各种价值之"元"之间有无共同基础，探讨国家认同的共同前提在哪里，如何进一步增强；要研究不同的价值之"元"间的基点之间的差异，探讨应否、能否和如何通过一个有机的整体体系整合不同的"元"；要研究中国国家治理的本底基础（底线）和高端目标在哪里，探讨当前中国国家治理体系需要多大的覆盖面、多深的包容度和多元的复杂性，为中国国家治理现代化提供理论保障和对策依据。

正是在这个科学批判的过程中，马克思主义也将更好地展示自己的革命性和批判性，增强其说服力和解释力，在提高全民族的思想自觉和理论自信方面发挥更大作用，实现自身的价值。从社会认识论的角度来看，哲学社会科学在本质上就是人的理性自我认识，且研究哲学社会科学应当为人民"代视"与"代言"。这两个功能规定，要求我们自觉深入到人民群众的生产、生活实践之中，聚焦当代人类、中华民族和个体在生存发展中面临的重大问题，从人类文明进步和中国人生存发展中汲取营养和活力，既敢于为人民"鼓与呼"，发时代之先声，扬人民之精粹，树社会之正义，又善于用科学思想理论武装和感染人民，彰显中国特色，提升人生境界，引领发展方向。

五、强化整合意识，提升中国国家治理能力的有效性

第一，加强顶层设计与荟萃全民智慧。中国国家治理总体上看需要更好地发挥中央和各级组织在战略设计和宏观布局方面的引领作用，以便更好地体现中央意图、政府主导、民族大义、全局利

益，同时又要善于立足大众，尊重个体，关照民意，动员全体，把从上至下与从下至上内在地结合起来。

第二，在法治之刚与德治之柔之间保持张力。社会生活的多层次性和人性的复杂性要求国家治理体系与治理方式的多方面和多层次性。依法治国和以德治国的有机结合既是客观需要，也是治国智慧。一方面要努力通过刚性的法律与法治为社会大众划定行为底线与边界，另一方面要通过柔性的美德提升人们的思想境界与价值追求。

第三，自觉应用现代科技和网络体系参与国家治理。信息化已经并在继续极为深刻地改变着人们的生产、生活与交往方式，也要求新时代的信息化国家治理方式。应努力学习应用现代治理模式与治理技术等，为中国国家治理注入新理念、新技术、新动力。

综上所说，我们只有通过最大限度的创新与创造，把传统优势与创新优势充分发挥出来，才有可能既超越自我又超越西方，不仅为中华民族伟大复兴提供制度和治理保障，也能为全球治理提供中国方案和中国智慧。

"新时代国家治理现代化研究丛书"策划的宗旨是贯彻党的十八届三中全会、十九大和十九届四中全会关于坚持和完善中国特色社会主义制度，推进国家治理体系和治理能力现代化的精神，以"新时代国家治理现代化"为主题，从理论、方法、实践等多维视角对推进国家治理现代化进行探讨。本丛书作者团队以华中科技大学国家治理研究院研究员为主，邀请武汉大学、湖北省社会科学院等相关领域的知名专家共同组成。

欧阳康著的《国家治理现代化理论与实践研究》，从国家治理的价值范畴、演进逻辑、比较优势等理论层面，以及基层治理、政治治理、全球治理、绿色发展和生态治理等实践难题入手，发力国家治理的理论创新和实践创新，为人类对更加理想的社会制度探索的全球治理提供中国方案和中国智慧。虞崇胜著的《国家治理现代化的制度逻辑》，紧紧围绕坚持和完善中国特色社会主义制度这个主题，深入探讨制度建设在国家治理现代化中的重要地位和作用，着重研究不同制度要素之间的逻辑关系，探寻中国特色社会主义制度发展规律，以期为新时代国家治理现代化特别是制度现代化提供理论支撑和实践路径。杨述明著的《智能社会建构逻辑》，集中选取智能社会演进过程中社会建设与社会治理的关键领域，敏感地触及社会智能化的新变化，从智能社会视角尽可能地揭示其演进规律，系统厘清智能社会演进逻辑与建构逻辑，有助于人类更理性、更全方位地认识社会、国家各项机制运转，进而更加积极从容应对新的社会形态图景下的社会生活实践。杜志章著的《中国国家治理现代化综合评估体系研究》，旨在立足中国特色社会主义的现实，广泛借鉴国内外治理评估的理论成果与实践经验，充分结合中国的历史传统和现实国情，坚持普遍性与特殊性相结合，探索既体现人类共同的"善治"追求，又反映中国特色社会主义核心价值体系，具有显著的时代性、民族性和实践导向性的国家治理理论和国家治理评估体系。张毅等著的《网络空间国际治理研究》，从网络空间国际治理的概述出发，分析各国的治理经验，总结治理模式，并对网络空间基础设施、网络数据、网络内容、网络空间治理主体等领域的问题进行分析，试图依据我国"推动构建网络空间命运共同体"的国家战略探讨网络空间国际治理的新趋势。吴畏著的《当代西方治理理论研究》，跨学科、广角度、全景式地论述西方治理理论的历史、概念、逻辑和最新成果，为建构"国家制度和治理体系"的中国话语体系和理论形态提供理论借鉴，为推进新时代国家治理体系和治理能力现代化提供他山之石。叶学平著的《中国经济高质量发展理论与实践研究》，对高质量发展的主要内容、指标体系、衡量标准、统计体系和考核评价体系进行了全面系统的研究和构建，从理论与实践角度对新时代中国经济高质量发展面临的挑战和需要处理的几大关系也进行了分析，并提出了新时代中国经济高质量发展的实现路径和政策建议。赵泽林、欧阳康著的《中国绿色发展理论与实践研究》，旨在开展绿色发展精准治理的政策研究，通过权威部门公开发布的统计数据，利用具有自主知识产权的绿色发展大数据分析平台，客观呈现中国内地大部分省（市、自治区）绿色GDP（国内生产总值）、人均绿色GDP、绿色发展绩效指数的年度变化情况，并对其未来发展提出了合理可行的对策性建议。杨华祥著的《中国传统治理经验及其现代转换研究》，在深入梳理中国古代治理思想主要内容及其发展历程和分析了中国历史上兴衰治乱的深层原因的基础上,提出在新时代国家治理现代化要坚持实事求是和人民至上的原则,推进传统治理思想的创造性发展和传统典章制度的创造性转化,助推国家治理体系和治理能力现代化走向完善。李钊著的《国家治理现代化公共行政理论创新研究》,将公共行政置于国家建构的广泛背景之中,用社会合作型组织取代官僚制模式,依靠多维度运作的模型使公共行政切合现代社会领域分化的趋势,以期在使中国国家治理各项目标切实可行的基本前提下,借助公共行政的媒介塑造各社会领域的内在秩序,把中国文化和制度的宏观建构推向新的高度。

  本丛书的出版将是国家治理领域的重大研究成果,在学术上有利于深化和拓展对国家治理理论的研究,在实践上可以为推进国家治理体系和治理能力现代化提供参考。

华中科技大学国家治理研究院院长
华中科技大学哲学研究所所长
国家万人计划"教学名师"

2020 年 6 月于武汉喻家山

目 录

绪论 / 1

    一、中国古代国家治理思想的发展历程 / 4

    二、中国传统治理思想演变进程中的规律分析 / 51

第一章 中国古代国家治理思想的主要流派 / 56

    一、为政以德:儒家的国家治理思想 / 56

    二、无为而治:道家的国家治理思想 / 86

    三、明法弱民:法家的国家治理思想 / 96

    四、义以为政:墨家的国家治理思想 / 108

    五、慈悲救世:论佛教在国家治理中的作用 / 118

第二章 中国古代升平之世的成功经验 / 129

    一、实事求是的务实精神 / 132

    二、春秋大一统的整体理念 / 136

    三、权力平衡的政治制度 / 138

    四、奉法者强的法律制度 / 143

    五、民为邦本的惠民政策 / 145

    六、王霸并用的对外国策 / 147

第三章 中国历史上衰乱之世的历史反思 / 149

    一、皇权专制:治乱循环的政治根源 / 149

二、横征暴敛:王朝灭亡的直接原因 / 155

三、文化清谈:国家衰败的深层原因 / 159

四、穷兵黩武:盛极而衰的重要原因 / 185

第四章 传统经典中的治理智慧 / 190

一、民为邦本:从《孟子·尽心下》说开去 / 190

二、谏太宗十思:《贞观政要》中的为君之道 / 195

三、治国九经:《礼记·中庸》中的治理思想 / 198

四、约己裕民:从《格言联璧·为政》篇说开去 / 207

五、民心至贵:《资治通鉴》中的为政之道 / 211

第五章 实现传统治理理念与制度的现代转换 / 218

一、国家治理现代化与中华民族伟大复兴 / 218

二、坚持实事求是和人民至上的治理原则 / 235

三、守正创新:实现传统治理理念的创新性发展 / 271

四、推陈出新:实现传统典章制度的创造性转化 / 306

结语 / 347

参考文献 / 353

后记 / 356

绪 论

党的十八届三中全会将"完善和发展中国特色社会主义制度,推进国家治理体系和治理能力现代化"作为全面深化改革的总目标,这是一个重大的理论创新,是继1964年提出工业现代化、农业现代化、国防现代化、科学技术现代化之后提出的第五个现代化。它强调"国家治理"而非"国家统治",强调"社会治理"而非"社会管理"。这不是简单的词语变化,而是思想观念的变化,其含义十分明确,不仅是国家机构、官员素质的现代化,也是执政党的现代化。它回答了坚持改革总目标必须解决好制度模式选择、价值体系建设等重大问题,是中国政治发展的重要里程碑,是马克思主义经济基础与上层建筑互动理论的时代创新,对于实现中华民族伟大复兴,实现国家长治久安将会产生非常深远的影响。

首先,从理论意义上来说,"治理"概念的提出,主要是区别于"统治"概念而言的,是人类政治发展史上的一个重大飞跃。"多一些治理,少一些统治"是21世纪世界主要国家政治变革的重要特征,这也是当前中国变革的方向。俞可平指出,从政治学理论看,统治与治理主要有五个方面的区别。其一,权威主体不同:统治的主体是单一的,就是政府或其他国家公共权力;治理的主体则是多元的,除了政府以外,还包括企业组织、社会组织和居民自治组织等。其二,权威的性质不同:统治是强制性的;治理可以是强制性的,但更多的是协商性的。其三,权威的来源不同:统治的来源就是强制性的国家法律;治理的来源除了法律以外,还包括各种非国家强制的契约。其四,权力的运行向度不同:统治的权力运行是自上而下的;治理的权力可以是自上而下的,但更多的是平行的。其五,两者的作用所及的范围不同:统治所及的范围以政府权力所及领域为边界;治理所及的范围则以公共领域为边界,后者比前者要宽广得多。① 正如习近平主席强调:"治理和管理一字之差,体现的是系统治理、依法治理、源头治理、综合施策。"② 要不断推进国家治理体系和治理能力的现代化,离不开对一切优秀治理经验的学习和借鉴,尤其是对中国传统的治理经验需要去芜取精,辩证分析,结合时代进行创造性转化和创新性发展,才能够探索出一条具有中国特色,符合中国国情的国家治理道路。

党的十八大以来,习近平主席对传承和发展中国优秀的传统治理文化先后发表了一系列重要论述。在 2013 年 4 月 19 日中央政治局集体学习我国历史上的反腐倡廉时指出,必须坚持党要管党、从严治党,积极借鉴我国历史上优秀廉政文化,不断提高党的领导水平和执政水平、提高拒腐防变和抵御风险能力,确保党始终成为中国特色社会主义事业的坚强领导核心。这是从全面从严治党的层面来学习古代的治理。③ 在 2014 年 10 月 13 日中央政治局集体学习我国历史上的国家治理时就强调,在漫长的历史进程中,中华民族创造了独树一帜的灿烂文化,积累了丰富的治国理政经验,其中既包括升平之世社会发展进步的成功经验,也有衰乱之世社会动荡的深刻教训。我国古代主张民惟邦本、政得其民,礼法合治、德主刑辅,为政之要莫先于得人、治国先治吏,为政以德、正己

---

① 俞可平.论国家治理现代化[M].北京:社会科学文献出版社,2014:2.
② 中国共产党新闻网:推进中国上海自由贸易试验区建设　加强和创新特大城市社会治理, 2014-3-5. http://cpc. people. com. cn/n/2014/0827/c164113-25549003-4. html.
③ 第十八届中央政治局集体第五次学习:我国历史上的反腐倡廉. 共产党员网:http://news. 12371. cn/2013/04/20/ART11366450696422377. shtml.

修身、居安思危、改易更化,等等,①这些都能给人们以重要启示。这里主要谈的是治理思想。2016年12月9日,在中央政治局学习我国历史上的德治和法治时,习近平指出,要发挥领导干部在依法治国和以德治国中的关键作用。领导干部既应该做全面依法治国的重要组织者、推动者,也应该做道德建设的积极倡导者、示范者。这是要弘扬古代德法并举的传统。② 2018年11月26日,习近平在第十九届中央政治局集体学习中国历史上的吏治时指出,我国历朝历代都重视官吏选拔和管理,强调"为政之要,惟在得人""育材造士,为国之本"。我国古代吏治思想和做法既积累了丰富的治吏经验,也带有明显的历史局限,其中有不少封建糟粕,这是我们必须注意的。③ 中央政治局集体学习安排中国历史上的吏治这个题目,目的是了解我国历史上吏治的得失,为建设高素质干部队伍提供一些借鉴。这上升到了具体的典章制度的实践层面。2020年1月1日《求是》杂志发表习近平主席的重要文章指出,在人类制度文明史上,中华民族曾创造了光辉灿烂的国家治理成就,并在世界上长期居于领先地位。中国逐步形成的一整套具有开创性、实效性、经验性的制度,包括朝廷制度、郡县制度、土地制度、税赋制度、科举制度、监察制度、军事制度等,为许多国家和民族所学习和借鉴。④ 从习近平主席以上的相关论述我们发现,充分汲取传统治理经验为国家治理现代化服务,在习近平治国理政思想中具有非常重要的地位,我们需要结合当下对中国古代的治理经验和教训进行深入研究,才能返本开新,为推进国家治理体系和治理

---

① 第十八届中央政治局集体第十八次学习:我国历史上的国家治理. 共产党员网: http://news.12371.cn/2014/10/13/ART111413196364304826.shtml.
② 第十八届中央政治局集体第三十七次学习:我国历史上的法治与德治. 共产党员网: http://news.12371.cn/2016/12/10/ART111481363342066992.shtml.
③ 第十九届中央政治局集体第十次学习:中国历史上的吏治. 共产党员网: http://www.12371.cn/2018/11/26/ART111543231286005956.shtml.
④ 习近平:坚持和完善中国特色社会主义制度　推进国家治理体系和治理能力现代化. 求是网: http://www.qstheory.cn/dukan/qs/2020-01/01/c_1125402833.htm.

能力现代化做出应有的贡献。

一、中国古代国家治理思想的发展历程

　　国家治理的前提是国家的存在。一般来说,国家是指由领土、人民(民族和居民)、文化、政府四个要素组成的共同体,其中的一个核心特征就是要有一个政权,行使共同体内部治理和外部的主权。换言之,国家的一个主要特征是行使管理职能,进入阶级社会之后就主要体现为政治职能。政治是建立在一定经济基础之上的上层建筑的核心部分,是各种社会经济利益和要求的集中体现,是以一定阶级关系为基本内容,围绕国家政权而展开的各种社会活动和社会关系的总和。按照这个定义,在原始社会,阶级关系不存在,虽然也有部落或者氏族的首领行使某些治理功能,但还不是真正意义上的国家观念。加利福尼亚大学的贾雷德·戴蒙德通过研究发现,之所以太平洋上很多原始部落一直不能进化成国家形态,主要是人口密度不够造成的,当一个部落人口不超过200时,人际关系是不复杂的,酋长就可以解决,但是当人口密度突破4万时,就必须要成立国家来处理好各种人际关系。因此,国家最初产生可能就是管理众人之事,在国家内部是平等主义的,另一种需要就是防止入侵以及征服其他种族必须要形成强有力的团体才能生存下去。后来才逐渐演化成阶级对立的政治统治模式。①

　　(一)奴隶制时期的国家治理思想

　　中国早期国家的形成,应该是在夏朝,由《尚书》等历史文献我们发现,在大禹治水成功之后,才将天下划为九州,并且规定了各

---

① [美]贾雷德·戴蒙德.枪炮、病菌与钢铁:人类社会的命运[M].谢延光,译.上海:上海译文出版社,2016:32.

地每年必须进贡,由于财富的增加,才有了启的世袭制,并且开始完善国家的暴力机构,《尚书·甘誓》上记载夏启讨伐有扈氏的理由就是他们辱慢天道、怠慢政事,并且对将士说,如果他们不服从命令,就要将他们降为奴隶,或者杀掉。从这里,我们可以看到与尧舜禹时期禅让制的松散管理完全不同,夏朝已经完全具备了国家的四个要素:领土、人民、文化和政府。尤其是一整套的国家制度开始有效运转,社会也形成了不同的阶级,世袭制的出现也标志着私有制被以国家力量的方式固定下来。

恩格斯在《家庭、私有制和国家的起源》一书中,总结了国家产生的三种道路:一是雅典式的国家形成模式,氏族组织在商品经济的作用下产生阶级分化而转变为国家;二是罗马式的国家形成模式,由家长制家庭进入国家;三是日耳曼式的国家形成模式,即通过部落征服而进入国家。[1] 在中国古代,由于没有类似雅典人海上贸易那样发达的商品经济,进而没有因为家长制家庭转变为个体家庭,而是直接由家长制家庭进入国家,同时也与部落征服有很大的关系。在大禹分封九州之后,进而继位的夏启家族逐步控制了氏族并且凌驾于社会之上,从而导致了国家的产生,因而中国早期国家的形成,具有浓厚的"家国同构"的特征,而部落战争更是形成和强化了国家的暴力机关。就是在尧舜禹时期,发生过多次的部落战争,被打败的部落要么与战胜者形成联盟关系,如黄帝与炎帝的结盟,要么就成为奴隶,这就形成了"国人"与"野人"的区分。国人是本部落的成员,可以当兵、入仕、受教育和分配土地,如同罗马的公民;"野人"的境遇则比较悲惨,往往处于奴隶的地位。但是社会并不总是服从于这种阶级划分,有时候国人内部也有人对统治者不服,加上"野人"以及其他未被征服地区的反抗和挑战,使得家长的权力逐渐集中和强化,最终演变成君主制,进而形成了一整套的政治、经济和军事制度,国家就正式形成。

---

[1] 马克思,恩格斯.马克思恩格斯文集(第4卷)[M].北京:人民出版社,2009:70.

考察夏、商、周三代的历史我们发现,早期国家制度具有以下的特征。第一是宗法制度。在中国古代国家产生的过程中,原有的氏族部落为主的家族结构不仅没有被打破,反而从某种程度上得到了加强,因此中国早期国家形态体现为体系比较完备的宗法制度。宗法制度的核心是嫡长子制度,天子、诸侯以及家庭的诸子中,由嫡长子继承王位或者父亲的权力,其余的庶子则另立宗族。嫡长子为宗族的大宗,其余诸子为小宗。这种逐渐分家的结果形成了后来的分封制度,把同姓兄弟、子侄、姻亲以及功臣等分封到各地,负责管理辖地,同时向王室纳贡和拱卫王室。这种以血缘关系为基础的宗法制度,规定了每一个等级的权属和义务,有着共同的祖先、共同的宗庙以及共同的姓氏纽带,形成了相对稳定的社会结构。由于同是一个宗族,也因此国家的管理往往追求以德服人和某种程度的公平,这与封建社会的专制是有着显著的区别的,往往体现为权力的分配有着某种程度的平衡。第二是事鬼敬神。原始社会由于生产力低下,各种自然现象都被当作神灵崇拜,其中最高的就是天帝,其次就是祖宗崇拜,先民都认为先人去世之后成为鬼神,会对自己的生活产生重要影响。早期国家建立之后,鬼神往往成为统治者为权力寻找合法性的一个手段。在整个夏、商、周时代,占卜可以说都是政治生活的一项重要任务。一方面由于当时认识能力低下,人们希望通过占卜这种方式来预测事物的变化规律,但是更重要的是统治者希望通过向神或者祖先问卜,把他们的意愿与神意联系起来,从而向民众表明他们的权力、他们的决策是神的意志,希望被统治者能够接受他们的统治。显然,这种任意的解释的不准确性和诸多损害民众的决策并不能让民众接受这是神的意志,因此后来逐渐转换成了敬天保民的思想,在仍然保留天命的前提下更多转向了民本主义,形成了后来儒家的修齐治平理念。第三是井田制度。父亲家族公社的共耕制度并没有解体,以土地公有制为基础,定期进行土地分配的井田制是当时最主要的经济制度。最开始是将土地按照井字进行平均分配,中央的一块属于天子或者国君,由大家一起优先耕作,如果有谁的土地收成比共耕的土地收成好,则把最好的给天子或者国君。后来逐渐演化成以家庭为单位平均占有土地,每一个体农户需要向国家交纳十分之一的实物地租或者九分之一的劳役地租,负担国家的劳役或者兵役,村社农民居则为农,战则为兵。这种兵农合一的村社组织,通过井田制度和宗法制度得以维系。

由于早期国家采取家国同构和兵农合一的制度,我们通过《尚书》以及《史记》等文献资料可以发现,当时主要的治国理念是"敬神保民""明德慎罚"。由于早期国家是由家族公社转换而来,所以对于君王的要求就是要能"保我子孙黎民"(《礼记·大学》),所以我们看到"蓄民""重民""爱民"是当时治理民众的核心理念,而要能做到这一点,统治者必须得有高尚的品德修养和出色的才能。《尚书·尧典》记载尧"钦明文思安安,允恭克让,光被四表,格于上下。克明俊德,以亲九族。九族既睦,平章百姓,百姓昭明。协和万邦"。意思就是尧帝恭敬明达,思虑通融,尽职尽责,礼贤下士,由于他发扬了美好的道德,使得家族和睦、氏族和谐、天下太平。《尚书·舜典》记载舜帝"浚哲文明,温恭允塞",具有深邃的智慧,文明温恭的品格,然后慎重地完善五种伦常,人民都能遵守,百姓安居乐业。《尚书·大禹谟》记载禹帝德行传播四海,治国采用德政,注重养民,"德惟善政,政在养民。水、火、金、木、土谷惟修,正德、利用、厚生惟和",推行六府三事,天下大治。也正因为这三位帝王达到了类似柏拉图所说的"哲学王"的地步,往往成为后来国家治理的理想目标,尤其为儒家所接受。要做到四海安定、安居乐业,百姓拥护,要求从事公共管理事务的人必须具有美好的品德,《尚书·皋陶谟》里面概括了为政者应该具有的为政九德:"宽而栗、柔而立、愿而恭、乱而敬、扰而毅、直而温、简而廉、刚而塞、强而义",翻译成今天的话就是宽容而谨慎,温和而卓立、忠厚而恭敬、有才干又敬业、和顺而又刚毅、正义而又和气、简朴而又廉洁、刚正而又笃实,坚强而又合乎道义,能够具备其中的三德就可以保有其家,能够实行其中的六德就能处理国家政事,能够具备九德,就可以成为君王。这种明德保民的思想不仅成为早期国家治理的核心思想,也成为后来中国整个封建社会国家治理的重要指导思想。夏启讨伐有扈氏的理由就是"威侮五行,怠弃三正"(《尚书·甘誓》),就是说他们背弃了大禹治国的正德、利用、厚生等六府三事。《尚书·盘庚》强调要"重我民""施实德于民",提出如果君王自大看不起百姓,平民百姓就不会尽力,君王就没有人能帮他建立功业。周公在《酒诰》中说:"我闻惟曰,在昔殷先哲王,迪畏天,显小民,经德秉哲",意思是说殷代那些明智的先王,敬畏天命,仁恤民众,修明道德,因此才能够国泰民安。而凡是那些违背先王治国之道,贪图淫乐,不勤政事,对民众施以暴政的,都最后丢掉了政权,这种"民惟邦本、本固邦宁"(《尚书·五子之歌》)的民本主义,从一开始就是国家治理的核心理念。统治者要想国家安稳,就必须修养自己的道德,克制自己的欲望,"无淫于观、于逸、于游、于田,以万民惟正之供"(《尚书·无逸》),不能沉湎于游玩、田猎、享乐之中,要勤于政事;必须体察民情,要"知稼穑之艰难""知小人之依",(《尚书·无逸》),《诗经》中的《国风》其实就是每年派专人去搜集民间歌谣,借以了解民情的治理方式;要慎用刑罚。对待民众要采取"克宽克仁、彰信兆民"(《尚书·仲虺之诰》)的方法,要宽厚、仁爱、诚信,要以善为怀,设法使得民众心悦诚服,迫不得已采用刑罚时,也要"义刑义杀"(《尚书·康诰》),要符合道义,要给那些有悔过之心的人改过的机会,不能随心所欲滥用刑罚来治理国家。

在整个中国古代,对于国家权力的来源,或者说国体问题,他们往往将权力的合理性归结为祖先(先王)或者神灵,抑或是神秘的天,而不是民众,这里往往会出现一个问题,就是如果统治者荒淫无道、穷兵黩武、滥刑酷杀,那么后来的取代者,如商汤取代夏桀,周武王取代商纣,取代的合理性在哪里?以周朝为例,如果说商王朝的统治获得了神灵的保佑,那么商王朝为什么会灭亡?天命、神灵的保佑是否可靠?周人取代商王朝的统治是否合理?针对这个问题,他们的解决方法是天道无亲,唯德是辅,上天只保佑那些有德的统治者,最大的德就是保民,这样权力取代的合法性就得以解决。所以我们看商汤讨伐夏桀的理由就是"有夏多罪,天命殛之"(《尚书·汤誓》),周朝取代商朝的原因是文王"克明德慎罚,不敢侮鳏寡","天乃大命文王,殪戎殷"(《尚书·康诰》),实际上是弱化了天的神秘性,进而开始突出义理之天,周公提出的从民情而知天的观点,开启了中国传统治理的人文主义路向。这种思想在雅斯贝尔斯所说的轴心时代,在中国就是春秋战国时期,人文主义勃兴,形成了儒、墨、道、法等诸子百家的治理思想。

(二)春秋战国时期的国家治理思想

国家治理思想作为上层建筑,必然反映特定的生产力水平和相应的经济基础。建立在井田制经济基础之上的分封制的早期国家制度,随着生产力的发展和社会政治、经济关系的变化越来越不适应形势的发展变化,必然要被新的国家制度所取代。公元前770年,周平王东迁,晋国的韩、赵、魏灭智伯而分晋并得到周威烈王的承认,标志着王室力量衰微,而大国争霸时代来临。

在商代和西周时期,生产力水平得到了很大提高,由于青铜器的广泛采用,甚至在西周时期由于牛耕和铁器的使用,生产工具的改进,不仅提高了劳动生产率,而且手工业也达到了很高水平。农业不仅品种增多,而且也开始使用肥料,农田水利建设也取得了长足进步。畜牧业方面,马、牛、羊、猪等家畜也大量饲养。生产力的发展,不仅积累了大量的财富,也使得农民有了更多的闲暇时间,在这种情况下井田制的经济制度就不能激发农民的积极性,个体家庭的发展直接导致了原有的家长制家族的解体,个体农户对于土地所有权的要求日益强烈,在这种情况下,春秋时期的晋国实行了"作爰田"、鲁国实行了"初税亩",规定不论公田、私田,一律按田亩征税,从律法上肯定了土地的私有制,此后,楚国、郑国、晋国等诸侯国也陆续实行了税亩制。这实际上已经标志着井田制度的崩溃和封建社会土地私有制的来临。

同时,奴隶社会时期的分封制度也同样面临瓦解。随着时间的推移,人口增长越来越多,王室与诸侯国的血缘关系越来越疏远,同时通过分封形成的诸侯、大夫乃至新的家族,由于拥有世袭的权力,也由于生产力的发展,他们的实力也越来越强大,有些甚至开始挑战王室和上级的权力。以东周为例,周天子直接控制的"王畿"不过是方圆六百里左右的土地,周王室不仅不能支配各诸侯国,甚至要依赖大的诸侯国才能生存。王权衰落,地方势力的崛起,一个方面引发不断的诸侯之间的争霸战争,同时也迫使一些诸侯在取得新的土地的时候,不再采用分封的方式,而是设立郡县,由国家直接委派官吏进行管理,这些诸侯国以秦、晋、楚等为代表。这样不仅加强了中央的权力,也使得这些诸侯国的力量越来越强大,最后逐渐形成了春秋五霸和战国七雄,国家的治理方式就已经过渡到封建制的方式。由于阶级矛盾的激化,春秋以前的那种"议事以制,不为刑辟"(《左传·昭公六年》)的松散的治理无法持续下去,各国先后开始制定刑书,成文的法律开始出现;同时由于生产力的发展,也没有必要随便杀害奴隶,反而可以通过提高奴隶的积极性来促进社会财富的更大增长,同时也看到了奴隶反抗的巨大力量,所以废除奴隶制度势在必行,在这种情况下,整个社会逐渐演化为地主阶级和农民阶级。

随着社会政治、经济环境的变化和人们认识能力的提高,这时也爆发了思想和文化的活跃,产生了雅斯贝尔斯所说的文明突破的轴心时代,产生了很多伟大的思想家。就中国历史而言,产生了儒、墨、道、法等为主的诸子百家,他们关于国家治理的思想各具特色,而且影响深远,有些思想甚至延续至今。

与奴隶社会把权力的来源归结为天命或者神权不同,春秋战国时期诸子百家都把道作为最高的治国标准。道的内涵因为各家界定而有所不同,但是都基本上含有规律的意思,而不再强调外在的天命或者神力,体现出浓重的人文主义和人本主义的特色。就治国之道来说,孔子的理想治国之道的核心是仁政,是建立在仁智合一基础之上的基于君子修身而外推的内圣外王治理模式,强调各级官吏必须具备良好的道德修养和文化素质,即德才兼备的原则,强调社会必须对民众进行教化,百姓温柔敦厚,社会才能和谐。后来孟子和荀子虽然由于在人性论上有分歧,进而强调不同的治国重点,但是基于孔子而来的举贤选能、重视教育、改善民生的总体思想是相同的,只是由于孟子相信人性本善更强调发挥人的良知良能,因而采取以义为主、尊王贱霸的治国方略;而荀子则认为人性本恶,因而更强调隆礼重法、化性起伪,注重从外在的社会秩序来治国的礼法并举方略。道家的治国方略则是道法自然,无为而治。无为不是不为,而是要顺应规律而为,不能凭主观想象,统治者在主观上越是想要善治,结果却适得其反。在老子看来,爱民治国不能靠智慧来达到,而恰恰是要使民众无知无欲,不能尚贤、尚货、尚智、尚武,让人的机心激发出来,而要让民众保持一颗淳朴的心,然后统治者"以百姓心为心",让百姓安居乐业、吃饱穿暖,这样社会就和谐而安定,所以老子提倡"太上,不知有之"的自由产生秩序的治理模式,反对"亲而誉之""侮之""畏之"(《道德经·17章》)①的治理模式。应该说老子是看到了人的欲望以及进而产生的文明所带来的副作用,但想采用类似原始氏族社会的那种古老治理模式显然已经不太符合历史的发展进程了,智慧的潘多拉盒子一旦打开,就基本上不可能再合上了。此外,墨家、法家等按照他们的理想模式提出了其治国的理念。如果说儒家是基于"伦理亲情"来构建治理的基础,其核心治理理念就是礼治天下,要解决的问题是整个社会秩序的话,那么墨家则是基于最广大的平民注重实利和渴望安定的逻辑,提出了"兼相爱、交相利"的义政治理模式。在墨子看来,理想的国家治理就是要达到"饥者得食,寒者得

---

① 老子.老子[M].饶尚宽译注.北京:中华书局,2016:44.

衣,劳者得息,乱者得治"(《墨子·非乐》)。饥饿的人得不到食物、寒冷的人穿不到衣服、劳累的人得不到休息,这三者正是平民百姓的忧患所在,为了解决这些社会问题,必须实行义政。"义政将若何哉?子墨子言曰:处大国不攻小国,处大家不篡小家,强者不劫弱,贵者不傲贱,多诈者不欺愚"(《墨子·天志上》),具体措施包括尚贤、足食、节用、节葬、非攻、非乐等,都是一些基于百姓获得实利,能够生存的实利措施。法家也正是看到其他学派所忽视的问题,在法家看来,任人唯亲、任人唯贤、无为而治,听起来都不错,短期看都可能有效果,但是长此以往恐怕都靠不住,个人都有犯错误的时候,更为可怕的就是有些人打着善良的旗帜而干不善良的事情,如何才能保持善治的持久性和公平性,倒不如有一套稳定的法律制度更为可靠些。

　　法家的理论出发点是人性好利论。商鞅认为,人的本性就是好利的,"民之性,饥而求食,劳而求佚,苦而索乐,辱则求荣,此民之情也"(《商君书·算地》),满足人的基本生存需要以及由此产生的欲望是每个人与生俱来的,"民之欲富贵也,其阖棺而后止"(《商君书·赏刑》)。终其一生都不会改变,人的一生就是追逐利益的一生,礼仪法度对于人的约束作用十分有限,想用礼仪法度来限制人的好利本性,不仅不是明智的做法,更是没有必要,因为人的好利本性可以因势利导,引导民众勇于耕战,从而达到富国强兵的目的。韩非更是从历史进化的角度指出,上古时代,人民少而财有余,当今时代人口增长速度远远超过物质增长的速度,"人民众而货财寡,事力劳而供养薄"(《韩非子·五蠹》)。而权力的本质也发生了根本的变化,上古尧舜时代,他们付出的是臣虏之劳,而得到的不过是当今监门小吏的待遇,因此,如果没有一套法律制度来约束人们的经济利益冲动,整个社会就会陷入混乱。基于人性好利和趋利避害的本性,因此必须实行法治,通过法治来达到天下大治。法治的主要内容一是奖励耕战,在赏与罚的双重驱使下,民不得不耕,不得不战,从而达到富国强兵的目的。二是刑无等级,全国只有一个统一的法律,除了君主之外,任何人都得遵守,在法律面前,全体臣民都是平等的,法高于一切,任何人都不得徇私枉法,从而保证法律的公平公正。三是严刑峻法,为了实现法治,必须采用轻罪重罚,严刑苛法,让老百姓对法有所畏惧。法家的理论可以说对于加强权力集中,从而形成封建君主专制起到了关键的作用,君主是独立于法律之外的,这样也非常容易导致君主对于权力的滥用,同时严刑峻法虽然能够使民众产生畏惧,但是也导致了民众的反抗,因而秦朝采用法家的治理理念一方面迅速增强国力,从而统一了六国,但是由于严峻的刑罚也使得秦国很快就被农民起义所推翻,因此后来封建社会的主流治国理念基本上采用与儒法相结合的治理模式,也可以说是充分吸取秦朝成败得失的经验教训而做出的正确选择。

德国哲学家雅斯贝尔斯在《历史的起源与目标》一书中,将公元前500年前后同时出现在中国、西方和印度等地区的文化突破现象称之为轴心时代。这个时代所产生的哲学突破所达到的理性认识高度,在后来一个相当长的时期内都无法超越。中国轴心时代正是处于春秋、战国时期的东周时期,一方面生产力的发展使得很大一部分人能够从体力劳动中解放出来,主要从事脑力劳动的活动,另一方面春秋战国时期的社会动乱使得原有的秩序面临解体,社会的思想自由度增加,同时还由于私学的兴起,使得民间也可以得以接触到大量知识,所以出现了百家争鸣的诸子百家。就国家治理来说,连年的战乱频仍,苦难的百姓生活使得思想家都基于个人的视野提出了异彩纷呈的治国方略,在这其中最有特色的无疑就是儒、墨、道、法四家。他们不仅成为当时的显学,更为重要的是他们从不同的角度切中了人性、社会发展以及不同人群等多个层面的实际情况,因而对后来的国家治理都具有不可忽视的借鉴意义。

就春秋战国时期的诸子百家总体而言,具有浓厚的人本主义特色,而要做到这一点,就不得不正视人类的欲望和需要,而人的需求是多方面的。美国心理学家亚伯拉罕·马斯洛在《人类激励理论》一文中指出,人类的需求从低到高分为五个层次:生理需求、安全需求、社交需求、尊重需求和自我实现的需求。越是低层次的需求,其欲望就越是强烈,只有当维持人的最基本的生存需求满足以后,才可能出现社会化程度更好的高级需求。如果我们以马斯洛的需求理论来看,墨家和法家看到的正是个人满足最低生活需要的生理需求和安全需求,而这些由于当时社会动荡几乎很难达到;而儒家强调的道德、政治、社会交往则基本上属于第三到第四个层次,道家强调的自由和逍遥则更是属于第五个层次,甚至属于马斯洛所强调的高于第五个层次的自我超越阶段。因此可以说儒、墨、道、法都切中了人的不同需要层次,在生命、温饱等问题都不能解决的时候,劳动人民更相信墨家和法家的思想,而当社会稳定、经济发展的时候,儒、道思想又会焕发出新的活力。当然,道家那种企图逃避社会而归隐的理想也在乱世时有一定的市场,只是国家战乱之时,只怕想做隐士都是一件困难的事情。

  同时,儒、墨、道、法家也基本上代表了不同的阶级或者阶层,所重点关注的领域各有不同,因此在国家治理思想上也呈现出互补的特征。儒家思想基本上代表了士大夫阶层,着重于伦理和政治层面的建设,后来逐渐成为国家治理思想的主流。道家讲自由,讲境界,后来逐渐成为无为而治的自由市场模式,同时也为一部分爱好哲学和艺术,却又不太关心政治的文人所喜好。墨家代表的是最基层的平民,启发了中国的科学精神,切合了群众实用主义的理念,讲互惠互利和互相爱护,后来基本上化入民间,尤其是后来的侠客精神多源于墨家。法家基本上代表的是最上层地主阶级的利益,尤其是符合了封建君主加强自身权力、进而控制臣民的要求,所以为后来历代君主所效法。因此,这四家的国家治理思想在整个封建社会都有着非常重要的影响,呈现出综合治理的特征,开启了中国封建社会的超稳态内部结构。但是,同时又由于时代发展的不断变化,在不同的历史时期进行着不同的调整和变化,其主导的国家治理理念会有所不同,因而也对社会产生了不同的影响。但是从整个封建社会的整体来看,基本上还是体现出兼容并包的特色。

(三)两汉时期的国家治理思想

两汉时期,是我国中央集权的封建制度的形成时期,经历了秦朝的骤强和骤亡,汉初的统治者都特别重视吸取前朝灭亡的教训,主张仁政、重民和法治公平,治理思想上都兼容并包,以儒为主,融合法、道诸家的政治思想,使得专制主义中央集权在理论和制度上渐趋成熟,开创了西汉盛世的局面。汉代时期的国家治理思想,在整个中国国家治理思想的发展历程中,具有非常重要的历史地位。一方面总结了前朝衰败的历史经验,探索和形成了如何恢复和发展生产、如何使得国家强盛的理论,对于国家如何由衰转盛具有重要的启示意义;另一方面也立足于儒学的治国理念,吸收了道家、法家等其他流派重要思想,形成了以董仲舒学说为核心的"三纲五常"治理思想,对整个封建社会产生了深远影响。

鉴于秦朝的速亡,汉初统治者采纳了陆贾、贾谊以及刘安等人的黄老治理思想,与民休息,实行无为而治,使得国家从积贫积弱的状态中逐渐恢复过来,经过了大概70年到80年时间,到景帝刘启的时候,西汉实现了"文景之治",生产力已经达到了相当高的水平。西汉的强大,与黄老之学的治理理念密切相关。首先,黄老之学的核心主张就是无为而治,与民休息。经历了连年的战乱之苦,"黎民得离战国之苦,君臣俱欲休息乎无为"(《史记·吕太后本纪》),陆贾提出上古圣人无为而治,"君子之为治也,块然若无事,寂然若无声,官府若无吏,亭落若无民"(《新语·至德》),国家不发动战争,不征发徭役,百姓安居乐业,社会实现大治,而秦始皇力求有为,设酷刑、筑长城、罚四方,"事愈烦,天下愈乱。法愈滋,而奸愈炽"(《新语·无为》),终至速亡。然而无为不是不为,而是不要乱为。一方面，君主要顺应自然之道，不得以个人意志干扰国家治理；另一方面统治者要"循理而举事，因资而立权"（《淮南子·修务训》）。刘安认为无为之治有两个要点。一是"省事""节欲"以安民；二是"法宽刑缓"，不能以严酷刑罚对待百姓，而是应该实行仁政，仁爱民众，要做到君上无为，臣民有为，社会就能发展。其次，黄老之学提出了礼法兼施、兼容仁义与法术势的治国之道，体现出儒、道、法并用的特色。陆贾、贾谊、刘安等都提出，治理国家要以仁义为本，同时不排斥刑罚。陆贾认为，刑罚的作用主要是除恶，而不能起到劝善的作用，劝善要靠德治教化才能实现。当政者贪利刻薄，政策不符合于民心，必然招致民众反抗。贾谊继承了儒家的重民思想，强调保民是政治之本，"故夫民者，至贱而不可简也，至愚而不可欺也。故自古至于今，与民为仇者，有迟有速，而民必胜之，"（《新书·大政上》）因此，治理国家必须做到两点：一是实行仁政以利民、富民，二是减轻刑罚，政不扰民。最后，黄老道家也提出要慎用法家思想，一方面通过礼法兼施来强化等级秩序，加强中央集权，同时还要用法律来惩恶，维持社会公平正义，但是要慎用刑罚，不搞严峻刑罚，量刑要适度；"疑罪从去，疑赏从予，"（《新书·大政上》）体现统治者仁政爱民和建立良好社会风气的初衷。

任何一种国家治理思想都难得是完美的。黄老之学"清静无为"的本质是放权或者分权于下，这极大地促进了生产力的恢复与发展，但同时也出现了权力下放的弊端。贾谊指出，长期实行无为而治，出现了三方面的危机。一是地方封国权力过大，已经危及皇帝权威，甚至危及国家安全。二是导致了贫富两极分化，富民与官员相互勾结，兼并土地，鱼肉百姓，社会冲突十分严重。三是对外长期采取和亲政策，至今仍然边患不绝，需要积极防御才行。也就是说，黄老之学发展到后来，已经不符合形势发展的需要，尤其是经过文景之治，汉帝国的国力开始强盛，统治阶级想要有所作为的思想逐渐占据了上风，在此情况下，汉武帝采用董仲舒"罢黜百家、独尊儒术"也就是顺理成章的事情了。

西汉发展到武帝的时候,解决地方势力过大,尤其是防止七王之祸、八王之乱的事态重演,加强中央集权已成为当时最紧迫的任务。加强中央集权,巩固皇帝权威,一般来说可以采用武力手段,如秦朝的连年征战、严峻刑罚,也可以采用文的手段,如从宗教或者哲学上论证皇权的权威性,由于秦鉴未远,所以董仲舒立足于阴阳五行的天人感应论很快就得到汉武帝的重视,并成为汉代的正统统治思想。董仲舒的政治思想,立足于儒家,尤其是公羊春秋,同时杂糅阴阳五行、法、墨等诸家学说,进行综合创新,形成了独具特色的天人合一政治论。首先,董仲舒提出"天人相副"的思想,认为"天"涵盖整个宇宙和人类社会,由"天地阴阳木火土金水"加上"人"构成"十端"或者"天之数"(《春秋繁露·天地阴阳》),天的运动形态是气,"天气上,地气下,人气在其间"(《春秋繁露·人副天数》),天和人外在相同、内在相通,都具有意志和情感。人是天的派生物,必须遵从天道的指引和约束。在这里,董仲舒通过把天进行神秘主义的人格化,进而将自然规律、伦理原则和神秘性权威融为一体,就可以为他的"君权天授"找到立论依据。其次,董仲舒提出了"君权天授"的思想。董仲舒认为,帝王是连接天与人的中介,"古之造文者,三画而连其中,谓之王。三画者,天、地与人也。……取天、地与人之中以为贯而参通之,非王者孰能当是"(《春秋繁露·王道通三》),只有王才能代表人类与天对话,民众是不能直接与天联系的。"唯天子受命于天,天下受命于天子"(《春秋繁露·为人者天》),君主的权力来自天。由于天道是独一无二的,因此君主也必须在政治上保持大一统的专制局面,所有臣民都要无条件服从君主。同时,董仲舒也知道君主权力过大有时候滥用权力,因此又提出了"天谴说",君主治理天下必须遵循天的法则,"庆赏罚刑,当其处不可不发,若暖亲寒暑,当其时不可不出也"(《春秋繁露·四时之副》),如果君主肆意妄为,违背天道,引发某种危机时,天首先以灾异警告,继而以怪异惊骇,如果还不改变,就会降以殃咎,甚至会易姓改王。显然董仲舒是想以天对君主进行心理威慑,这并不能彻底改变君主独断专行的事实,只有权力才能约束权力,历史上往往农民起义都是打着替天行道的口号才真正对君主造成约束和管制。再次,董仲舒提出了"三纲五常"的思想。董仲舒认为,阴阳之道不仅是天道运行规律,也是人道的基本准则。世间万物都由相互对立的两种关系所构成,如上下、左右、寒暑、君臣、父子、夫妻等,"物莫无合,而合各有阴阳"(《春秋繁露·基义》),阴阳之道的内在秩序就是阴兼于阳,阳制约阴,因此属于阳的君、父、夫乃是天生的主宰,而处于阴的臣、子、妻乃是天生的从属。董仲舒将这三种人类社会最基本的社会关系都推至于天,然后明确提出"君为臣纲,父为子纲,夫为妻纲"的"王道三纲"(《春秋繁露·基义》)。然后又将家庭血缘关系政治化,又将政治关系血缘化,确立了严格的尊卑关系,逐渐发展成为封建礼教的核心,成为封建君主维护专制统治的有力工具。这种限制个人自由、禁锢人们精神的纲常名教到后来越来越阻碍社会的发展,因此到了明末清初以降,遭到越来越猛烈的批判,直到五四新文化运动才算是得到了彻底的清算。最后,董仲舒提出了基于五常之道的德治主张。董仲舒基于天道"任德不任刑"的特点,主张推行德治。"天道之大者在阴阳。阳为德,阴为刑;刑主杀而德主生"(《汉书·董仲舒传》),因为上天有好生之德,所以人道的治理也必须用儒家的五常之道来进行治理,"夫仁、义、礼、知、信五常之道,王者所当修饬也"(《汉书·董仲舒传》),董仲舒德治思想的主要内容乃是行教化和施仁政,他否定了孟子的"人皆可以为尧舜"的说法,认为性有三品,圣人之性已达至善,无须教化;斗筲之性溺于贪恶,不可教化,唯有中人之性,才是教化的对象,而且绝大多数人都是中人之性,要"立大学以教于国,设庠序以化于邑",通过广泛的教育达到"贵孝悌而好礼义,重仁廉而轻财利",(《春秋繁露·为人者天》)只有这样社会才能长治久安。而刑罚不能不用,也不能多用,德与刑的比例是百比一,君主要牢牢把握住权力,德威并用,才能巩固自己的统治。董仲舒基于儒家爱民的立场,同时提出君主要推行仁政,防止两极分化,不能与民争利,具体方案有:"限民名田,以赡不足,塞兼并之路","薄赋敛,省徭役,以宽民力","盐铁皆归于民","去奴婢","除专杀之威"(《汉书·食货志》)等,应该说这些是非常具有积极意义的。

董仲舒将儒家的政治理论与法家、阴阳家等结合起来,体现了原则性与灵活性的统一,其"三纲五常"的思想长期得到封建统治阶级的采用;但是其阴阳五行的灾异、天谴之说后来发展为谶纬之学,越来越走向庸俗化与神秘化,儒家的理性精神荡然无存,当时就遭到了王充的批判,后来彻底去除其政治迷信色彩,恢复儒家理性主义的传统,应该是宋明理学才真正得以完成。

东汉之后形成了三国两晋南北朝的局面,整个国家治理又开始强调法治和德刑并用,体现出治乱世用重典的特色,后来虽然也有魏晋玄学重提无为而治,对以"三纲五常"为核心的"名教"有所批评,但是并没有根本改变汉代确立的董学在国家治理中的核心地位。

(四)隋唐时期的国家治理思想

隋唐时期,中国封建社会达到鼎盛,尤其是唐朝,一向以文盛武强、国威远播为后人所称道。据估计,唐朝最盛时期,耕地达到6亿多亩,人口达到8000万左右,[①]社会政治环境稳定,工商业和文化发达,出现了著名的贞观之治和开元盛世。这一段时期的历史发展和国家治理思想,乃是整个封建社会的缩影,既经历了兴衰治乱的整个历程,又展现了正宗儒学的治理成果,同时也体现出兼容并包的文化特色,儒释道并行不悖。其中以《贞观政要》为代表的国家治理思想乃是国家走向升平的最好理论概括,同时由于藩镇割据而导致的"安史之乱",以及后来由于内忧外患而导致的王

---

① 汪篯.汪篯隋唐史论稿[M].北京:中国社会科学出版社,1981:51.

仙芝、黄巢起义,最终导致了唐朝的灭亡,在其间虽然有王叔文、柳宗元的革新运动,但是并不能挽救唐朝的颓势。研究唐代的国家治理思想及其兴衰治乱的原因,对于后世都具有非常重要的启示意义。

首先,《贞观政要》提供了国家崛起和兴盛的重要思想资源。以李世民、魏征、房玄龄、杜如晦等为代表的贞观统治集团开创了一条国家迅速崛起的国家治理路径。汉代采用黄老之学的治理思想,达到文景之治大概花了70多年的时间,而李世民在位才23年的时间,就迅速使得唐朝达到了政治清明、经济繁荣、文化发达的升平局面。总结贞观统治集团的国家治理思想主要有以下几点。第一是有一个开明团结的领导集体。在中国封建社会,由于皇帝的权力高度集中,一个开明而智慧的君主就显得非常重要。唐太宗是中国历史上少有的明君,不仅加强自我修养,恪守儒家的君道理念,而且广纳贤才,从谏如流,从而达到了明君贤臣、君臣遇合的理想君臣关系。在他周围,聚集了一批良臣名将,如魏征、房玄龄、杜如晦、李靖、长孙无忌、王珪、虞世南、褚遂良、马周等。尤其是魏征,前后进谏二百余事,提出许多治国良策,大部分被采纳。由于李世民自我修养很高且胸怀宽广,善于选贤、用贤,君臣和谐相处,具有极强的政治向心力,为创建治世提供了很好的条件。第二是推行儒家的仁政思想。李世民君臣总结隋朝灭亡的教训,认为隋朝的灭亡基于几个方面。一是君主奢侈无度,"上之所好,下必有甚,竟为无限,遂至灭亡"(《贞观政要·俭约》)。二是杜绝言路,独断专行,多行不义,自取灭亡,唐太宗由此提出:"人欲自照,必须明镜;主欲知过,必藉忠臣"(《贞观政要·求谏》)。三是用人不贤,导致小人掌权,最后死于宠臣宇文化及之手。四是崇尚佛道,贬抑儒学,务虚色彩浓厚,民生维艰。贞观二年,李世民明确对群臣表示,他推崇尧舜之道,周孔之书,提倡仁义治国,为此封孔子为"先圣",扩建国子监学舍四百余间,设置弘文馆,精选天下儒生充当学士,"儒学之盛,古昔未之有也"(《旧唐书·儒学上》)。在政治理念上,以仁义和重民作为治国的基本原则。他说:"朕观古来帝王以仁义为治者,国祚延长,任法御人者,虽救弊一时,败亡亦促"(《贞观政要·仁义》),明确提出仁义之道是最高的治国原则,法家治理处于次要地位。基于儒家仁政爱民的原则,李世民提出"国以民为本"(《贞观政要·务农》),把民众视为国家和君权的根基,他说"为君之道,必须先存百姓,若损百姓以奉其身,犹割股以啖腹,腹饱而身毙"(《贞观政要·君道》),魏征以舟水之喻来说明民比君重要。基于儒家的民本思想,贞观统治集团在全国推行与民休息、轻徭薄赋、刑罚宽平、减少战争等措施,极大促进了生产力的发展;同时,李世民还从隋朝灭亡的教训中认识到纵欲是祸乱之源,"伤其身者不在外物,皆由嗜欲以成其祸"(《贞观政要·君道》),他以隋炀帝奢侈而亡以自勉,戒奢从俭,还以历史上官吏纵奢身亡的事例告诫群臣,对于贪奢官吏予以惩治。第三采纳道家、法家的合理理念。李世民将儒家的道德教化与道家的无为而治结合起来,认为无为而治乃是儒家道德教化的最高境界,"无为而治,德之上也";同时提倡黄老道家的清静无为,认为君主治国要"简静"(《贞观政要·君道》),减少对社会的政治干预,"君能清净,百姓何得不安乐"(《贞观政要·政体》),以无为思想为政策指导,很快就实现了"徭役不兴,年谷丰稔,百姓安乐"的政治局面。此外,李世民贞观统治集团也善于吸收法家的政治思想来保证社会的公平和稳定。贞观统治集团十分看重法治在治理国家中的作用,李世民亲自主持制定《贞观律》,强调立法必须注重公平、稳定和宽简,认为立法的关键是摒私而立公,法律应保持相对稳定性,不可多变,法律必须宽简,"死者不可再生,用法务在宽简"(《贞观政要·刑法》),这就保证了法治的前提——良法的确立。然后严格执法,皇帝带头守法,避免以主观意志来取代法令。皇帝带头守法,甚至在一定程度上皇权都受制于法,这在古代帝王中是不多见的,但是并没有从制度上形成皇权也必须完全受制于法律的制度,只是寄希望于皇帝的个人修养来带头遵守法律。由于没有制度上的保证,所以也就没有办法保证后来的君主都能带头遵守法律,这是古代法治与现代法治的重要区别。严格治吏是李世民法治思想的重要内容。李世民要求择人任官,对官员进行奖励和惩罚都严格按照法律执行,赏不遗远亲,罚不阿权贵,并要求赏罚"以公平为规矩,以仁义为准绳"(《贞观政要·择官》),形成了德主刑辅的治国方略,开启了贞观之治的盛世局面。第四重视贤才,从谏如流。在封建时代,最高决策权几乎被皇帝垄断,由于个人的能力有限,加上个人好恶往往会使得政治决策出现错误。李世民充分认识到此一问题,要求群臣如若看到自己有过失,必须直言规谏,为此他规定官员五品以上者赐座讲话,并且对进谏有功者采取奖励提升政策,甚至于魏征几次进谏惹得他龙颜大怒时都能够理性接受谏议。今天看来,"以人为镜,可以明得失"(《贞观政要·任贤》)乃是充分发挥了群臣监督的作用,可以避免或者少犯政治决策的错误。此外,贞观统治集团还非常重视人才的作用。李世民认为人才是治理好国家的关键,"能安天下者,惟在用得贤才"(《贞观政要·择官》),为此,他大力兴办学校,完善科举制度,生员从隋时的70人增加到8000人,士人参加科举考试,达到其标准者,便可入仕为官。在考察和任用人才方面,把"贤能"与否作为唯一的评价标准。只要是贤者,便能为其所用,不计亲疏、贵贱,不计个人恩怨,都能加以重用。正是因为贞观统治集团的开明政策,国家聚集了大量的人才,从而在帝国统治和治理上取得了非凡成就。

由于时代和阶级的局限,李世民贞观统治集团的治理思想是为了加强君主专制,而没有从制度层面来解决君主权力不受限制的问题,一旦君主腐化或者无能,那么帝国的危机便显现出来,也因此无法从根本上解决长治久安的问题,也就无法从根本上摆脱人亡政息的历史命运。太宗之后,几代君王都能够选贤任能,发展生产,因此到了玄宗时期,国力达到了整个封建社会的鼎盛,开创了开元盛世的局面。但是到了玄宗的中后期,却是贪图享乐,不思进取,也不解决土地兼并和藩镇权力渐大的问题,反而是处理国事全凭个人好恶,任用口蜜腹剑的李林甫和杨国忠为相,最终导致了安史之乱,使得唐朝由盛转衰。从这里我们也可以看出,把治理好国家的希望寄托在明君的身上是靠不住的,必须依托制度才行。

安史之乱后,唐朝饱受藩镇割据的危害,同时朝廷内部亦党政不已,国力每况愈下,虽然在顺宗期间发生了由王叔文、柳宗元发起的永贞革新,但是由于顺宗短命,改革进行了146天就宣告结束,节度使权力过大,拥兵自重的问题一直没有得到解决,最终进入了"五代十国"时代。柳宗元的改革思想,核心就是礼刑论,想通过加强法治来解决晚唐法制松弛、藩镇割据、独霸一方,进而加强中央集权;同时,他想通过修改两税法来解决贫富不均的理想也最终破灭。

隋唐时期,另一个重要的问题就是如何应对佛教的兴盛进而导致的儒佛冲突。佛教自汉代传入中国以来,经过魏晋南北朝的格义,到隋唐已经完成了佛教的中国化进程。以中国化的佛性说为理论基础,先后形成了天台宗、华严宗、禅宗、净土宗、唯识宗、律宗等派别,盛极一时,并且占据了主流地位。佛教教义和宗教道德的宗法伦理化,不仅从文化和信仰层面深深影响着广大民众,也深刻影响着国家治理的方式。韩愈有感于佛教兴盛、儒门淡薄的局面,想通过道统论来维系儒学的价值体系,但是由于他没有深入到佛教的深层义理,往往对佛教的批判只能停留在君臣之义、清净寂灭等方面,而真正深入佛教,援佛入儒,进而重建儒家形上本体,恢复儒学正统地位的,则非宋明理学莫属。

(五)宋明时期的国家治理思想

整个宋元明清时期,国家呈现大一统局面,南方农业生产迅速发展,商品经济也日益壮大,明代中叶还出现了资本主义生产关系的萌芽。思想意识形态方面,理学占据主导地位,尤其是元朝仁宗期间,程朱理学被定为官学,一直延续到清朝灭亡。同时,在历史发展和国家治理方面也呈现出很多相同的地方,尤其是宋明两个朝代,都注重加强中央集权,都以理学作为治国的主导思想,同时也都出现了被少数民族所灭的局面,最终导致了明清实学对理学的激烈批判。

鉴于唐朝中后期藩镇割据的危害,北宋统治者采取了一系列削弱地方政权、加强中央集权的措施,使得汉唐两代地方权力过大,进而威胁中央政府的问题得到了彻底解决。首先限制宰相权力,在宰相之下添设参知政事、枢密使和三司使,以分宰相的军、政、财权,又令枢密使与统兵将领互相牵制,同时还任命资历威望较浅者担任次一级军官,并且经常更换军队驻屯地区,避免将帅与士兵之间、军队与地方势力之间形成亲密关系,进而威胁中央。其次在地方实行文官制度,规定州郡长官皆由文人担任,并且设通判加以牵制,又将全国州郡划为十五路,由中央政府直接派出官员管辖,这样就基本上解决了汉唐地方权力过大威胁中央政权的问题。元明清三朝也基本上采用同样的思路来加强中央集权。明代朱元璋甚至废除了元代的中书省和丞相,分相权于吏户礼兵刑工六部,六部皆直属于皇帝,又以兵部和五军都督府分掌兵权,刑部、大理寺、都察院分典刑狱,一切兵刑大权均总揽于皇帝。在地方机构中,明代设立十三布政使司,代替元朝的行省。地方事务由三司负责:布政司掌民政,按察使掌司法,都指挥使掌兵权。又在都察院下设置监察御史,派出官员为巡按御史,代皇帝巡视地方,弹劾官员,监察民情,后来又设立锦衣卫、东厂、西厂等特务机构,加强对民众和文武百官的控制。清代基本上采用明代的官僚制度,虽然明代永乐年间设立内阁、清代雍正年间设立军机处,其权力相对较大,但是裁决权最后仍掌握在皇帝手里。这样,中国封建君主专制由宋代的权力集中逐渐演化到明清时代的君主权力的绝对化。它的好处是地方再也无力对抗中央,使得封建皇权达到了几乎绝对的控制;它的弊端就在于权力过度集中于中央,使得地方、下级官吏以及民众的积极性得不到发挥,进而出现中央政权被外敌入侵,地方无力勤王,进而出现两次汉族政权被少数民族轻易灭亡的困境。明末清初的几大思想家经过深刻反思,展开了对君主专制的猛烈批判,进而才实现了民主思想的早期启蒙。

反思宋元明三个王朝的衰落,原因是多方面的,其中的一个核心就是民生问题没有解决好。宋代为了加强中央集权,设置了很多部门进行互相牵制,导致机构重叠,产生了大量的"冗官",然后又将破产的农民收容到军队里面,致使军队人数不断增长。从宋太祖到宋仁宗八十余年时间,军队人数从25万猛增到125万,产生大量的"冗兵"。同时又由于与西夏、辽、金、蒙古等少数民族政权长期对峙,无论是战争还是媾和,又产生大量"冗费",国家财政越发困难。在此情况下,却又不抑兼并,官僚地主大量兼并土地,并且享有免除赋税的特权,但大量农民却因交不起土地税而变卖土地,致使两极分化越演越烈,陷入积贫积弱的恶性循环,农民起义此起彼伏,几次力图富国强兵的改革却又无疾而终,最终在内忧外患的打击下被元朝所灭。元代除了土地兼并的问题没有解决之外,还实行严酷的民族压迫政策,使得元朝只存在了98年的时间。明代土地兼并更为激烈,皇帝、王公、勋戚、宦官、豪强、地主所霸占的庄田数量之多,超过了以往任何时代。明朝建立不到一百年,土地从850万顷锐减到422万顷,致使广大农民、军户成为流民,甚至于发生人吃人的惨剧。明末李自成、张献忠的农民起义与清军的大举入侵,最终葬送了大明王朝。

在文化意识形态方面,宋元明清占据主导地位的无疑就是程朱理学。唐末及五代以来的长期割据与混乱,使得封建传统伦理道德规范遭到极大破坏,纲常松弛,道德式微,加上隋唐佛教兴盛,使得汉唐儒学在思辨性方面相形失色。宋代统治者开始大力宣扬纲常名教,使得北宋出现了以周敦颐、二程、张载、邵雍为代表的北宋五子,援佛道入儒,建立起本体论的儒家思想体系,开宋明理学之先河。同时,亦有范仲淹、王安石等改革派,为改变积弱积贫之状况,强调通变、救弊,提出义利双行和王霸并用之主张,提倡事功,反对空谈义理性命,并进行了一系列改革,后来演变成陈亮、叶适之事功学派,惜乎改革失败,许多思想家遂把目光转向强化伦理道德的修养和灌输,便逐渐形成了南宋以灭欲存理、正人心术的朱熹理学思想,并逐渐得到官方认可,上升为官方的主导思想。

朱熹继承了二程的理学思想,并在此基础上集大成,形成了程朱理学思想体系。程朱理学的最高范畴乃是天理,天理是最高的哲学范畴,是天地万物的本原,是万物的根本,是自然界的基本法则,也是封建道德的根本准则。朱熹说:"天地之间,有理有气。理也者,形而上之道也,生物之本也;气也者,形而下之器也,生物之具也"(《朱文公文集》卷五十八《答黄道夫》),理是第一性的,是万物生成的根本;气是第二性的,是万物生成的材料。但是具体理怎么能生成气,朱熹却是无法说清楚,后来被陆九渊批评为说不清的"黑腰子",也被明清实学进行了深刻批判。但是朱熹的重点并不在自然界的物理,而是要由此来论证封建伦理的绝对性,"盖三纲五常,天理民彝之大节,而治道之本根也"(《朱文公文集》卷十四《戊申延和奏劄一》),在他看来,封建统治阶级所奉行的"三纲五常"是天理的体现,是治国的根本,也正是因为他从哲学本体上论证了封建君主专制的合理性,所以其实是用天的义理性取代了董仲舒的天的神秘性,因而得到封建统治者的采纳。基于天理观的基础,朱熹提出了"为政以德"的仁政观,朱熹指出仁是一种先天的根本原则,而德则是一种道德的修养,只有个人修养道德达到仁的地步,才是人心与天理的统一;只有达到较高的人性修养境界的治国者才有可能治理好国家,只有达到最高人性修养境界的圣人才能治国平天下。道德修养最主要的功夫就是"存天理,灭人欲","圣贤千言万语,只是叫人明天理,灭人欲"(《朱子语类》卷十二),天理和人欲从根本上是对立的,"人之一心,天理存,则人欲亡,人欲胜,则天理灭"(《朱子语类》卷十三),朱熹进一步认为,存理灭欲是最高的道德范畴,约束的对象是包括君主在内的所有人,应该说这对于约束个别君主的个人欲求是有积极意义的,但实际上没有任何制约的皇权往往不是靠单纯的道德说教就能限制住的,后来的皇帝穷奢极欲的仍然不在少数,同时这种灭除人欲的观点不仅不符合基本的人性,而且也使得社会更加积贫积弱。具体如何实行仁政,二程和朱熹都基于孟子的民本思想提出要养民、恤民。二程认为养民方法有二:一是要爱惜民力,"养民之道,在爱其力"(《河南程氏经说》卷第四),统治者要尽量避免耗用民力,使民安于生产;二是要足食足民。二程说:"保民之道,以食为本"(《河南程氏文集·为家君应诏上英宗皇帝书》),统治者必须务农重谷,重视农业生产,保证百姓衣食无虞。朱熹针对南宋偏安一隅的局面和社会腐败的积弊,提出了"变科举,均田产,振纲纪,罢合议"等政治主张,其中的改革军制和平均田产尤其具有积极意义。针对当时军队内部数量多而质量不高的问题,他主张实行有效措施,从根本上改变膏粱子弟把持军队的现象,选拔那些德才兼备、善于治军的人来管理军队,以此提高宋王朝军队的战斗力,只有这样,才能在宋金对峙中获得优势。针对土地兼并严重,百姓赋敛沉重,甚至饿死的局面,他提出很多清丈土地、合理负担赋税和限制兼并的措施,对于缓和当时的社会矛盾,都具有进步的意义。

虽然朱熹与陆九渊曾就"心即理"还是"性即理"的问题进行过激烈争论,但是在国家治理思想方面他们并没有本质的区别,与朱熹真正形成对立的则是以陈亮、叶适为代表的事功学派。早在北宋时期,范仲淹、李觏就不主张空谈义理,而是主张义利统一、王霸并用、均田安民、通变救弊,进而实现富国强兵的目的。这种思想如果从儒学内部发展理路来看,更带有很多儒家荀子一派的特色,这种思想到了南宋形成了独具特色的事功学派。首先在天道观上,陈亮、叶适就极力反对空谈性命义理,积极提倡事功。陈亮指出:"夫道非出于行气之表,而常性于事物之间者也"(《陈亮集·勉疆行道大有功》),认为,道就是事物的根本法则或规律,这种法则不能离开事物而独立存在,而是在日用事物之间,"夫盈宇宙者,无非物;日用之间,无非事。古之帝王,独明于事物之故,发言立政,顺民之心,因时之宜"(《陈亮集·六经发题·书》),不承认有朱熹那种离开具体事物的天理。因为道在百姓日用之间的事,因此要把握道,只能通过具体的器物、事物来体现。圣人治理天下,必须遵循事物的发展规律,同时圣人的治道需要在具体事物中参验其功效。叶适说:"无验于事者,其言不合,无考于器者,其道不化,论高而实违,是又不可也"(《水心文集·进卷·总义》),用具体事物来检验道是否正确,实际上已经接近实践是检验真理的标准,应该说这是对理学家坐而论道、空谈性理的有力批判。其次,事功学派提出了"以利与人"、宽民活民的政治主张。陈亮不赞同理学家要灭尽人欲的做法,他认为,人的物质欲望就是人的本性,"耳之于声也,目之于色也,鼻之于臭也,口之于味也,四肢之于安佚也,性也,有命焉。出于性,则人之所同欲也"(《陈亮集·问答·下》),富贵尊荣,都是人的本性,满足人的正当物质欲望,本来就是理中之义,尤其是关注老百姓的生活安危,"正人心以立国本,活民命以寿国脉"(《陈亮集·策·廷对》),仁义道德需要讲,但是与利没有根本冲突,反而积极提倡事功,让民众得到实惠,国家才能长治久安。叶适进一步强调义统一于利,离开了利就无所谓义,仁义道德只有在有利于社会民生的时候才有意义。事功学派都极力批判理学家空谈误国,陈亮说:"自道德性命之说一兴,而寻常烂熟无所能解之人自托于其间,以端悫静深为体,以徐行缓语为用,务为不可穷测以盖其所无,一艺一能皆以为不足自通于圣人之道也。于是,天下之士始丧其所有而不知所适也。……相蒙相欺,以尽废天下之实,则亦终于百事不理也"(《陈亮集·送吴允成运干序》),对理学家空谈义理,脱离实际做了深刻的批判,并进一步指出一旦政局有变,国家发生危难,他们便不知所措。叶适还针对理学家轻视工商的论点鲜明地提出本末并兴的主张,认为"夫四民交致用而后治化兴,抑末厚本非正论也"(《习学记言序目·史记一》),士农工商要相互补充,不可偏废,国家才能强盛。这种思想反映了江南地区工商业发展的社会现实,遗憾的是这种代表先进生产力的思想观念并没有引起统治阶级的重视,所以才导致了宋明两朝竟然被生产力和文化都远远落后于汉族的少数民族所灭掉,理学所导致的空谈误国由此可见一斑。再次,事功学派还提出了王霸杂用的观念。理学家坚持孟子的尊王贱霸的观点,往往将义和利、王与霸截然分开,事功学派则认为王霸、义利可以在"公"的前提下统一起来,因而坚持王霸杂用的观点。陈亮指出古代帝王提倡王道政治,但是并不废霸道,就是被程朱津津乐道的三代之世,也夹杂有霸道,如夏启灭有扈氏、武王伐纣、周公平定三监之乱,同时汉唐之君也是"发于仁政""禁暴戡乱"(《陈亮集·又乙巳春书之一》),也是王霸并用。"诸儒自处曰义曰王,汉唐做得虽甚好,做得亦不恶,如此欲是义利双行,王霸并用"(《陈亮集·勉强行道大有功》),只要君王有致公之心,"王霸可以杂用,天理人欲可以并行矣"(《陈亮集·又丙午秋书》),这种王霸杂用、天理人欲并行的思想,不仅符合唯物辩证法,也更符合历史的实际,遗憾的是在宋明理学一片"穷理尽性"的吟诵中,黜实就虚,脱离实践,脱离现实,终于落得积贫积弱、鱼烂河决的局面,晚明阳明后学更是沦为狂禅,将理学的弊端演绎到极致,才导致了明清实学的兴起。

(六)明清实学的国家治理思想

明末清初时期,是一个具有划时代意义的思想转型期。一方面,封建专制中央集权发展到了顶峰,物极必反,就一定会走向其反面,同时明中叶以后出现了资本主义萌芽,新的经济基础也必然会反映到意识形态等上层建筑,又加上第一次西学东渐,西方的科学开始传入,都必然会对传统的国家治理思想产生强大的冲击。另一方面,宋明理学发展到阳明心学,就已经包含了程朱理学的客观唯心主义和陆王心学的主观唯心主义,唯心主义也基本走到了尽头,必然蕴含着新的思想形态会产生,而明朝的灭亡加速了这种转型的进程,一股深刻反思君主专制危害和宋明理学弊端的明清实学便登上历史舞台,并且起到了终结传统政治思想和启蒙现代政治思想的双重作用。

有明一代,由于政治专制、土地兼并,加上程朱理学定于一尊且逐渐僵化,整个社会蕴藏着巨大的危机,这种现象到了明朝中叶之后越发凸显。皇帝荒淫无道、党同伐异、北虏南倭、土地兼并、赋税繁重、天灾人祸,民不聊生,虽然王阳明提出致良知之说,希望通过自我教化来觉悟良知,"破心中贼",约束自己的思想,进而维护君主专制的统治秩序,但是这无异于空想,倒是对解放思想,进而出现异端思想创造了条件。真正能挽狂澜于既倒,扶大厦于将倾的一次改革无疑是张居正的万历新政。在政治上,张居正以"振纲纪"为目的,创制"考成法",选贤任能,严格考察各级官吏执行情况。在军事上,张居正派戚继光守蓟门,李成梁镇辽东,又在东起山海关,西至居庸关的长城上加修了"敌台"3000余座。他还与鞑靼俺答汗之间进行茶马互市贸易,采取和平政策。同时,平定了潮州、惠州的叛乱,肃清了多年以来一直困扰明廷的"南倭北虏"的边患。在经济上,清查全国土地,实行"一条鞭法",所有赋税,按照丁数和地亩,一律征银,同时治理淮河、黄河和运河,使得经济状况大有好转。在文化方面,力禁私学,不许别创书院,力戒空谈,躬行实践。经过张居正的改革,明朝的危机得到了极大的缓解。但是由于张居正唯才是用,任用循吏,得罪了清流;打击豪强,得罪了权贵;大权独揽,让皇帝感到如芒刺在背,这就为他死后遭到清算埋下祸根。万历十年,张居正病逝,不仅他的改革措施遭到否定,连家属也惨遭迫害,明朝再次走下坡路,一直延续到灭亡。

自从封建专制政治体制确立起来,也有少数的思想家对君主专制提出批判,如晋朝的鲍敬言、晚唐的罗隐,但是都没有对君主专制形成大的影响。但是到了明清之际,却形成了一股强大的明清实学思潮,其主要内容就是反思、批判甚至否定君主专制,同时亦深入到维系封建君主专制的文化根基——宋明理学上面。这一脉络从王门后学李贽开始,逐渐发展到黄宗羲、顾炎武、王夫之、唐甄、戴震等人,对传统君主专制制度和思想根基进行了整体反思和批判,而且一直延续到近代。这一时期的国家治理思想,既可以看成是古代封建君主专制国家治理思想的终结,也可以看成是近代国家治理思想的前夜,在整个国家治理思想史上具有非常重要的意义。

首先,是对封建专制的批判。应该说开启对封建专制、等级批判之先河之人是李贽。李贽立足于他的"童心说",认为源于人的真心,有真情实感的话才是真德之言,理学家都是一些丧失了真心的虚伪小人。他认为,天地万物都是阴阳二气所生,"夫厥初生人,惟是阴阳二气,男女二命,初无所谓一与理也,而何太极之有?"(《焚书》卷三《夫妇论》)根本就没有什么脱离人而存在的天理,也不存在圣人与凡民的根本差别,圣人和凡民在能力和道德修习方面并没有差异,"尧舜与途人一,圣人与凡人一"(《李氏文集·明灯道古录》),他甚至认为不能以孔子的是非作为是非标准,"天生一人自有一人之用,不待取给于孔子而后足也。若比待取足于孔子,则千古以前无孔子,终不得为人乎?"(《焚书》卷一《答耿中丞》)他从圣凡平等进一步推导出君民平等,"致一之理,庶人非下,侯王非高"(《李氏丛书·老子解下篇》)。正是他这种"庶人非下,侯王非高"的说法开启了后来对封建君主专制的猛烈批判。

在反对君主专制方面,黄宗羲提出了"天下为主君为客"的观点,他说:"古者以天下为主,君为客,凡君之所毕世而经营者,为天下也。今也以君为主,天下为客,凡天下之无地而得安宁者,为君也"(《明夷待访录·原君》),明确提出"天下之人"才是主人,君主则居于客位,这已经很接近现代的民主观念了。黄宗羲进一步指出:"天下之治乱,不在一姓之兴亡,而在万民之忧乐"(《明夷待访录·原臣》),百姓的忧乐是判断天下治乱的标准,也是衡量统治合法性的标准。顾炎武也对君主专制的"私天下"进行了猛烈批判,认为君主权力的高度集中,是造成政治弊端的根源。他说:"古之圣人,以公心待天下之人,胙之土而分之国;今之君人者,尽四海之内为我郡县犹不足也"(《亭林文集》卷一《郡县论一》),古代圣人以公心待天下,后来的君主把天下视为自己的私有财产,为了巩固自己的统治,专制君主集一切权力于一身,"后世有不善治者出焉,尽天下一切之权,而收之在上,而万几之广,固非一人所能操也"(《日知录》卷九《守令》),君主一个人是无法胜任天下致治的责任的;同时,君主权力过度集中,也剥夺了郡县守宰的事权,各级官吏互相牵制,没有任何自主权,也没有办法尽到自己的责任,专制权力最终造成一种无责任的政治,所有的官员都只为皇帝一人服务时,百姓疾苦就显得无足轻重。顾炎武因此认为君主个人独裁,是导致民众疾苦、国家穷困的根源,而解决之道就是"公天下",采用周代的"班爵"制度来层层分君权,进而达到治理好国家的目的。王夫之也认为三代以降亡国乱天下的根源就在于帝王把天下据为"一姓之私",实行极端专制。他说:"一姓之兴亡,私也;而生民之生死,公也"(《读通鉴论·敬帝三》),认为,天下国家是广大民众的国家,而不是君主个人的一人之私,不能把天下国家与君主个人等同看待,相反对于那些不称职的君主,"可禅、可继、可革。"(《黄书·原极第一》)唐甄更是提出了"帝王皆贼"的思想,他认为君权天授根本就不存在,君主是人不是神,"天子之尊,非天帝大神也,皆人也"(《潜书·抑尊》),君主不仅是人,而且是一个通过战争而杀戮天下人并占有他们财物的贼。唐甄进一步指出,正是由于帝王的昏聩,才导致政治昏暗、民不聊生,正是有君主的昏聩,才会出现奸佞、女人、宦官等乱天下的事情,从根本上说帝王的存在才是社会动乱的真正根源。由于实行世袭制,"何况帝室富贵,生习骄恣,岂能成贤?"(《潜书·鲜君》)一代传位十多世的王朝都难得找到两三个贤明的君主,因此历史上总是出现贤君少而乱君多的情况,这实际上已经有否定君主世袭的思想倾向。虽然他们都对君主专制进行了深刻的批判,但是他们距离现代的民主思想还是有一些距离的。他们的理想还是恢复古代的圣贤之治,如唐甄就提出明君要提高大臣的地位、要向天下人求教,要以节俭示天下,要知人善任,都还局限于古代的明君贤臣范畴。但是这些反封建专制的思想无疑是挖掉了君主专制的理论根基,当历史发展再次证明古代圣贤政治难以实现的时候,与此同时,西方近代民主主义开始传入的时候,很快就实现了早期思想启蒙与近代民主思想的结合。

其次,是对宋明理学的批判。程朱理学发展到明代,日趋教条僵化。李贽就曾批评当时的理学"阳为道学,阴为富贵,被服儒雅,行若狗彘"(《续焚书》卷二《三教归儒说》),对伪道学的假仁假义有深刻的批判,但是真正从理论上对宋明理学进行深入批判的则是黄宗羲、顾炎武、王夫之和戴震。黄宗羲师承刘宗周,推崇王学,主要批判的是程朱理学。针对程朱理学的"存天理、灭人欲",黄宗羲提出"有生之初,人各自私也,人各自利也"(《明夷待访录·原君》),肯定个人私利的合理性,认为古代的圣人尧、舜等以天下之大公为己任,为天下兴利除害而不愿久任其事,后来之君主"以我之大私为天下之大公","以天下之利尽归于己,以天下之害尽归于人"(《明夷待访录·原君》),私利并不可怕,关键是天下为公还是天下为私。君主不但不能限制民众合理的私欲或私利,反而应当像满足自己的欲望一样来满足民众的愿望,这就是仁政。与黄宗羲不同的是,顾炎武对程朱理学和陆王心学都持批判态度,而且批判也较黄宗羲更为彻底。顾炎武指出古代的理学就是经学,以通经致用、明理救世为宗旨,"古之所谓理学,经学也"(《亭林文集》卷三《与施愚山书》)。今之所谓理学,则是空谈心性,都是孔子及其门人所不讲的,"今之君子则不然……终日讲危微精一之说"(《亭林文集》卷三《与友人论学书》),于孔子、孟子所重视的国计民生,则是丢失殆尽,实际上"清谈孔孟",误国误民,"五胡乱华,本于清谈之流祸,人人知之,孰知今日之清谈,有甚于前代者,不习六艺之文,不考百王之典,不综当代之务,举夫子论学论政之大端一切不问,而曰'一贯',曰'无言'。以明心见性之空言,代修己治人之实学"(《日知录》卷七《夫子之言性与天道》),理学家把以治国平天下为要务的儒家思想变成了空谈,因此要恢复原始儒学的"修己治人"、经世致用的基本精神,以修己治人的实学代替空谈性命的理学,正因如此,顾炎武被称为明清实学的开山祖师,其影响延续至今。王夫之则是从理气论上对宋明理学的天理观进行了深刻的批判。王夫之不承认程朱理学"理在事先"的观点,认为世界统一于物质性的气,气的运动和变化产生了人和万物,"天人之蕴,一气而已"(《读四书大全说》卷十),理只有依附气才能存在,宇宙之间没有"虚脱孤立之理"(《读四书大全说》),事物的发展变化的规律只存在于具体的客观事物之中,这样就从根本上否定了程朱理学所谓的封建纲常伦理绝对性和不变性的观点。王夫之接着说:"天下惟器而而已矣。道者,器之道,器者,不可谓之道之器也。无其道则无其器,人类能言之;虽然,苟有其器矣,岂患无道哉?"(《周易外传·系辞上》)这种世界统一于物质性的观点,已经很接近马克思主义的唯物观,也正是因为王夫之从本体论上否定了宋明理学的天理观,也因此宣告了明清实学本体论上的建构得以完成。戴震不仅批评宋明理学的学风和方法,更是一针见血地指出,宋明理学将天理与人欲对立起来的结果,就是"以理杀人"。戴震首先指出孔子、孟子以及六经所说的理是"分理","察之而几微必区以别之名也,是故谓之分理。在物之质,曰肌理,曰腠理,曰文理",讲的是用来区别不同事物的本质和规律的物理,而宋儒所讲的理,则是"心之意见",本质上就是纲常名教的伦理,是不具备客观属性的,理学家以"心之意见"当作理,导致理的判断标准不是人的认识,而是取决于势力,权势者"负其气,挟其势位,加以口给者,理伸;力弱气慑,口不能道辞者,理屈"(《孟子字义疏证》卷上《理》),理与政治权力相结合后,掌权者就可以以天理的名义任其所为,造成"后儒以理杀人"的局面,"尊者以理责卑,长者以理责幼,贵者以理责贱,虽失,谓之顺;卑者、幼者、贱者以理争之,虽得,谓之逆。人死于法,犹有怜之者;死于理,其谁怜之?"(《孟子字义梳证》卷上《理》)应该说戴震对宋明理学的理欲观批判是非常深刻的,也启发了五四新文化运动中的吴虞,认为整个传统都是在"以礼杀人"。

最后,明清实学家提出了一系列变法救世的主张。本着儒家原始的经世致用、养民富民的精神,明清实学家提出了很多治国理政的新举措。其一,在权力设置方面,黄宗羲提出了恢复宰相制度,在限制君权的同时也防止宦官等势力干政;设学校以议政、群臣听谏、处士横议、太学生干政、书院议政以及帝王听经书、采纳民意等制度,监督各级官员,纠正所犯错误。顾炎武则提出君臣分权治事,主张从中央到地方层层分权,让县令、乡、挺等基层组织都有某种实权,进而提高下属治理的灵活性与积极性;恢复古代的宗法制度,实现宗族权力和政权的有机结合。王夫之则提出"宽以养民,严以治吏"的治国策略,对老百姓要轻徭薄赋、藏富于民,要重教轻刑,实行仁政。这些思想都基本上依托于上古禅让时代的理想,寄希望于圣贤君主的存在,问题在于如果君主没有这样的觉悟,那么他们的措施也就沦为空想,这也就是早期启蒙思想与后来民主思想的差别所在。其二,是良法善治的设想。封建社会不是没有法律,但是法律是不是良法那就另当别论了。黄宗羲认为,三代以上是"天下之法",三代以下则是"一家之法",区分二者的标准就是一个"公"字,法度应该是为天下之人设定的,应当维护天下之人的利益,而非一家一姓的利益。问题在于如何确保能制定出确保天下之人的利益,显然靠君主的圣贤仁德也是靠不住的,还得靠制度,这也是后来西方民主思想能够被中国所迅速接受的原因之一。其三,提出了许多具体的养民富民的措施,如王夫之"均天下"的土地分配以及轻徭薄赋、重教轻刑等主张。其中最有代表性的应该是唐甄的养民善政十八条。唐甄认为,养民的关键就是富民,"众为邦本,土为邦基,财用为生民之命"(《潜书·卿牧》),没有老百姓贫困而天下能够达到大治的,具体措施概括起来主要有四类:第一类是鼓励民众从事生产,发展农林渔业生产;第二类是实行轻徭薄赋的政策,让民众安居乐业;第三类是行教化,倡节义,使民众遵守伦理道德;第四类是实行社会福利政策,诸如"发济不失时"等

(《潜书·达政》)。可以说这些主张都是非常切实可行的措施,但是有清一代,却继续采用程朱理学作为官方指导思想,而且用残酷的政治高压和文化专制来实行统治,使得明清实学家提出的一系列关于国家治理的设想沦为空想,只有到了近代,由于西方思想的传入,才达到了他山之石可以攻玉的目的。

(七)近代以来的国家治理思想

通常情况下,中国近代主要是指鸦片战争以来的时期,尽管明朝中后期已经开始出现资本主义生产关系的萌芽,但是由于封建势力强大,中国并没有很快进入资本主义时代,而是在康乾盛世之后,清王朝也进入了封建时代不可避免的衰败循环。政治上,吏治腐败,贿赂公行,"三年清知府,十万雪花银",权贵们横征暴敛,民不聊生,起义此起彼伏。经济上,土地兼并日益严重,苏州、常州、湖州等地,百分之八十的良田集中到地主手中。农民承担的地租高达百分之五十到七十,很难维持正常的生活。军事上,八旗子弟武事荒废,整日游戏玩乐,后来甚至大面积吸食鸦片,军队的战斗力极其薄弱。与此同时,西方资本主义列强带着坚船利炮,叩关而来,经过几次大的战争,使得国土不断被蚕食,白银大量外流,民族生存面临严重的危机。在此情况下,无论是地主阶级的改革派,还是资产阶级革命派,以及农民阶级都基于内忧外患的艰难困境,进行了一系列社会改革和具体实践,在国家治理方面也体现出三千年来未有的变局,呈现出古今中西之争交错复杂的局面,而在其中,中西矛盾,即帝国主义和中华民族的矛盾又成为主要矛盾,古今之争逐渐演化为中西之争。具体而言,首先是龚自珍看到了清王朝的衰败,统治阶级还沉浸在表面的太平盛世之中,而忽略了盛世背后已经出现的巨大危机。由"人功精英""政于京师"的盛世变成了"日之将夕,悲风骤至"的衰世,主要表现在:一是君主大权独揽,大小官员"不能行一谋,专一事",不敢有丝毫作为,政治纠偏功能已经无法实现;二是官场腐败,不学无术,只知道逢迎君上、贪赃枉法;三是八股取士压抑个性,毫无用途;四是土地兼并造成贫富不均日益严重,农民生活极度贫困。龚自珍认为如果不进行"自改革",就会导致由外力引发的"劲改革"。① 因此他呼吁推行自我改革,其主要思想有:一是改革科举制度,取消八股,改试策论;二是分君权,实现君臣共治;三是实行"田相齐"的土地重新分配方案;四是改革边防制度,积极防备西北和东南沿海的外敌入侵。龚自珍的思想其实不仅是继承了明清实学的治理思想,更是体现了要摒弃传统封建社会治理理念,用近代国家治理思想来治理国家的理念,因此他被称为开启风气之先的第一人。

如果说龚自珍的思想还停留在明清实学所开创的古今之争的阶段,而林则徐和魏源则直接由于鸦片战争的影响,开始"开眼看世界",试图从"知悉夷情"中寻找医国新方,将古今之争发展到了中西结合的阶段,反映了传统经世之学从古代走向近代的转变进程,揭开了近代中国面向世界、探求治国兴邦之道的序幕。林则徐在赴广东之前,也跟其他的封建官僚一样,对西方知之甚少,充满了蔑视,但是当他到广东后才发现西方文明并不是传统的华夷之辨那样简单和容易对付,而需要知彼知己,才能战胜对手。于是他开始组织编译外国书报,其中比较著名的有《四洲志》《澳门新闻纸》《洋事杂录》等,结果发现,英国不仅"船坚炮利",而且炮的射程远,可以连续发射,因此建议以粤海关税为经费,"制炮造船"以"制夷","此系海疆长久之计,似宜及早筹办",②从而开启了地主阶级从器物层面学习西方的先河。虽然《四洲志》中有对英国、美国的民主制度的介绍,但是还没有要进行制度改革的设想。林则徐被发配新疆后,魏源在《四洲志》的基础上编成了《海国图志》,明确提出了"师夷长技以制夷"的思想。他说西方的器械文化,是"奇技而

---

① [清]龚自珍.龚自珍全集[M].1辑,上海:上海人民出版社,1975:6.
② [清]林则徐.林则徐书简[M].福州:福建人民出版社,1985:173.

非淫巧",①英国的科学技术和军事力量的确强于中国,要想维护国家主权和民族独立,只有"师夷长技以制夷"才是长远的战略,而"以夷款夷"和"以夷制夷"都只是策略,是权宜之计。学习西方的长技主要就是学习西方的战舰、火器、养兵练兵等技术,魏源也强调要学习西方重视商业、重视贸易,国家才能富强;同时,在《海国图志》中还详细介绍了东西半球主要国家的各种概况,打破了中国长期以来自认为是世界中心的天朝大国迷梦。在继承传统经世实学方面,魏源强调要学以致用,通经致用,不能死读书,要将经学、政事、文章统一起来,才能有益于国计民生,不能照搬古学,而是要根据现实需要有所"审取","存乎实用"。② 为此,魏源主张要根据现实需要,把握时机,兴利除弊,推行改革,无论是经济方面还是政治领域的各种典章、制度、法律,只要符合多数老百姓的要求,就应该坚持下去,反之则应该摒弃。龚自珍、林则徐和魏源的思想,上承明清之际的经世思潮,下启洋务运动和戊戌维新,在中国国家治理思想从古代向近代转变的过程中,发挥了承上启下、继往开来的作用。

真正对整个地主阶级开明派起到震撼作用因而开始出现大规模的洋务运动,则无疑是两次鸦片战争以及在镇压太平天国过程中,西方武器所展示出来的巨大威力,尤其是第二次鸦片战争,英法联军从天津北塘登陆,在八里桥一战,清军五万多人几乎全军覆没,而只有八千人的英法联军只死了5个人,武器上的差距不言而喻。在镇压太平天国的过程中,曾国藩、李鸿章、左宗棠等人开始了一场大规模的学习西方制造枪炮和发展民用工业,进而自强求富的"洋务运动",又称"同光新政",开始了从器物层面学习西方,从而在国家治理方面摆脱了单纯的道德文章治世的观念,将传统治国理念中所轻视的工商业纳入治国的重要范畴中来,这是治国

---

① [清]魏源.海国图志[M].长沙:岳麓书社,1988:30.
② [清]魏源.魏源集[M].北京:中华书局,1986:158.

理念上一个巨大进步。首先,洋务派都意识到了西方物质力量的强大,其背后是科学技术知识支撑以及重视商业的结果。曾国藩认为,自强之道"以学作炸炮、学造轮舟等具为下手工夫,"①第一步就是购买外洋船炮,一方面可以镇压农民起义,另一方面可以加强海防。第二步就是翻译西书和培养西学人才,办洋务不能只靠洋人,必须培养本国人才。也正是在曾国藩等的主持下,清政府于1872年开始陆续派出4批共120名幼童到美国留学,又选派严复等30余人到欧洲留学,这些人归国后多成为国防、外交、科技、教育等领域的领军人物。李鸿章更是认为,面对的西方对手为"数千年来未有之劲敌",西方的科技和军事远在中国之上,这种千古变局同时也是一种机遇,只要应对得当,制器变法,就能转弱为强,实现振兴。变法自强的途径主要就是制造器船、变通科举、发展商业,"今日当务之急,莫若借法以富强,强以练兵为先。富以裕商为本",只要创办企业,振兴商务,发展军事,国家就能摆脱被西方列强所欺辱的局面。其次是中体西用的指导思想。洋务运动时期,除了像郭嵩焘、严复等少数人士以外,基本上都认为西方只是在轮船大炮、武器装备方面强过我们,而在文物制度、政治体制、道德修养等方面,西方远远不及中国。李鸿章就曾说:"中国文物制度,事事远出西人之上,独火器万不能及"。因此,变法主要是"变器不变道"。② 这种思想最典型的表述就是张之洞的中体西用论。张之洞在《劝学篇》中首先对新学和旧学进行了界定,"四书、五经、中国史事、政书、地图为旧学,西政、西艺、西史为新学。旧学为体,新学为用,不使偏废"(《劝学篇·设学》),"中学"即"旧学","西学"即"新学",新旧之争直接转换成了中西之争。张之洞进一步解释说,"中学"主要包括三个方面:一是道统,主要表现为儒家形而上学及其历史传统,现实表现就是三纲五常为核心的礼教;二是学统,主

---

① [清]曾国藩.曾国藩全集·日记二[M].长沙:岳麓书社,1988:748.
② [清]贾桢.筹办夷务始末(同治朝)[M].北京:中华书局,1979:10.

要就是以经史子集为代表的中国学术传统;三是政统,历代王朝传承的中国政治传统,主要就是封建君主专制。三者有机统一,构成了中学的全部内容,也就是中国历史文化传统。"西学"主要包括"西艺"与"西政"两部分,"西艺"主要指西方的自然科学类的技术知识,"西政"主要指西方经济、社会领域内诸多管理制度,不包括西方的政治制度和政治理论。学习西方主要就是要学习西方的科学知识和管理制度,而政治体制、文化、意识形态等则只能用固有的本土传统。实事求是地说,张之洞在对待中西文化方面展示出其开明性的一面,他既反对守旧派的抵制西学,也反对崇洋派的全盘西化,主张在中西之间找到某种结合,进而实现国家的近代转型。中体西用不仅对整个洋务派,而且对后来的维新派也影响甚大,但是一种文化的体和用乃是一个有机的整体,很难说截然分为两截,而只取一半。事实上洋务运动后来的失败也可以说与此有关,虽然洋务运动在实业兴国、军事自强方面很有成就,但是由于封建制度的影响,管理极其腐败,造出的东西质量低劣,表面看起来强大的北洋水师吨位和装备雄踞亚洲第一,但是竟然被差不多同时开始明治维新后的日本打得一败涂地。事实再一次告诉我们,旧瓶装新酒的做法并不能真正实现国家的富强,只有破除不适应时代发展需要的旧制度,政治制度和科学技术同步更新,才能实现真正的富国强兵,从而进入近代国家行列。

在洋务运动的代表中,也有类似郭嵩焘一样的开明人士。郭嵩焘通过研读西方科技、政治与文化方面的译著,认识到西方并非有末无本,而是有本有末。郭嵩焘认为,"西洋立国有本有末,其本在朝廷政教,其末在商贾、造船、制器,相辅以益其强,又末中之一节也。故欲先通商贾之气以立循用西法之基,所谓其本未遑而姑务其末者"①,也就是说,西方强盛的根本不在于器物,而是在于"朝廷政教",在于西方的政治制度、经济制度和文化理念。郭嵩焘

---

① 郭嵩焘.郭嵩焘奏稿[M].长沙:岳麓书社,1983:345.

深入考察了西方的议会制度和亚当·斯密的经济学说,指出英国"推原其立国本末,所以持久而国势益张者,则在巴力门(Parliament)",①议会制度才是英国真正强大的根源,因为有议会制度的存在,老百姓的意见能够得到采纳,由于有两党制的制衡,可以集思广益,作出符合实际的选择。相反,中国的贫弱则在于制度的落后。英国是君民共治,而中国则是君民之间等级森严,因此造成君民不能相通,"中国官民之势,悬隔太甚,又益相掩蔽朝廷耳目,以便其私。是以民气常郁结而不得上达,"②因此,群众的力量往往不能有效发挥。郭嵩焘同时认为,西方的法治优于中国的德治。因为德有盛衰,往往会导致治乱,而法律则公平持久,有利于长治久安。郭嵩焘因此不赞同单纯引进西方科学技术的做法,而是提倡全面学习西方,他尤其不赞同洋务官员那种急功近利的做法,认为西方文明具有整体性,需要从制度、科技、文化、军事等各个方面都进行学习。这种认识是比较超前、难能可贵的,不仅启发了后来的维新变法,也对后来的新文化运动具有某种指引作用。

甲午战争的失败标志着洋务运动法破产,《马关条约》签订之后,帝国主义在中国划分势力范围,掀起了瓜分中国的狂潮。以康有为、梁启超、谭嗣同、严复为代表的维新思想家反思洋务运动的经验教训,跳出"中体西用"的窠臼,主张从制度上入手,学习西方,实行变法,解决国家和民族面临的危机,也因此在治国理念上从洋务运动的器物层面上升到了学习西方政治制度的制度层面,实际上是标志着全面学习和实践西体西用的阶段开始到来。康有为认为,洋务运动失败的主要原因在于"增新而不除旧"所致。③ 他把变革分为四类:购船制械的变器,设邮局、开矿务的变事,改官制的变政,改定国宪的变法。前二者是小变,后二者才是大变,才是根本性的变革。洋务派所讲的小变,只学到了西方国家的皮毛,完全

---

① 郭嵩焘.伦敦与巴黎日记[M].长沙:湖南人民出版社,1982:576.
② 郭嵩焘.郭嵩焘日记[M].长沙:湖南人民出版社,1982:337.
③ 康有为.康有为政论集(上册)[M].汤志钧编.北京:中华书局,1981:238.

是逐末忘本，要想学习西方各国变得强大的根本途径在于学习西方的议会制度，设立议院，实现君民共主。一场轰轰烈烈试图建立类似英国君主立宪的维新运动在全国展开，虽然这一场政治变革只持续了103天就夭折，但是西方的自由、平等的民权理论，议会制度、三权分立的政治设想，富国为先、发展资本主义工商业的经济改革，广开学校、培养人才的现代教育，创立报刊、建立学会的舆论宣传等理念开始深入人心，尤其是谭嗣同对三纲五常和封建君主专制展开了猛烈的批判，号召人民反对纲常名教的束缚，冲破封建旧伦理的网罗；号召受压迫和奴役的民众奋起反抗，打倒封建帝王的强盗政治，冲破专制制度的罗网。这次反封建专制的思想完全不同于明清之际的思想启蒙，而是基于对西方民主制度的深度了解之后展开的批判，尤其是严复对西方自由主义经典著作的翻译，开中国政治学理论之先河，在国内引起了巨大的反响，一场摧毁封建专制的思想和社会运动已经是山雨欲来。

戊戌变法失败后，梁启超总结教训时认识到"民德民智民力，实为政治学术技艺之大原"，[①]认为人民是国家的基础，人民的素质决定了政治的好坏。政治变革必须从解放思想、更新观念开始，梁启超认为，只有塑造具有自由意识的现代国民，国家才有希望。梁启超说："自由者，天下之公理，人生之要具，无往而不适用者也"，[②]人的不自由可以分为两种：一种是人身的不自由，称为"身奴"；一种是精神上的不自由，叫做"心奴"。"身奴"可以借助外力获得解放，而"心奴"却难以通过外力加以解脱。在梁启超看来，培养人民独立思考的能力是破除"心奴"的关键，而途径就是开启民智，改变国民性，实际上后来五四新文化运动早期正是这种思想的实践。

随着对西方了解的深入，一些学者开始从学理上认识到资本

---

① 梁启超.饮冰室合集专集之四[M].北京：中华书局，1989：6.
② 梁启超.饮冰室合集专集之四[M].北京：中华书局，1989：40.

主义取代封建主义的必然。严复就从进化论的角度开始批判韩愈的君主专制理论,认为物竞天择、适者生存是自然界的普遍法则,同样也适用于人类社会,中国如果不奋发图强,进行政治社会制度等方面的进化,就有被淘汰的危险。西方国家的进化程度在整体上已经高出一个阶段,西方之所以富强,不光因为它们有发达的物质文明,更重要的它们在思想文化方面达到了一个新的高度:"于学术则黜伪而崇真,于刑政则屈私以为公"。① "黜伪而崇真"就是科学精神,"屈私以为公"就是民主精神,科学精神和民主精神都以自由为本体,都是自由的体现。可以说通过严复等人对西方文化的介绍,已经基本上形成了要学习西方、用资本主义的制度来取代封建制度的共识。甲午战争和维新运动的失败,使越来越多的知识分子对清政府不再抱有幻想。八国联军侵略中国之后,签订了《辛丑条约》,清政府赔款本息合计白银10亿两,整个近代以来清政府赔款达19.53亿两白银,如果不革命,光是债务只怕都永远还不完,清政府已经完全成了"洋人的朝廷"。在这种排满革命思潮迅速发展的时候,清政府又进行了一场"新政",但是1911年成立的"皇族内阁",13位阁员中,汉人只占4席。可以说正是皇族内阁让孙中山等人彻底看清了清政府的面目,中国只有通过革命才能实行资本主义民主,进入现代国家治理。辛亥革命之后袁世凯夺取了政权,置孙中山先生制定的《临时约法》于不顾,最后还演出一场复辟要当皇帝的闹剧,袁世凯之后的北洋政府,依然只是挂着民国的牌子,本质上仍然是封建主义的那一套。究竟问题出在哪里?为何实现国家治理从传统向现代的转型就如此艰难?包括梁启超、严复、鲁迅、陈独秀等一大批知识分子都认为是民智未开,必须要启发民众,从文化上来一场针对封建主义的革命,使得民众的认识现代化,才是解决图存与富强的根本之道。

资产阶级革命派的杰出代表人物孙中山,不仅在理论上提出

---

① 严复.严复集:第1册[M].北京:中华书局,1986:2.

了后人难以企及的资产阶级共和国治国理政方案,而且也在某些领域进行了实践,给后来的中国共产党人也提供了弥足珍贵的思想财富。中山先生的治国思想主要体现在他的三民主义和建国方略之中。三民主义包括民族、民权、民生三大主义,由同盟会的宗旨"驱逐鞑虏,恢复中华,创立民国,平均地权"发展而来。十月革命和五四运动以后,中山先生又将"联俄""联共""扶助农工"三大政策融入三民主义中来,将之发展为新三民主义。民族主义开始是排满,后来在苏俄和共产党的直接帮助下,明确增加了反帝的内容。中山先生说,只有赶走了帝国主义,"废除我们的卖身契,不做各国人的奴隶,那才算民族主义是完全成功",①同时也将以前的五族共和发展为境内各民族一律平等。民权主义分为"政权"和"治权",只有进行政治革命,推翻君主政体,建立民主立宪政体,从法律上保证人民的四种权力,即选举权、罢免权、创制权和复决权,才是真正的民主共和国;而管理政府的事交给那些有"能"的专家,这就是"治权"。民生主义就是"人民的生活",包括"社会的生存、国民的生计、群众的生命",他甚至认为"民生主义就是社会主义",②主要包括两个方面:一是平均地权,通过国家措施,达到耕者有其田,然后核定地价,照价收税;二是节制资本,防止垄断,凡是涉及大的国计民生产业,如铁路、电气、水道、银行等,都由国家来经营管理,使私有资本不得操纵国计民生。在制度设计方面,孙中山先生提出了行政、立法、司法、考试、监察的五权分立,既吸收了美国三权分立的政府治理模式,又加入了中国古代的考试和监察,中山先生认为这才是世界上最完全、最良善的政府,才能真正为人民谋幸福。由于中国国情所限制,尤其是人民的政治觉悟和民主修养需要循序渐进的提高,中山先生又提出了军政、训政和宪政的三个时期,并对每一个时期要开展的具体事务和应该达到的

---

① 孙中山.孙中山全集:第10卷[M].北京:中华书局,2006:461-462.
② 孙中山.孙中山全集:第9卷[M].北京:中华书局,2006:356.

目的做了详细规定。在建国的具体内容方面,提出了心理建设、物质建设、社会建设与国家建设的四大方略。心理建设主要是宣传孙文学说,物质建设即"实业计划",包括建筑铁路、修治运河、工业发展、矿产开发等,他都提出了详细的规划。社会建设即"民权初步",国家建设内容更广,包括三民主义、五权宪法、地方政府、外交政策等,由于中山先生的逝世,后来仅完成了一小部分。中山先生的治国思想,是一次结合中西和古今的典范之作,但是由于他的逝世,其建国方略绝大部分都没有来得及实施,后来的国民党右派上台后基本上废除了中山先生的三大政策,尤其是中山先生所看重的民权和民生基本上都没有得到解决。更为关键的是,他的民生主义纲领就当时情况来看,根本就不可能解决广大农民的切身问题。这一点正如列宁所指出的:"孙中山的纲领的字里行间都充满了战斗的、真诚的民主主义……他们在主观上是社会主义者",但是制定出来的却是"纯粹资本主义的、十足资本主义的土地纲领",[①]因此,中国国家治理的真正现代转型还需要有新的理论形态来指引。

(八)五四以来的国家治理思想

辛亥革命的果实被袁世凯窃取后,国人所希望的民主平等、独立富强、安定繁荣都没有实现,问题出在哪里?要么就是中国学习西方的资产阶级民主还有不够到位的地方,要么就是西方资产阶级民主本身就有问题。实际上陈独秀、李大钊、鲁迅、胡适等新文化运动的主将开始反思民国初年政局动荡的根源,都认为是缺乏一场思想革命。群众对革命熟视无睹,如观对岸之火,因此必须要呐喊,要唤醒他们,要从精神文化上对封建专制进行批判,要让民主和科学的观念深入人心,要进行伦理革命和文学革命,通过塑造

---

① 列宁.列宁全集:第 2 卷[M].北京:人民出版社,1995:291-294.

国民性来建设现代国家,这基本上是五四新文化运动前期的主要特点。然而,随着第一次世界大战的爆发,资本主义本身的内在危机使得陈独秀、李大钊等人开始对西方文化产生怀疑,巴黎和会上中国外交的失败,使得国内诸多知识分子看清了西方弱肉强食、欺负弱小的本质,他们根本就不会允许一个强大的中国出现。中国出路在何方?当时出现了三种主要的思想:第一种是以杜亚泉等人为代表的东方文化派,认为西方已经没落,只有东方文化才能拯救世界;第二种是坚持效仿西方的全盘西化论,以胡适的好政府主义和黄凌霜、区声白的无政府主义为代表,提倡自由主义;第三种是李大钊提出的"第三文明",即马克思主义派,认为只有科学社会主义才能救中国。马克思、列宁主义这时候之所以能够在中国被如此重视,一个原因是基于十月革命的成功,使得全世界人民看到了一种来自无产阶级的力量,一种不同于资产阶级民主的另一种民主制度;另一个非常重要的原因就是列宁的社会主义初级阶段学说给广大落后的国家和人民指明了一条获得解放的道路。我们知道在马恩的经典文献里面,社会主义只能在资本主义高度发展的阶段上才能建成,那么像中国这样还没有资本主义或者说资本主义发展不充分的国家就与社会主义暂时还无缘,但是列宁提出可以先通过政治革命,夺取国家政权之后,在无产阶级专政的政体下实行国家资本主义和思想文化革命,然后在条件成熟的时候进入到社会主义,他将其称之为社会主义初级阶段。这种理论无疑给当时的中国知识分子点亮了一盏明灯。

  以杜亚泉的东方文明救国论为例,可以肯定的是,他看到了西方文化的问题,如西方迷信"强有力主义","一切是非,置之不论,而以兵力与财力之强弱决之",①不能真正解决实际问题;同时,西方也强调实用主义和物质主义,导致大多数人埋没于物质生活之中,个人的精神生活无所寄托;此外他并不一味反对西洋文明,而

---

① 伧父.迷乱之现代人心[J].东方杂志,1918,15(4).

是主张以中国固有的文明来解决中国固有的难题。应该说这是比较客观的观点,问题在于近代以来的历史已经无数次证明中国传统的政治体制已经无法适应世界潮流的发展要求,尽管传统治理思想中有很多优点,但是作为一个系统已经无法解决中国半殖民地半封建的社会问题,皮之不存,毛将焉附?!在未彻底获得民族独立和人民解放之前,试图回归传统的任何做法,都免不了被边缘化的困境,后来兴起的新儒家也面临着同样的境遇。

继续推崇西方自由主义理念的主要代表,一个是胡适的改良主义,基于杜威的实用主义,认为进化不是一朝能完成的,反对马克思主义的那种根本的解放和改造,要"注重具体的事实与问题","实地考察今日中国的社会需要是什么东西",而不是在那里高谈什么"总解决"。① 这就是"问题与主义"的争论。李大钊在《再论问题与主义》中指出:要认识和解决中国的问题,必须有一个共同的主义做指导才行。如果没有一个共同的主义,面对很多实际问题,认识都很难一致,更谈不上解决问题。马克思主义并不是空谈理想,而是强调经济问题是最根本的问题,只有经济问题得到解决,其他的社会、政治问题才可以得到根本解决。实际上胡适提倡的"好政府",希望政府能够为社会全体谋取福利,充分容纳个人的自由,能够有计划管理国家事务,把希望寄托在那些具有"奋斗精神"的好人身上,"凡是社会上优秀分子,应该为自卫计,为社会国家计,出来和恶势力努力奋斗",②严重脱离国情,不啻于空想,是根本行不通的。另一个主张绝对自由主义的派别就是黄凌霜、区声白等人的无政府主义,从极端个人主义出发,主张个人完全自由,不受一切统治,主张先通过激进手段消灭政府和国家,然后"本着自由平等博爱之真精神",建设一个"无地主、无资本家、无首领、无官吏、无代表、无军队、无监狱、无警察、无裁判所、无法律、无宗

---

① 胡适.胡适文集:第2册[M].北京:北京大学出版社,1998:249.
② 胡适.胡适文集:第3册[M].北京:北京大学出版社,1998:329.

教、无婚姻制度"的社会。① 针对这种不了解历史也完全不符合实际的糊涂观点,陈独秀等人明确指出:在人类社会中,自由从来都是相对的,没有约束的、绝对的自由从来就不存在。从这里我们也可以看出,全盘西化论的观点根本就没有深入了解中国的国情,也根本不符合中国的实际,加上西方根本就不希望有一个强大的资本主义中国存在,所以这些方案也是注定要失败的。

  每个时代都有其核心的问题。就中国鸦片战争以来的近代来说,最基本和关键的问题首先是如何解决生存的问题,然后才能谈发展和其他的问题。辛亥革命后的乱象使得五四新文化运动早期的健将们认为只要来一场思想革命,使得国民树立起科学和民主理念,那么国家就自然会强大,民族生存的问题就能得到解决。实际情况是,这一思想运动往往局限于知识分子中间,广大的工农群众根本未发动起来,同时他们仍然处于封建主义和帝国主义的双重压迫之下,过着极其贫苦的生活。如果不能解决好最广大的工农群众的生存问题,只依靠力量弱小且又不去关注最底层百姓生活的资产阶级,其实不论是器物、制度还是文化层面的推进都基本上不可能彻底解决中国近代以来的救亡的历史任务。而这些问题随着马克思主义的传入,随着李大钊和陈独秀等人转变成共产主义者,可以说都可以得到很好的解答。陈独秀、李大钊运用马克思主义的剩余价值学说、唯物史观以及阶级斗争等理论,很精辟地分析了中国社会的问题,并且指出了出路就在于社会主义。陈独秀、李大钊通过马克思的剩余价值学说揭示了资本家无偿占有工人创造的"余值",是现代资本主义的秘密,是工人贫穷和失业的根源,加上封建专制的双重压迫,是造成中国近代贫穷落后的主要原因,中国要生存要发展就必须反帝反封建,建立适合生产力发展要求的社会主义新体制才是唯一出路。陈独秀认为,少数的资产阶级利用国家、政权、法律等机关,"把多数勤苦的生产的劳动阶级压在

---

① 无政府共产主义同志社宣言书[N].民声.1914-07-04(17).

资本势力底下",①劳动阶级过着牛马不如的生活,靠资产阶级发善心,靠走资产阶级的议会道路,都是不现实的。假如走议会道路,则"不但主义不能施行,而且和资产阶级同化了,还要施行压迫劳动阶级反对社会主义的政策",②唯一的办法就是劳动阶级联合起来,建立组织尤其是要组建自己的先锋队共产党,才有可能领导广大的劳动阶级起来革命,打倒封建军阀和帝国主义,建立民主政治的全国统一政府,最终才能改变自己的命运。李大钊也指出,在资本主义制度下,只有少数资本家的自由,没有劳动者的自由,只有推翻资本主义剥削制度后才有劳动者真正的自由。中国要想发展经济,要想实现真正平等,要想中国问题得到根本的解决,必须走社会主义道路。按照马克思主义生产力决定生产关系、经济基础决定上层建筑的原理,只要解决了最广大的劳动者的经济问题,其他的问题都可以迎刃而解,"经济问题的解决,是根本解决。经济问题一旦解决,什么政治问题、法律问题、家族制度问题、女子解放问题、工人解放问题,都可以解决"。③ 李大钊还提出,社会主义的基本原理需与中国具体国情相结合的思想。真理往往是越辩越明,马克思主义者后来与自由主义、实业派、无政府主义以及后来的传统文化派展开了争论,争论的最终结果是更加凸显了马克思主义的科学性和真理性。1921年中国共产党成立,在毛泽东、周恩来等老一辈革命家的带领下,经过了28年的艰苦奋斗,团结最广大的工人、农民、知识分子以及其他的爱国人士,最终完成了反帝、反封、反官僚资本主义的伟大胜利,建立了社会主义的新中国,开启了国家治理的新局面。

---

① 陈独秀.陈独秀著作选编:第2卷[M].上海:上海人民出版社,2009:252.
② 陈独秀.陈独秀著作选编:第2卷[M].上海:上海人民出版社,2009:255.
③ 李大钊.李大钊全集:第3卷[M].北京:人民出版社,2006:6.

(九)建国以来的国家治理思想

新中国成立后,关于国家治理的思想也有一个发展变化的过程,其中可以划分为三个比较明显的阶段:社会主义革命和建设时期,以毛泽东的政治思想为代表;改革开放的新时期,以邓小平的政治思想为代表;全面深化改革的新时代,以习近平新时代中国特色社会主义思想为代表。其中既有以马克思主义政治学说为指导的一贯性,又有工作重心转移、社会主要矛盾变化的重大区别,也因此体现出马克思主义基本原理与中国具体国情深度结合的发展历程。

在社会主义革命和建设时期,在很大程度上我们照搬了苏联的国家治理模式,直到中苏论战之后开始强调独立自主。这段时间的经验和教训都是比较深刻的,1949年中华人民共和国成立后,社会的主要矛盾究竟是落后的生产力同物质文化需要的矛盾还是无产阶级专政下继续革命的阶级斗争矛盾,这是判断这段时期国家治理得失的重要标准。在相当长一段时间内,我国进行社会主义四个现代化的建设,制定五年规划,经济建设和社会发展取得了巨大进步;但是在中苏大论战之后,毛泽东认为在相当长一段时间内,国内外无产阶级和资产阶级的斗争是主要的矛盾,而且将在一定范围内长期存在,因而开展了将近十年的"文化大革命",经济发展非常缓慢,整个国家也处在一个比较混乱的状态。这其中既有党内长期以来"左"的思想影响,也有在治国理政上未能正确区分传统治国的精华与糟粕有关。毛泽东在《七律·读〈封建论〉呈郭老》的诗里面说:"劝君少骂秦始皇,焚坑事件要商量。祖龙魂死秦犹在,孔学名高实秕糠。百代都行秦政法,十批不是好文章。熟读唐人封建论,莫从子厚返文王。"明显看得出来,在治国理政上,他是有重法家轻儒家的倾向的。因为毛泽东早年放弃了去欧洲留学,因此对西方的国家治理制度没有设身处地的了解,因而在治国理政上倾向于中国传统的方面可能会多一些。

在毛主席逝世后,中国的发展道路将向何处去?国家的核心任务是继续以阶级斗争为主还是转移到经济建设上来,邓小平以关于真理标准问题的讨论为基础,提出了反对"两个凡是",并重新确立了党实事求是的思想路线,将党的建设重心转移到经济建设上来,并总体上设计了改革开放的总路线,使得国家经济、社会、文化各个方面迅速发展,一跃成为世界第二大经济体。在国家治理方面,邓小平大胆引进西方资本主义某些先进的管理经验,也包括要吸收西方政治制度合理因素,推进我国的政治体制改革。

由于中国特色社会主义是一项前无古人,没有可资借鉴的道路模式,随着中国经济高速发展将近40年,在经济取得巨大成就的同时,也积累了诸多的问题。以习近平同志为核心的新一代党中央集体,本着全面深化改革,推进中国特色社会主义更高水平、更高质量的发展,在国家治理方面,提出了国家治理能力和国家治理体系的现代化,从结构与功能两个层面思考国家治理的完善问题。应该说这不仅是对以往整个世界国家治理的历史总结,也是立足于我国实际,建设新时代中国特色社会主义国家治理体系的新思考,具有非常重要的理论意义和实践意义。

二、中国传统治理思想演变进程中的规律分析

在整个中国国家治理发展和演变的过程中,仔细分析还是发现有一些内在的规律,总结这些规律,对于推进新时代的国家治理体系和治理能力现代化,更好建设社会主义现代化强国具有重要的参考价值。

一是与生产力发展阶段基本吻合。按照历史唯物主义的观点,生产力决定生产关系,经济基础决定上层建筑。不同的历史时代需要不同的国家治理措施。在夏商周奴隶制时期,由于中国早期国家是从部落和家长制发展而来,因此带有明显的家国同构的

封建宗法制特色，实行层层分封，对自由民实行仁政也就成为我国奴隶制国家治理的主要特色。奴隶社会发展到后期，由于生产力的发展，特别是铁器的使用，物质生产能力大幅提升，养活奴隶已经不成问题，同时也由于奴隶的反抗和地方诸侯国对中央权力的威胁，使得农民最终代替了奴隶，使得郡县制最终替代了分封制，也同时形成了儒、墨、道、法等各具特色的诸子百家治理思想得以形成。其中的儒家和法家更是代表了德法并举、刚柔兼备的治国策略而得到封建社会统治者的大力提倡，同时也由于很难对最高权力以及既得利益者进行限制，因而整个封建社会始终难以摆脱兴衰治乱的历史循环。这种格局直到近现代资本主义列强入侵，国内外资本主义有所发展，同时又面临严重的民族生存危机的情况下，一大批仁人志士探索国家民族的出路，先后经历了器物、制度、文化的学习西方，最终国家治理观念演变为资本主义和社会主义两种现代模式，大浪淘沙，结合中国具体国情而演化出来的中国特色社会主义治理模式完成了民族独立和国家富强的两大历史任务，成为当前中国最主要的治理理念。在整个中国国家治理理念发展的路径中，始终没有离开大的历史发展阶段，与生产力和生产关系的发展总体上是互相吻合的。

二是儒家与法家始终占据主导地位。在中国思想史上，自先秦诸子百家之后，形成了儒、释、道三教并立的局面，但是在国家治理的主导思想方面，则基本上儒家与法家一直占据主导。究其原因，一是因为统治阶级的提倡，尤其是董仲舒和朱熹对儒学的改造，使得"三纲五常"以及"天理人欲"有了形而上的依据，同时更符合封建统治阶级维护其君君臣臣父父子子的统治。另一个重要的原因也可以从传统和人性中得到解释。从传统来说，儒学继承了自三皇五帝以来国家治理的优良传统，其主要内核就是以德治国，以民为本。而法家思想也是继承了古代以来治国之道，文武并重的传统。从人性来说，的确有善良和邪恶之分，善良往往是社会的多数，所以需要积极提倡儒家的思想，而社会总有一些对社会、对国家不满,甚至有些就是本性就比较恶劣的人群,显然国家机器专政的职能由法家思想得到很好的诠释。儒法在整个古代社会占据主导,并不是说其他的治国理念就无法生存下去,有些是适应了不同的群体,如道家、佛教的很多理念,依然在知识分子以及广大民众中有相当的市场,比如道家的逍遥和隐士的自由主义态度,佛教的因果报应、轮回观念,只要不危及王权政治,就不会引发如三武一宗灭佛事件的发生。另外,其余的诸子百家的很多理念也往往融汇到主流的意识形态中去,如阴阳五行说就被董仲舒所吸收,佛教的思想被宋明理学所汲取。但是尽管儒法并举,并不能保证国家的长治久安,整个封建社会往往陷入物极必反、兴衰治乱的黄炎培怪圈中去。

三是总是呈现兴衰治乱的历史循环。此一兴衰治乱之循环,不独中国有之,西方亦是如此,只不过国祚之长短是有差别的。就中国而言,先秦之前,夏商周三代,都国祚较长,起码都在五百年以上,但是进入秦朝之后,能超过三百年的就已经非常稀少,其中的深层原因的确值得思考。一方面,我们可以从权力配置层面来找到答案。先秦之前,地方诸侯国权力较大,一个地方出问题,甚至中央政府出问题,地方都可以帮助其纠偏。但是进入封建社会之后,中央集权专制越来越严重,全国上下都听命于皇上,地方没有实权,因此才会出现类似清20多万人打败上亿人口的明朝,如入无人之境。所以黄炎培在回答毛主席如何避免兴衰治乱的历史怪圈时谈到民主是有道理的。但是兴衰治乱的周期发展其实也涉及一些人性或者说历史的周期性规律,比如开国君主都吃过苦,经历过战乱,知道打江山和守江山都不容易,因此施惠于民。但是后来的君主,锦衣玉食,哪里知道生活的艰辛,就如晋惠帝回答告荒歉者说"胡不食肉糜"一样,老百姓连充饥的都没有了,他还问怎么不吃肉。不理政事、治理能力低下就更不用说了。此外,承平日久,对于民众来说,一种可能是耽于玩乐,进取之心减退,所谓生于忧患死于安乐,当今很多福利国家都陷入此怪圈;另一种情况就是社会分化加剧,土地兼并严重,广大的民众贫无立锥之居,吃饭问题都无法解决,一遇天灾人祸,饥民变为流寇,改朝换代的大动乱便由此发生。那么,当社会问题凸显之时,一些有识之士发动的改革为什么总是成功者少,失败者多?个中原因恐怕除了领导者自身素质和能力之外,更多的就是利益集团的博弈,其中也与有良知的士大夫是否尽到责任以及是否有相应的制度保障密切相关,当今必须注重社会及舆论监督。

四是民生福祉是国家安定的基石。国家形成的最基本的条件就是以广大的民众作为基础,没有民众的生产和支持,少数的精英或者统治者就成了无源之水、无本之木,这是一个浅显而又深刻的原理,但是在历史上往往末世以及乱世的统治者都忽视或者忘记了这一点。有的统治者迷信残酷的法制和血腥的镇压,但是一旦时移世易,百姓的反抗则更为猛烈;有的统治者自我膨胀,看不起劳动人民,不施恩于民,甚至鱼肉百姓,最终导致民不聊生,揭竿而起,最终也毁掉了自己的政权。所以,民为邦本,让百姓安居乐业,不是一句空洞的口号,而是治国的根基。在这一点上,儒家是非常重视民众的,孟子说民为贵、君为轻,社稷次之,唐太宗说君如舟、民如水,水能载舟,亦能覆舟,讲的原理都是民众或者说人民才是历史的真正主人,统治者从根本上说是为民众服务的。这种理念在古代社会,只有靠统治者的善心才能得到落实,而没有社会监督的个人道德或者修养往往是靠不住的。所以,近代西方以来的民主观念和制度是国家能够长治久安的核心要素,因为一旦权力真正属于人民,人民就可以罢免那些不为民众做事的官员,那么民众的基本生存能够维持,社会就不会出现大的动荡,不会危及国家的统治。

五是坚持与时俱进的政策调整。古今中外就没有一个包治百病的灵丹,国家治理也是如此,没有一个可以亘古不变的治理模式。社会总是处于不断的发展变化之中,包括经济、科技、文化、思想等经济基础、上层建筑都处于发展变化之中,理想的治理模式必须适应时代的发展变化做出相应的调整,从而做到上层建筑和经济基础的良性互动。正如西塞罗所说,国家治理的三种模式——君主制、贵族制和民主制,每一种都有相应的问题,君主制可能会演变为暴君统治,贵族制可能会演变为寡头政治,民主制可能会走向暴民政治和无政府状态,往往会陷入周期性的革命和轮回,因此他主张三种政体互相联合、互相纠正,进而形成的共和政体是比较理想的治理模式。实际上,在现实操作过程中,很难把这三种政体混合在一起,但可以根据时代的变化,求得权力集中、民主决策、精英管理三者之间的某种平衡,在适当的时候可以在坚持民主的基础上适当加强上层的权力集中,以防止民主制可能带来的无政府状态。但是如何保证权力不至于走向专制和寡头,不至于成为脱缰的野马,也许这些还需要在实践中才能寻找到答案。从理论上说,面对社会出现的问题,进行有针对性的社会变革,就可以实现国家的长治久安;但是在实际运作中,由于诸多因素的影响,尤其是既得利益集团的阻挠,历史上的改革往往是失败者多,成功者少。因此,总结历史上改革的成败得失,探索一些规律性的东西,对于国家的长治久安具有很好的参考价值。

第一章

中国古代国家治理思想的主要流派

一、为政以德：儒家的国家治理思想

在世界文明史上，能够如中华文明延续上下五千年而没有中断的现象是比较罕见的。整个封建社会延续两千多年，形成超稳定的社会结构，以至于到了近代自身都很难进入资本主义时代，需要借助外力才能实现从古代到近代社会的转型，这其中的原因是多方面的，但是不可否认的是儒家文化，尤其是儒家的治理思想在其中起着关键的作用。近代以来，在寻找救国救民的道路上，后来发展到了全盘否定传统，尤其是儒家文化的现象。从历史的发展逻辑来看，其中有着合理的因素，尤其是经过宋元明清的宋明理学思想的禁锢，从本质上说儒学已经被佛道的禁欲主义所同化，因而丧失了原始儒学的经世致用精神，不能承担起国家富强和稳定的社会功能。但是如果我们从整个儒学的精神实质和发展脉络来看，儒家的很多思想，尤其是修齐治平、为政以德的治理理论和实践，具有超越时代的长远价值。

(一)大同仁政:儒家的理想治理

孔子全部的政治主张都是以仁政为出发点来展开,但是关于"仁"的定义,孔子并没有给出一个确切的定义,只是针对不同的场合有过不同的解释。如《论语·颜渊》上樊迟问仁。子曰:"爱人。"《论语·子路》篇说"刚毅木讷近仁"。《论语·阳货》篇子张问仁,孔子回答"恭则不侮,宽则得众,信则人任焉,敏则有功,惠则足以使人",具备了恭敬、宽厚、诚信、勤勉、慈惠这种五种德目便是仁。实际上在所有关于仁的解释中,还是仁者爱人最切合孔子本意,因为儒家主要就是通过治理达到人人相爱,使无情者不能尽其辞的和谐状态,所以说仁爱乃是孔子治理思想的出发点,而他想达到的理想政治状态就是仁政,这里的仁政其实就是善政的意思。我们知道,如果把个人的追求概括为真善美三个范畴的话,那么与人际关系相对应的就是善,这一点我们可以从《中庸》里面的"知、仁、勇"三达德看得出来。仁就是仁爱、良善,是人际关系达到的和谐状态,仁的最高境界就是知识、品德、审美合为一体的崇高境界,西方称之为哲学王,中国称之为圣贤。在圣贤治理下的社会就是人人相爱、和谐富足的大同社会。只有把握住孔子的大同理想才能明白他的仁政思想,才能明白他的精神境界。《礼记·礼运篇》上说:"大道之行也,与三代之英,丘未之逮也,而有志焉。大道之行也,天下为公,选贤与能,讲信修睦。故人不独亲其亲,不独子其子,使老有所终,壮有所用,幼有所长,鳏寡孤独废疾者皆有所养,男有分,女有归。货恶其弃于地也,不必藏于己;力恶其不出于身也,不必为己。是故谋闭而不兴,盗窃乱贼而不作,故外户而不闭,是谓大同。今大道既隐,天下为家,各亲其亲,各子其子,货力为已,大人世及以为礼,城郭沟池以为固,礼义以为纪,以正君臣,以笃父子,以睦兄弟,以和夫妇,以设制度,以立田里,以贤勇知,以功为已。故谋用是作,而兵由此起。禹、汤、文、武、成王、周公由此其选也。此六君子者，未有不谨于礼者也。以著其义，以考其信，著有过，刑仁讲让，示民有常，如有不由此者，在势者去，众以为殃。是谓小康。"这里我们来看儒家的大同理想：没有私有制，人人尽自己的能力为社会劳动；老弱病残受到社会的照顾，儿童由社会教养，一切有劳动能力的人都有机会充分发挥自己的才能；没有特权和世袭制，一切担任公职的人员都由群众推选；社会秩序安定，夜不闭户，道不拾遗；对外"讲信修睦"，邻国友好往来，没有战争和阴谋。这种理想的社会应该在原始共产主义社会时期在历史上存在过，孔子所向往的正是那种公平正义、和谐文明、衣食无忧的上古社会。后来的这种善政不复存在，按照摩尔根的《古代社会》里面的说法，由于财物的增长，后来产生了私有制，由公天下变成了家天下，形成了由家庭、国家、天下所构成的政治生态，这时候治理国家就得以礼、义为纲纪，形成奖善惩恶的制度，让社会能够稳定运行，这就是小康社会。当然还有一种状况，就是春秋战国时期的礼崩乐坏，社会混乱，孔子认为，必须用大同和小康社会的标准来让社会重回正轨，最紧迫的就是恢复礼乐刑政的治理体系。

（二）秩序底线：儒家礼法制度的精神内核

在《史记·乐书》中，司马迁在讲到儒家的治理思想时，提到了"礼乐刑政"、综合治理的思想，"故礼以导其志，乐以和其声，政以壹其行，刑以防其奸。礼乐刑政，其极一也，所以同民心而出治道也。"应该说这种概括是比较准确的，单纯谈礼治和为政，虽然也是儒家治理思想的核心要素，但是总觉得不够全面，比如儒家的诗教以及春秋大义就不能很好地得到说明，因此从礼乐刑政四个方面来理解和把握孔子的治理思想，就显得更加完整。这四个方面兼顾了自律与他律、动机与结果、事前与事后，才是一个完整的系统。

在孔子那里，有时候仁是指一些具体的道德条目，如恭宽信敏惠等，有时候又指道德修养的最高境界，这种境界有时候称为"至善",有时候也称为"大乐",如《论语·泰伯》:"兴于诗,立于礼,成于乐",似乎没有一个固定的结论。但是如果我们相信真善美在最高层次上是一个统一体的话,就可以明白"仁"的最高境界其实就是真善美达到极致的和谐状态,所以应该把"未知,焉得仁?(《论语·公冶长》)""人而不仁,如礼何?人而不仁,如乐何?(《论语·八佾》)"等话统一起来看,"仁"是包容知识、智慧、德性、秩序、审美等达到和谐统一的理想境界。其中,从个人修养来说,主要包括内在的乐教和外在的礼教;从社会层面来说,包括政治层面的制度建构以及违反社会秩序之后的惩罚体系。

"礼"的本义是规范,是人们在社会、家庭等活动中必须遵循的行为准则,包括政治、经济制度以及道德准则等。在孔子之前,礼制已经相当完备,并且发挥了巨大的作用。《左传·隐公十一年》上有"礼,经国家、定社稷、序人民、利后嗣者也"的记载,《左传·昭公十五年》上有"礼,王之大经也"的说法,《礼记·曲礼上》说:"道德仁义,非礼不成;教训正俗,非礼不备;分争辨讼,非礼不决。君臣、上下、父子、兄弟,非礼不定",可见礼制是中国漫长的历史进程中演化出来的一套社会秩序。它不仅是社会生活各个方面的行为准则,所以孔子说:"不学礼,无以立"(《论语·季氏》),每个人都要做到"非礼勿视,非礼勿听,非礼勿言,非礼勿动"(《论语·颜渊》);而且还是一套相对于法制来说更温和、更容易让人接受的秩序,《论语·为政》上说:"道之以政,齐之以刑,民免而无耻;道之以德,齐之以礼,有耻且格。"意思是说用政令来治理百姓,用刑法来整顿他们,老百姓只求能免于犯罪受惩罚,却没有廉耻之心;用道德引导百姓,用礼制去同化他们,百姓不仅会有羞耻之心,而且有归服之心。国家要长治久安,就不能只用政令和刑罚,而是要把道德和礼制放在首位,百姓才会心悦诚服。但是这里并没有说孔子就要放弃为政和刑罚,而是强调道德和礼制的优先性。关于道德与礼的关系,《论语·泰伯》上记载了孔子的话说:"恭而无礼则劳,慎而无礼则葸,勇而无礼则乱,直而无礼则绞。君子笃于亲,则民兴于仁。故旧不遗，则民不偷。"意思是说只是恭敬而不以礼来指导，就会徒劳无功；只是谨慎而不以礼来指导，就会畏缩拘谨；只是勇猛而不以礼来指导，就会闯祸；只是率直而不以礼来指导，就会说话尖刻。在上位的人如果厚待自己的亲属，老百姓当中就会兴起仁的风气；君子如果不遗弃老朋友，老百姓就不会对人冷漠无情了。恭敬、谨慎、勇敢、直率等美德，也必须要用礼来规范，否则就会走向反面。

孔子认为，礼是个人在社会立足的基础，"不学礼，无以立"（《论语·季氏》），也是国家政治事务的基本规范，"为政先礼，礼其政之本与！"（《礼记·哀公问》）那么究竟礼的内容包括哪些呢？实际上古代的小学学习的小六艺里面"礼乐射御书数"，"礼"排在第一位。关于其具体内容，除了考察民间习俗之外，文献记载的主要就是《周礼》《仪礼》《礼记》这三部文献。在这些文献中，我们可以看出统治阶级之间分成了天子、诸侯、卿大夫、士四个等级，用嫡长子继承制、官僚制度，甚至于日常生活中使用的各种器物都有严格的规定。对于普通人来说，一个人从出生到死亡，都要遵循严格的礼仪制度，比如婚姻、丧葬都有一套严格的程序，而儒家开始主要就是从事"礼"仪这一职业的。概而言之，礼有吉礼、凶礼、军礼、宾礼、嘉礼等五大类，就婚姻来说，就包含纳才、问名、纳吉、纳征、请期、亲迎等六道程序，目前在中国很多地方都还在采用。而《礼记》里面除了很多解释《仪礼》以及王制的专篇之外，还有很多是阐述周礼意义的，如《曾子问》《礼运》《礼器》《郊特牲》《内则》《学记》《乐记》《祭法》《祭义》《祭统》《经解》《哀公问》《仲尼燕居》《孔子闲居》《坊记》《中庸》《表记》《缁衣》《问丧》《服问》《间传》《三年问》《儒行》《大学》《丧服四制》等，里面包含了丰富的哲学思想、教育思想、政治思想和美学思想，对于了解儒家礼制文化内涵具有非常重要的作用。

(三)乐与政和:儒家乐教的和谐意义

儒家推崇教育,教育又分知识教育、道德教育和文艺教育,尤其是优秀的文学艺术能规范人们的内心世界,培养良好的心性素质,人心定则天下太平,社会也因此能够和谐稳定和长治久安。在先秦诸子百家中,强调诗歌以及音乐对社会治理的作用方面,儒家无疑非常具有特色,而且也对后世产生了深远的影响,时至今日,我们都还常常用是否儒雅来评判一个人,这其实都得益于儒家的文艺教育。孔子关于文艺及其伦理对社会治理的论述,主要见于《诗经》和《乐经》,但是《乐经》已经遗失,目前只能通过《乐记》一篇来管窥儒家的文艺治国思想。

凡音之起,由人心生也。人心之动,物使之然也。感于物而动,故形于声。声相应,故生变;变成方,谓之音;比音而乐之,及干戚羽旄,谓之乐。乐者,音之所由生也;其本在人心之感于物也。是故其哀心感者,其声噍以杀。其乐心感者,其声啴以缓。其喜心感者,其声发以散。其怒心感者,其声粗以厉。其敬心感者,其声直以廉。其爱心感者,其声和以柔。六者,非性也,感于物而后动。是故先王慎所以感之者。故礼以道其志,乐以和其声,政以一其行,刑以防其奸。礼乐刑政,其极一也;所以同民心而出治道也。凡音者,生人心者也。情动于中,故形于声。声成文,谓之音。是故治世之音安以乐,其政和。乱世之音怨以怒,其政乖。亡国之音哀以思,其民困。声音之道,与政通矣。宫为君,商为臣,角为民,征为事,羽为物。五者不乱,则无怗懘之音矣。宫乱则荒,其君骄。商乱则陂,其官坏。角乱则忧,其民怨。征乱则哀,其事勤。羽乱则危,其财匮。五者皆乱,迭相陵,谓之慢。如此,则国之灭亡无日矣。郑卫之音,乱世之音也,比于慢矣。桑间濮上之音,亡国之音也,其政散,其民流,诬上行私而不可止也。凡音者,生于人心者也。乐者,通伦理者也。

——《礼记·乐记》

在整个世界文化中,把音乐(其实代表整个文学艺术)上升到治国理政的高度,儒家无疑算是佼佼者。中国以文艺教育来建立伦理之事由来久远。在古代,不仅乡学,而且国学都以"六艺"为教育的主要内容。《周礼·地官·大司徒》:"以乡三物教万民而宾兴之:一曰六德,知、仁、圣、义、忠、和;二曰六行,孝、友、睦、姻、任、恤;三曰六艺,礼、乐、射、御、书、数。""乡学"中以六德、六行和六艺教民。《周礼·地官·保氏》:"掌谏王恶,而养国子以道。乃教之六艺:一曰五礼,二曰六乐,三曰五射,四曰五驭,五曰六书,六曰九数。"国学中亦以"六艺"教"国子",而此两者俱为"小学",而"大学"中则以"乐德""乐语""乐舞"等作为教学内容。《春官·大司乐》载:"以乐德教国子中、和、祗、庸、孝、友;以乐语教国子兴、道、讽、诵、言、语;以乐舞教国子舞《云门》《大卷》《大咸》《大韶》《大夏》《大濩》《大舞》。"比之"小学",更为高深。《礼记》则以《诗》《书》、礼、乐为国学教育内容,《礼记·王制》上有"乐正崇四术,立四教,顺先王《诗》《书》、礼乐以造士",所述与《周礼》略有分别,然皆不出于艺和德两个范畴。

春秋以降,礼坏乐崩,学术下移,私学繁盛。孔子最早创立私学,继承西周以来的礼乐教化传统,仍用"六艺"教育弟子。《史记·孔子世家》记载:"孔子以《诗》、《书》、礼、乐教,弟子盖三千焉,身通六艺者七十有二人"。孔子不仅删定六经,而且就德、艺关系进行了深刻阐述,进而奠定了中国几千年来正统的文艺伦理观。孔子提出君子为学,当"志于道,据于德,依于仁,游于艺"(《论语·述而》),特别重视《诗》、礼、乐在君子修养中的重要作用。上海博物馆藏的楚简《孔子诗论》中有"诗亡隐志,乐亡隐情,文亡隐言"的说法,在第二十一简上孔子用善、喜、信、美来概括自己阅读作品的感受,诚如方铭先生所说,孔子一再强调了诗、乐、文所表达的内容都是要合符仁义的无邪之志、无淫之情、无私之言,才能经夫妇、成孝敬、厚人伦、美教化、移风俗。① 教育要"兴于诗,立于礼,成于乐"(《论语·泰伯》),其教育的终点和起点都是艺术,并将"成于乐"作为君子修养的最高境界。孔子之所以将德、艺并举,并且高度重视,是因为他认为道德和艺术是相通的,都是本于人的性情。《礼记·乐记》对此有比较集中的概括:"凡音之起,由人心生也。人心之动,物使之然也。感于物而动,故形于声。声相应,故生变。变成方,谓之音。比音而乐之,及干戚羽旄,谓之乐","金石丝竹,乐之器也。诗,言其志也;歌,咏其声也;舞,动其容也。三者本于心,然后乐器从之",这里不仅指出了乐是包括"乐器"、诗、歌、舞等多种方式的广义的艺术形态,实际上后来儒家的文艺伦理思想也是广泛渗透了绘画、建筑等各个艺术领域,而且也指出了艺术是表达人心性情的重要手段。文艺是根源于人的本心,但是又不仅仅局限于人的感情上的愉悦之感,儒家更注重强调的是建立在艺术审美之上而又超越艺术审美的政治、伦理乃至宇宙论层次上的"乐",有严格的政治、道德和艺术标准。所以《史记·乐书》指出:"夫上古明王举乐者,非以娱心自乐、快意恣欲,将欲为治也。正教者皆始于音,音正而行正。"在儒家看来,文学艺术要体现"仁"的伦理精神,要体现中和之道,达到"思无邪"的境界才是真正的艺术,如果只是一味追求感觉器官的愉悦和欲望的满足,那样的音乐和艺术就不正,就要禁止,所以《春官·大司乐》上说:"凡建国,禁其淫声、过声、凶声、慢声",追求"中、和、祗、庸、孝、友"的乐德状态,要做到哀而不伤、乐而不淫的中和状态。

在儒家那里,文艺与政治伦理相通,"审乐以知政,而治道备矣"(《礼记·乐记》)。自上古至西周,"乐"是历代王朝文治武功的象征,每一朝代的兴起都必然伴随有"制礼作乐"的事情,"乐"始终

---

① 方铭.《孔子诗论》第一简"隐"字及与《诗序》的联系[J].湖北大学学报:哲学社会科学版,2006,(1):72.

发挥着强大的政治、伦理、宗教功能。西周以后,"乐"的宗教地位逐渐降低,世俗化趋势更为明显,孔子仍秉承周公的伦理精神,将崇"雅乐"、"放郑声"作为理想政治的重要组成部分,后世多采纳孔子思想,比较重视文艺的政治伦理规范。在儒家看来,"声音之道,与政通焉","治世之音,安以乐,其政和;乱世之音,怨以怒,其政乖;亡国之音,哀以思,其民困"(《乐记·乐本》),不同的政治状况反映在声音之中。后来的儒家逐渐强调"礼、乐、刑、政"四者的重要性,将"乐"也视为社会政治的主要内容,强调充分发挥四者的积极作用,达到教化民心、实现理想政治的目的。《乐记》上说,"礼乐刑政,其极一也,所以同民心而出治道也","礼乐刑政,四达而不悖,则王道备矣",因为声音以情感为本源,其感人至深,足以移风易俗,可以"善民心",所以《乐记·乐施》中明确将乐教作为治国平天下的手段,强调要有德有位之人才能制礼作乐,才能在音乐中贯彻荀子所说的"和亲、和敬、和顺"的"中和"境界,从而达到社会的和谐状态。

儒家这种尽善尽美的文艺伦理思想在中国几千年的封建社会中,对于个人的修养、社会的和谐以及国家的稳定发挥了重大的作用,也可以说是中国古代社会超稳态结构的重要原因之一。然而近现代以来,随着民族危机的加深,人们出于救国的目的,从器物、制度最后到文化对传统进行否定和扬弃,也让我们逐渐丢失了这种传统。当今西方社会,资本主义精神过度发展,各个行业都以追求利润为最大目的。物质文明和科技的进步并没有把人们带入道德理想的天堂;相反,资本的逻辑和物欲的放纵使人们陷入更多的迷茫和困境。上帝被解构了,宗教变成了迷信,科学变成了技术,伦理变成了纪律,艺术也变成了娱乐,不再有崇高的追求。人们开始来"玩艺术",连人类自身也变成了牟取利润和效率的工具,后现代主义甚至把"人"也解构成了一个个碎片,人们淡化了理想,没有了精神的追求。在这种情况下,人与人之间的关系变得越来越功利化、庸俗化、经济化、冷漠化、商品化,不仅社会公德变得淡漠,个人也变得玩世不恭起来,很多人沉迷而不思考,享受而不体悟,追逐时尚而不反省,甚至于也不爱惜自己的生命。整个社会没有那种朝气蓬勃的理想信念,缺乏一种稳定平和的心理状态,没有一种积极向上的社会风气,很多人只想着赚钱、享受,然后是走极端或者过着无聊、空虚的肉体生活,这种现象也逐渐影响到我国。历史上很多王朝衰败之前都呈现出酒肉池林的糜烂之风,表现在文艺上就是庸俗、低俗和媚俗盛行,文艺作品不断挑战人类伦理的底线,社会的正气无法树立,最后导致了盛极而衰。

"文变染乎世情,兴废系乎时序。"值得让人庆幸的是,胡锦涛任总书记的时候就提出了要坚决抵制低俗、庸俗、媚俗的三俗之风,习近平总书记在中国文联十大、中国作协九大开幕式上的讲话更是提出文艺工作者"用文艺振奋民族精神"、"用积极的文艺歌颂人民"、"用精湛的艺术推动文化创新发展"、"用高尚的文艺引领社会风尚",我国的文艺开始跳出西方后现代主义的怪圈,朝着积极健康的方向发展。我们相信,中华民族的伟大复兴,一定离不开深厚的民族精神,而高尚的文艺作品正是民族精神的重要组成部分。

(四)为政以德:儒家治理思想的核心所在

春秋战国时期,礼坏乐崩,周王朝权力衰落,诸侯蜂起,春秋五霸,战国七雄,互相兼并,战乱频仍,原有的国家秩序不复存在。在此情况下,如何治理国家,儒、墨、道、法诸家都提出了自己的设想。儒家能够在其中脱颖而出,成为中国后来封建社会两千多年占据主导地位的治理思想,其中核心的原因就在于其以德治国的治理理念。尽管道家也提倡道德治国,但是道家的无为而治理念显然不适合诸侯混战的战乱时代,社会越是向前发展,其复杂性越是凸显,想回到小国寡民、淳朴自然的原始氏族状态基本上是不可能的。墨家希望依托于弱势群体的利益来治理国家,但是却没有充分凝聚起弱势群体的力量。法家按照功利主义和强权政治的逻辑来治理国家,秦朝的迅速崛起和败亡也说明了严酷法律对于治国是无法持久的。而儒家基于恢复尧舜文王的为政以德、圣贤治理之道,既继承了以往的优秀历史经验,又开拓性地形成了一套把道德贯穿于国家治理各个层面的系统理念。实践证明在后来两千多年的封建社会是行得通的,既构成了中国超稳态的社会结构,也使得中国在世界历史上保持了长期的强盛,其合理性值得我们深思。

儒家认为唯有以德治国,国家才会长治久安。孔子说:"为政以德,譬如北辰,居其所而众星共之"(《论语·为政》),意思是治理政者必须以道德作为标准才能取得别人的信服,就像众星围绕北极星一样。在《论语·为政》篇中他进一步解释说:"道之以政,齐之以刑,民免而无耻;道之以德,齐之以礼,有耻且格。"意思就是用政策法令去引导老百姓,使用刑法来约束他们,老百姓只是从外在避免被惩罚,却没有廉耻之心,没有主观能动性;以道德来引导,以礼法来约束,百姓不仅遵纪守法,而且引以为荣,具有主人翁的责任感,是自己内心生发出一种向善之心,因而自然会遵守社会道德规范和秩序,国家才会走上正路,才会达到大同社会的理想状态。孔子一直所向往的理想社会就是尧舜周公文王社会的圣贤治理,达到一种天下为公、选贤举能、讲信修睦、各尽其力、人得其所的大同社会。孔子认为,其中的关键就是要从天子到基层的所有治国理政者都要以道德作为根本的治理标准才行,具体说来,为政以德基本上包括三个方面:举贤选能、以德治己、以德治人。《礼记·大学》中讲"大学之道,在明明德,在亲民,在止于至善",这里的大学之道就是治国理政之道,先要通过格物、致知、诚意、正心的自我修养,达到很高的标准后才能齐家治国平天下。《尚书·虞夏书·尧典》上记载了帝尧的治国方式:"曰若稽古帝尧,曰放勋。钦明文思安安,允恭克让,光被四表,格于上下。克明俊德,以亲九族。九族既睦,平章百姓。百姓昭明,协和万邦。黎民于变时雍。"翻译过来就是帝尧恭敬节俭,明察四方,善理天下,道德纯备,温和宽容。忠实不懈,又能让贤,光辉普照四方,思虑至于天地。他的修养达到了至善的境界,使家族亲密和睦。家族和睦以后,又辨明其他各族的政事。众族的政事辨明了,又协调万邦诸侯,天下众民也相递变化友好和睦起来。可以说修养自身,达于至善,然后才有资格当天子,才能治理好国家,这就是儒家的理想治国之道。

对于天子以下的各级官员,儒家也是强调了道德的首要性,"自天子以至于庶人,一是皆以修身为本,其本乱,而末治者,否矣"(《礼记·大学》),修身是治理好国家的根本,因为所有的事情都要靠人去完成的,如果治理者的品质有问题,那么即使有再多的法律和规范,都很难保证他不去钻空子,而如果提高了自我的修养,内心有尺度,不去做坏事,才能真正达到"必也使无讼乎?"(同上)的和谐状态。在为政者的修养之中,其实并不是单一地强调道德,而是道德、知识和其他优良品质的统一,在儒家那里被称为"知仁勇"三达德,达到这三种标准的人,儒家称之为君子。知识、道德、勇敢是作为从政的三个必要条件,格物致知不单单是德性之知,也包括礼乐射御书数等实际生活技能,也包括《尔雅》里面所说的多识鸟兽虫鱼之名。概而言之,这些都是才能的具体表现,要想做一个合格的国家治理者,对于各项具体的事物一窍不通,又如何能够领导别人?不仅各种具体的生活知识要从学习和实践中来获得,而且就是道德方面的知识也需要从学习中来提高,"好仁不好学,其蔽也愚;好知不好学,其蔽也荡;好信不好学,其蔽也贼;好直不好学,其蔽也绞;好勇不好学,其蔽也乱;好刚不好学,其蔽也狂"(《论语·阳货》)。即使是仁、智、信、直、勇、刚六种美德,如果不经常用学习来充实,就会走向反面。由此也可以看出儒家对学习和知识的强调,多闻、多见、多思考,一直就是儒家所提倡的。尽管儒家非常强调知识的重要性,但是儒家的核心精神却是德主才辅,或者用司马光的话说,德者,才之帅也,道德是第一位且居主导性的因素。孔子就认为治国理政者的首要素质就是要道德高尚,"举直错诸枉,则民服;举枉错诸直,则民不服"(《论语·为政》),把那些道德高尚的人用在合适的岗位上,就能够起到示范性的作用,就能使得邪恶的人变得正直，老百姓就会信服，而如果任用邪恶小人来担任重要职位，就会败坏社会风气，最终使得国家衰败，因此孔子给政治下的定义就是"政者正也，子率以正，孰敢不正。"（《论语·颜渊》）自身正直，即使不发布命令，老百姓也会效仿，而如果自己不正直，即使发布大量的政令，老百姓也未必遵从，所以儒家强调"修己以安人""修己以安百姓"，先正己，然后才能正人。那么具体来说，如何修养自身的道德呢？儒家对于为政者道德的论述，可以说非常广泛，尤其见于《尚书》《易传》《论语》《大学》等经典之中，除了我们所熟知的仁、义、礼、智、信和恭、宽、信、敏、惠之外，典型的还有尊五美、摒四恶，《论语·尧曰》上子张怎么样才可以处理好政事？孔子说要尊重五种美德，排除四种恶习。五种美德就是施惠于民而不浪费，让百姓劳作而不能过度以至于他们会抱怨，有正当的欲求却不能贪婪，泰然自处而不骄傲，庄严威仪而不凶猛，体现出实事求是的中和之道。四种恶习就是虐、暴、贼、吝。平时不教育，犯了错误就杀头叫作虐；事先不告诫不打招呼，而要求马上做事成功，这叫暴；很晚才下达命令，却要求限期完成，这叫贼；同样是给人东西，拿出手时显得很吝啬，这叫吝。这些虽然是针对子张而言，但是对于治国理政都是基本的要求。对于那些个性刚烈很难治理的地区，孔子也有其独特的思考，据《史记·仲尼弟子列传》上记载子路治蒲的故事，孔子对子路说："蒲多壮士，又难治。然吾语汝：恭以敬，可以执勇；宽以正，可以比众；恭正以静，可以报上"，只要做到恭谨谦敬、正直宽容，是可以感化和治理好难治之地的。《礼记·中庸》里面专门谈到了治国九经："凡为天下国家有九经，曰：修身也、尊贤也、亲亲也、敬大臣也、体群臣也、子庶民也、来百工也、柔远人也、怀诸侯也。"对于修齐治平的内圣外王之道有非常详细的解释，后文有专门论述。此外，《易传·象传》上，对于六十四卦，都有类似君子厚德载物、君子以教思无穷，容保民无疆之类的解释，可以说既是君子的修养规范，也是治国理政的良方。类似的思想在儒家的十三经之中，可以说比比皆是，值得深入发掘和学习。

(五)学优则仕:通过教育来培养治理人才

先秦诸子都提出了诸多治国理政的构想,但是大部分都没有办法落实,其中一个重要的原因就是没有培养相应的人才队伍。而提倡教育的儒家则不同,孔子首倡有教无类的普及教育,不仅成为教育行业的祖师,更是通过教育培养了大量的践行儒家治国理政思想的人才,其中的优秀分子不仅成为历代国家治理者的力量中坚,而且跟随时代把儒家思想发扬光大,呈现代不乏人的学术传承。《论语·子路》篇记载冉有与孔子到卫国去,子曰:"庶矣哉!"冉有曰:"既庶矣,又何加焉。"曰:"富之。"曰:"既富矣,又何加焉?"曰:"教之。"孔子认为,国家要兴旺发达,必须具备三个条件:一要人口兴旺,二要人民富足,三要重视教育。中华民族几千年来文化连绵相续,得力于儒家对整个民众教育的重视。儒家治国理政的主要依靠力量主要是士大夫,或者说是知识分子,儒家特别强调学而优则仕,尽管社会上也有很多没有受过教育的贤能之士,也可以通过举荐加入治国理政者的行列中来,但是以儒家知识分子为代表的士大夫一直就是为政的主要力量,尤其是后来科举制在全国推行之后,则更为明显。

儒家教育思想的核心就是如何治理国家,孔子不仅亲身实践,做到鲁国司寇的位置,而且时时刻刻把学习治国的道理作为其教育的主要内容。孔子曾说:"三年学,不至于谷,不易得也",(《论语·泰伯》)意思就是说在我这里学习了三年,还吃不到俸禄,还没有成为治理者,这样的人是找不到的。樊迟向孔子请教怎么种庄稼,孔子不回答他,然后说:"上好礼,则民莫敢不敬;上好义,则民莫敢不服;上好信,则民莫敢不用情。夫如是,则四方之民襁负其子而至矣,焉用稼!"(《论语·子路》)在这里孔子并没有鄙视农民的意思,而是说他要教给他们的学问是治国理政的大学问,而不是怎么种庄稼,怎么做手工的具体事务,治国要靠礼、义、信,不必用学稼去教化百姓。所以我们看到在儒家的经典之中,孔子给学生讲得最多的就是怎么样提高自身的修养从而去治理国家。这里我们仅从《论语》中来归纳一下孔子教育学生时领导者应该具备的基本素质。

首先领导者要不断提高自身的素质。要想能治理别人,首先得自己达到很高的修养水平,这种修养既包括道德方面的,也包括知识方面的,同时也包括思维方式的训练。"行有余力,则以学文"(《论语·学而》),只要有空,就得广泛学习各种知识,才能明理,才能区分善恶,才能胜任工作中的各种要求,才能显得专业。这种学习,乃是一个活到老学到老,永无止境的过程。同时,也必须提高自身的思维方式,学会中和之道,才能够防止失言与失人的偏颇。《论语·季氏篇》中记载着孔子"君子有九思",具体指视思明,听思聪,色思温,貌思恭,言思忠,事思敬,疑思问,忿思难,见得思义。意思就是君子要用心思虑九件事,看要想到看明白没有,听要想到听清楚没有,神态要想到是否温和,容貌要想到是否恭敬,言谈要想到是否诚实,处事要想到是否谨慎,疑难要想到是否要求教,愤怒要想到是否有后患,见到有所得到要想到是否理所该得。《论语》中关于这种如何与人打交道,更好观察他人的论述非常之多,如《论语·为政》中"视其所以,观其所由,察其所安。人焉廋哉?人焉廋哉?"考察一个人,不仅看其动机,还得看其结果,也得结合群众的评价,综合考察来判断,就能认清他人。这种思维方式其实就是中庸之道,根据各种实际情况而采取"时中"的办法,广泛听取各方面的意见,"竭其两端而用中",就能处理好各种社会问题。

其次要严于律己,尽忠职守。儒家特别强调先内圣后外王的治理路径,必须首先把自己管理好,然后才能够领导别人。"苟正其身矣,于从政乎何有?不能正其身,如正人何?"(《论语·子路》)要治理好国家,必须首先端正自己,严格要求自身,管理政事就不会有困难,如果自身不端正,为所欲为,就不可能去端正别人,只有自己带头做在前面,老百姓才会跟你同甘共苦,社会才能安定。

《礼记·大学》上讲"若有一介臣,断断兮无他技,其心休休焉,其如有容焉。人之有技,若己有之;人之彦圣,其心好之,不啻若自其口出。寔能容之,以能保我子孙黎民,尚亦有利哉!"明确指出为政的根本目的在于保我子孙黎民,用我们今天的话说就是为人民服务,孟子称之为民为邦本。所以儒家认为,为政者在其位必须谋其政,必须为百姓的事情居之无倦,行之以忠。如果当官是为了自己升官发财,谋一己之私利,不为广大百姓着想,这样的官员治理国家,必然灾害并至,如果时间很长,造成的危害就是后来启用贤能都很难挽回的,所以为政者不能以利为利,必须以百姓的公义为从政的根本原则。

再次要推行仁政,慎用刑罚。严格说来,儒家治国思想应该是明德慎罚。司马迁在《史记》中将儒家治国内容概括为礼乐刑政,应该说是比较准确的,儒家提倡以为国以德、为国以礼,但是从来没有提出要废除刑罚和法律,孟子说:"徒善不足以为政,徒法不足以自行。"儒家所希望的是用德和礼进行教化,就能达到自觉地遵守法制和消除犯罪动机,从而达到先教后刑以及以德去刑的目的。在儒家看来,如果因为没有教化而施用刑罚,则是"虐政",即他们所讲的"不教而杀谓之虐"。但是儒家也认识到光靠德行不可能杜绝所有的民众违法,对于那些不忠不孝、屡教不改的邪恶之人,孔子也是采用了刑罚的。《荀子·宥坐》记载孔子诛少正卯的原因就在于"人有恶者五,而盗窃不与焉:一曰心达而险,二曰行辟而坚,三曰言伪而辩,四曰记丑而博,五曰顺非而泽。此五者有一于人,则不免于君子之诛,而少正卯兼而有之……不可不诛也。"不仅如此,从《春秋》中也可以看出孔子对于乱臣贼子的态度也都是用刑罚来解决的,堕三都事件其实也可以看出对于刑罚的态度。儒家基于保民爱民的立场,人皆有向善之心的人性论,尽量能够唤起人的道德良知,不去做违法乱纪的事情,但是一旦真正违反了明文规定的法律,该执行的还是得执行。在这方面《孟子·梁惠王下》上说得比较明白:"左右皆曰可杀,勿听;诸大夫皆曰可杀,勿听;国人皆曰可杀,然后察之,见可杀焉,然后杀之。故曰:国人杀人也。如此,然后可以为民父母。"意思是说要杀一个人一定得慎重,一定要考察清楚才行。由此可见,儒家的刑罚思想与法家有天壤之别,法家是主张用严刑峻法来迫使百姓服从,儒家是迫不得已时采用刑罚来维护社会正义和秩序。

儒家明德慎罚的观念还可以通过《易经》中的临卦得到体现。临卦是周易中的第19卦,其主要意思就是君临天下,统治者如何治理人民的道理。整个卦象为地泽卦,地下有水,也象征有镜子之象,君以民为镜,可知得失。整个卦辞为"元亨利贞,至于八月有凶。"意思就是国家治理如果坚持正道,会很顺利,但是如果不居安思危,不行正道,就会有大的危险出现,甚至不得善终。所以《象传》上解释说:"君王无道民倒悬,常想拨云见青天,幸逢明主施仁政,重又安居乐自然。"国家治理的总体原则必须实行仁政,百姓才能安居乐业,社会才能长治久安。如果统治者不行正道,沉迷于享乐,乱伦深宫,任用小人,排斥贤良,对于潜在的危险不提前早做准备,很有可能就会埋下灭亡的种子。爻辞里面的"咸临",指的是发自内心的诚恳,没有丝毫做作,意思就是说居于高位,要诚恳对待百姓,要形式中正,这样就会有好的结果,历史上的李世民食蝗虫,周总理与百姓打成一片就是最好的注解。六三爻辞"甘临",就是嘴上说得好听,但是不做正事,这样的官员是没有好结果的,但是如果自己常怀忧惧惕励之心,总是考虑到百姓的生活,这样善于言辞是没有问题的。六四爻辞"至临",说的是身在高位,上不欺君主,下不压万民,自己不但兢兢业业,还积极举荐贤能,为后起之秀铺路,这样的人会受到世人的景仰和称赞。六五爻辞"知临,大君之宜,吉。"说的是统治者要贤明而且有智慧,知道哪些事情能做,哪些事情不能做,能够明辨是非善恶,头脑始终清醒,这样才能胜任高级职位。最后一爻为"敦临",讲的是统治者要敦厚待人,能求贤若渴,将各种人才汇集于自己门下,这样的人即使才能不是特别出众,但是因为自己的敦厚,也可以成就一番事业。从这里我们可以总结一下临卦中的为政者素质,包括诚信、忧惧、智慧、敦厚、亲民,这几点看起来很容易,但是实践中很难做到,尤其是放下架子和面孔与群众打成一片并常怀忧惧之心,不要骄奢淫逸,很多官员都没有做到。

最后是知人善任,选贤举能。为政之要,惟在得人。孔子告诉我们治国的基本方法在于"选才、富国、育人、立法"。孔子认为,君主管理国家大事,要处处从大局着眼,重视选拔优秀人才、体察民意。孔子曰:"先有司,赦小过,举贤才","举直错诸枉,则民服;举枉错诸直,则民不服"。同时,要重视富国,教育民众。人才是成就一切大业的基石和先决条件,是为政之本、治国之本。"其人存,则其政举;其人亡,则其政息"(《礼记·中庸》)。有贤能的人存在,那么好的政治就能实行起来;贤能的人不存在,那么好的政治就不能得到实行。这一点即使是在现代民主社会,也依然有其积极意义,一个好的领导,能够把事业不断推向前进,一个拙劣的领导,很可能把国家倒退几十年。未来世界的发展将是人才的竞争,得才者得天下。如何尽最大可能把那些贤德之人找出来,并且用在合适的位置上,关系到国家的前途和民族的命运。

(六)实践理性:儒家治理思想的与时俱进

孔子创立了以德为本,礼乐为制的治理模式,同时也在春秋战国时期进行了一些治理实践,然而当时的诸侯都热衷于通过暴力手段来壮大实力,儒家的治理思想并没有被各国实行。但是随着一代又一代儒家知识分子对儒家治理思想的丰富和完善,也由于时代的发展,尤其是汉朝大一统的局面出现,有识之士开始认识到能够骑在马上打天下,但是不能骑在马上治天下,儒家的重要性开始凸显。董仲舒在兼容百家的基础上,创造性地发展了儒家的治国理政思想,并且成功地实现了罢黜百家、独尊儒术的思想统一,开启了儒学在汉代治国理政思想中的全面实践,并且成为后来历代王朝治国理政的主导思想。到了宋元时代,尤其是北宋五子和南宋朱熹在全面消化融通佛教以及道教的基础上,开创了宋明理学为主的治理时代。到了明末清初,以顾炎武、黄宗羲、王夫之、颜元等为代表的实学家又在反思宋明理学局限性的基础上开启了经世致用、实事求是的实学治理思想。近现代伴随着西方列强的入侵,西学强势崛起,儒家也在不断调适自身,形成了近现代以来以新儒家为代表的传统模式、以自由主义为代表的西化模式和主张社会主义制度的马克思主义模式三大派别。在后来的发展进程中,儒家治理思想虽然被边缘化,但是一直在不断调适和创新。20世纪下半叶,随着东亚资本主义模式以及中国特色社会主义模式的成功,很多学者将其归结为儒家文化与现代社会的有机结合。党的十八大以来,习近平主席提出了实现国家治理体系和治理能力的现代化,其中尤其是提到为政之要,修身为本,两次召开政治局常委会议学习中国古代的治国理政思想以及吏治理念,可以说以儒家为代表的传统治理思想正面临着新的生机,需要进行创造性转化和创新性发展,在与马克思主义的国家治理思想以及现代国家治理理念的有机结合中实现自身的现代化。

  在这里,我们有必要对儒家治理思想的发展演化做一个逻辑的梳理,才能更好地理解儒家治理思想的与时俱进的精神实质。孔子时代,主要阐述的是治国理政者如何做的问题,而对于为什么要这么做则论述不够,但是孔子最大的贡献是编辑了儒家的五经,给后人留下了宝贵的文献资源。孔子之后,把儒家治理思想进行系统化诠释的第一人应该是孟子。孟子从性善论出发,将儒家的仁政治国理政模式进行了系统的理论建构。孟子认为,人皆有不忍之心,其主要表现就是"恻隐之心,仁之端也;羞恶之心,义之端也;辞让之心,礼之端也;是非之心,智之端也"(《孟子·尽心上》),孟子认为,这种人人皆有的向善之心,就是人的本质,是人与动物的根本区别所在。国家治理就是要将善性用在治国理政上,"以不忍人之心,行不忍人之政,治天下可运之于掌上",(《孟子·公孙丑上》)这种不忍人之心用在国家治理上就是要实行仁政,要以民为本,民贵君轻,保民而王。"民为贵,社稷次之,君为轻"(《孟子·尽心下》),要以百姓心为心,得民心才能得天下,"得其民有道,得其心,斯得民矣。得其心有道,所欲与之聚之,所恶勿施尔",(《孟子·离娄上》)这种民贵君轻、民生至上的民本主义,既是《尚书·五子之歌》中的"民为邦本,本固邦宁"的继承,同时亦是对儒家治理思想的开拓性创新。尽管历代都有封建统治者从内心对孟子的仁政不满,但是亦不敢公开反对,尤其是在北宋神宗熙宁四年(公元1071年)《孟子》一书被列为儒家经典作为科举考试必考科目,元朝至顺元年又被封为"亚圣公"之后,孟子的民本主义一直都出现在官方的主流治理思想之中。在这方面,孟子与墨子有相同之处,就是从老百姓这一弱势群体出发来思考社会关系的和谐稳定,所不同的是墨子提倡的民主解决之道当时过于超前,鬼神惩罚之道又过于玄虚,而孟子强调老百姓的向背直接决定政权的存亡,对于当时的统治者更具震撼作用,正因为"民弃其上,不亡何待?"(《左传·昭公二十三年》)的利害关系存在,才迫使统治者必须加强自我管理、节制自己,修己以安百姓,给老百姓以休养生息的机会,"因民之所利而利之",国家才能够在君民关系之间保持和谐,因而才能实现长治久安。

在具体如何实行仁政方面,孟子和孔子不仅仅停留在个人修养层面谈治国不同,而是提出了一套集经济建设、社会建设、文化建设于一体的整体构想。针对战国时期诸侯混战,老百姓的生命财产、衣食住行都得不到保障的情况,孟子首先提出仁政的第一要义就是要能保证百姓的生命安全,"如有不嗜杀人者,则天下之民皆引领而望之矣。诚如是也,民归之,犹水之就下,沛然谁能御之?"(《孟子·梁惠王上》)其次就是要发展生产,解决老百姓的衣食住行,"夫仁政,必自经界始",其主要内容就是"分田制禄""制民恒产",贤明的君主首先应该使得百姓致富,民有恒产,则有恒心,"苟无恒心,放辟邪侈,无不为已"(《孟子·梁惠王上》)只有让老百姓丰衣足食，能够赡养父母妻儿，满足了基本的生活条件，才能够民心归顺，进而社会安定。孟子的设想是恢复以前的井田制，同时要种植桑麻、开展养殖，减轻赋税，还利于民，藏富于民，他特别反对统治者与民争利，认为"上下交争利而国危矣"，只有"与百姓同乐，则王矣"。(《孟子·梁惠王下》)对于整个国家治理体系，孟子认为，应该贯彻以德服人的制度体系，君主必须"正君心"，以身作则，为民垂范，"君仁莫不仁，君义莫不义，君正莫不正。一正君而国定矣"，(《孟子·离娄上》)必须保持自己先天固有的善性，不能放纵自己的欲望。大臣的主要义务除了为民服务之外，就是要帮助君主"陈善闭邪"，"务引其君以当道，志于仁而已矣"(《孟子·告子下》)，君主有错误，大臣要劝说君主进行改正，如果反复劝说不听，则可以让其下台，"君有大过则谏，反复之而不听，则易位"(《孟子·万章下》)。应该说这种思想在当时是比较激进的，这也正是孟子民本思想的反映。而在考察和任用官员的时候，孟子也强调民意测验和实际业绩在其中的作用，"国君进贤……左右皆曰贤，未可也；诸大夫皆曰贤，未可也；国人皆曰贤，然后察之，见贤焉，然后用之"(《孟子·梁惠王下》)，同样处理一个官员也是如此，这样就避免了某些个人的主观判断。

在培养人才和树立良好的社会风气方面，孟子跟孔子一样重视先富后教，"饱食暖衣，逸居而无教，则近于禽兽"，如果只提高民众的物质生活，而不进行核心价值理念教育，就跟动物没有差别，人之异于禽兽者，在于人有人伦，在于人有理想。因此，必须"谨庠序之教，申以孝悌之义"，"使契为司徒，教以人伦：父子有亲，君臣有义，夫妇有别，长幼有序，朋友有信"。(《孟子·滕文公上》)孟子还特别注重"大丈夫人格""浩然之气"的理想信念教育。如何保持治国理政者践行仁政的理论自觉性与实践主动性，孟子认为主要靠人的精神力量，靠自我的"养气"，个人可以培养自己的浩然之气，"从其大体为大人，从其小体为小人"，(《孟子·告子上》)个人通过养心，通过存夜气，可以培养出"富贵不能淫，贫贱不能移，威武不能屈"的"浩然之气",孟子也将这种精神力量称之为"义"。相比较而言,生理感官则属于小体,有了"义"的精神支撑,就可以在理想信念与生命财产相冲突的时候,做到"杀身成仁,舍生取义",在治理国家的时候,保持一种坚忍不拔的意志和舍我其谁的道德自信,"居天下之广居,立天下之正位,行天下之大道。得志,与民由之;不得志,独行其道"(《孟子·滕文公下》)。孟子强调个人的人格尊严和超越于君主权力之上的救世精神,对于后世的知识分子"乐以天下,忧以天下"的爱国情怀,是一个巨大的精神支撑,从某种意义上来说,这也正是中华民族几千年来生生不息的精神力量所在,哪怕是在遭受到少数民族入主中原,推行残酷的民族压迫政策的情况下,有识之士都没有丧失自己的浩然之气,从而保持了民族的精神,只要整个民族的精神气质还存在,民族就不会灭亡。从这方面来说,孟子的仁政思想值得我们永远提倡。

应该说孟子的思想最接近孔子的原义,但是由于他的民本理念对于君主权力过于限制,同时也由于他的寡欲养心之说,将欲望与善心截然对立,更由于他猛烈地批判其他各家学派,因此孟子的仁政学说不仅在当时被认为"迂远而阔于事情",不被各国的君主所采用,而且这种情况一直到宋代才得以改变。先秦时期,诸子百家都针对当时的现状提出了各自的治理理念,应该说各自都有其合理的成分。国家治理必须要能够在各种利益团体之间找到最大公约数才能维持合理的平衡,因此必须在坚持自我核心思想的基础上兼容百家,才能够成为主流甚至主导思想。重视教育的儒家培养了大量的人才,也必然会有学者能够承担起这一历史使命,后来的荀子和董仲舒就在兼容百家的基础上,成功地实现了儒家治理思想的官方化和正统化。

荀子作为先秦儒学的最后一位大师,创造性地将儒法两家治理思想融合在一起,有意思的是荀子曾经去见秦昭襄王,给他讲解了儒法合治的道理,但是秦昭襄王却认为儒家学说大而空,"儒无益于人之国",荀子在离开秦国的时候,一方面歌颂了秦朝的民风淳朴,一方面又断然对秦国下结论说:"粹而王,驳而霸,无一焉而亡。"意思是说,如果不采用儒家的治国思想,而是一味采用法家的治理思想,统治是不会长久的。后来他的弟子韩非、李斯到秦国完全推行法家的治理思想,结果是二世而亡。因此可以说荀子在对于儒家思想在国家治理中的具体落实方面发挥了重要的作用。荀子首先就不同意孟子人性纯善的观点,认为人性有恶的成分存在,荀子吸收法家的思想对人的逐利性给予肯定,一定程度的利是人类得以生存的物质前提,因此人的逐利行为无疑是合理的,但是逐利往往又会走向不择手段的地步,荀子的解决方法是隆礼重法,通过教育来化性起伪,引导人们向善,通过法律来禁止人们为恶。荀子既承认人性逐利有合理性的一面,同时又认为儒家的义能够有效控制、引导人们的欲望,体现出儒法互补的特征,有基于此,荀子把"富民安民"设定为国家治理的理想目标,在治理方式上提倡王霸并用。其次,荀子提出了天人相分的观点,破除了鬼神之说对国家治理的干扰,明确提出"天"与"人"是互相独立的,都具有客观运行的规律,可以通过学习知识、认识规律来达到改造自然和人类社会的目的。这种唯物主义、人文主义的治理思想,可以说已经有科学的精神在其中,无疑是儒家学说的重大发展,对于当今及以后后世都仍然具有重要的指导意义。最后,荀子提出了国家治理中的明分使群的原则,《荀子·富国》上说:"离居不相待则穷,群而无分则争。穷者患也,争者祸也。救患除祸,则莫若明分使群矣。"由于人们的欲求无尽,没有尊卑贵贱的分别,就必然发生争夺,导致混乱。解决这一矛盾的办法,就是"明分",通过制定礼义,给人们规定出一定的"度量分界",以调节人们的欲望,从而达到群体的和谐。荀子认为,人跟动物的区别在于人的社会性,也就是群体,但是有了社会分工,就一定会有长幼贵贱、贫富轻重的差别,礼是分的体现,礼的实质就是对人们贵贱、长幼、贫富差别的规定,有了这种规定就会产生秩序,社会才能和谐。这种社会分工的观点无疑有其合理性,但是通过社会分工来强调等级划分则无疑是存在很大问题的。

儒学在治国理政中的全面实践是在汉代实现的。汉初统治者通过总结秦朝灭亡的教训认识到可以骑在马上打天下，但是不能骑在马上治天下，单纯法家的严酷刑罚不能实现长治久安，在经历了长期的战乱之后，民心思定，民心思静，解决最基本的衣食住行等生存问题是头等大事，汉初实行黄老之学的无为而治、与民休息是符合当时的实际情况的，无为而治有点近似于西方的古代自由主义，让市场发挥基础性的作用，自由产生活力，但是当生产力发展到一定程度之后，随着利益格局的改变和社会关系的深刻变动，就会产生诸多的社会矛盾以及社会弊端，单靠自发的调整可能不能尽如人意，所以积极有为的国家治理更能够兴利除弊，更能够建功立业。汉武帝时期，国家实力强盛，统治阶级也想有一番新的作为，在此条件下，董仲舒顺应时代，以儒家思想为核心，尤其是以《公羊春秋》为依据，吸收法家、道家、阴阳家等主流学派，建立起以中央集权为逻辑前提的治国理政思想，最终实现了独尊儒术的宏伟目标。

董仲舒的治国理政思想，之所以能够被汉武帝所采纳，首先得力于他的大一统思想。从儒家内部来说，从孔子开始就希望能够加强周王室以及鲁国的中央集权，进而更好地推行儒家的政治理想——天下大同。大一统始见于《公羊传·隐公元年》中说："何言乎王正月？大一统也。"徐彦疏："王者受命，制正月以统天下，令万物无不一一皆奉之以为始，故言大一统也。"《汉书·王吉传》："《春秋》所以大一统者，六合同风，九州共贯也。"意思就是新的王朝出现，首先就得定下来正月的时间，然后在全国形成共同的风俗和认识。而经过了很多思想家的阐释，如孟子就曾经提出天下定于一，荀子倡导"一天下，财万物，长养人民，兼利天下"，韩非子主张"一匡天下"，由此可见，大一统已经逐渐演变为国家在经济上、政治上以及思想文化上都是统一的观念。董仲舒提出春秋大一统的观念，认为要维护国家政治上的统一，首先必须实行思想上的统一,"《春秋》大一统者,天地之常经,古今之通谊也。今师异道,人异论,百家殊方,指意不同,是以上亡以持一统,法制数变,下不知所守。臣愚以为诸不在六艺之科,孔子之道者,皆绝其道,勿使并进,邪辟之说灭息,然后统纪可一而法度可明,民知所从矣。"(《汉书·董仲舒传》)这也就是后来常说的"罢黜百家,独尊儒术",而实际上董仲舒的独尊儒术并不是采取秦朝的焚书坑儒式的激进行为,而是在吸收了阴阳、道、墨、法、名、术数和杂家的基础上确立儒家的主导地位,所以不仅没有激发其他学派的复辟与仇视,反而是逐渐同化了其他诸子百家。为了争取得到帝王的支持,董仲舒又将阴阳家的天人合一与天人感应思想纳入自己的思想中,宣扬天是万物的主宰,皇帝是天的儿子,即天子,代表天统治臣民,全民都要服从皇帝的统治。按照这个体系,人道即天道。天尊地卑,所以君尊臣卑,官尊民卑,父尊子卑,夫尊妻卑,皇帝理所当然地占有宇宙秩序中的最高地位,这当然很对帝王的胃口。这样,儒生获得了意识形态的垄断,皇帝则获得了政治权利的至尊,所以不仅很快被汉武帝所采纳,而且也被后来的整个封建王朝所采纳。为了把阴阳家的天人感应宇宙观与儒家的仁政说结合起来,董仲舒是煞费苦心。

在天与人如何感应的问题上,董仲舒采用了天人比附的方式,比如天有365天,人有365个骨节,天有春生夏长冬杀,人有仁慈德爱刑罚,总而言之,天不变,维护社会秩序的道亦不会改变。那么天与人如何沟通呢?董仲舒认为,天通过灾异与祥瑞来对帝王的所作所为进行应答,"天人相与之际,甚可畏也!国家将有失道之败,而天乃出灾害以谴告之;不知自省,又出怪异以惊惧之;尚不知变,而伤败乃至",(《春秋繁露·天人三策》)也就是说国家政治有失误,上天就出现灾害来谴责,如果王者要统一天下,天下之民同心归之,则天瑞会应诚而治。那么天意究竟是什么呢?董仲舒认为,可以通过祭祀感知天的意志,也可以通过内省,按照"尽心""知性""知天"的模式,达到天人合一的目的。通过一番神秘性的论证之后,董仲舒进一步指出天意就是要实行儒家的仁政,这是由圣人体会天意后而制定的法则,就是要爱民、安民、乐民。"君者,民之心也;民者,君之体也",(《春秋繁露·为人者天》)为政者的基本道德准则就是不与民争利,让老百姓能够安居乐业,具体措施包括"限田""薄敛""省役",国家不能赋税过高、徭役过重,"食禄者"不能与民争利,要防止土地兼并,进而出现两极分化、侵犯弱势群体的现象。从这里我们看到董仲舒借助天人感应,一方面论证了皇权的合法性,另一方面也确立了儒家思想的合理性,这样就使得儒家思想与国家治理实践实现了有机的结合。当然靠神学来为专制皇权和儒家思想的合理性进行论证,本身也就蕴含着极大的危机,尤其是人文的勃兴,必然会对其合理性提出质疑,这也是后来的宋明理学兴起的内在原因。

在董仲舒那里,对君权还是有明显的限制的。董仲舒指出:"为人君者,正心以正朝廷,正朝廷以正百官,正百官以正万民,正万民以正四方",(《汉书·董仲舒传》)为政者必须要正心诚意,要修官德,才能使得整个社会形成良好的社会风气,才能得到上天的眷顾,才能实现国家的长治久安。关于官德的具体内容,历代有不同的界定,西周时期,官德包括智、仁、圣、义、中、和"六德"以及孝、友、睦、姻、任、恤"六行";秦朝时期,官德有忠信敬上、清廉毋谤、举事审当、喜为善行、恭敬多让"五善";汉朝时期,官德有质朴、敦厚、逊让、节俭的"光禄四行";唐朝的官德有德义有闻、清慎明著、公平可称、恪勤匪懈"四善"。基本上包括了官员的道德修养、专业素质以及职业操守等方面。董仲舒认为,选拔官员必须坚持德、才、绩相统一的原则,不能从"郎选"(皇帝身边的人)、"任子"(官员子弟)、"赀选"(以钱买官)中选拔官员,而是应该"立学校之官,州郡举茂才孝廉"(《汉书·董仲舒传》),统一以儒学为标准,在全国推行儒学教育,通过考试以及推荐孝廉两种方式来选拔人才,这样就能保证"岁供贤才"和"量才授官",国家才能够储备大量的有用之才。在践行官德的实践中,董仲舒认为,最重要的就是要有儒家的爱民情怀,要重义轻利,"夫仁人者,正其谊不谋其利,明其道不计其功。"(《汉书·董仲舒传》)要把友谊、道义放在利益前面,其实就是儒家精神的内在要求,也是董仲舒关于官德的集中体现。关于为政治理的素质培养,董仲舒认为,最主要的就是要学习儒家的六经,"《诗》长于质,《礼》长于文,《乐》长于事,《易》长于数,《春秋》长于知人",学者应该"兼其所长",(《春秋繁露·玉杯》)不能局限于某一方面,才能达到融会贯通的"圣化"境界。而实际上,虽然在董仲舒那里成功实现了独尊儒术的治理之道,但是很难总是出现能够达到圣化境界的大师,儒学后来的发展变得越来越经院化,搞烦琐考据,距离现实生活越来越远,同时又与迷信色彩浓厚的谶纬之学结合在一起,先是有魏晋玄学起来诘难,后来又有佛教兴盛,儒学甚至有被边缘化的危险,在此情况下,韩愈、刘禹锡等人就尝试借鉴佛道思想重构儒学的本体架构来回应儒道的强势,总体说起来不是很成功,但是时间到了北宋的时候,以周敦颐为代表的北宋五子,成功地构建起吸收佛道而又自立门户的理学体系,从哲学层面完成了儒家的理论建构,也把儒家的治理思想往前推进了一大步。

如果说董仲舒完成了儒学神学化的建构,那么到了宋明理学时期,则是完成了儒学哲学化的建构。理学的兴起,有深刻的时代背景,一方面是宋代商品经济的发展,对传统儒家的重义轻利的道德观念形成巨大的冲击,为了应对这种所谓人欲横流的道德滑坡,需要思想家对商品经济与儒家伦理观来进行理论上的调和,当然程朱理学与陆王心学的存理灭欲论是否正确将留待后文分析;另一方面是面临佛教和道家道教本体化哲学的冲击,儒学也出现了信仰的危机,尤其是魏晋玄学对于本体的讨论和隋唐佛教的兴盛,先秦儒家罕言性与天道的传统无法回应佛道的哲学思辨,而董仲舒把儒家道德嫁接在阴阳家的世界观上,此时显得极其粗鄙,在佛道思想思辨性的比较下,出现了儒门淡薄,收拾不住的场面。在此情境下,周敦颐基于儒家的立场,借鉴佛道本体论思维模式,开启宋明理学之先河,而后经过程颐、程颢兄弟的发展,最后演化为朱熹的客观唯心主义理本论和陆王心学的主观唯心主义心本论。虽然朱熹借鉴的是华严宗的"理事无碍"思维方式,王阳明借鉴的是禅宗的"心外无物"的思维方式,但是两者在论证儒家道德规范的合理性与永恒性,在论证加强中央集权的"大一统"思想方面,与董仲舒并没有根本的不同,唯一的差别在于理学是用哲学上的思辨性来代替董仲舒的神学基础。理学家把万事万物存在的规律,也就是通过论证物理的客观性进而把理抽象化为一个本体的存在,然后进而指出人伦之理也是天理的一个表现,从而得出了要"存天理,灭人欲",要继续维护三纲五常的封建道德规范。我们在这里不去展开其中的逻辑论证,而着重分析一下理学对中国传统治国理政实践的影响。

程朱理学创立于北宋熙宁、元丰年间,到南宋张苏栻、朱熹时候,兼收并蓄,达到了顶峰。到了南宋理宗淳祐元年(1241年),被列入教学课本,"朕每观五臣论著,启沃良多,今视学有日,其令学官列诸从祀,以示崇奖之意",(《宋史》卷四十二)元明清三代直接被官方定为主导思想,成为官学,持续时间有六七百年之久。在本体论上,二程建立"天即理"的理本论哲学,朱熹提出理为本,气为具,认为观念性的"理"是世界的本原,儒家三纲五常的礼教也因此获得了本体的意义,具有了无上的地位。在认识论上,朱熹主张格物、穷理、至极的认识过程,通过探索认识事物的发展规律,最终达到对理的总体认识的至极阶段,这对于探索事物的客观规律无疑是正确的,但是朱熹却又把这种格物之理直接推广到人类社会历史,认为"三纲五常"都是"理"的流行,这显然是把物理和伦理混为了一谈。在人性论上主张通过道德修养上的"涵养用敬",达到人欲全无、天理流行的澄明之境,然后在生活中要存理灭欲。尽管朱熹也肯定饮食男女的基本欲望,与佛教的禁欲主义有所不同,但是毫无疑问对于个性的压抑是非常严重的,"饿死事小,失节事大"的教条其实已经把伦理看得比生存都更重要了,在现实实践中也往往导致后来所谓以理杀人的局面。如果说朱熹还有即事、格物、穷理的所谓渐修之学,而到了陆王心学那里,则直接是束书不观,直接格心的认识论了,导致了后来明清实学所批判的"清谈孔孟"的局面。可以说整个宋明理学从哲学的思辨性上重新树立了儒家学说的至高地位,对于坚持儒家的道德伦理找到了哲学上的依据,但是无视商品经济发展的现实,加上类似佛道静坐的修养工夫论,越来越脱离社会生活的实际,同时又由于对民众欲望的压抑,导致了国家积贫积弱的局面,尤其是拥有上亿人口的大明帝国竟然被只有二三十万人的清军所灭掉的惨痛教训,使得儒学发生了实学的根本转向,对宋明理学进行了全盘的反思,提出了实事求是、经世致用的儒家实学,从而使得国家治理进入了一个新的时期。

明清实学在国家治理方面最大的转变就是从宋明理学的空谈心性转移到经世致用的治国实践上来,韩国学者柳成国认为理学发展到末流,"学派的分裂与对立失去其客观的合理性,即陷入了派阀的论争,被困于思辨乃至观念的体系,而与社会现实脱离,以致产生闭锁的权威主义的空论,从而召来了诸多弊端。学者们在对当时社会问题的关心以及恢复朱子学本来精神面貌的努力过程中,寻求被疏忽的社会现实问题的解决,而呈现了不是对正德问题,而是对利用厚生问题倾注了主要关心的态度。"①实学开始在晚明兴起,主要是借朱子学来反对王学末流的空疏,后来觉得朱子学也很空疏,所以逐渐要恢复汉学,乃至先秦儒家的基本精神,用复社的话来说就是要"兴复古学,务为有用",用李贽的话来说,"穿衣吃饭,即是理,除却穿衣吃饭,无伦理矣"(《焚书》卷一《答邓石阳书》)。对理学的空言道德心性而不注重实际生活批判最为激烈的颜元说:"古人之学,礼、乐、兵、农,可以修身,可以致用,经世济民,皆在于斯,是谓学也",而程朱皆"隐为禅惑"(《习斋四存篇·存学编》)舍弃儒家事功不做,空谈性命,而于宗师孔子所强调的六德、

---

① 李甦平等.中国·日本·朝鲜实学比较[M].合肥:安徽人民出版社,1995:205.

六行、六艺以及兵农、钱谷、水火、工虞之类学问漠然视之,因此必须转变观念,培养兵农、钱谷、水火、工虞等方面的通儒,国家才有希望。也正是基于对国家富强和民生幸福的出发点,整个清代实学一反宋明时代的哲学思辨,而是要求深入社会生活实际,去研究实际生活中的各种问题,也因此实现了顾炎武等人所期望的文化复国的梦想。实学发展到后来,不仅觉得先秦儒家的要学习,而且先秦诸子的合理成分也要学习才行。傅山就认为诸子百家与儒家应该平等对待,朱之瑜提出了要尊史破经,凡是对国家和民生有利的都可以学习,这种思想实际上已经开始突破封建社会儒学独尊的藩篱,后来毛泽东提出洋为中用、古为今用,以及邓小平提出吸收一切人类文化优秀成果的观点都可以看到儒家实学的影子。

儒学从理学到实学的转型对于国家治理的意义非常重大,使得知识分子从纯粹的书生变成了关注国计民生的实干家,这既是儒家开物成务的本义,同时也蕴含着儒家独尊地位丧失的风险。由于实学家关注的重点不再是心性道德以及天理人欲的哲学思辨,而是国家兴衰治乱之源、生民根本之计的民生问题,就必然使得一切能够达到国家富强和百姓幸福的思想学说得到彰显。在整个清代实际上已经出现了汉学和诸子学的复兴,而到了近现代在面临西方列强坚船利炮的打击下,儒家在国家治理方面的短板显现无疑,尤其是新文化运动所攻击的民主和科学方面,儒家的确陷入了重大的危机。尽管我们可以从儒家的实事求是与开物成务的思想中找到某些科学与民主的因子,但是距离现代意义上的科学与民主则相去甚远,所以从这个意义上说儒学在新文化运动中遭到批判,进而走向边缘化的境地是可以理解的。换言之,如果儒学不能在科学与民主方面进行突破,而是仍然高扬宋明理学的心性义理,则不管你是借用柏格森,还是康德的理论,都只能是如林毓生所说的仍然是儒学坍塌后意识形态危机的一个面向而已。就儒学的产生而言,它也是顺应了时代进行了适当的损益之后才取得了主流的地位,而如果在当前提倡国家治理现代化的历史大潮中,我们仍然抱着理学的思维模式,热衷于义理上的思辨,不去深入研究中国古代的朝廷制度、郡县制度、科举制度、土地制度、税赋制度、监察制度、军事制度,不去研究古代优秀的治理思想与现代社会怎么结合的问题,那就如习总书记提到的大道之行、天下为公的大同理想,六合同风、四海一家的大一统传统,德主刑辅、以德化人的德治主张,民贵君轻、政在养民的民本思想等贵贱均贫富、损有余补不足的平等观念,法不阿贵、绳不挠曲的正义追求,孝悌忠信、礼义廉耻的道德操守,任人唯贤、选贤与能的用人标准,周虽旧邦、其命维新的改革精神,亲仁善邻、协和万邦的外交之道,以和为贵、好战必亡的和平理念,等等,那传统的优秀的治理思想和模式仍然是死去的历史,不是活着的现在。十九届四中全会全文报告指出,"中国优秀传统文化的丰富哲学思想、人文精神、教化思想、道德理念等,可以为人们认识和改造世界提供有益启迪,可以为治国理政提供有益启示"。对于儒家来说,其中的治国、治吏、修身、教育等方面蕴含着非常丰富的治理经验,就是科学与民主也并不是与儒家不能兼容,而是需要我们深入学习儒家的原典精神,立足于国家富强和人民幸福这个根本点,进行创造性的转化和创造性的阐释,从而使儒学真正地复兴。

二、无为而治:道家的国家治理思想

不尚贤,使民不争;不贵难得之货,使民不为盗;不见可欲,使民心不乱。是以圣人之治,虚其心,实其腹,弱其志,强其骨。常使民无知无欲,使夫智者不敢为也。为无为,则无不治。

——《道德经·第 3 章》

以正治国,以奇用兵,以无事取天下。吾何以知其然哉?以此:天下多忌讳,而民弥贫;人多利器,国家滋昏;人多伎巧,奇物滋起;法令滋彰,盗贼多有。故圣人云:我无为,而民自化;我好静,而民自正;我无事,而民自富;我无欲,而民自朴。

——《道德经·第 57 章》

长期以来,人们习惯于将道家的无为而治思想曲解为无政府主义或者是愚民政策,而实际上如果我们通读全文,就会发现老子的治理思想主要阐述的是分权于下,听取民意的治理理念。在《道德经·第3章》中老子强调"为无为,则无不治",这句话翻译成我们今天的话来说就是:以无为的态度来治理国家,则没有治理不好的事情。显然这里的无为不是不为,而是有特定内涵的有为,那么这种特定内涵是什么呢?在《道德经·第57章》中明确给出了回答:"以正治国,以奇用兵,以无事取天下。"这句话的意思就是治理国家要用正道,用兵要善于出奇兵,而让天下百姓安居乐业主要靠的就是不要无事找事,要顺应民意,不能自以为是,出台一些以为高明而实际上很愚蠢的政策。这些自以为是的政策包括哪些?下面接着进行解释:天下的禁忌太多,人民动则得咎,无所适从,便不能安心工作,生活就愈来愈困苦。政府的权谋愈多,为政者勾心斗角,国家就陷于昏乱。在上位者的伎巧太多,人民起而效尤,邪恶的事情就层出不穷。法令过于严苛,束缚人民的自由,谋生困难,盗贼就愈来愈多。① 这种情况不正是封建社会有些统治者送出昏招,官逼民反的真实写照吗?而怎么做到无事取天下呢?最重要的就是充分听取民意并且与民同乐。"圣人无常心,以百姓心为心……为天下浑其心。百姓皆注其耳目,圣人皆孩子"(《道德经·第49章》),所以,从这里我们可以看出,顺应百姓平静、欢乐的本性,国家就能够治理得好;反之,如果采取的政策脱离了民意,甚至与百姓的实际需要背道而驰,则是国家衰败的重要原因。

如果我们结合庄子的《天下》《在宥》等篇目来看,老子所主张的小国寡民的理想社会,其实是上古氏族社会的缩影。摩尔根通过对古希腊、古印度、美洲早期居民以及中国等地古代文献考察和一些现代遗留的古代氏族部落进行实地考察后,认为人类文明在开始的时候都确实存在一个自由、平等和博爱的社会,恩格斯又在

---

① 林语堂.老子的智慧[M].黄嘉德,译.西安:陕西师范大学出版社,2004:173.

马克思研究摩尔根的基础上写成了《家庭、私有制和国家的起源》,进一步形成了原始共产主义的学说,认为原始社会生产力的极其低下,决定了当时的生产关系只能是生产资料的共同占有,人们共同劳动,人与人之间是原始的平等互助合作关系,劳动产品实行平均分配。在这种生产方式下,没有私有财产,没有人剥削人的现象,没有阶级、国家,社会制度和社会意识也都没有阶级的烙印。对于这种社会制度的形成的说法还有卢梭的契约论。哈耶克的"自由产生秩序"的说法也可以说能够解释一部分古代氏族公社产生的原因。这种社会模式在历史上存在了很长时间,轴心时代已经是这种模式面临解体的时候。氏族公社在庄子那里就是所谓的至德时代,老子称其为玄德、上德。其情形正如《老子·80章》中所描写的那样:"小国寡民,使有什伯之器而不用,使民重死而不远徙。虽有舟舆,无所乘之;虽有甲兵,无所陈之。使民复结绳而用之。甘其食,美其服,安其居,乐其俗。邻国相望,鸡犬之声相闻,民至老死,不相往来。"《庄子·胠箧》中也有类似的记载:"子独不知至德之世乎? 昔者容成氏、大庭氏、伯皇氏、中央氏、栗陆氏、骊畜氏、轩辕氏、赫胥氏、尊卢氏、祝融氏、伏羲氏、神农氏,当是时也,民结绳而用之,甘其食,美其服,乐其俗,安其居,邻国相望,鸡狗之音相闻,民至老死而不相往来。若此之时,则至治已。今遂至使民延颈举踵,曰:'某所有贤者'赢粮而趣之,则内弃其亲,而外弃其主之事;足迹接乎诸侯之境,车轨结乎千里之外,则是上好知之过也。上诚好知而无道,则天下大乱矣!"从时间上看,至德之世包括了容成氏、大庭氏、伯皇氏、中央氏、栗陆氏、骊畜氏、轩辕氏、赫胥氏、尊卢氏、祝融氏、伏羲氏、神农氏等十二个时代,此一时代,正是母系氏族社会和父系氏族社会的早期,历史至少应该在两千年以上,老子、庄子所赞扬的圣人就是指这些人,而对儒家常说的尧、舜、禹等人,则是父系氏族公社的后期了,实际上已经开始有私有制和阶级出现了,也就是用仁义礼乐治国的时代,老庄认为那已经是开始堕落了。《庄子·天运》里面老聃对子贡讲:"黄帝之治天下,使民心一,民有其亲死不哭而民不非也。尧之治天下,使民心亲,民有为其亲杀其杀而民不非也。舜之治天,使民心竞,民孕妇十月生子,子生五月而能言,不至乎孩而始谁,则人始有夭矣。禹之治天下,使民心变,人有心而兵有顺,杀盗非杀,人自为种而天下耳,是以天下大骇,儒墨皆起。其作始有伦,而今乎妇女,何言哉!余语汝,三皇五帝之治天下,名曰治之,而乱莫甚焉。三皇之知,上悖日月之明,下睽山川之精,中堕四时之施。其知憯于蛎虿之尾,鲜规之兽,莫得安其性命之情者,而犹自以为圣人,不可耻乎,其无耻也?",老子和庄子所批评的圣人也就是尧舜禹以降的圣人,庄子公然称他们为大盗。老子是反对那种凭一己之智的有为而治,认为那样才出现了社会淆乱的局面。在至德时代,社会没有阶级,"太上,不知有之"(《老子·17章》),实行小政府、大社会,"邻国相望,鸡犬相闻",人民安居乐业,"甘其食,美其服,安其居,乐其俗",没有人民内部的战争,"天下有道,却走马以粪"(《老子·46章》),"虽有甲兵,无所陈之"(《老子·80章》),实行的契约制,"是以圣人执左契,而不责于人。有德司契,无德司彻"(《老子·79章》),即使有法律,也是大家自觉自愿的结果,摩尔根指出:"在文明社会开始之后,希腊、罗马和希伯来的最早法律,只不过是把他们前代体现在风俗习惯中的经验的成果变为法律而已。"[①]人们团结友爱,可以说后来人类理想中的一切因素除了物质不是极大丰富以外,其他一切都具有了。现在很多学者一谈到老子的"小国寡民",都认为是在搞历史的倒退,那只是看到了问题的表面,而没有看到"小国寡民"的实质是对自由、民主、平等、博爱的氏族公社的向往。这片曾经存在的乐土不仅因为代代相传成为诗歌、宗教、哲学的永恒话题,而且还不断激励着人们从政治上对这种美好生活的复古倾向。摩尔根认为私有制社会因为它固有的对立矛盾不可能得到根本的克服,最终的结果是社会必然会回归到这种美好的时代:"政治上

---

① [美]摩尔根.古代社会[M].杨东莼,译.北京:商务印书馆,1981:547.

的民主、社会中的博爱、权力的平等和普及的教育,将揭开社会的下一个更高的阶段,经验、理智和知识正在不断向这个阶段努力。这将是古代氏族的自由、平等和博爱的复活,但却是在更高级形式上的复活。"①

老子作为周朝的守藏史,对古代氏族社会的历史和制度是非常熟悉的。《道德经》五千言,基本上都是在围绕他的政治观而展开的。而贯穿他政治思想核心的观念就是"爱民治国,能无为乎?"(《老子·10章》)其治国理念,实际上就是氏族公社管理制度的理论总结,我们唯有从他"爱民治国"的核心出发,才能明白他无为而治的真正含义。

一是无为而治与以正治国的统一。无为不是不为,而是不要强作妄为。在老子那里,至少包含以下几个层面的意思,一是百姓为心。"圣人无常心,以百姓心为心……圣人在天下,歙歙焉;为天下,浑其心"(《老子·49章》),圣人没有成见,无私无欲,无莫无适,顺民之情,足民之欲,圣人接受百姓的意见并据为己有,此一时代,君由民立,世系之制未兴。二是天下为公,承担责任。"天下神器,不可为也,不可执也"(《老子·29章》),天下是天下人的天下,不是某个人的私有财产,只有爱护国家超过爱护自己的人才配成为统治者,"故贵以身为天下,若可寄天下;爱以身为天下,若可托天下"(《老子·13章》),而且更为重要的是要有一种担当责任的意识,"能受国之垢,是为社稷主;能受国不祥,是为天下王"(《老子·78章》),能为国家受侮辱和承受灾祸的,才配为社稷之主。三是清净如啬。在上位的权谋太多,为政的勾心斗角,国家就要混乱;提倡物质、知识,人们的机心就增长,邪恶事件就层出不穷;法令过于严苛,人民谋生困难,强盗就会增多。"天下多忌讳,而民弥贫;人多利器,国家滋昏;人多伎巧,奇物滋起;法令滋彰,盗贼多有。故圣人云:我无为,而民自化;我好静,而民自正;我无事,而民

---

① [美]摩尔根.古代社会[M].杨东莼,译.北京:商务印书馆,1981:556.

自富;我无欲,而民自朴"(《老子·57章》),社会安定在于统治者要爱惜精神,节省智识,少管些具体事务。"治人,事天,莫如啬。夫唯啬,是谓早服,早服,谓之重积德;重积德,则无不克;无不克,则莫知其极;莫之其极,可以有国;有国之母,可以长久。"(《老子·59章》),最理想的状态就是老百姓生活很幸福,却不知道有统治者的存在,"太上,不知有之",此正是氏族公社之写照,那时候的首领,主要任务乃是祭祀以及保护本氏族的利益。老子还有"以正治国"的思想,必要的宏观调控和方向还是必须把握的。具体说来,一是慎终如始,不是每天躺着睡大觉,要"为之于未有,治之于未乱。合抱之木,生于毫末……慎终如始,则无败事"(《老子·64章》),平时就要注意把那些可能会在将来引起不良后果的事情提前解决,等到大势已去的时候,就是圣人也没有办法了。二是大制不割。"朴散则为器,圣人用之,则为官长,故大制不割"(《老子·28章》),建立的制度要来自于朴素的需求,建立之后不能经常变动,"治大国,若烹小鲜"(《老子·60章》),那些"不尚贤,使民不争;不贵难得之货,使民不为盗;不见可欲,使民心不乱"(《老子·3章》)的良好传统要保持下去,提倡某种道德正好说明这种道德的不确实,大肆宣扬无异于是要人们去做反面的东西,老子的思想包含着深刻的辩证因素。三是有德司契,救人救物。对老百姓不能提倡严酷刑罚,要依据大家共同自由意志形成的契约或法律为原则,不能"奈何以死惧之",不能"夫代司杀者杀"(《老子·74章》),不能压榨老百姓的生存空间,"无狎其所居,无厌其所生"(《老子·72章》),"民之饥,以其上食税之多……民之轻死,以其上求生之厚"(《老子·75章》),对于小矛盾,要"以德报怨",要救助弱势群体,要关注爱护万物,"是以圣人常善救人,故无弃人;常善救物,故无弃物"(《老子·27章》),要人尽其才,物尽其用,这就是袭明。

二是走马以粪与以奇用兵的统一。洪荒之世也并不是处处是乐土,种与种竞,国与国争,俘虏之民受到极端残酷的虐待,开始是把敌人杀来吃掉,元太祖北征蔑尔乞等族,还以鼎镬烹人,犹古之野蛮遗风也,后世的各种酷刑实际上也首先是针对俘虏的,后来才不杀作为奴隶。但是老子的思想不同于那种野蛮的做法,他已经是把所有的人都当人来看了,具有深厚的人文精神,但是他也注意到战争是经常存在的。对于有道之国,和平是目的,战争是手段,"兵者,不祥之器,不得已而用之"(《老子·31章》)。"天下有道,却走马以粪;天下无道,戎马生于郊"(《老子·46章》),有道的社会,骏马和部队都是建设者,马用来犁田;无道的社会,由于人们的欲望的贪婪,杀戮成河。"师之所处,荆棘生焉,大军过后,必有凶年"(《老子·30章》),死伤无数,为的是什么? 少数人的恶带来大多数人的灾难。但是这种可能来自人类本性中恶的一面,其形成也是人类在残酷的大自然中求生存而迫不得已形成的,经过几十万年的进化也许进入了人类的基因,因而难得克服,人类之间的残杀从古到今基本上就没有停止过,所以为了和平还必须得以奇用兵。老子的用兵之道,主要有以下几条:其一是"不以兵强天下,要以道佐人主,"(《老子·30章》),"强梁者,不得其死"(《老子·42章》),需要有强大的武装来保护自己,但是不是为了侵略别人,要"勇于不敢,则活"(《老子·73章》)。其二是胜而不美。"胜而不美,而美之者,是乐杀人。夫乐杀人者,则不可以得志于天下矣……杀人之众,以悲哀弃之,战胜,以丧礼处之"(《老子·31章》),有道的君子,人杀多了便挥泪而哭;战胜了,还须以丧礼来庆祝,这种博大的胸怀和博爱的精神不是值得人类永远提倡吗? 其三是以奇用兵。战略上藐视敌人,战术上必须重视敌人。而且为了正当的目的,还必须采取非常的手段,有时候得欲擒故纵,有时候阴谋和阴谋并用,这都是为了保证和平和少伤人的目的。这种灵活性与原则性的统一正是历来兵家的常用之道。

　　三是无知无欲与为学日益的统一。向来人们把老子"无知无欲"看成是愚民政策,很少有人作过正面的评价。据刘师培考证,上古之时,居上位者有学,居下位者无学。汉儒之释民字也,或训为冥,为暝,以民为无知之称,则庶民者皆不学无术之人,故曰愚民。①

此种原因,一者可能是古代书写教育之不方便,二者则是反映了阶级形成初期的征兆,已开始严格等级之分。老子关于"无知无欲"的说法主要表现在第3章"是以圣人之治,虚其心,实其腹,弱其志,强其骨,常使民无知无欲,使夫智者不敢为也"和第65章"古之善为道者,非以明民,将以愚之。民之难治,以其智多,故以智治国,国之贼;不以智治国,国之福",此一思想,影响到中国后来两千多年的封建社会,所以中国的知识层面没有形成西方的科学精神,但是却也有孔子的有教无类思想的中和,这一点我们不能忽视老子思想的消极作用。但是对于老子的"无知无欲"说,我们也可以从两个方面去做正面理解,一是他的理想社会的蓝本来自原始公社制度,那个制度确实没有多少知识,人们也比较淳朴,用不用知识都无所谓,所以他甚至有反智主义的倾向,认为智容易生奸诈之心,会破坏古朴的社会风俗,但是我们同时也看到老子有"为学日益、为道日损"的说法,这说明他已经看到了知识和不断发展,并且不断对社会进行改变的事实。其二是确实"无知无欲"在某些时候能够给我们带来生活的快乐。在现实生活中,我们也有体验,比如跟家人相聚、融入大自然之时,似乎也不需要知识和理性的思考就自然会有一种身心愉悦的感受。在那种民主、自由、快乐的社会中,知识和欲望又有什么用呢?因为目的本身已经达到了。这种生活,其实我们可以借用海德格尔的话来说,就是"诗意的栖居",他借荷尔德林的诗——"充满劳绩,然而人诗意地栖居在这片大地上"来说明了这种境遇,②人直接面对存在本身,直接置身于清白无邪的真善美之境,这就是人生的目的。

四是知恒守常与善贷且成的统一。老子的思想具有高度的原

---

① 刘师培.清儒得失论[M].北京:中国人民大学出版社,2004:176.
② [德]海德格尔.荷尔德林诗的阐释[M].孙周兴,译.北京:商务印书馆,2000:35.

则性与灵活性。原则性就是要"知常容"(《老子·16章》),"侯王得一以为天下正"(《老子·39章》),这种守常实际上主要是两点。一是观复,"致虚极,守静笃,万物并作,吾以观复"(《老子·16章》),用虚静清明之心去体会事物的运行规律。另一个就是弱守。"反者道之动,弱者道之用"(《老子·40章》),要看到事物的相反相成,同时又要注重守弱,因为守弱有助于韬光养晦,能够经常得到"道"的眷顾。在守常的同时又要随机应变,要"善贷且成"(《老子·41章》),"人法地,地法天,天法道,道法自然"(《老子·25章》),顺应人的淳朴本性和自然规律。老子反对的是执着于某个具体的德性范畴而不知变通。老子认为,孔子所提倡仁义是先王的陈迹,"夫兼爱,不亦迂乎!无私焉,乃私也。夫子若欲使天下无失其牧乎?则天地固有常矣,日月固有明矣,星辰固有列矣,禽兽固有群矣,树木固有立矣。夫子亦放德而行,循道而趋,已至矣;又何偈偈乎揭仁义,若击鼓而求亡子焉?意,夫子乱人之性也!"(《庄子·天运》)在老子看来,非要执着于仁义一途,就如只见树木,不见森林。而时代是不断变化的,先王的仁义方法未必适合于当代,"故礼义法度者,应时而变者也。今取猨狙而衣以周公之服,彼必龁啮挽裂,尽去而后慊。观古今之异,犹猨狙之异乎周公也。故西施病心而矉其里,其里之丑人见之而美之,归亦捧心而矉其里。其里之富人见之,坚闭门而不出;贫人见之,挈妻子而去走。彼知矉美而不知矉之所以美。惜乎,而夫子其穷哉!"(《庄子·天运》)不能应时而变,就无异于东施效颦。

老子的思想最后的落脚点就是"天之道,利而不害;圣人之道,为而不争"(《老子·81章》),政治思想亦然。用我们今天的话来说,就是要有一种超越的精神。一切的争执和分别心都来自人们的私心以及欲望,尤其是人的贪欲,而人一旦融入社会之中,就容易成为欲望的奴隶,而从实际的人生来看,常人是很难做到真正的无私和无欲,所以克制自己过度的欲望,做到少私寡欲,才能获得心灵的快活。而对于统治者来说,国家给你提供了优厚的俸禄,你也拥有了相应的名望,就应该无私为民服务,就应该顺应民众的良好本性和自然、社会规律,不强作妄为,"圣人不积,既以为人,已愈有;既以与人,已愈多"(《老子·81章》),人民也会爱戴这样的统治者。

老子想回到古代氏族社会的淳朴、简单、快乐的生活,应该说是不现实的。由于生产力的发展,主要是农业以及生产工具的改进,拥有了越来越多的剩余产品,拥有权力的氏族首领就逐渐异化为了阶级社会的统治者。恩格斯说:"这些原始公社的权力必须破坏,后来也破坏了。但它是受到从一开始我们就似乎觉得是退化堕落的势力的破坏,那是从古代温良社会的单纯伟大道德堕落下来的势力。最低级的兴趣——卑鄙的贪心、荒淫无耻、肮脏的欲壑、自私自利的劫掠公共财产——开创新的文明社会,阶级社会最疯狂的手段——巧取豪夺、欺骗奸诈——破坏倾覆了古老无阶级的温文厚道的社会。而新社会在它整个存在的2500年期间只不过是靠牺牲被压迫被剥削的最大多数以图一小撮人的发展,而且今天比过去愈演愈烈。"[①]这也就是老子所说的"失道而后德,失德而后仁,失仁而后义,失义而后礼"的道德每况愈下的境地。从我们今天的观点来看,这是人类文明发展的必然结果,人类会经历过这段物质文明上升而道德滑坡的必经阶段后进入到物质文明、精神文明、制度文明都比较高的新型文明社会。

但是老子的无为而治思想,却可以由此延伸出分权于下、分权于民的理念,作为统治者,多听听老百姓的呼声,不要过多干预社会本身运行的规律,这是非常有积极意义的。历史上经历了大的社会动乱或者王朝更替后,统治者大多采取了无为而治的黄老之术,经济社会才得以迅速发展起来。汉初的文景之治、唐初的贞观之治以及清朝的康熙时期,莫不如此。以黄老之学指导,推行休养生息,实行小政府、大社会的国家格局,国家经济得到空前恢复和

---

① 恩格斯.家庭、私有制和国家的起源[M].北京:人民出版社,1972:96.

好转,然而好转之后统治阶级又把自己的娱乐享受和防止百姓反抗放在了首位,后来汉武帝、宋太祖、明太祖等皇帝不断加强中央集权,使得上下民意不能有效沟通,使得官僚集团腐败严重,以至于最终葬送了整个王朝。就我们今天来说,我们提倡社会主义市场经济,倡导市场对资源的基础性作用和决定性作用,可以说也正是道家无为而治思想的体现,政府只需要做到以正治国,确保规则和公平的环境,其余的事情交给市场、交给民众去自由发挥,这也许才是国家的富强之基。

三、明法弱民:法家的国家治理思想

法家在中国古代国家治理理论中占有非常重要的位置,战国前期的主要代表人物有李悝、慎到、申不害和商鞅,后期主要代表人物是韩非。早期法家思想的主要内容是富国强兵和建法立制,后期法家的思想重点是如何实现有效的君主专制。由于秦国采用法家思想,进而迅速崛起,并最终统一六国,开创了第一个封建君主制的王朝,因而被后来整个王朝所采用,其地位仅次于儒家。但是也由于法家坚持君主利益至上,以阴谋手段驾驭臣下,以严苛刑罚统治民众,很快导致了秦朝的灭亡,后世逐步形成儒法并举,进而实现整个封建统治的格局。直到今天,法家的很多治理理念还值得我们借鉴,同时其理论局限和消极影响也值得我们深思。只有辩证地取其精华、弃其糟粕,才能为我们今天的国家治理提供有益的思想资源。

(一)人性好利与趋吉避凶的理论基础

法家的人性论观点,明显受到了荀子性恶论的影响,在他们看来,人皆有好利的本性,这种本性根源于人的生物本能,根源于人首先要生存活下去的基本需求,这是最基本也最强烈的欲望。商鞅指出:"民之性,饥而求食,劳而求佚,苦而索乐,辱则求荣,此民之情也。"(《战国策·算地》)食物、休息、娱乐、求名等欲望都是与生俱来的,而且终其一生都不会发生改变,"民生则计利,死则虑名。"(《商君书·算地》)"民之欲富贵也,其阖棺而后止。"(《商君书·赏刑》)这种好利的本性很难用礼仪法度来限制,也很难发生改变。韩非认为,儒家所说的纯粹的父慈、子孝,在现实中是不存在的,"子父,至亲也,而或谯或怨者,皆挟相为而不周于为己也。"(《韩非子·难四》)父子之间的发怒或者埋怨,本质上是利益上的冲突。而人的好利本性也不是每时每刻都表现出来,有时候可能不好利,但是那是假象,"夫陈轻货于幽隐,虽曾、史可疑也,悬百金于市,虽大盗不取也。"(《韩非子·六反》)把廉价的东西放在冷僻之处,即使是曾参、史䲡这样有修养的人也有偷窃的嫌疑;把百金放置在闹市中,即使出名的盗贼也不敢取走。不被察觉,曾参、史䲡就可能在暗处干坏事;一定察觉,大盗就不敢在闹市上取走放置的百金。所以明君治理国家,多设耳目,重罚罪犯,使民众由于法令而受到约束,不靠廉洁的品德而停止作恶。人不是道德的人,而是经济的人,本质上是逐利的。富贵是臣子最大的利益,臣子怀着取得富贵的目的来办事,所以他们会冒着生命危险力、事,竭尽全力,而如果忽视这种利益关系,只靠儒家的忠信仁义来维持君臣关系是不可靠的。"臣尽死力以与君市,君重爵禄以与臣市。君臣之间,非父子之亲也,计数之所出也。"(《韩非子·难一》)治国必须要考虑到各自的利益,才能持久。与其他派别鄙视人好利的本性不同,法家认为,人具有好利的本性不是坏事,反而可以因势利导,充分引导和利用民众好利的本性,使其为富国强兵服务,使其为君主专制政治服务。

应该说法家的人性好利论,对于人的本性的揭示是非常深刻的。按照马斯洛的需要层次理论,这些基于生存的需要是人的最基础最原始的需要,具有强大的能量。但是人同时也有情感、道德以及自我超越的需求,完全用经济关系和利害关系来解释人的本性,是非常具有片面性的。人毕竟不同于动物,人的社会关系也不只是单纯的利益关系,这一点恰好与儒家形成对比,也可以得到很好的补充。

(二)奖励耕战的富国方略

与其他诸子学派所不同的是,法家立足于经济人的角度,主张富国强兵的施政方略。商鞅认为,国家只有两件事情最重要,耕和战,耕和战是国家经济和军事强大的基础,法治则是政治强大的基础。只要把耕战这两件事抓好,国家就可以富强,"兵农怠而国弱,"(《商君书·弱民》)要想方设法把百姓引导到耕战的轨道上来,"入令民以属农,出令民以计战,"(《商君书·算地》)国家要实行奖励耕战的政策,堵塞耕战以外的任何利益渠道,商鞅把这种政策安排称之为"利出一孔"。(《商君书·国蓄》)

在商鞅那里,耕和战是相互促进、相辅相成的两项事业。一方面,耕可养战,农业生产提供"生力"。农业生产的发展,不仅可以为国家富强和战争提供物质基础,而且农业生产本身就是培养战士的学校。农民的一个重要特点就是贫穷,由于贫穷,就能吃苦,权衡利弊的心理也尤其严重。因此,要通过政策让农民看到参战能够获得巨大利益,不勇于参战就要受到惩罚,那么,民众在战场上就会舍生忘死,"夫民之情朴,则生劳而易力,穷则生知而权利,易力则轻死而乐用,权利则畏罚而易苦。易苦则地力尽,乐用则兵力尽。"(《商君书·算地》)通过战争农民可以获得利益,改善生活条件,也可以使得国家增加财富。另一方面又要通过战争来消耗财力和物力,商鞅称之为"杀力",使得农民经常处于贫困线上,否则一旦民众的生活水平和国家财力达到一定的程度,他们就会安于现状,安于享乐,就会削弱国家实力。"力多而不用则志穷,志穷则有私,有私则有弱,故能生力不能杀力,曰自攻之国,必削。"(《商君书·说民》)因此,耕和战要交替进行,经常使得民众既看到希望,又不至于懒惰。

商鞅同时认为,由于人的趋利避害的本性,农与战都不是民众喜欢的事情。因此,欲使民众勇于耕战,必须以法为工具,采用赏和罚的两种手段,把民众驱使到耕战的轨道上来。"民见战赏之多则志死,见不战之辱则苦生,赏使之忘死,而威使之苦生,"(《商君书·外内》)在赏和罚的驱使下,民不得不耕,不得不战。

国富民强是每个统治者都希望达到的目标,也是国家社会政治生活的主题。在封建经济刚刚形成的初期,法家通过人性好利和趋利避害的本性来倡导耕战,进而实现富国强兵,这可以说是抓住了国家治理的核心问题,因此在实行法家思想进行改革的秦国,迅速强大起来,并且最终统一了六国,建立了第一个强大的封建君主国家。但是,如果治国的目的不是为了最终改善民众的生活,而经常用战争等手段来消耗民力,长期使得民众处于贫困的地步,则最终民众也会揭竿而起,推翻现有的统治。秦朝由于迷信商鞅的"杀力"理论,不断对外发动战争,不断进行大规模的农田水利、宫观城墙建设,从而耗尽了民众的财力,最终导致了陈胜吴广起义,强大的秦朝迅速土崩瓦解。所以,法家发展生产力的国策是对的,但是过分消耗民力,因而使得民众无法过上美好的生活,这种思维方式则是非常错误的。因此,慎用战争,慎耗民力应该成为国家长治久安的一个重要法则。

(三)法一而固的治国方针

法家治国思想的核心就是法治思想。商鞅认为,法律是治理国家的根本,只有实行法治,国家才能安定,治理国家不可一日无法。"法令者,民之命也,为治之本也,所以备民也。为治而去法令,犹欲无饥而去食也,欲无寒而去衣也,欲东而西行也,"(《商君书·定分》)韩非更是强调治国应该"上法不上贤"(《韩非子·忠孝》),如果采用儒家的以德治国和尚贤主张,则标准无法统一,社会难免发生动乱,如果按照法律办事,国有常法,则即使是庸才也可以治国,"释法术而心治,尧不能正一国;去规矩而妄意度,奚仲不能成一轮;废尺寸而差短长,王尔不能半中。使中主守法术,拙匠执规矩尺寸,则万不失矣。"(《韩非子·用人》)而如果采用依法治国,则可以达到天下大治。

首先,依法治国可以确定名分。商鞅认为,人与人之间的冲突主要是由财产所有权不明确而引起的,"一兔走,百人逐之,非以兔也。夫卖者满市,而盗不敢取,由名分已定也。故名分未定,尧舜禹汤皆如骛焉而逐之,名分已定,贪盗不取,"(《商君书·定分》)因此,通过法律来确定财产分界,来确定彼此地位,就可以有效约束民众,达到社会安定。在商鞅看来,所有臣民都是奸民,统治者应该充分认识到民众奸猾的本性,"以良民治,必乱至削,以奸民治,必治至强"(《商君书·说民》),如果统治者把臣民当作良民对待,国家势必陷入混乱,只有把民众看作奸民,采用严峻刑罚,国家才能安定。

其次,依法治国可以保证臣民平等。法家认为,实行法治首要一点就是公布法令条文,让全体臣民知晓,使"天下吏民无不知法",通过这样的手段,达到"吏不敢以非法遇民,民不敢犯法以干官也",(《商君书·定分》)从而使得境内民众都成为知法守法者。由于法是全体臣民的行为准则,因此全国法律必须统一,全国只能有一个法,法律不能彼此矛盾,不能朝令夕改,必须保持相对稳定性。要做到这一点,法律条文必须明确易知,"故圣人之法,必使之明白易知,"(《商君书·定分》)即使是愚钝的民众也能理解;同时必须宣传好法律,要培养一批熟悉法律条文的官吏,"为置法官,吏为之师,以道之知,"(《商君书·定分》)官吏的首要条件就是熟悉法律条文,并且能够向民众解释清楚,如果做不到这一点就是失职。如果官吏拒绝向民众解释法律或者解释法律有错误,执法官吏就要负法律责任。如果能够让所有民众知法守法,那么就能够达到刑无等级、法不阿贵的公正目的。韩非在《有度》篇中说:"法之所加,知者弗能辞,勇者弗敢争,刑过不避大臣,赏善不遗匹夫,"(《韩非子·有度》)在法律面前,全体臣民都是平等的,法高于一切,任何人都不得枉法,这样就能够保证法律的公正精神,从而达到社会的稳定。

再次,法律的主要内容就是富国强兵,就是要奖励耕战,对于勤于农事、勇于参战的人进行奖励,对于那些惰于农事、不勇于参战的人要进行惩戒,这样在法的驱使下,民众勇于耕战,国家必然富强。

最后,要实行轻罪重罚的原则,从而达到制止奸邪、安定国家的目的。韩非认为,人人都有趋利避害的本能,如果实行严刑苛法,群众就自然产生畏惧心理,不敢以身犯法,不敢冒生命危险去牟取小利,"夫严刑者,民之所畏也,重罚者,民之所恶也,故圣人陈其所畏,以禁其邪,设其所恶,以防其奸,是以国安而暴乱不起,"(《韩非子·奸劫弑臣》)商鞅更是认为,如果用重刑处置犯有轻罪的人,犯轻罪者就被处以死刑,重罪就不会出现了,"故行刑重其轻者,轻者不生,则重者无从至矣。此谓治之于其治也,"(《商君书·画策》)如果国家设置了法律,还有犯罪的人,那一定是刑罚太轻的缘故,轻刑等于无刑,必须轻罪重罚。商鞅甚至主张对那些没有犯罪事实,仅有犯罪动机的人实行惩罚。

(四)君权至上的控制之术

在法家那里,法必须为全体臣民所共守,但是君主是在法律之外的。商鞅认为,法、信用和权力是治理国家的主要基石,三者之中,法由君臣共同使用,信用是君臣共同建立的,而权力则是君主所独有的。韩非更是站在君主专制的立场,认为君主是国家的主人,国家是君主的私有物,君主的利益高于一切。"国者,君之车也,"(《韩非子·外储说右下》)虽然国家要强必须君臣俱有力,但是官吏是君主借以统治民众的工具,君主治理好了臣下,也就治理好了万民,臣的价值在于满足君主的需要,一切妨害君主利益的臣,都在被清除之列。民众也是君主用来满足自己利益的工具,对民众不能推行仁爱之道,只能用权势迫使民众绝对服从,只有那些愚昧无知、守法殉诚者才是良民,而对于孔墨等诸子百家都在制裁之列,因为他们不绝对服从君主的统治。

基于君主利益之上的观点,韩非提出要法、术、势综合并用的手段来巩固自己的统治。法就是国家的成文法,用文字形式肯定法律,然后全国公布,并且要让民众知晓。术是权术,是君主驾驭臣下的手段。法与术的差别,除了法的对象是所有臣民,术的对象是群臣、百官之外,就是法要公开,术则藏于胸中,为君主所独有,"术者,藏之于胸中,以偶众端而御群臣者也。故法莫如显,而术不欲见"。(《韩非子·难三》)韩非认为,权力对君主来说至关重要,而对君主权力的威胁来自内外两个方面,其中最大的威胁来自统治集团内部,"群臣皆有阳虎之心,"(《韩非子·难四》)尤其是左右近习、后妃、大臣,以及兄弟、显贵,这些人无时不在觊觎君主手中的权力,最有弑君篡权可能的就是这些人,一旦时机成熟,人人都有犯上作乱的可能。因此,君主对臣下绝不能信任,信人就会受制于人,"人主之患在于信人,信人则治于人,"(《韩非子·备内》)统治下属唯一的办法,就是用术。

关于君主运用权术的秘诀,核心就是要不可捉摸,要让自己显得高深莫测,使任何人都不知道自己的好恶。"君无见其所欲,君见其所欲,臣将自雕琢;君无见其意,君见其意,臣将自表异。故曰:去好去恶,臣乃见素",(《韩非子·主道》)君主如果表现出自己的好恶,臣下就会设法钻君王的空子,君主不仅不能表现自己的好恶,而且凡事要藏而不露,对任何事情不轻易表态,"虚静无常,以暗见疵,"然后自己伺机捕捉臣下的过失,达到"明君无为于上,君臣竦惧乎下"的效果(《韩非子·主道》)。其次,要严格控制重臣的政治、经济实力,设法割断大臣与民众、大臣与大臣的联系。韩非总结春秋晚期以来地方势力强大形成割据的经验,就在于"国地削而私家富,"(《韩非子·扬权》)因此君主应该尽量限制封臣的政治经济实力,不能让其坐大。同时,也要防止臣下之间形成朋党,进而对抗君主,凡是可能引起民众赞誉的事情,都应由君主去做,臣下不得染指,君主如果能够做到民众憎恨自己的臣下,臣下也就失去了反叛君主的力量。再次,循名责实,参验群臣。一方面要检查群臣是否忠于职守,言行相符,"听其言必责其用,观其行必求其功";(《韩非子·六反》)另一方面,用术察奸,这里面的方法比较多,"握明以问所暗,诡使以绝黩泄。倒言以尝所疑,论反以得阴奸。设谏以纲独为,举错以观奸动。明说以诱避过,卑适以观直谄。"(《韩非子·八难》)包括故意说反话、错话来察验群臣是否忠诚,用间谍来监视臣下的言行,用暗杀来使臣下畏惧,可以说是不择手段。

势就是指权势,是权力和地位的总称,是君主运用法、术的前提。君主能够制服臣下,并不是由于君主的品行、才能高于臣下,主要是因为君主手中掌握着权势,道德与才能都不起决定作用。韩非一再告诫君主,一定要牢牢把握权势,牢牢控制臣下,否则一旦君主失势,将会为臣下所制。"人主者,以刑德制臣者也,今君人者释其刑德而使臣用之,则君反制于臣矣。"(《韩非子·二柄》)聪明的君主,就是要采用刑、德两种手段来牢牢控制自己手中的权力,"明主之所制其臣者,二柄而已矣。二柄者,刑德也。何谓刑德?曰:杀戮之谓刑,庆赏之谓德。为人臣者畏诛罚而利庆赏,故人主自用其刑德,则群臣畏其威而归其利矣。"(《韩非子·二柄》)就是要交替使用杀戮与庆赏两种手段来巩固自己的统治。

(五)以吏为师的文化专制

由于法家坚信人性好利且不会改变,因此法家不主张德治,不主张思想自由,而是主张实行文化专制,韩非提出:"无书简之文,以法为教;无先王之语,以吏为师",(《韩非子·五蠹》)主张摒弃诸子百家的主张,只听从官吏的法律宣传即可。李斯担任秦国宰相之后,大力推行文化专制主义。李斯认为,对于君主制定和颁布的法令制度,臣民没有资格评论,只能绝对服从,诸子百家都以自己所学为据,评论朝廷颁布的制度、政令和法律,只会冲击国家制度政令的权威性,没有别的好处,因此必须统一思想学术,才能强化君主权威。李斯说:"古者天下散乱,莫能相一,是以诸侯并作,语皆道古以害今,饰虚言以乱实,人善其所私学,以非上所建立",(《史记·李斯列传》)思想纷乱,不仅不利于维护君主权威,而且不利于天下大一统的政治格局,因此必须禁绝诸子百家之说,以法家思想统一全国臣民思想。为此,李斯采取了三种措施:

一是收书焚书。除了医药、卜筮、种树之书以及秦国的史书以外,其余的限期三十日之内上缴,一律烧毁,"史官非秦记皆烧之。非博士所职,天下敢有藏《诗》《书》、百家语者,悉诣守、尉杂烧之"。二是禁绝言论。"有敢偶语《诗》《书》者,弃市。以古非今者,族。"(《史记·秦始皇本纪》)三是以法家思想为唯一合法学术。"若有欲学者,以吏为师"。(《史记·李斯列传》)

秦始皇后来采用了李斯的主张,在全国焚书坑儒,禁锢思想,将那些本有可能成为秦帝国积极拥戴者排斥在外,不仅造成了中华民族文化发展史上的灾难,也加速了自身的灭亡,强大的秦国二世而亡,给后人尤其是汉初的统治者莫大的震撼,因而废除了秦朝的文化专制主义。

(六)法家治理思想的现代审视

今天看来,法家国家治理思想的利弊都非常明显,正如贾谊在《过秦论》中所说秦朝成功的秘诀:"商君佐之,内立法度,务耕织,修守战之具",核心就是富国强兵与实行法治,使得秦国迅速崛起,打败六国,一统天下。而失败的原因也正如贾谊所说:"一夫作难而七庙隳,身死人手,为天下笑者,何也?仁义不施而攻守之势异也。"(《过秦论》)一味迷信独裁和专制,推行严苛刑罚,让老百姓无法生存下去,丢失了儒家所强调的民为邦本的治国理念,最终埋葬了自己。法家治国思想在秦国的实践给我们今天的治国理政提供了深刻的启示。

第一,国家施政的核心是富国强兵。生产力决定生产关系,经济基础决定上层建筑。不断发展生产力,使得以经济和军事为核心的综合国力强大起来是国家存在的基础条件,不论在任何时候这个中心不能丢。春秋战国时期,正处于由奴隶制向封建制过渡的时期,当时国家强盛的核心问题就是奖励耕战,抓住了这个关键环节,国家就迅速强大起来。当今富国强兵的核心无疑是以科技为核心的生产力和以信息化为主要标志的国防军队建设,抓住这两个关键,就为国家的繁荣和安定奠定了坚实的基础。

第二,治国理政的原则是法治建设。法家坚持轻罪重罚的原则,表面上有一定的合理性,但是如果一旦在实践中贯彻这种主张,将不可避免地出现暴政酷刑、民无宁日的悲惨局面,最终导致民众忍无可忍,走上官逼民反的道路。首先,民众违法犯罪的原因是多方面的,更多时候刑轻并不是人们犯法的主要原因,而在战乱时代往往生存不下去才是犯罪的主要原因,如果民众的生存都不能保证的时候,不要说轻刑,就是重刑都无法阻止犯罪行为。其次,如果不实行罪刑相当的原则,而是实行轻罪重罚,则恰恰相当于重罪实行了轻罚,如果贪污一百就实行死刑,那么贪污上万的又如何惩罚呢?这样的结果就是导致有些犯罪行为的烈度更大,对于那些不得不犯罪或者已经造成了犯罪事实的,宁愿把后果搞得更加严重,反正没有比死刑更大的惩罚了。再次,法家的法律只有约束民众的行为,却不保护个人的权利和尊严,尤其是法律对于君主却没有制约作用,这样的结果往往只能是君主以自己的随意性来破坏法治,最终也达不到法治的最终目的。所以是否保护广大民众正当的个人权益,是否每个人都受法律的监督和制裁,是传统法治理论与现代法治理论的根本区别所在。只有建设一个公平、公正、公开、透明的法律制度，使得法律面前人人平等，才能充分调动各方面的积极性，进而实现资源的优化配置，促进生产力的迅速发展，维护社会的稳定。法治建设的前提必须是有良法，然后才能实现善治。法家的法治理念是对的，但是对于法律的制定只是出自皇帝个人的意志，皇帝可以不受法律的管辖，这样就容易导致权力的滥用，甚至形成暴君和专制的局面，其最终结果必然是葬送了皇帝本身的利益。正如明清时期的陈子龙所言，因为个人认识有限，就是明君也不是所有事情都知晓，更何况还有很多中主以下的君主，"智所不及，则勿治之……分之以权而无患也。"（《兵垣奏议·直陈祸乱之源疏》）由于皇帝大权独揽，臣民不敢言事，很多错误无法纠正，必须实行"众治天下"。（顾炎武《日知录》卷六《爱百姓故刑罚中》）现代法治国家制定法律时必须广泛听取广大民众的意见，然后形成全体国民都必须遵守的法律制度，真正做到有法必依，执法必究，国家就能够长治久安。

第三，国家治理必须考虑人性维度。人的本性是善还是恶的问题，直接关系到国家政策的制定，以孟子为代表的儒家性善论，强调要激发个人固有的道德善良，治国的重点就放在了道德教化上面，主张自律，主张德治国家，主张要爱民利众，这都是非常值得重视的。主张性恶论的儒家荀子一派，治国的重点就放在他律上面，主张隆礼重法，限制人性中恶的方面。如果对人性进行善恶区分，应该说人性是善恶互具更为圆融，也因此需要把道德与法治互相结合才能实现更好的治理效果。

法家基于人性好利论出发，过度拔高人的经济性一面，对民众的道德品质作极低的评价，这是违背客观现实的。不可否认，如果我们探讨人性中到底是经济性还是道德性的比例多一些，可能的确还是人性逐利的方面所占的比例大一些，所以连孟子都说，人之异于禽兽者几希，但是这并不能构成不重视社会道德建设的理由，恰恰由于人性有重利轻德的倾向，所以我们在治国中，要以法治为基础，对于人性好利而不顾道德的层面进行最基础的约束，同时还得大力提倡道德修养和加强道德建设,形成德法并举,以法律为基础,以道德为归宿的治理模式,整个社会就能形成文明和谐的良性稳定结构。

第四,国家治理的目的是民众幸福。经济、社会发展的最终目的是为了满足极个别人的私利还是满足整个大众的美好生活追求,这是区别专制独裁与民主制度的重要标志。法家认为,整个国家都是君主一个人的,人民只是君主的工具,漠视甚至剥夺广大民众追求美好生活的权利,甚至用残酷暴行来榨取民力,最终使得老百姓连生存下去都成问题的时候,国家也就失去了存在的根基,没有了广大民众的支持,失去了民心,再强大的国家机器都是阻止人民的反抗。儒家所强调的民为邦本,民贵君轻正是所有社会能够立于不败之地的关键所在。无论哪个时代,如果脱离了人民,不以民生幸福为治国的目标,那么,任何统治集团的利益都是无源之水,无本之木,所有的财富都是人民所创造的,只有把权力的主体还给人民,让广大民众行使当家做主的权利,并且不断提升他们的生活水平,国家才能和谐与稳定。

第五,国家治理必须要有宽松的文化环境。知识分子是社会发展的重要动力,不仅代表了社会的前进方向,也代表了社会的良知,社会越是往后发展,知识分子的创造就越是对社会的推动作用越来越重要。不可否认的是,知识分子的确在很多时候由于各执一词会造成思想的分裂,但是从总体来看,知识分子存在的利远远大于弊。法家采取打压除法家之外的一切思想和学说,实行文化专制,表面看起来似乎社会是形成了政治、思想、文化大一统的局面,但是人的思想自由是永远无法用专制的手段可以解决的,终究有一天沉默而积聚的能量会如火山一样爆发,冲击专制的堡垒。所以创造一个既有主旋律,又有多样性的文化环境,使人人能畅所欲言,又不致影响主流意识形态,社会才能达到长久的和平、繁荣与稳定。

四、义以为政:墨家的国家治理思想

墨家是战国时期非常著名的学派,按照孟子的说法,"天下之言,不归杨,则归墨",然而这两个学派都犹如昙花一现,在整个封建社会都罕有提及。有人认为其原因在于杨朱学派提倡极端的个人主义,而墨家提倡极端的天下为公,都难以实现因而渐渐没落。然而与杨朱学派所不同的是,近代以来墨家却受到孙中山、毛泽东、张闻天、范文澜、艾思奇等人的推崇。1938 年陈伯达写成《墨子的哲学思想》一文,发表在《解放》杂志上,毛泽东看后认为墨子是古代辩证法唯物论大家,是中国的赫拉克利特。1939 年 4 月 24 日在"抗大"生产运动初步总结大会上的讲演中,他更称道墨家思想是为农民等弱势群体代言的政治学说,墨子是劳动者,"是比孔子高明的圣人"。① 新中国成立后,毛泽东主席要求全党务必保持艰苦朴素的作风,也跟墨家思想有非常密切的关系。墨家在治国理政的思想上,立足于最广大的普通老百姓,立足于被治理者的立场,提出了"兼爱、非攻、尚贤、尚同、节用、节葬、非乐、天志、明鬼、非命"等一系列的治国理念,很多在今天都具有重要的参考价值。

(一)兼爱、交利的理想社会憧憬

墨子少年时代做过牧童,学过木工,了解底层社会百姓的疾苦,早年也学习过儒家思想,到处奔走,聚徒讲学,宣传仁义,后来逐渐发现儒家理论很大程度上是针对为政者而言的,对于广大的弱势群体以及中下层百姓来说作用并不大,即使是大力提倡民为邦本,但是为政者却不实行仁政,你能奈它何?因此他开始站到广

---

① 见文化中国网 http://www.china.com.cn/culture/book/zxyd/2010-04/16/content_19837074.htm。

大民众的立场,主张弱势群体应该创建自己的组织并且要利用组织的力量来维护这些弱势群体的利益。大约在他三十岁的时候,墨子创立了一个设有文、理、军、工等多科的综合性平民学校,培养了大批能文能武的人才,与弟子300人成立了历史上算是较早的侠客组织,集团的最高领袖被称为"巨子",成员都称为"墨者",其中从事游说辩论的称为"墨辩",执行武力任务的,称为"墨侠",其宗旨就是要兴天下之利,除万民之害。只要哪里发生了战争,百姓遭殃,这300人就会赶过去解救百姓,但是也正因为他们过于强调信义,往往被人利用。据《吕氏春秋·上德》记载,墨家的"巨子"孟胜帮助阳城君守城时,箭射吴起时,误中悼王,孟胜竟然为"行墨者之义",与弟子183人集体自杀。这样的结果自然是组织难以持久下去,但是那种"侠以武犯禁者也"的替天行道精神,却在后来深得广大民众赏识,成为绿林侠客的典范,成为后世农民革命的理论主要来源。

墨子不赞成儒家爱有差等的仁爱,主张兼爱,也就是对待别人要如同对待自己,爱护别人如同爱护自己,彼此之间相亲相爱,不受等级地位、家族地域的限制。什么是兼爱?墨子说:"视人之国,若视其国;视人之家,若视其家;视人之身,若视其身。是故诸侯相爱,则不野战;家主相爱,则不相篡;人与人相爱,则不相贼;君臣相爱,则惠忠;父子相爱,则慈孝;兄弟相爱,则和调。天下之人皆相爱,强不执弱,众不劫寡,富不侮贫,贵不傲贱,诈不欺愚,凡天下祸篡怨恨,可使毋起者,以相爱生也,是以仁者誉之。"(《墨子·兼爱中》)墨子的兼爱,立足于换位思考,当你要去攻打别的国家时,想象一下如果你是受害者,会是怎么样的感受?同理,处理所有人际关系和社会关系的时候,也立足于对方立场来思考一下行为可能产生的后果,这种思想也正是立足于每个个体的人都是平等的理论基石上。墨子要求国家不论大小,人不论尊卑、贫富、强弱、贤愚,都要在平等的基础上相互友爱,和谐共处,这其实与现代公民社会非常接近。现代公民社会认为,人生而平等,所以行使自己的权利不能伤害其他人的权利,进而在平等的基础上引申出博爱,应该说具有很大的超前性,这在当时还是奴隶制与封建制过渡的战国时代,是很难得到统治阶级认同的。孟子就攻击墨氏兼爱,是无父也。(《孟子·滕文公上》)其实,提倡兼爱并不意味着就是无父,难道父子平等相爱,都设身处地为对方着想不行?儒家也有"老吾老以及人之老,幼吾幼以及人之幼"的说法,说到底仍然是要整个社会都相爱,只是儒家强调人天生有一种生物的本能会爱自己的亲人,要把这种亲情推而广之。严格说来这与墨家并不矛盾,墨家在提倡兼爱的时候实际上也可以把这种关爱之情先自己体会然后进行推广,但是孟子在这里攻击墨家,显然是看不惯他的平等主义,认为君臣、父子、夫妇有天生的尊卑关系,怎么能提倡平等的无差别的爱呢?那样岂不是天下大乱?实际上,如果做到真正的兼爱,也许天下不仅不会乱,反而会更太平。但是由于自身的局限性,墨子看不到社会不平等产生的根源,认为社会的乱象,如"强必执弱,众必劫寡,富必辱贫,贵必傲贱,诈必欺愚"的现象是由于人们不相爱而造成的,因而提倡用兼爱来消除差别,则无疑没有认识到阶级对立才是社会不公的根本原因。这其实也是儒家推己及人思想的重要体现,要进行换位思考,想想如果自己处在弱势地位上会是什么状况,然后反躬自省,进而生发起仁爱之心,只有人人内心有这种兼爱之心,才能在社会上互相帮助,从而达到和谐社会。从某种意义上说,这种思想也可以说是大同理想的具体设计,但是就当时的时代,寄希望于个人的善心来达到理想的社会,这是非常不现实的。解决的方法有两个:一个是利用超自然的神秘力量来进行威慑;另一个就是利用自己的力量来达到目的。墨子结合上古祖先崇拜、神灵崇拜的风俗,提出了天志、明鬼的思想,认为天是有意志的,不仅决定自然界的运行和变化,也影响人类社会的发展,兼爱天下是天的意志体现,"人不分幼长贵贱,皆天之臣也","天之爱民之厚",凡是遵守天意者,得到奖赏,违背天意者,受到惩罚;不仅如此,鬼神也会时时关注人间,并且赏善罚恶,墨家的天志明鬼思想带有浓厚的因果报应色彩,对于普通民众去恶向善具有非常大的震慑作用,后来佛教的因果报应能够在中国弘扬开来,应该说与墨家的天志明鬼思想有一定的关系。神秘力量也许对某些人有用,但是对于那些不相信鬼神的来说,可能作用就不大了,有基于此,墨子也正是意识到了这一点,因而提出了通过备御、非攻的自卫行为,来达到维护社会正义的目的。

(二)非攻、墨守的正义战争思想

基于兼爱的道德学说,墨子希望最终建立一个没有战争、人人平等、互相关爱、衣食无忧的理想社会,但是战国时期,各个诸侯国都热衷于扩充军事,武力吞并,根本听不进墨家的兼爱学说,在此情况下,墨子深知光讲道理是不会说服各国君主放弃战争的,要想维护广大基层民众的生命以及财产,必须"深谋备御",以积极的防御制止以大攻小、以强凌弱的侵略战争,以自己的实力达到别人非攻的目的。首先墨子以兼爱为标准,将战争区分为正义(诛无道)和非正义(攻无罪)两种类型,认为维护广大民众利益而进行的战争,如商汤伐桀、武王伐纣等,是上中天之利、中中鬼之利、下中人之利的正义战争,最终一定会取得胜利的。而那些以大欺小、以众暴寡、以强凌弱的战争,是"兼恶天下之百姓"的战争,最终一定会走向失败的。在战略上占领道义的基础上,墨子也非常重视战术上的防守,形成了完备的防御作战理论体系,后人称之为"墨守"。墨子认为,作为弱小国家,必须要进行积极防守,以达到"惟非攻,是以讲求备御之法",作为社会的弱者,不能完全寄希望于豪强者的善心,必须积极进行军事上的自卫,其主要内容集中在《备城门》以下的十一篇里面,形成了一个以城池防守为核心的防御理论体系。防守体系包括粮食、城池、军队、谋略四个方面的统一体,"故仓无备粟,不可以待凶饥;库无备兵,虽有义不能征无义;城郭不备全,不可以自守;心无备虑,不可以应卒",这种思想不仅为后来那些弱国固守城池抵抗强敌说采用,也往往成为农民起义军占山为王、替天行道的理论来源,可以说是墨家基于广大百姓以及弱者维护正义的重要理论基石。在具体的"墨守"防御理论中,还有很多战略战术的具体措施,比如"守城者以亟伤敌"为上的积极防御战略,要依托有利的地形以及时机,主动出击,消耗敌人有生力量;要利用高临法、水攻法、穴攻法等先进科学技术进行攻敌和守城。可以说墨家以自卫为主的正义战争理论对国家治理有极其重要的意义,尤其是在封建专制时期,皇权拥有强大的国家机器来奴役广大百姓的时候,基层百姓如何保证自身的利益,墨家给出了明确的答案——军事自卫,这也迫使统治者不得不考虑广大百姓的生存和发展问题,否则揭竿而起,甚至取而代之的事情都是不胜枚举的。

(三)尚同、尚贤的平民治理方案

墨家的整个思想都基于最底层的广大民众,因此其相关的治理思想体现出很多民主成分,尤其体现在尚贤、尚同的思想中,但是也正因如此,在两千多年的封建专制社会中墨子思想不被统治者所重视,但是对于现代社会却仍然有非常积极的意义。

首先是尚贤。墨子反对世袭制,认为应该选择品德好、有本事的人来治理国家,官员应该通过公开、公平、公正的竞争来进行选拔。《墨子·尚贤上》说德和能是选拔治理团队的唯一标准:

故古者圣王之为政,列德而尚贤,虽在农与工肆之人,有能则举之。高予之爵,重予之禄,任之以事,断予之令。曰:爵位不高,则民弗敬;蓄禄不厚,则民不信;政令不断,则民不畏。举三者授之贤者,非为贤赐也,欲其事之成。故当是时,以德就列,以官服事,以劳殿赏,量功而分禄。故官无常贵,而民无终贱,有能则举之,无能则下之,举公义,辟私怨,此若言之谓也。

这里说得很清楚,选拔官员要出自公义,要把道德和才能具备的选拔出来担任要职,然后还要考察他们的业绩,按照功劳来分配报酬。这里的官员是包括天子在内的,并不是天子是世袭制。"是故选天下之贤可者,立以为天子。……又选择天下之贤可者,置立之以为三公"(《墨子·亲士》),自天子到最基层的正长,都是要靠民众来选举产生,都按照择优录取的办法来进行选举,应该说这种观点是比较惊世骇俗的,如果能够真正实现,其实就是民主制,这样就能够避免君主专制世袭制而出现的对弱势群体的利益损害,也能够避免封建王朝兴衰治乱的历史循环。

对于具体的选士办法,墨子认为应该摒弃家庭门户之见,实行择优录取的办法。在《墨子·亲士》篇,墨子首先强调了人才的重要性,如果国君不能蓄纳人才,就不能处理危急事件,没有人才就不能正确地谋虑国事,国家就会灭亡。《墨子·尚贤上》说:"是故国有贤良之士众,则国家之治厚;贤良之士寡,则国家之治薄。故大人之务,将在于众贤而已。"个人的能力毕竟有限,因此国家治理者的首要任务就是发现人才,然后重用人才,这样国家才能稳定,才能发展。任用贤才是国家治理的根本。在具体的选贤措施上,墨子提倡举荐制,举荐的对象是所有的民众,主张在全社会实行民主海选,"不党父兄、不偏富贵、不嬖颜色。贤者举而上之,富而贵之,以为官民;不肖者抑而废之,贫而贱之,以为徒役。"(《墨子·尚贤中》),选拔人才不偏袒亲人,不巴结权贵,不宠幸美色,而是要把真正的德能具备的贤士选拔出来,按照劳动绩效确定奖赏,按照功勋分配报酬,建立一种能者上、庸者下的长期机制,这样豪门就不会永远富贵,百姓也不会永远贫贱。墨子通过选拔"善射御之士"来说明如何选拔人才,"譬若欲众其国之善射御之士者,必将富之、贵之、敬之、誉之,然后国之善射御之士,将可得而众也。况又有贤良之士,厚乎德行,辩乎言谈,博乎道术者乎?此故国家之珍,而社稷之佐也,亦必且富之、贵之、敬之、誉之。然后国之良士,亦将可得而众也",(《墨子·尚贤上》)用高薪、名誉、地位等把最好的人才笼络住，国家就会人才济济，各具特色的人才也就会络绎而来，人才维国势，国家就能长盛不衰。儒家也非常注重举贤选能，但是儒家的选举主要还是学而优则仕，主要从读书人中进行选择，而且也是寄希望于明君，墨家则把贤能的范围扩大到村野鄙夫，非常接近于现代的民主制，但是在战乱频仍和崇尚武力的战国时期，如何能够把这一套民主选举和运行的理念落实到实际的制度运行上，不仅当时的民众思想还没有启蒙到人人平等的权利意识，而且也很难在当时的战乱环境中开展下去，乱世之中，权力集中更有助于兼并，而一旦权力没有一个有效的办法限制其边界的时候，幻想统治阶级发善心，放弃自己的权力和利益基本上都是空想。正因为如此，墨家的尚贤主张虽然有远古禅让制的遗风，也更能代表广大民众的利益，但是由于历史时机的不成熟，注定只能是一种乌托邦，只有到了近现代，商品经济发达，民众的智力和经济能力都足够强大的时候，才能真正把这种民主设想落到实处。

墨子也意识到权力如果太分散会导致执行力的削弱，所以在尚贤的基础上又提倡尚同的集中统一的组织秩序。尚同就是要下一层的人向上一层的人看齐，一直到天子，天子则向天看齐，要把人的思想观念、情感态度、行为方式、立身标准进行高度集中和统一，确保治理者与被治理者、上级与下级达到高度统一，下级必须服从上级。他说：

方今之时，复古之民始生，未有正长之时，盖其语曰，天下之人异义，是以一人一义，十人十义，百人百义。其人数兹众，其所谓义者亦兹众。是以人是其义，而非人之义，故相交非也。内之父子兄弟作怨雠，皆有离散之心，不能相和合。至乎舍余力，不以相劳；隐匿良道，不以相教；腐朽余财，不以相分。天下之乱也，至如禽兽然。无君臣上下长幼之节、父子兄弟之礼，是以天下乱焉。（《墨子·尚同中》）

意思是说一个人有一个人的想法，百个人有百个人的想法，如果不建立一个统一的制度，不统一人们的思想，大家就会如禽兽一样自顾自己，就会导致天下大乱，因此必须选择集天下贤良、圣智、辩慧的人来做天子，然后同样选择贤德之士来担任三公、诸侯国君、左右将军大夫，以至乎乡里之长，来一同贯彻他的义政理想，"天子、诸侯之君、民之正长，既已定矣，天子为发政施教，曰：凡闻见善者，必以告其上；闻见不善者，亦必以告其上。上之所是，亦必是之；上之所非，亦必非之。"（同上）建立高度集中、下级服从上级的行政体制，而对于那些不严格执行天子之政的官员，则采用刑法来进行治理，从而达到"秋祭祀不敢失时几，听狱不敢不中，分财不敢不均，居处不敢怠慢"的效果。而赏贤罚暴做得到位，天下就会大治，如果该赏不赏，该罚不罚，天下就会大乱。对于天子的规范，他一方面强调天子必须符合兼爱、交利的大义才具有合法性，从某种程度上可以防止天子的肆意妄为，但是对于天子的不义，则寄希望于上天和鬼神的惩罚与警戒。"夫既尚同于天子，而未尚同乎天者，则天灾将犹未止也。故当若夫寒热不节，雪霜雨露不时，五谷不熟，六畜不遂，疾灾戾疫，飘风苦雨，荐臻而至者，此天之降罚也，将以罚下之人之不尚同于天者也。"（同上）认为自然灾害等天灾现象是上天对于天子不义的惩罚。显然这种惩罚是无法限制天子的权力的，尤其是在建立高度集中统一的尚同机制下，天子的权力滥用问题就成了一个无法克服的问题。我们也可以看到深受墨家思想影响的民间会道门组织以及农民起义，一方面打着替天行道的旗帜，为广大民众做了很多维护自身利益的事情；另一方面又很难限制领导者的权力滥用，要么起义成功后转化为新的封建统治集团，要么因为领导人的错误决策和独断专行导致了革命的失败。所以墨家尚贤、尚同给我们的启示就是在民主选举与权力适度集中之间找到某种权力平衡，能够确保民众的利益得到切实维护，这才是民主的真正目的所在。

(四) 事、实、利的三表考核标准

人才是国家治理中的关键因素,如何在实践中发现、考核和重用人才,如何平衡各方面的利益并且保证社会的良性运转一直是统治者头疼的一件大事。如果没有一个正确的考核机制,很容易引起各个利益集团的纷争与怨恨。在封建社会,帝王往往按照个人的喜好来进行赏罚,往往导致考核不公,引发社会动乱。贞观五年,唐太宗对房玄龄等大臣说:"自古帝王多任情喜怒,喜则滥赏无功,怒则滥杀无罪。是以天下丧乱,莫不由此。"(《贞观政要·求谏》)墨子立足于人民利益提出了事、实、利的三表法,应该说优越于统治者凭借个人喜怒来进行考核的标准。《墨子·非命上》说:"何谓三表?子墨子言曰:'有本之者,有原之者,有用之者。于何本之?上本之古者圣王之事。于何原之?下原察百姓耳目之实。于何用之?废以为刑政,观其中国家百姓人民之利。'此谓言有三表也。"这三点用我们今天的话来说,就是历史根据、百姓口碑、实际绩效,包括间接经验、直接经验和社会效果的辩证统一。本之圣王之事,就是要以尧舜禹等古代明君以及典籍为依据;原察百姓耳目之实就是要在实践中看老百姓的具体评价;观其百姓之利,还要看是否能够为老百姓带来切实的好处。尤其是治理的好坏要接受群众的检验和评价,以民意为尺度的做法,更是与我们今天的人民立场有相通之处,国家治理的好与坏,不是靠自吹和钳制民意来做表面的文章,而是必须要以民众是否满意为尺度。

基于百姓立场和实际事功的考核标准,墨子反对官场上只俯首听命而不顾社会正义的奴才制度。什么是忠臣?墨子说,令之俯则俯,令之仰则仰,是似景也;处则静,呼则应,是似响也。君将何得于景与响哉?若以翟之所谓忠臣者,上有过,则微之以谏;已有善,则访之上,而无敢以告。外匡其邪,而入其善。尚同而无下比,是以美善在上,而怨仇在下;安乐在上,而忧戚在臣。此翟之所谓忠臣者也。(《墨子·鲁问》)只会点头哈腰的下属,不是忠臣,只有那些能够劝谏国君过错,努力为国家发展出谋划策的具有正义感的人才是真正的忠臣。墨家提倡尚同,不是追求同而不和,而是不能结党营私,要共同维护一个天下为公的正义世界。后来范仲淹提出"先天下之忧而忧,后天下之乐而乐",与此有类似之处。有鉴于此,墨子提出选贤任能的根本目的在于让贤者服务于人民,兴天下之利,考察官员的标准是"合其志功而观",既要考虑其动机,更要考虑其效果,"志行,为也","功,利民也。"(《墨子·经说上》)没有大志,干不成事业,是否干成大事,检验的标准就是利民与否。这与尚贤中贤者的标准"以德就列,以官服事,以劳殿赏,量功而分禄"是完全一致的,体现其民主与集中相统一、尚同与利民相统一的治理原则。

墨子治国理政思想,与儒家有非常明显的继承关系,比如兼爱与仁爱、尚贤与德治、民为邦本等,但是墨家的特色就在于它的立足点是基于最基层的百姓,而儒家所依靠的治理力量主要是士大夫,是一种介于君主与百姓的中间力量。由此而产生很多治国理念的不同,儒家希望靠道德的自觉和自律,来达到推行仁政的目的,但是如果统治阶级自身不能做到道德上的自律,如何解决最高权力的限制问题,儒家显然是无能为力的。墨子则提出靠超自然的制裁和自己的力量来解决社会的不公,这对于基层百姓无疑更现实。墨家站在基层百姓的立场,反对上层阶级的奢侈浪费,反对儒家的久丧厚葬,反对儒家的重义轻利,提倡人人平等、人人相爱、艰苦朴素、勤俭节约、互利共赢、不怕牺牲、关爱百姓、注重科技等理念,应该说更适合于现代社会,也更能够保持国家的长治久安,但是也由于其历史的局限性,使得其思想很难得到封建统治阶级的赏识,也很难把群众真正凝聚起来。其局限性主要体现在三个方面:一是寄希望于超自然的神力来限制统治者,这基本上是徒劳的;二是提倡严格的苦行和纪律,使得大多数人难以实行;三是受制于奴隶制和封建制交替的时代,虽然想为弱势群体找到一条维护自身利益的道路,但是经济基础决定上层建筑,处于弱势群体的下层百姓很难做到与统治阶级抗衡,因此愿望虽美好,却是难以实行,只有唤醒广大民众的主人意识,组织起强大的力量,才能真正实现其天下为民的社会理想。从历史的发展来看,真正唤醒广大群众的主人意识和权力意识,从而建立起一套维护最广大人民利益的政权和制度体系,则是近现代以来的无产阶级革命运动才能真正实现人民当家做主的理想。时至今日,我们提倡一切以人民为中心的治国理念,是可以从墨家那里汲取很多思想资源的。

五、慈悲救世:论佛教在国家治理中的作用

佛教发生于印度,发展于中国,最终形成了传统社会儒释道三教并立的局面,对中国传统社会及其治理产生了巨大的影响。佛教义理既能满足哲学研究和宗教信仰人士的心灵,也能满足统治者慈悲爱民的情怀,更能以其轮回报应学说对那些怙恶不悛者形成来世的震慑,使得他们不敢为恶。尽管佛教参与治国理政的形式与儒家、道家不同,大多数情况下既没有直接参政议政,也没有直接承担服务民生、发展经济、维护稳定、传承道德等王道事业,甚而至于佛教往往是避开尘俗世界而追求晨钟暮鼓的出世生活,但是却又确实在整个国家治理中发挥着不可或缺的作用。

(一)佛教的戒律观有助于传统的道德治国

佛教能够在中国生根发芽,除了其本身方便随缘,进行某些教义的中国化之外,根本还是在于独特的世界观、人生观和价值观。首先从世界观来说,佛教的四谛和十二因缘学说迥异于中国传统的儒道思想。在佛教看来,人说居住的婆娑世界,处处充满着痛苦,有二苦、三苦、四苦、五苦、八苦乃至一百一十多种苦。所谓谛二苦,乃是指内苦与外苦而言,《大智度论》上云:"四百四病为身

苦,忧愁嫉妒为心苦,合此二苦,谓之内苦。外苦亦有两种,一为恶贼虎狼之害,二为风雨寒热之灾,合此二者,谓之外苦"。人生活在这个世界上,不仅有身体的痛苦,还有精神的痛苦;不仅有自然灾难带来的痛苦,还有人祸以及外敌带来的痛苦。佛教论述人生的苦难,最为世人熟悉的无疑就是生老病死,加上爱别离苦、怨憎会苦、求不得苦、五取蕴苦。人之出生,冷气热风触体,有如火烧刀割,因此婴儿坠地,必然呱呱大哭,此乃生苦。及其长大,年轻力壮、精力旺盛也不过数十年光景,很快就百病缠身,齿摇发白,神志昏迷,继而无一例外走向死亡。四大分离,呼吸急促,千言万语,百般痛苦,欲吐不能。佛经形容人之死亡,如生龟脱壳,凄楚难言。此外,还有很多精神上的痛苦,如爱别离苦,人世间那些美好的事情,纵使亲如父子,爱如恋人,往往迫于形势,即使不是死别,也有生离之苦,都难以持久;与之相反,那些不喜欢的事情,往往又如影随形,摆脱不了,让人也是苦恼万分。此外,还有欲望的不能满足,如同获得一件东西,或者是某个职位,抑或是爱恋某人,皆难遂心如意,即使这些愿望实现了,又有新的欲求出来,终究是欲壑难填,求而不得。佛教最后概括说众苦的根源就在于"五阴炽盛之苦","五蕴"指的是色、受、想、行、识这五种构成人身体的基本要素。五蕴中的"色"指的是众生的肉体,"受"指的是人的眼、耳、鼻、舌、身、意六根领纳色、声、香、味、触、法六尘而生起的喜、怒、哀、乐等感情和感觉。"想"指的是人的理性活动。"行"指的是心理活动,亦即对于外境而生起的贪嗔痴等意念。"识"乃是对于外境之分别与记忆等意识活动。佛教认为,人由于具有了物质的形体之外,还由于感性、知觉、理性、意识等精神活动的汇聚,便产生了生、老、病、死以及各种精神的痛苦。

从这里我们就可以看出,佛教之所以能在中国立足、生根并发扬光大,的确与它谈论人生的痛苦及其解脱途径有关。虽然儒家和道家也看到了礼崩乐坏的动乱年代,人民的生活痛苦不堪,但是在解脱之道上却是完全不同的路径,儒家希望挺立自己的志向,铁肩扛道义,去努力改变现实,但是对于生死问题确是存而不论。道家则希望能够通过修炼得道成仙,但是又总让人觉得虚无缥缈。而佛教则是自成一套系统的理论,让你从逻辑上不得不服,这也是为什么后来很多知识分子喜欢佛学的原因所在。佛教在分析了人生的痛苦之后,进而开始分析其痛苦的原因,这就是集谛。佛教认为,人生之所以时时处处充满痛苦,主要原因在于人们的"无明",不懂得人生本身就是一个因缘和合的幻影,继而把人身看成是一种真实存在,因而产生种种欲望和追求。由于欲望驱使,就导致贪嗔痴慢疑见等烦恼,这些烦恼,也就是人生痛苦的根源。其中的贪嗔痴是三种最根本的烦恼,被称为"三毒"。所谓"贪",即贪爱、贪欲,贪于名利声色,由此起恶造业。所谓"嗔",即仇恨、愤恨,由于众生妄生人我之见、我法之分,故于人于事起仇恨之心、憎恨之情,造出种种恶业。所谓"痴",即是愚昧无知,不明真理,产生我执和法执,故而堕入生死轮回之中,备尝种种苦难。除此之外,还有傲慢、怀疑和五见(身见、边见、邪见、见取见、戒禁取见)烦恼,合称十大烦恼,因烦恼而迷于事、迷于理,叫迷事惑、迷理惑。有了"惑",就使身、口、意作不善之业,故有三界轮回之苦。

有些学者认为佛教讲缘起,万事万物皆是因缘和合的产物,条件具备就成形,条件不具备了就分散了,因而是哲学而不是宗教,其实这种说法是不完全了解佛教的教义的结果。佛教认为人由于迷悟的不同,是可以划分为六凡四圣的境界的,而四圣乃是明白了佛教的真理,灭除了烦恼而得到解脱的境界。在佛教看来,现实世界的一切事物都是变幻无常、迁流无住的,人生也是一个烦恼无穷、苦多乐少的过程,只有认识到了佛教的真理,才能进入烦恼灭尽、常乐我净的涅槃境界。对于涅槃,大小乘的区别是很大的。小乘认为人体是烦恼的主要载体,因而把肉体消灭、烦恼灭尽作为追求目标,往往追求的就是绝对的虚无,往往成为死亡的代名词。大乘佛教则认为,世间和涅槃都是真如、佛性的体现,人们通过认识真理,反本归源,体证佛性,进入一个肉体虽灭、法性长存的佛、菩萨、声闻、缘觉的四圣状态,他们不再轮回,也不再有现世的苦难。

四谛中的"道"谛,就是灭除烦恼达到解脱的方法。佛教的修行方法严格说来就体现在"八正道"和"三学"中,由"八正道"又演化为"三十七道品",由"三学"又扩充为"六度"。在其中又注重智慧的解脱,不单纯靠信仰,所以这种"智慧解脱"的般若智慧非常容易得到文人的欣赏,后来兴起的居士佛学最注重的可能就是佛教的般若智慧与逻辑思维。所谓的"八正道",包括正见(正确的见解)、正思维(正确的思维,主要指般若智慧)、正语(正当的语言,不造口业)、正业(指言行清净,不染三毒,身不造杀盗淫,口不作欺妄语,意不起贪嗔痴,不造恶业)、正命(正当的生活与谋生手段)、正精进(不断鞭策自己除恶增善)、正念(时时忆持佛法,不起妄念)、正定(正确的禅定)。"三十七道品"由"八正道"演化而来,共有七科三十七分。七科分为"四念处""四正勤""四神足""五根""五力""七觉支""八圣道分",为修行入道之品,这里限于篇幅,不再一一赘述,详细内容可以参考赖永海先生的《中国佛教文化论》[①]。

"三十七道品"也可以归结为"戒、定、慧"三学。戒主要就是戒律和戒规,其作用是防非止恶,纯洁心灵和行为,在持戒的基础上收揽身心,才有利于禅定。佛门戒律甚多,有五戒、八戒、二百五十戒、三百四十八戒。最基本的就是五戒:不杀生、不偷盗、不邪淫、不妄语、不饮酒。这是佛门"四众"(出家僧尼、男女居士)都必须遵守的基本戒条。其中的不饮酒有高僧认为现在应该改为不吸毒。此五戒戒规,对中国文化影响很大,一方面有人将其与儒家五常(仁义礼智信)相对应,作为维持社会道德运行的基本原则,另一方面也迫使道教后来也不得不模仿佛教来创立道教的五戒十善。在佛教那里,这五戒主要是止非防恶,诸恶莫作,被称为"止持戒"。同时,还有另一类众善奉行,被称为"作持戒",一正一反,相辅相成,规定着佛教四众教徒的言行道德,使得他们成为社会的重要稳

[①] 赖永海.中国佛教文化论[M].北京:中国青年出版社,1999:21-22.

定力量,也同时使得社会的道德水平得到很大提升,因此,自佛教传入中国后,绝大部分王朝都对佛教采取了宽大的政策和态度也许与此有非常密切的关系。真正能够做到了诸恶莫作、众善奉行,其实不仅是一个佛教徒,亦可以称为儒家的君子风范了,对于王道教化可谓有异曲同工之妙。这种现象到了近代的弘一法师更是强调僧人应该是觉悟者,应该首先是人中的道德模范才行,而以往的僧人为人所诟病最主要的就是持戒不严,唯有首先通过严格持戒才能做到诸恶不做、众善奉行,才能得到社会的尊重,因此通过修持严格的南山戒律来挺立僧人的道德,从而使得律宗乃自整个佛教得到很大复兴。

(二)佛教的定慧观有助于提升文人士大夫的精神追求

三学后来发展为六度,即布施、持戒、忍辱、精进、禅定、智慧,前四度皆可以纳入广泛的戒学,然三学六度不是悬殊隔绝、各自独立的,而是相互融通,有菩提先后道次关系的,如果不首先持戒,则会碍于习气,很难步入定慧之门;如果定而不慧,则难免沉迷;持戒而不忍辱,则难调嗔恚之气;三学具足而不布施,则不能利益他人,摄化众生。唯有以戒生定,以定生慧,才是绵密功夫,最终依靠智慧才能解脱。

智慧在佛教里面又称为般若,用《金刚经》中的话来说就是应无所住而生其心,决定审理为智,造心分别为慧,通过修习性空般若学,才能断惑证真,观诸法实相。般若的智慧说到底就是要去掉理智的分别心,用直观去发现宇宙万事万物的本质,《心经》上有云:"心无挂碍,无有恐怖,远离颠倒梦想,究竟涅槃",这种心无挂碍其实就是熄灭理性的关照,而进入所谓潜意识的自觉观照,其实就是要靠禅定才能真正明白佛教的境界,因为熄灭理性之后所观的宇宙真理是无法用理性及言语来演说的,所谓不可思、不可议、不可说。

因此,般若智慧听起来似乎很简单,就是放下我执和法执,然后静观万物所得到的东西,但是由于它又无法言说,故而历来就显得高深而玄妙,如果没有禅定的境界,很难理解般若空性的智慧。而禅定也并不是我们通常所理解的静虑和趺坐,其实是分为很多等级和标准的,具体说来就是四禅八定。

而此禅定的过程,亦有无限之等级,唯有禅定修炼到其地步,方可证得,是用语言和逻辑难以描述的。具体说来,欲界有四个境地:一粗心住、二细心住、三欲界定、四未来禅。

在此基础上继续修炼下去就达到色界四禅境地。即:离生喜乐地、定生喜乐地、离喜妙乐地、舍念清净地。

其实禅定到色界四禅已经相当难了,继续往上修行还有无色界四定,即空无边处定、识无边处定、无所有处定、非想非非想处定。

由此我们可以厘清般若与禅定的关系。般若智慧,不可以用文字、用语言来传达。只能通过禅修者实际去体验,才能明白,才能掌握。包括无相、无我、无为、正等正觉等等,都要通过实际的禅修体验,才能真正明白和掌握。所有的般若智慧,都是解脱智慧,都不能通过言语、文字和思考而彻底明白的。只有在不断的禅修过程中,才能一一体验到。能体验到多少,你就能解脱多少。而此禅定过程,更是既玄妙又极其漫长之过程。说其玄妙,乃是不可言说只能在知道大致门径的前提下自己去摸索;说其漫长,能够将十二种禅定都体验一遍,恐怕没几十年是无法完成的,而且就是坚持几十年也未必可能达到,因为放下所有的欲望毕竟不是那么容易的事情。但是此种思维模式却给中国哲学乃至文学艺术带来了全新的认识和路径,也成为文人的精神家园,诗书画乃至一切艺术,似乎空灵都成了最高的境界。以王维的诗为例,"空山不见人,但闻人语响。返景入深林,复照青苔上。""行到水穷处,坐看云起时",乃至古典文学最有名的四大名著,无不贯穿了"古今多少事,都付笑谈中"的缘起性空理论。时至今日,在科学亦未能完全解决人的思维探索之前,佛教禅定以及般若智慧都还有相当的市场。

(三)佛教的轮回说有助于底层社会的止恶扬善

佛教的戒定慧三学,针对的主要对象应该是中上根智慧之人,他们愿意学习,能够通过明白义理来止恶扬善,但是社会上的确还有一些人群,或者没有机会受到很好的教育,或者天生就有好杀生等习气,对于这类人,给他们讲戒定慧三学显然是无济于事的,道德的教化力量对于他们来说也是作用甚微的。在此情况下,为了增强道德的威慑力,让人不敢作恶,就成为重要的命题。解决此一问题的方式主要有两种。一种主要是靠法律,把一些道德规范上升为法律,进而运用法律的强制力来实行规范。但是法制再严密,也不可能管得到生活的每个层面,而且有些事情要法律取证也是非常困难,因此用因果轮回报应等来世学说无疑是一种有效的办法。清代的纪晓岚就充分认识到轮回报应说有助于基层治理,因而讲所见所闻所历的因果报应之事,一一记录,并伴以评论,这就是现在流通于世的《阅微草堂笔记》,其中涉及的因果报应故事有600多个,对于社会中下层人士为善戒恶起到了非常好的效果。清代学者洪亮吉就曾说:"岂果有轮回果报乎?曰:无有也。轮回果报之有说,亦释氏为下等人说法耳。然中材以下不以命之说拘之,则嚣然妄作矣。亦犹至愚之人,不以轮回果报之说怵之,则为恶不知何底矣。吾故曰:中人以下不可不信命。是圣人垂戒之苦心也。亦犹至愚之人不可不信轮回果报,亦释氏为下等人说法之苦心也。"(《卷施阁甲集·清·洪亮吉》)说因果报应是为下等人说法,这是对的,但是如果说这仅仅是佛家的权变,是不正确的,因为六道轮回,因果报应应该说是佛教的核心思想之一。

在佛教看来,大千世界中有无量无边的众生,不同众生之间的差异非常大。有些天人寿命可达万劫,有些畜生寿命仅仅一天;天人享尽了各种乐趣,地狱众生却受尽各种痛苦。佛教把各种不相同的一切众生分成十种,即十个法界,他们从低到高依次为:地狱、饿鬼、畜生、人、阿修罗、天、声闻、缘觉、菩萨和佛。可见,前六个就是参与六道轮回的众生,统称六凡法界,后四个是超越了轮回的四圣法界。四圣因为修习戒定慧三学,已经脱离了六道轮回,也不再有生死的痛苦,而六道众生因为无明,不了解宇宙的真理,不能破除我执,产生了各种欲望,进而产生出贪嗔痴等烦恼,不能身、口、意清净,造作种种善恶之业,这种业力藏在心识之中,肉体的业报身死亡之后,业力因为阿赖耶识的不生不灭而进入下一个轮回,具体来说,修十善者,即身不造杀、盗、淫;口不言妄语、两舌、恶口、绮语;意不行贪、嗔、痴者,下一世进入天界,若修十善,又修四禅八定,将来所感的果报,即是在色界天和无色界天。修持不杀生、不偷盗、不邪淫、不妄语、不饮酒者,将来投生为人,若受上品五戒,则大富大贵,若只持少分戒,虽得人身,却感贫穷或六根不具的果报。过去生修下品十善,但因其持戒、修福,做种种善事时,心存嗔恚、傲慢等恶念,有天人之福,无天人之德,遂感修罗的果报。众生因贪欲痴想心,造作下品十恶,而感畜生的果报。若悭贪不舍,不知布施、修福,不明白因果,不遵守戒律,多行恶事,造诸恶业,则感饿鬼的果报。饿鬼道又有胜劣之别,有福者为神,无福者常在饥饿当中,经常受刀杖驱逼之苦,称为"刀涂"。六道当中,地狱道最苦。凡造五逆、十恶、谤法破戒,皆招感地狱果报。在地狱当中,随个人业力所感,苦报与寿命各不相同。地狱有根本地狱、近边地狱、孤独地狱;地狱道众生常受寒冰或猛火的煎熬,故称为"火涂"。又六道之中,天道耽于游乐,修罗道虽有天之福却嗔心重,三恶道多苦难、多愚痴,故此五道皆难修行;惟有人道,苦乐参半,智慧较高,最适宜修道,所以佛教常说人身难得,即是此故。

在小乘佛教看来,业是一个数学概念。上座部认为业力修行完满要持续很多个轮回才能达到,一个人一生可能只能修行 20% 的业力,再下一世又修行 30%,以至于最终达到 100%,才可以脱离轮回,因此业力的修行是需要用累世、毕生的工夫去进行,修行的方法主要就是禅定、戒律,加上一定的智慧。而这种渐悟的方式会让一些性急的人无法忍受,于是另一种叫作顿悟的修行方式,比如说密宗以及禅宗的南派,提倡智慧解脱,人的顿悟可以让人的"业"迅速增加到百分之百,立刻解脱成佛。但是顿悟需要上根器的大智慧之人才能实现,于是净土宗又出现了,认为只要念阿弥陀佛的佛号,念满多少遍,就可以死后不再堕入轮回,而是到西方极乐世界去继续修行,免除轮回之苦。净土宗无疑对广大的中下层百姓来说是巨大的福音,因此后来民间基本上出现了"家家阿弥陀,户户观世音"的景象,在佛教轮回观的作用下,人们惧怕今生和来生的因果报应,因而弃恶扬善,应该说这是值得肯定的。但是我们今天也知道,科学才是真正解决问题的根本之道,在如今科学大兴,人们不再相信轮回之说的时候,如何从精神上让人们确立为善的信仰,就成了一个大的问题,也许最终还是得靠教育才行。

(四)佛教慈善弥补了社会的救助功能

可以说在中国进入近现代社会之前,佛教和道教承担了大量的社会慈善事业,荒歉岁月抑或是兵荒马乱的年代,人民流离失所、饥寒交迫,最低生活都无法保障的时候,往往是慈悲为怀的佛教和同舟共济的道教接纳了大量的社会难民。从理论上来说,佛教把普度众生、救苦救难、利益有情作为积累公德的重要手段,布施乃是六度中的重要环节,因此接纳和救济贫苦百姓就成了佛门的一项原则。《佛说诸德福田经》中释迦牟尼佛号召信徒广施七法:"一者兴立佛图,僧房堂阁;二者果园浴池,树木清凉;三者常施医药,疗救众病;四者作坚牢船,济渡人民;五者安设桥梁,过渡赢弱;六者近道作井,渴乏得饮;七者造作圊厕,施便利处。"要求佛教徒要广利众生,为自己造福田。而在《大智度论》对福田进行了高度概括,把福田分为两种:一、以受恭敬之佛法僧为对象的"敬田";二、以受怜悯之贫、病者为对象的"悲田"。在敬田和悲田之中,佛教更关注以贫病、孤老为对象的悲田。《像法决疑经》所述:"我于经中处处说布施,欲令出家在家人修慈悲心,布施贫穷、孤老乃至饿狗,我诸弟子不解我意,专施敬田不施悲田,敬田者即是佛法僧宝,悲田者贫穷孤老乃至蚁子。此二种田,悲田最胜。"后来大乘佛教中菩萨"四摄"、"六度"中,布施皆列为第一。布施一般分为财施、法施和无畏施。财施主要是对在家人而言,其中以金银财物、饮食衣服等惠施众生,谓之外在施;以自己的体力、脑力施舍于人,如助人挑水担柴、参加公益劳动等,称为内在施。法施主要是对出家人而言,即顺应人们请求,说法教化。无畏施是指急人所急、难人所难,随时助人排忧解难。布施的极端即是舍身,如佛经中所说舍身饲虎、割肉贸鸽等故事即由此而生。佛教的布施,皆出自于自我的怜悯心、同情心和慈悲心,不带有谋取任何世俗其他利益的功利心,如果从业力的角度来看,则是希望积累自己的功德,最终能够解脱生死,脱离轮回。①

在具体实践上,佛教慈善事业的践行主要体现在"无尽藏"和"悲田院"上。世界上最古老的慈善基金会是在南北朝时期佛教创建的"无尽藏"。无尽藏就是一种慈善性质的金融机构,专门用以救济贫穷等。到隋唐时,三阶教所创的无尽藏规模空前,社会影响力巨大,以至于后来有三武一宗灭佛事件的发生,本质上来说就是佛教的势力太大,对皇权造成了威胁。"无尽藏"的形式后来得到历代佛教徒的继承,在宋代被称为"长生库",在元代叫作"解典库",流传到日本称作"无尽会社"。佛教僧人创建之"悲田院"是世界上时间最早、规模最大的慈善机构。这样的慈善机构自北魏始创,依托佛教寺院而建立,最初叫"僧户",发展到唐代叫作"悲田养病坊"。"悲田养病坊"在武则天时候得到巨大的发展,在救助鳏寡老幼病残等弱势群体方面发挥了重要的作用。宋朝的佛教慈善机构称为"福田院"。乃至近现代,包括现在的星云大师等,佛教慈善

---

① 李海波.佛教的慈善事业和生命关怀[J].法音,2009,(8):20-21.

组织一直存在,其主要任务就是从事社会慈善事业,包括养老院、孤儿院、养病院、救灾、济贫以及收容难民等,往往在封建社会,很多人走投无路,或者精神遭受到重大打击的时候,他们还有一条退路,就是看破红尘,遁入空门。即使是有些朝廷通缉的要犯,在某些时候也可以洗心革面,改过自新,开始一段新的生活。应该说这种救助,对于社会的稳定也是非常有好处的,一方面可以防止大的起义爆发,另一方面也使得个人遭受重大打击的时候,还能找到一个安身立命的物质和精神家园,因此历代允许佛教存在也是不无原因。

最后佛教的性空理论,近现代以来开始受到科学家的关注,如弗洛伊德以及荣格等精神分析学说借助于莫那识和阿赖耶识创立了潜意识和无意识的学说,爱因斯坦等科学家也承认量子力学得力于佛教的性空理论,一个物体只有当你有意识去观察它的时候才处于稳定的状态。同时,现代物理学提出的弦理论、暗物质理论等也似乎正在证实我们所看到的物质也许只是一种表面现象,真正的实在也许就是能量场,抑或是一种波的正弦与余弦的震动而已,甚至有些国外的科学家还在开展有无灵魂的研究,这些也从另一方面说明佛教在现实社会中还具有巨大的影响力,但是究竟是否正确,还必须要经得起科学的检验才行。

第二章

中国古代升平之世的成功经验

《习近平谈治国理政》中谈到推进国家治理体系和治理能力现代化时特别强调了要挖掘传统文化中的优秀成分来丰富国家治理思想,他说,"要讲清楚每个国家和民族的历史传统、文化积淀、基本国情不同,其发展道路必然有自己的特色;要讲清楚中华文化积淀着中华民族最深沉的精神追求,是中华民族生生不息、发展壮大的丰厚滋养;要讲清楚中华优秀传统文化是中华民族的突出优势,是我们最深厚的文化软实力"。[①] 谈到中国历史上的国家治理,经验和教训都非常丰富。从经验来说,中华上下五千年的文明一直没有中断,即使是在蒙古族、满族等少数民族灭掉汉族政权之后,依然采用的是汉文化的治国方式,在两千多年的封建社会,中国的国力大部分时间都处于世界的最前列,成就了中华民族的辉煌历史。几乎每个朝代都出现了小的升平时期,甚至出现了周朝的成康盛世,汉朝的文景之治,唐朝的贞观、开元盛世以及清朝的康乾盛世,国力达到鼎盛,国家统一,经济繁荣,社会安定,文化昌盛,万邦来朝,人民安居乐业,其中必然有很多值得我们当今借鉴的成功的治国理政经验,尤其是在中国当前进入中华民族伟大复兴的中国梦的进程之中,梳理和总结历史上的治国理政的优秀经验尤其

---

① 习近平.习近平谈治国理政(第1卷)[M].北京:外文出版社,2014:155.

显得具有迫切的现实意义。

同时，历史上的治国理政教训也是极为深刻的。首先是在整个历史长河中，总摆脱不了兴衰治乱、循环不已的历史周期律。在历史上往往盛世也是昙花一现，治乱惟难，致乱遽易，一个王朝要达到盛世需要上百年的时间，走下坡路却仅仅只要十几年，原因何在？弄清楚社会衰退的原因也许比走上盛世更为有用，所谓生于忧患死于安乐，同样的循环历史总是在不断重演，人们往往却没有从历史中学到教训。周易上讲物极必反，亢龙有悔，统治者必须对已经或者可能出现的问题保持高度的警惕，而这种防微杜渐又必须落实到制度上才行，靠个人魅力或者能力往往会出现人存政举、人亡政息的状况。其次就是如何做到海纳百川、不断自我革新的问题，尤其是到封建社会的后期，由于故步自封和自以为是，有时候学习外来文化不善于结合自身实际，导致了蒙古族、满族两次灭掉汉族政权，进而屠戮了大量汉人的惨剧，近代以来又面临着西方列强的入侵，中华民族也遭受了深重的灾难。其中原因是多方面的，从文化上来说，一个重要的原因就在于文化和思想上空谈道德和义理，不关心实际民生所致，其中也有学习佛教等外来文化不善于克服外来文化弊端，使得自身丢掉了儒家经世致用的务实传统而去追求出世主义的理念，进而导致了国家积贫积弱，最后以至于不可收拾、被外族所侵略甚至亡国的惨剧。这也给我们提出一个重要的问题：如何在保证民生幸福和国家富强的基础上来学习和吸收外来文化？

此外，还有另外一种现象值得高度重视，就是如何确保改革成功，而不至于出现封建社会的农民负担在每次改革之后更加沉重的"黄宗羲定律"怪圈。历史上既有王朝中兴的成功案例，同时也有很多失败的案例。前者如光武中兴、同治中兴等，社会出现了问题，一些有识之士通过进行改革而获得了成功，后者如嘉庆的反腐改革，戊戌维新等，最终越改越糟糕，这些都是值得认真研究的。

如果能够从整个历史的发展进程来把这三个大的问题说清

楚，并且提出一些切实可行的措施，不仅对当前的中华民族伟大复兴事业具有现实意义，而且对整个国家的长治久安也具有深远影响。张载所谓的为往圣继绝学，为万世开太平，正是每个关心国家发展前途的学者应该思考的问题，尤其是时代向前飞速发展的当下更显重要。

我们通常习惯将中华民族的历史概括为上下五千年，尧舜禹及其以前的时代基本上对应原始氏族公社时期，存在了多长时间由于没有确切的文献记载难以准确断定，但是基本上形成共识的是这时候实行带有原始共产主义性质的禅让制，奠定了后来具有中华民族特色的民主贤能政治，当时社会是比较公平、祥和与稳定的。到夏、商、周时期，进入了所谓的世袭制奴隶制王朝时期。在我们一般印象中，在奴隶制时期，由于奴隶主对奴隶的残酷压榨似乎应该每个王朝存在的时间不会很长，但是实际上夏朝存在了471年，商朝存在了600多年，而周朝存在了800多年，三个王朝总共存在了1800多年，这是后来单个封建王朝所望尘莫及的事情。我们仔细分析其原因，应该主要基于两个方面：一是基本上都采用了敬德保民的治理理念，尽管商朝比较崇拜鬼神，但是整体来说都注重统治者的道德修养，注重老百姓的民生问题；二是采用了分封制的权力分权机制，采用了井田制和贡赋制度，与后来封建王朝的中央集权不同，在夏商周时代都基本上采用了层层分封的办法。虽然名义上普天之下，莫非王土，但是实际上分封下去的诸侯国以及继续细分的大夫领地等，分散了中央的权力，其好处就是地方可以灵活地根据地方实际制定政策，同时在中央政权出现问题的时候，也可以由地方以勤王或者清君侧的方式重新让中央政权回到正轨。因此，虽然奴隶制王朝时期，也的确有殉葬等残酷的陋习存在，但是一则奴隶主要是战争俘虏或者罪犯，此外还有士农工商等阶层，二则奴隶也可以转化为自由民，所以在阶级矛盾不是特别激化的时候，中国的奴隶制王朝也能持续相当长的时间。

封建王朝如果时间定义为从公元前221年秦灭六国到1912

年清帝逊位,那么共计存在了 2133 年。在这 2000 多年的历史中,中国实行中央集权专制和封建土地私有制,一方面创造了灿烂的帝国文明,大部分封建王朝都曾是当时世界上的头号强国;另一方面也给后人留下了沉痛的历史教训,这就是改朝换代的频繁以及由此带来的百姓遭殃。每次大的动乱时期人口都将锐减三分之一乃至二分之一,尤其是蒙古以及后金入主中原,采取了残酷的屠城和种族灭绝政策,汉族人口甚至损失一半以上,残酷的现实迫使明清之际的思想家深刻反思国家的治理之道,最后总结出一套经世致用的治国方略,才慢慢让中华民族走向了复兴之路。

实际上在封建王朝的治乱循环之中,也遵循着一些共同的规律。当一个旧的王朝由于腐败而被新的战争所摧毁的时候,新建立的政权都能够休养生息,能够注重民生,能够注重社会的公平,因而经过几十乃至上百年的发展,进入鼎盛时期。在这个发展过程中,我们可以总结出以下的一些共同规律。

一、实事求是的务实精神

儒学一直是封建社会以来中国文化的主干,儒学对于中国的影响,也许正像传教士庄士敦在《狮龙共舞》中所说:"如果中国失去了佛教,损失不太大;失去了道教,那也还好;但是如果失去了儒教,那中国就完了。儒学是在中国本土发展出的全世界独一无二的文明。这个文明当然有很多问题和挑战,但它在不断适应,自己也在进化。如果失去了这样的文化,这个社会将一无是处,所以说儒家文化是无可替代的。"中华民族能够在两千多年的封建社会独领风骚,儒家的中和思想与务实精神居功至伟。孔子在总结夏商周三代国家治理经验的基础上采用周朝的礼乐刑政制度,完整梳理和继承了传统的文献典籍,不仅做到了承前启后,也创新性地发展出了基于王道政治的儒家学说。在笔者看来,儒家学说核心乃是其中和权变的方法论,后来被东汉的班固概括为实事求是。《汉书》中《景十三王传·河间献王》记载:"河间献王德以孝景前二年立,修学好古,实事求是,从民间得善书,必为好写与之,留其真,加金帛赐以招之。"文中意指,河间献王刘德对于搜集来的先秦典籍,通过比对其他典籍或相关著述的记载加以印证,并采用将真本善本书留下,然后将仔细誊写好的抄本连同重礼回馈献书者。唐代学者颜师古在做注时,将"实事求是"注释为"务得实事,每求真是也"。如果把实事求是看成是一种求真务实的科学精神,那么,我们就会发现先秦以前也有这种务实的思想,比如老子的道法自然和辩证法思想,墨子的"三表"(上古圣王之事、百姓耳目之实、百姓人民之利)学说,荀子的"劝学"和重行,以及韩非的"因时变法"、"因参验而审言辞"(《奸劫弑臣》)等,都体现着实事求是的务实精神,所以李泽厚认为,中国文化是一种实用理性的文化。儒家的实事求是精神可以说是中华民族能够生生不息的方法论。

在孔子那里,中庸之道或者说中和权变的思想方法贯穿其整个思想体系和实践活动。从本质上说中庸之道可以说是辩证法的一种形态,对后世整个儒学的发展至关重要。辩证法是西方哲学概念,从亚里士多德开始,对辩证法的基本理解就是:世界万物都是由互相对立的两个方面构成的,任何一个事物,都是由互相对立的两个方面构成。矛盾的两个方面既有对立性,又有统一性,在一定条件下还可以相互转化。在中国传统里面常常用阴阳来表示矛盾的两个方面,事情既然有矛盾的两个方面,在实际生活中应该选择哪一边呢?孔子的做法是用中,"执其两端,用其中于民"(《礼记·中庸》),在《论语·子罕》中,孔子说:"吾有知乎哉?无知也。有鄙夫问于我,空空如也。我叩其两端而竭焉。"有些人认为孔子在搞折中主义,其实孔子并不是在具体问题上不置可否,而是要充分了解矛盾双方的合理性后再结合自己的原则来得出结论,防止出现片面性的问题。

在千变万化的实际生活中,要想做到"执中"是很困难的,并不是简单的平均主义和折中主义就能达到的,而是要根据实际情况进行"权变",要因时、因地、因人,根据条件的变化采取具体的策略,符合时代的要增加进来,不符合时代的要剔除出去,这就是易经中损益二卦的核心精神,儒家又称之为"时中"。"君子之中庸也,君子而时中",穷则变,变则通,通则久,"通其变使民不倦,神而化之,使民宜之","通其变、使民不倦者,是之谓中焉"(《易传》),当然这种变通不是毫无原则地乱变,而是有其核心价值观的,原则的东西不能改变,其余的则可灵活处理。先秦儒家的中和原则主要体现为以下几点:

一是坚持仁智合一。孔子思想体系,基本上以仁智为本体,以礼乐为功用。"仁者爱人"可以说是孔子的最高理想,包括仁义礼智信、恭宽信敏惠等道德范畴,但这些范畴也不是抽象的教条,必须靠学习和实践来完成。孔子是特别强调学习和实践的,否则即使是美好的品德也可能走向反面。最典型的就是孔子教导子路的"六言六弊":"好仁不好学,其蔽也愚;好知不好学,其蔽也荡;好信不好学,其蔽也贼;好直不好学,其蔽也绞;好勇不好学,其蔽也乱;好刚不好学,其蔽也狂"《论语·阳货篇》,孔子有时候又用知、仁、勇三达德来概括他的理想境界,并且将这类人称之为君子,后来孟子和荀子实际上各自偏重于尊德性和道问学的单向路子。

二是坚持民本主义。重视每个人的人格平等,提倡有教无类;重视普通百姓的生命价值,节用而爱人,使民以时。(《论语·学而》)、"其养民也惠,其使民也义"(《论语·公冶长》),孔子评价历史人物的标准就是对老百姓有没有历史贡献,比如他评价管仲是英雄的原因就是"民到于今受其赐"(《论语·宪问》),后来孟子进一步概括为"民为贵、君为轻、社稷次之"的民本主义,可以说这是儒家的可贵之处。如今西方大讲民主,但是如果一个执政者他内在没有爱民如子的道德,光靠外在的法律去制约,恐怕很难确保他不去钻法律的空子,所以民本与民主相结合,即道德与法治相结合才是真正落实人民当家做主的有效途径。

三是坚持现实主义。孔子是坚定的入世主义者,这一点跟当时的隐士是完全不同的,孔子就曾经评价那些隐士"欲洁其身,而乱大伦"(《论语·微子》),也就是说你作为一个人就不可能逃离社会,也不能对他人的生死漠不关心,更不能生活在彼岸世界或者仅仅寄希望于来世。所以子不语怪力乱神,而是关注具体的生活,把具体的人的事情处理好,使社会达到文明、富强、幸福的大同状况,这就是道之所在,就是学者的主要责任,所以《论语·雍也》上说:敬鬼神而远之,可谓知矣。当然孔子并不是说否定鬼神的存在,先秦儒士的一个重要职能就是主持祭祀,而且儒家还特别强调祭祀祖先可以民德归厚,对于那些无法实证的东西采取存而不论的态度,类似现象学所说的悬置。同样,对于性与天道,也是采取存而不论的态度,因为孔子实际上看到了空谈义理很容易误事误国的消极作用,所以他特别强调不论学什么都要能解决实际问题才行。《论语·子路》上说,"诵诗三百,授之以政,不达;使于四方,不能专对;虽多,亦奚以为",强调的就是学问要能解决实际问题。并不是孔子不懂性与天道,《易传》里面其实就谈了很多性与天道的问题,但是过于谈空说有,甚至于废弃具体的人伦乃至社会实践,最终导致积贫积弱,进而出现灭国,不正是后来玄学弊端之所在吗?

四是坚持通权达变。最能体现孔子中庸之道的就是其权变思想,就是时中,用我们今天的话来说就是具体情况具体分析,坚持原则性与灵活性的高度统一。首先孔子讲中庸是很难做到的,"可与共学,未可与适道;可与适道,未可与立;可与立,未可与权"(《论语·子罕》),聪明的人容易做过头,愚蠢的人又达不到,但是人们往往以为做过头比没有达到要好,其实二者都不好,"过犹不及",聪明人往往陷入狷狂的状态(不得中行而与之,必也狂狷乎?)(《论语·子路》),小人往往恣意妄为,"君子而时中,小人而无忌惮也"(《论语·雍也》)。既然时中如此重要,那么如何达到呢?至少在孔子思想那里有两点非常重要,一是不要先入为主,自以为是,犯主观主义错误,"毋意,勿必,勿固,勿我"(《论语·子罕》);另外,就是坚持学、思、习相结合的道路,"博学之,审问之,慎思之,明辨之,笃行之",尤其是在实践中不断总结和提升,就能达到"虽愚必明,虽弱必强"(《礼记·中庸》)的境界。举个论语里面的例子,学生问孔子是不是"闻斯行诸?",同样的问题,孔子回答子路是不行,你必须考虑你的作为是不是会给自己和家人带来麻烦了再行动,因为子路的性格急躁;而对于冉有,孔子则说是的,马上去做,因为冉有性格是个慢性子。(《论语·先进》)像这样的例子非常多,比如孔子关于失言与失人的辩证论述等,实际上只要我们基本掌握中庸的大体原则在实际生活中还是比较容易把握的,并不是高不可攀。

现实生活总是丰富多彩的,儒家文化即使再好,也不可能涵盖到社会生活的各个方面,而且本身一种文化在后来的流变中也不一定都符合原典精神,往往会出现很多异化的现象。虽然汉代实行了董仲舒罢黜百家、独尊儒术的策略,但是以包容和超越精神为核心的道家、以兼爱和互利为核心的墨家、以强调中央集权和法制的法家以及以解脱生死和逻辑严密的佛教等诸子百家其实都在经济、社会、文化等各个领域发挥作用,这样就形成了既有主旋律,又具多样性的文化意识形态指导思想,使得社会达到了多样性的统一。

二、春秋大一统的整体理念

与夏商周实行的地方分权的体制不同,封建社会基本上都是实行的国家政治上的整齐划一、经济制度和思想文化上的高度集中。这其实一方面是为了克服分封制所造成了混乱,尤其是春秋战国时期的混战给社会带来的危害;同时另一方面发展到后来渐渐走向了君主独裁,给中国社会带来了巨大的灾难。如果说赵匡胤的杯酒释兵权是慢慢将地方权力收归中央,那么朱元璋的废丞相、设厂卫特务组织以及后来清朝的文字狱则是将封建专制的弊端表露无遗。

经历了春秋战国的混乱,基本上当时的主要思想家都希望有一个强有力的中央政权来结束这种混乱,使得社会恢复到统一与和平的轨道上来。孔子针对"礼乐征伐自诸侯出"的混乱局面,提出了"礼乐征伐自天子出",希望理想的圣王能够握有一统天下的权威;孟子也主张天下"定于一",希望过上"君仁臣义,君民同乐"的理想生活;韩非子认为"一栖两雄""一家两贵""夫妻共政"是国家祸乱的原因,《吕氏春秋》有言,"王者执一,而为万物正。一则治,两则乱",可以说都希望有一个政令统一的大一统的局面出现,而秦始皇统一全国之后"天下之事无大小皆决于上",单纯采用法家思想,实行严苛的法律制度,不久就被汉朝所取代,在深刻吸收春秋战国以及秦王朝灭亡的教训后,董仲舒提出了春秋大一统的观念,主张用独尊儒学作为安邦定国的理论基础,主张用思想的统一来达到政治、经济、文化乃至疆域上的大一统局面。董仲舒的社会理想是一个大一统的和谐安定社会。大一统是他所述公羊《春秋》的根本含义。他说:"春秋大一统者,天地之常经,古今之通义也。"(《汉书·董仲舒传》。以下引此书只注篇名)他认为《春秋》最重"元","谓一元者,大始也。"(《玉英》)"元"就是大一统的开始,并且还认为"唯圣人能属万物于一而系之元"(《重政》),因此他希望汉武帝是圣人,能成就建立封建大一统帝国的功业。大一统的根本特征是思想的统一,思想统一然后才能是国家疆域和人民的统一。董仲舒认为安定社会的一系列政策措施必须要有坚实的理论基础,而且这一理论基础要统一。因此,他选定儒学作为安邦定国的理论基础,提出了罢黜百家、独尊儒术的方针。在这种实行儒家仁政的大一统社会中,统治阶级施教化、守等级、行仁政,君民各得其所,和睦不争,共处于一种和平安定的礼制状态中。他的理论被汉武帝刘彻所采纳,然后北击匈奴、开疆拓土,终于成就了与罗马帝国齐名的大汉帝国,汉朝疆域辽阔,文化统一,科技发达,国力强盛,人口众多,达到了六千多万,占到了当时世界人口的三分之一。董仲舒的思想为后来的各个王朝所采用,信奉儒家思想,遵循国家大一统的政治局面一直延续到整个封建社会结束。尽管历史上也曾经有王朝更替或者外族入侵时所带来的短期混乱,但是从整个封建社会的历史来看,大部分时期国家都是处于政治、经济、文化、社会相统一的状态,坚持指导思想的统一是国家统一的基石,不同的思想很容易导致不同的政见,从而导致国家的分裂,但是指导思想的统一不等于文化专制,这一点后文还将进行论述。

三、权力平衡的政治制度

实际上除了少数的皇帝,如秦始皇、隋炀帝以及明清时候的皇权专制之外,在两千多年的封建社会是存在着几种权力的平衡关系的,并不是说一切都可以任由皇帝胡作非为的。顾炎武、黄宗羲等通过考证,认为至少存在着以下几种平衡。

(一)君、臣、民的权力平衡

在黄宗羲看来,朝廷中有君臣之分是政权分工的需要,君与臣的作用都是为万民服务,而不是为一姓之私的封建帝王服务。"缘夫天下之大,非一人之所能治而分治之以群工。故我之出而为仕也,为天下,非为君也,为万民,非为一姓也。"(《明夷待访录·原君》)因此为臣者不能愚忠,对于不以社稷为己任的君主,则不必服从,后来王夫之甚至提出了对于这样的君主可革可继的观点。黄宗羲形象地将君与臣称之为"曳木之人":"夫治天下犹曳大木然,前者唱邪,后者唱许,君与臣,共曳木之人也,若手不执紼,足不履地,曳木者唯娱笑于曳木者之前,从曳木者以为良,而曳木之职荒矣。"(《明夷待访录·原臣》)君主不再是率土之滨莫非王臣的独裁者,而是为万民服务的领头人。

顾炎武的政治设想是关于君、臣、民平等的思想。首先他认为,君在古代是一个人人可用的尊称,而不是皇帝的专称。天子也不是什么绝世之贵,而是一种普通的爵位而已。"天子与公、侯、伯、子、男一也,而非绝世之贵。代耕而赋之禄,故班禄之意。《日知录卷之七·周室班爵禄》"他们都是为普通百姓做事的官员,因为无暇种地,所以才发给俸禄。明白了这种"禄以代耕之义",天子就"不敢肆于民上以自尊"、"不敢后取于民以自奉",不能掠夺百姓的财产。这实际上是要从历史根基上扯下帝王神圣的面纱,让帝王、官员回归他们为人民服务的本色。顾炎武说上古帝王如尧舜禹直接从事劳动生产,由此知稼穑之艰难、民生之疾苦,"古先王之教,能事人而后能使人",《日知录卷之七·饭糗茹草》是因为服务百姓做得好才被推选出来当领导。帝王本来就不应该有任何特权,是秦始皇开启了骄恣惰佚、不可一世的霸道作风。君主必须要对人民讲信义,要为老百姓的利益服务,而对于那些独断专行、鱼肉百姓的帝王,是可以采取孟子的"暴君放伐论"的。王夫之也提出不为老百姓着想的暴君"可禅、可继、可革"(《黄书·原极》)。

(二)封驳、谏官的中央分权制度

在从理论上论证了君、臣、民平等的基础上,顾炎武和黄宗羲都认为,为了防止君主专制的形成,必须有一套行之有效的对权力的监督机制。黄宗羲认为,必须在朝廷内外都健全监督机制,在朝廷需设立"便殿议政"和"宰相设政事堂"。他认为有明一代"无善治",主要在于朱元璋废丞相制与三省制,导致朝廷中行政权力,尤其是兵权全部归于皇帝,甚至于设立锦衣卫对有碍皇权的思想和行为都进行恐怖的钳制,这样不仅没有达到专制君主长期享受的美梦,反而出现明末崇祯皇帝受难之时,无"一矢入援"的孤家寡人的局面。为了达到善治,必须限制君权,让为臣者担当起君主的某些职责,首要任务就是便殿议政,"宰相一人,参知政事无常员。每日便殿议政,天子南面,宰相、六卿、谏官东西面以次坐。其执事皆用士人。凡章奏进呈,六科给事中主之,给事中以白宰相,宰相以白天子,同议可否,天子批红。天子不能尽,则宰相批之,下六部施行。"(《明夷待访录·置相》)朝廷决策,不是皇帝一人说了算,而是在君主主持下,由宰相等朝廷大臣共商国家大事,然后由朝廷六部具体执行,不允许转发阁中、御前,然后才到衙门的路径,这样才能导致政令畅通,防止所谓奸人乱政。这实际上已经有点民主议政的色彩了。其次是宰相设立政事堂,政事堂下面分很多"房",由新中的进士或者待诏者充任,避免了政事堂头目因任期久长而专权的情况,便于宰相获取真实情况。在朝廷之外要让学校担当起督查的职责。

顾炎武则认为,要通过封驳制度来对君主的权力进行限制。在君主做出非理性行为或者错事的时候,臣僚可以拒绝执行君主的诏令,或者将君主的诏令封还驳回。而且必须形成制度,靠个人的道德品质保证是靠不住的。顾炎武举例说,唐代实行三省六部制,门下省担负着"驳正违失"的职责,有权"涂窜诏敕之不便",也有权将皇帝的诏令驳回。《日知录卷之九·封驳》同时,谏官也具有相应的监督权力。此外,还必须有不杀士大夫的制度才能保证权力得到制约。顾炎武说宋太祖定制,不杀士大夫,才有宋朝的敢言之士。士大夫的政治气节,不能依靠不怕杀头的道德勇气,而必须是有制度作为保障才行。

(三)"寓封建于郡县之中":分权于地方的制度

如果封驳制度是达到君臣分权和制衡的话,那么在中央和地方的关系上,则必须扩大地方政府权力,让郡县官员掌握君民财政等大权,同时中央行使监察之权,管理好地方官员。顾炎武设想只设立县级制度,取消其他行政机构,各个郡县直接对中央负责。顾炎武的"寓封建于郡县之中"的方法主要包括五个方面:一是"尊令长之秩",提高县令的级别和俸禄;二是"予之以生财治人之权",赋予地方财政和管理之权;三是"罢监司之任",不再向郡县派遣监司;四是"设世官之奖",允许县令儿子接任;五是行"辟属之法",除县令由中央任命外,其他一切僚属由县令自己任命。当然这五个措施在今天看来未必都全对,但是下放适当的财政和管理之权,让地方有经济和政治能力搞好当地的管理是极值得借鉴的,其他推举儿子继任以及自己任命僚属则很容易造成其专在下的局面。顾炎武还提出考察县令是否称职的是百姓是否安居乐业:"何谓称职?曰土地辟,田野治,树木蕃,沟洫修,城郭固,仓廪实,学校兴,盗贼屏,戎器完,而其大者则人民乐业而已。"这十个标准在今天仍然值得借鉴。《亭林文集卷之一·郡县论》同时,派遣官员巡查地方,听取百姓心声,用以监督地方政府,也不失为一种有效的方法。

(四)"众治之而刑措矣":实行乡村自治的宗法制度

对于郡县下一级的乡村,顾炎武则主张实行乡村自治,建设好乡村基层政权,这才是长治久安的关键。顾炎武说:"人君之于天下,不能独治也;独治之而刑繁矣,众治之而刑措矣。"《日知录卷之五·爱百姓故刑罚中》如果一切治理都让官府来进行,就会导致各种办事人员从中渔利,百姓苦不堪言。因此,要充分发挥家庭和家族的作用,一家之中父兄治之,一族之中宗子治之,所谓宗子就是家族中德高望重的人。乡村基层的官职由德高望重的人来担任,一切矛盾都基本可以在基层乡村组织解决,这不仅没有削弱政府的权力,相反是藏富强于民间,整个社会可以有条不紊,也可以在危难时刻有效抵御外辱。顾炎武特别欣赏汉代的"三老"制度,他说:"汉世之三老,命之以秩,颁之以禄。而文帝之诏,俾之各率其意以道民。当日为三老者,多忠信老成之士也。"《日知录卷之八·乡亭之职》这也就是说要选取那些忠信老成之人来担任乡村基层的职务,而且必须赋予他们相应的权力自治才行,而不能如后来专制时期的"设立老人"纯粹是朝廷的爪牙。

(五)"存清议于民间"的社会舆论监督

《论语·季氏》上说:"天下有道,则庶人不议。"允许庶民议政本来就是中国开明政治的优秀传统,但是后来却被封建帝王封杀。作为各级官员,你所做的事情最终是好是坏,必须由民众来评价,因此倾听民众的声音就显得尤为必要。顾炎武主张不仅要经常去民间收集百姓的歌谣,还要允许学校来议论政治,"立间师,设乡校,存清议于乡里",《日知录卷之十三·清议》评说政治得失,用舆论监督来辅助法律的不足,让社会运行在良知和公义的轨道上。黄宗羲也主张学校议政,认为学校必须担起督察权力运行的职责。他通过考察古代学校认为学校不仅是要培养和输送人才,也必须行使政权督察智能,"公其是非于学校","必使治天下之具皆出于学校",他推崇的是祭酒讲学,"太学祭酒,推择当世大儒,其重与宰相等,或宰相退处为之。每朔日,天子临幸太学,宰相、六卿、谏议皆从之。祭酒南面讲学,天子亦就弟子之列。政有缺失,祭酒直言无讳。"太学祭酒,即国家最高学府的校长,由大学者担当,天子也必须以弟子身份聆听祭酒讲学,并就朝廷得失接受太学的民主评议。地方上的各郡、县学,也须仿照于此,"学官讲学,郡县官就弟子列,背面再拜,师弟子各以疑义相质难。其以簿书期会不至者罚之。郡县官政事缺失,小则纠绳,大则伐鼓号于众。"(《明夷待访录·学校》),很显然如果此种制度能得到实行,无疑是发挥了知识分子参政督政的重要功能。后来中山先生提出了五权分立,即有考试一环,如果真能从制度上给予学校以行政督察和舆论监督的职责,同时选拔那些德才兼备的人担任学官,则社会风气就会好转,权力腐败也会得到很大的监督。

四、奉法者强的法律制度

法家的缘起应该在齐国,姜太公的祖先伯夷创立了礼法并用的制度,一方面强调礼义廉耻的道德教化;另一方面强调不别亲疏,不别贵贱,一断于法的以法治国。春秋战国时期,连年混战,礼坏乐崩,弱肉强食,其情景正如韩非所说"上古竞于道德,中世逐于智谋,当今争于力气",《韩非子·五蠹》谁能在混乱中改革内政,将其自身潜力发挥出来,富国强兵,就能在争霸中占有一席之地。战国时期法家代表李悝、吴起、商鞅、申不害、乐毅、剧辛相继在各国变法,废除贵族世袭特权,可以使平民通过开垦荒地,获得军功,进而极大调动了平民的积极性,从而成就了一个个的霸主。后来,商鞅、韩非在秦国采用法家治理天下,最终统一六国,建立第一个封建帝国。后来的历代王朝都深感于此,因而都大致采用了法家的思想。然而强大的秦国瞬间就土崩瓦解,也让汉朝统治者深感打天下与治天下的区别,因而后来采用儒家、道家和法家并用的治国方略,才使得汉帝国持续了四百多年。因此,实际上后来真正做到儒法或者道法并用的,国家都一般比较太平,而一旦皇帝专权或者出现大臣宦官专权的时候,法治精神荡然无存,则王朝也就不可避免地走向了没落。

中国古代不缺乏法制,而是缺乏从根本上维护老百姓利益的良法。在《明夷待访录·原法》篇,黄宗羲提出"有治法而后有治人",反对孟学中的人治思想。在他看来,法有两种,一种是三代以上的"有法之法",实际上就是公法;另一种就是三代以下的"无法之法",实际上也就是君主专制下的私法。三代以上制定法律的出发点是为了民众,"二帝、三王知天下之不可无养也,为之授田以耕之;知天下之不可无衣也,为之授地以桑麻之;知天下之不可无教也,为之学校以兴之,为之婚姻之礼以防其淫,为之卒乘之赋以防其乱。此三代以上之法也,固未尝为一己而立也。"因为出发点是民众,所以法律宽疏,人民乐于遵守,"三代之法,藏天下于天下者也:山泽之利不必其尽取,刑赏之权不疑其旁落,贵不在朝廷也,贱不在草莽也。"法律充分发挥保障民众权力的功能,社会安定,国家强盛,法律的精神是"天下为公"。而秦代以来,法律变成了维护皇帝一家私利的暴力工具,出发点是皇帝的利益,处处针对老百姓的利益,"后之人主,既得天下,唯恐其祚命之不长也,子孙之不能保有也,思患于未然以为之法。然则其所谓法者,一家之法,而非天下之法也。是故秦变封建而为郡县,以郡县得私于我也;汉建庶孽,以其可以藩屏于我也;宋解方镇之兵,以方镇之不利于我也。此其法何曾有一毫为天下之心哉!"法律的唯一标准在于是否有利于维护皇帝的私利,老百姓的死活不是他们关心的事情,"后世之法,藏天下于筐箧者也;利不欲其遗于下,福必欲其敛于上;用一人焉则疑其自私,而又用一人以制其私;行一事焉则虑其可欺,而又设一事以防其欺。天下之人共知其筐箧之所在,吾亦鳃鳃然日唯筐箧之是虞,向其法不得不密。法愈密而天下之乱即生于法之中,所谓非法之法也。"为了维护他们的私利,法律一变再变,控制越来越严,"古圣王之所恻隐爱人而经营者荡然无具,"老百姓饱受无穷之苦,"生民之戚戚终无已时,"这种害天下之法最终逼得老百姓起来造反。

然而黄宗羲的法治理想却也不同于古代的圣人之治,在他看来,与其相信人治还不如相信法治来得好些,法治的关键在于法律必须是维护百姓利益的公法,这样即使有个别人危害国家也不至于会造成大乱,"其人非也,亦不至深刻罗网,反害天下,"法律会迫使他回到民众的利益上面上来,相反如果法律本身不公正,是为了君主个人的私利而设立的,就是有人想为民做事也是难得施展,"自非法之法桎梏天下人之手足,即有能治之人,终不胜其牵挽嫌疑之顾盼,有所设施,亦就其分之所得,安于苟简,而不能有度外之功名。"所以要用制度来限制统治者的行为,保护老百姓的利益,先有治法,后有治人,此种精神,不就是近现代的法治精神吗?从这里我们也可以看出,中国古代的法治思想,只要克服了封建专制的桎梏,很多东西是可以直接为今天服务的。当今我们对于制定的新法律,如果是以人民为中心的良法,然后再严格执法,国家就能够长治久安。

五、民为邦本的惠民政策

谁是历史的主人？人民群众才真正是历史的主人。在今天是个很容易回答的问题,但是在历史上老百姓往往是被忽略、被统治的对象,很多君主都不明白国家政权的根基在于广大的民众,在于普通的百姓,他们往往迷信马上得天下的武力统治。人民能够安居乐业,能够衣食无忧,才是治国理政的根本。孔子特别强调"制民之产",活民之实。孟子更是直接提出"民为贵,君为轻,社稷次之","地丘民者得天下"。我们统观整个中国历史,只要真正为老百姓着想的王朝或者君主,确实没有不强大的。每当一个王朝覆灭之后,新建立的王朝,大多看到老百姓的力量,实行休养生息政策,如汉文帝和景帝,如唐太宗、康熙等真正做到了爱民如子,国家很快就实现经济的恢复,出现历史上的盛世。而一旦视民如草芥,对百姓横征暴敛,巧取豪夺,让老百姓妻离子散,甚至于饿殍遍野的时候,随你花言巧语,抑或是残暴统治,都无法避免覆灭的命运。

明末清初的几大思想家对于民众的力量是有深刻认识的,也因此被称为民主的启蒙思想。其实与其说是民主的启蒙,还不如说是深刻总结了明朝灭亡的深刻教训。朱之瑜就认为民众在社会安定及其发展中具有决定作用,"彼百姓者,分而听之则愚,合而听之则神。其心既变,川决山崩",①老百姓才是国家的根本,对待老百姓,不能采取小恩小惠,而是要从根本上利民、富民才是出路。这样才能避免元灭南宋、清灭明朝的悲剧。

---

① 朱舜水.朱舜水集[M].朱谦之整理.北京:中华书局,1981:3.

顾炎武认为,要获得国治久安有三个要素。第一就是要"治民之产,活民之实",要时刻注重老百姓的吃饭问题,"救民水火,莫先于此"。(《亭林文集》卷三《病起与蓟门当事书》)(《亭林文集》卷一《钱粮论上》)第二就是要在解决民生问题的基础上整顿"人心风俗",如重流品、崇厚抑浮、贵廉、提倡耿介和俭约等,他引述宋人罗从彦的话说:"教化者,朝廷之先务;廉耻者,士人之美节;风俗者,天下之大事。朝廷有教化,则士人有廉耻;士人有廉耻,则天下有风俗。"(《日知录》卷十三《廉耻》)在教化并形成良好社会风气方面,读书人具有关键的作用,必须要让他们有廉耻。第三就是要严惩败坏世风的贪官奸臣,又说:"法不立,诛不必,而欲为吏者之勿贪,不可得也。"(同上)

王夫之认为,治国之道主要就是实现严以治吏和宽以养民相结合。由于亲身经历了明末社会的动乱,王夫之对人民的疾苦有深切的理解。在他看来,谁不想安居乐业,只是贪官污吏逼得他们连基本的生存权利都没有了才走上了起义的道路,要解决国家的危机,必须将严吏和宽民相互结合才能实现。他说:"严者,治吏之经也;宽者,养民之纬也。并行不悖,而非以时为进退者,"(《读通鉴论》卷八)只有两手并施,才能"庶得之矣"。所谓严于治吏,就是要对那些"越辐败轨,沈没淫滥,螟蟊细民,愁痛孤寡"的贪官污吏严惩不贷,"国家之败,由官邪也;官之失德,宠赂彰也",官吏作风关系到国家兴衰存亡,整顿吏治必须采用严峻的刑法,"承贪乱之余,不以刑辟整绝之,未有能齐壹天步,柔辑悍独者也"。(《黄书·大正》)对于民众,要从政治和经济、文教等方面进行养护。对于老百姓,要贯彻古代圣人治国的"宽""简"精神,"宽""简"的主要适用对象是老百姓,而不是官吏以及社会的恶人。治国既不能采取老子的无为,也不能采取申、韩的严峻刑法。在经济上,要厚制民产,使"有其力者治其地"。只有老百姓安定、富裕了,国家才能强大,"国以民为本,有民而后国可为;民以农为生,有农事而后民可用"。(《四书训义》卷二九)对老百姓的治理应该主要靠德化来进行,而不能专恃于法,法律并不能解决所有问题,"夫法之立也有限,而人之犯也无方。以有限之法,尽无方之慝,是诚有所不能该矣。"(《读通鉴论》卷四)政治的清明还必须靠社会风气来维持,必须进行道德教育,同时王夫之极力反对那种弄虚作假的"德化",那种虚伪的德化,不为老百姓着想的道德教育只是维护暴君的工具而已。

在解决民生问题上,李贽、傅山和黄宗羲高度重视工商业。李贽的"不言财者,决不能平治天下",一改儒家重义轻利的传统。而黄宗羲在他诸多发展经济解决民生问题的措施中,如田制、兵制、财计等,最为后人所称道的乃是其"工商皆本"的主张,已经开启了中国重商主义的理论基础。

六、王霸并用的对外国策

在对外关系上,儒家的大同理想和天下为公贯穿了整个封建王朝的外交准则,可以说在外族没有对中华民族的生存造成巨大威胁的情况下,中国对外一直采取怀柔政策,也因此赢得了世界的尊重。儒家的天下并不是所谓的现代民族国家,而是一种世界主义,正如孟子所说:"天下者,天下之天下,非一人之私有"(《孟子集注·万章上》),"得丘民者得天下",用我们今天的话来说,得民心者得天下。何为得民心?就是"博施济众"(《论语·雍也》),就是让人民过上美好的生活,只要能做到"庶之、富之、教之",就能做到"近者悦,远者来","四方之民襁负其子而至矣"(《论语·子路》)。儒家把美好生活的外推也是包括整个世界在内的,因此儒家文化圈的形成并不是靠武力完成,而是植根于整个人类追求美好生活的共同性。中国传统文化具有极强的包容性,只要不涉及核心利益和原则问题,中国向来主张百花齐放。和实生物、和为贵、和气生财、和而不同、协和万邦等"和"的理念在中国代代相传。《国语·郑语》上记载了周太史伯阳父的话:"夫和实生物,同则不继。以他平他谓之和,故能丰长而物生之。若以同稗同,尽乃弃矣。"事物乃是二元乃至多元的对立统一,万事万物如果只有保持多样性才能不断丰富和发展,如果完全追求一致,则事物就不能发展。深谙音乐之道的孔子深知协调宫商角徵羽五种不同的声音才能够奏出美妙的音乐,因此提出了和而不同的思想:"君子和而不同,小人同而不和"(《论语·子路》),其基本意思就是君子追求和谐,允许不同声音和意见存在,不要求同一。这种和的理念也是人际关系与国家政事的指导思想。从《周易》的观点来看,事物总是由相反相成的对立面构成,太极不仅本身由阴阳构成,而且阴中有阳,阳中有阴,事物才能和谐统一。传统中国处理华夷关系基本上就贯穿了兼容并包、协和万邦、天下一家的和谐理念,基本上没有去干涉过独立国家的内政,也因此出现了汉唐雄风、康乾盛世等伟大的时代。

但是同时在对外关系上,历史上也有强硬的时候,尤其是当外族侵犯或者对中华民族的根本利益造成巨大威胁的情况下,一些封建帝王也对外进行了一系列的战争,比如秦汉时期的北击匈奴,明朝的驱逐蒙元、抗击倭寇,尤其是汉武帝时期卫青、霍去病基本上把匈奴驱逐到了今天的土耳其与匈牙利,原因就在于匈奴长期掠夺和侵犯秦汉的北方边境,当地百姓苦不堪言。另外一种情况就是为了维护正义或者宣扬国威,比如诸葛亮七擒孟获,比如郑和下西洋的时候,也曾在所到之处打击过一些破坏商贸的组织和国家,但是并不是为了占领某个地方,而是为了树立某种秩序。这既是儒家"有文事者必有武备,有武备者必有文事"(《孔子家语·相鲁》)思想的体现,更是儒法共治理念的体现,毕竟人性并不都是纯善,也不可能全世界都是你的朋友,必须在必要的时候运用武力,所谓文武之道,一张一弛就是这个道理。《礼记·中庸》中提到了儒家的治国九经:"凡为天下国家有九经,曰:修身也、尊贤也、亲亲也、敬大臣也、体群臣也、子庶民也、来百工也、柔远人也、怀诸侯也。"其中提到"远人不服,则修文德以来之",怀柔政策一直是中华民族处理对外关系的一个基本准则,而不是西方某些国家所宣扬的霸权主义,像蒙元那样横扫亚欧大陆,屠城上百座的做法,严格意义上来说,它是不属于汉族文化系统,也不可能维持国家的长治久安,实际上蒙古在亚欧大陆的统治很快就瓦解了。

第三章

中国历史上衰乱之世的历史反思

中国两千多年的封建社会,一直没有摆脱其兴也勃,其亡也忽的历史周期律,尤其是败亡的速度,远远快于兴起的速度,这种治平艰难、致乱遽易的历史现象,其原因可以说是多方面的,既有升平日久、积弊成危的社会惰性,也有成由勤俭、败由奢靡的社会风气演变,亦有横征暴敛、妄动干戈的军事征伐所导致的积贫积弱……如果要从这些失败的原因中找到其中的关键因素,应该说政治上的专制极权、经济上的民不聊生以及文化上的去实从虚是三个核心要素,尤其是前两者可以说值得每个时代、每位从政者深刻铭记。

一、皇权专制:治乱循环的政治根源

首先我们应该知道中央集权与专制主义并不是两个完全的概念。君主专制是中央集权在封建社会的极致状态,经历了秦朝建立、汉代巩固、隋唐完善、宋元加强、明清鼎盛、近代衰亡的过程。秦灭六国、统一全国后,为了巩固封建统治,使秦的江山千秋万代地传下去,嬴政建立起一套强有力的专制主义中央集权制度。汉初郡县制和封国制并存,诸侯王权大势重,逐渐威胁中央。汉景帝、汉武帝相继采取措施,成功地解决了王国问题。接着,汉武帝又"罢黜百家,独尊儒术",形成"大一统"局面,巩固了专制主义中央集权制度。隋唐实行三省六部制,把秦朝以来的丞相职权一分为三,使之互相牵制;同时又把全国最高行政机构尚书省职权分散给六部。这就限制了割据势力,标志着中央集权制度的完善。北宋建立后,吸取唐朝后期以来藩镇割据导致五代十国局面的历史教训,采取强干弱枝的措施,将地方军权、行政权和财权收归中央,剪除了割据因素,加强了中央集权。元朝建立后,为了巩固蒙古贵族的统治,进一步加强中央集权,施行行省制度。中央设中书省,作为全国最高行政机构;地方设行省,由中央派官管理,这既是古代郡县制的发展,又是后代省级行政机构之始。明初,废除了秦汉以来实行了一千余年的丞相制度,将其职权分给六部,六部尚书直接对皇帝负责,实现了皇权和相权的合一;设置由皇帝控制的特务机构,镇压人民,监视官吏;采用八股取士,培养皇帝的忠实奴仆;地方废除元朝以来的行省,改设三司,分掌行政、司法和军权;清前期,增设军机处,屡兴文字狱。明清时期,皇权专制达到顶峰,物极必反,在君权无限扩大以至于没有任何限制的时候,其危害也被一些思想家上升到了理论的层面来进行反思,我们这里仅以明末清初的几位思想家对皇权专制的批判来做一些分析。

　　明太祖废除了丞相制、三省制和大都督府,实行以君权代相权,以三司代行省,皇权专制达到了"收天下之权,以归一人"[①]的程度。不仅从极权上限制了官僚体制,而且通过锦衣卫、东厂、西厂等特务组织来监视臣民的言语行动,通过文字狱来钳住知识分子之口。在这种高度集权的君主专制体制下,一旦君主智力不及或者是个昏君或者暴君,就给国家造成无法挽回的损失,因为社会已经失去了它的纠错功能。尤其是元朝和清朝这两次被认为是经济和文化都落后的边疆游牧民族征服了汉民族政权的时候,以黄宗羲和顾炎武等为代表的思想家开始反思封建专制的危害,进而

---

① [清]王世贞.弇山堂别集卷九十.中官考一[M].北京:中华书局,1985:1720.

探索国家政治清明和长治久安的治国之策,提出了一系列具有深刻见解的政治思想。

(一)"宁赠友邦、不与家奴"的家族私利本位

在顾炎武和黄宗羲看来,中国封建专制的根本问题就在于统治者家天下的家族私利本位。黄宗羲在《明夷待访录》中通过历史的考察认为在上古三王时代,实行"天下为主,君为客"的制度,为君者的任务就是为老百姓服务,"凡君之所毕世而经营者,为天下也。""其人之勤劳必千万于天下之人"却又不享其利,因此老百姓比之为父,拟之为天。但是到了专制时代,却变成了"以君为主,天下为客",君主不但不以勤劳事天下,反而运用国家暴力机器来满足一己之私欲,"敲剥天下之骨髓,离散天下之子女,以奉我一人之淫乐",现实生活的不合理、社会财富的分配不公、扼杀人的个性权利,都是封建君主专制造成的恶果,"天下之大害者,君而已矣"。(《明夷待访录·原君》)为了维持自己作威作福的一己私欲,在某些时候甚至不惜对百姓采取残暴的政策,不惜丧心病狂借用外族的军队来屠杀自己的人民。顾炎武通过考证认为,这种借外族之兵来杀自己人,首先开端于周武王的牧野之战,后世继而效法,周平王、赵武灵王、项羽、刘邦等都做过同样的事情。顾炎武指出,自宋代以来,夷狄的入侵如入无人之境,就在于统治者为了维护自私的家天下,把防止老百姓的反抗看得比外敌入侵更为重要。他说:城郭沟池以为固,甲兵以为防,米粟刍茭以为守,三代以来,王者所不废。自宋太祖惩五季之乱,一举而尽撤之,于是风尘乍起,而天下无完邑矣。① 宋太祖为了防止反抗的民众借坚固的城池与官军作战,尽撤各地的城防,这样造反的民众只能退往山中自保,虽然对防备民众很有效,但是同时也造成夷狄入侵之时国家无以自保。

---

① [清]顾炎武.顾亭林诗文集[M].华忱之点校.北京:中华书局,1959:64.

顾炎武认为,这种把家天下的一己私利置于民族利益之上的反动哲学,才是封建专制日益加深导致外敌入侵、丧权灭国的根源,也因此必须以公天下来代替家天下才是国家民族的出路所在。

在中国历史上,孟子的民本论与黄宗羲、顾炎武的非君论有着巨大的差别。民本论并没有否定君主专制,而是提醒统治者不可以把权利无限扩大,否则就会被老百姓推翻。而黄宗羲和顾炎武是直接认识到封建君主专制本身的危害性,要求取消这种以一己之私为出发点的皇权专制,但是其与现代西方民主的观念还是有着很大的差别的,西方的民主强调的是权力来自民众,黄宗羲和顾炎武的主要想法还不是废除君主制度,而是要分君主的权给大臣、地方和社会人士,其政体分权和监督的思想对于我们今天的国家治理还是具有重要的借鉴意义的。

(二)"人人而疑之,事事而制之"的官僚生态结构

只要能维持封建专制君主个人的私利,老百姓的死活、国家民族的前途往往不是他们所考虑的事情。顾炎武指出在夏商周三代实行封建制,"胙之土而分之国",虽然有"其专在下"的毛病,是不是还会威胁到中央权力,但是统治者还有一点"以公心待天下之人"的心态;后来专制君主恨不得集天下权力于一身,造成了"其专在上"的高度集权,"人人而疑之,事事而制之",不仅有烦琐的法律条文,还有监狱以及各种监控,就是不肯为老百姓做一些谋利益的事情,"无肯为其民兴一日之利者,民乌得而不穷,国乌得而不弱?"[①]这种一切大权集中于皇帝,且拥有绝对权力的做法,不仅造成了民穷国弱,更是直接为外族入侵创造了良好的条件。顾炎武指出,宋朝以来为了防止藩镇割据的弊端,皇帝把"一兵之籍,一财之源,一地之守"都抓在自己手里,并且还通过各种专制制度来"禁

---

① [清]顾炎武.顾亭林诗文集[M].华忱之点校.北京:中华书局,1959:12.

防纤悉"，①监视天下臣民的一举一动。所谓一弊除而另一弊生，而这种体制比藩镇割据的危害更大。

在《日知录》卷九《藩镇》条，顾炎武深刻论证了专制统治者削弱地方权力的弊端。在中国历史上地方太守或者藩镇权力比较大的时候，国祚都比较长，而且能够有效地抵御外族入侵。他引岳飞的话说在藩镇存在的时代，"一城受围，则诸城或挠或救，金人不敢窥河南，而京师根本之地固矣"，也就是说地方政权权力比较大的时候，有外敌入侵，则各地势力可以相互接应和支援，即使王朝出现某种大的政治变动，地方还可以勤王，形成中兴或者维护王朝的延续，但是一旦专制加强，把地方权力全部收归中央，而中央一旦出问题，则"敌至一州，则一州破；至一县，则一县残。"②甚至于如崇祯末年清军入侵，"深入二三千里……而谋国之臣竟无一策，以御其来而击其去，此则郡县制守不足恃，而调援之兵不足用也"③，地方没有权力，尤其是军权，一旦大敌入侵，还要等皇帝作处置决断，大片国土早已沦于敌手，即使有些地方官员想阻止抵抗，但是由于平时军权全部收于中央，地方根本没有办法进行抵抗。因此，顾炎武指出："郡县削弱，则戎翟之祸烈矣"（同上第339页）。北宋灭亡，明朝灭亡皆是由于此种原因，皆是由于"收天下之权以归一人"的专制制度所造成的。天子独断专行，对于臣民百般监视，对于官员互相牵制，是宋明两次亡国于少数民族的根本原因。

顾炎武在《菰中随笔》中记载了专制官场下互相牵制、做不成一件好事的现象。他说："时日耗于趋迎，精神殚于馈遗……其难一；工于弥缝，善事上官者。蹑荐台省，不者即以他事中之，畏简书不如其畏上台，其难二；首尾牵制，掣肘之患，其难三；官如行马，仅一过耳，书役为主人，官者为客，则其弊不可得而知，知不可得竟，

---

① [清]顾炎武.日知录集释[M].卷八法制.黄汝成集释.长沙:岳麓书社,1994:295.
② [清]顾炎武.日知录集释[M].卷八法制.黄汝成集释.长沙:岳麓书社,1994:338.
③ [清]顾炎武.日知录集释[M].卷八法制.黄汝成集释.长沙:岳麓书社,1994:342.

其难四。"①在专制王朝的官僚政治结构中,地方官员主要对上负责,主要精力和时间都耗费在送往迎来和给上司赠送礼品上了,巴结上司很好的就有升迁的希望,侍候得不好的就会有被弹劾丢职的危险,根本就没有心思来为地方老百姓做点好事和实事。而如果想要为老百姓做一点有利的事情,则又会受到各方面的牵制,再加上知府四年一任,知县三年一任,如走马灯似的乱转,也没有心思来把地方政务搞好。在整个服务对象只是对上而不是百姓的体制下,最终不可避免地出现腐败和贫弱的局面。

(三)"消靡天下之人才,吏胥猛于虎"的人才选拔制度

人才维国事,一个社会有什么样的选人和用人制度对国家兴衰有着重要的作用。两汉时期,由郡县推举贤才,所谓举孝廉制度,虽然有一些弊端,但是相比后来的论资排辈、以资格取人的制度还是有优越性的。后来推行所谓的铨选之法,让真正的人才没有办法被选送出来。皇帝制定出一套非常烦琐的关于官员任职资格和考核标准的制度,让各级官员没有办法提拔真正的人才。顾炎武愤怒地指出,宋明时期以资格和年限为主的用人制度造成了"贤才伏于下"、"职业废于官"、"民之困于虐政暴吏"的局面。他说:"爵不考德,禄不受能,故曰:'贤才之伏于下者,资格阂之也。'才足以堪其任,小拘岁月而防之矣;力不足以称其位,增累考级而得之矣。所得非所求也,所求非所任也。位不度才,功不索实。故曰:职业之废于官者,资格牵之也。……故曰:士之寡廉鲜耻者,争于资格也。"②因为不是以才能和品德来考察官员,而是看资历,造成了大家都不去在真才实学方面下功夫,也不用考虑民生问题,而只要与上司搞好关系,就可以论资排辈,窃据官位了。

---

① [清]顾炎武.菰中随笔[M].亭林先生遗书汇集.吴县朱氏校.经山房刻本,光绪十四年:53.
② [清]顾炎武.日知录集释[M].黄汝成集释.长沙:岳麓书社,1994:304-305.

顾炎武还对整个专制制度下的吏胥制度进行了猛烈的批评。在封建社会,县太爷以上的才称为官员,而在各级官府中,在官员指挥下,负责处理具体政务,特别是经办各类官府文书的低级办事人员,如书办、衙役、税吏、狱卒的各色人等则称为吏胥。他们虽然不是朝廷的正式官员,但是却实际把握着国家的权力,顾炎武说,"今夺百官之权而一切归之吏胥,是所谓百官者虚名,而柄国者吏胥而已";"胥史之权所以日重而不可拔者,任法之弊使之然也"[①]。因为地方官员任期有限而吏胥可以无限期连任并可世代相传,所以在实际上掌握了办事情的具体权力。他们人数众多,一个县有数千之人,全国有上百万之众,由于他们待遇十分菲薄,仅仅能够维持生活,甚至有些朝代不发工资,所以他们的生财之道就是向老百姓勒索,想方设法、横生事端,凡是有工程的地方,必有贪污;凡是有承包的地方,必有回扣;凡是有诉讼的地方,必有贿赂;有些甚至与官员沆瀣一气,使得老百姓处于水深火热之中。但是为何朝廷不取消此一制度,原因就在于专制统治者不信任官员,而是希望互相牵制,不能形成力量威胁到他们的统治就行,至于地方官员以及吏胥的生活品质以及百姓的疾苦则不是他们所考虑的。这样的结果必然造成地方的衰弱和不稳定,也必然最后影响到专制皇权的根基,整个国家基层出了大的问题,上面的专制皇权又岂能做空中楼阁?

二、横征暴敛:王朝灭亡的直接原因

顾炎武在揭示君主专制在政治上弊端的同时,又从更深层次的经济原因来揭示了政治腐败的根本原因。政治腐败可以说是皇权专制社会的不治之症。历史上的统治者基本上从以下几个方面来解决社会的腐败问题:一是严刑峻法,如朱元璋的剥皮、武则天

[①] [清]顾炎武.日知录集释[M].卷八吏胥.黄汝成集释.长沙:岳麓书社,1994:292.

的酷吏;一是高薪养廉,如宋朝;还有一种办法就是道德说教,最典型的就是宋明理学的存理灭欲,从灵魂深处来一场致良知的革命。但是这些方法都难以根除腐败,因而无法逃出兴衰治乱的历史怪圈。顾炎武认为,君主专制是一种制度性的腐败,不改革专制主义的政治体制,无论是严刑峻法还是道德说教都无法从根本上解决腐败问题。

君主专制的制度性腐败的根源是皇帝的权力不受限制,因而导致君主的权势欲、贪欲和肉欲都膨胀到无以复加的地步,"敲剥天下之骨髓,离散天下之子女,以供我一人之淫乐",这些穷奢极欲的生活,都是建立在老百姓的痛苦之上的。顾炎武以度量衡的变化为例来说明人民的负担的沉重。他说:"自三代以后,取民无制,权量之属,每代递增","古之权量比之于今,大抵皆三而当一"。① 也就是说,但从度量衡的变化上来推算,老百姓的负担比三代起码增加了三倍。而问题还不仅仅限于此,专制帝王的腐朽生活也引起士大夫和各级官员的效法,导致了宋朝以来"一钱之上皆归朝廷",民之疲极矣,"国安得不亡?身安得无败?"②

顾炎武指出,古人治国,"藏富于民";汉朝以来,财不在民,犹藏于郡国,使得地方政府还有足够的财力来应对内忧外患;但是到了宋明以来,对百姓和地方进行超经济掠夺的"搜括之令","一切外储尽令解京,而搜括之令自此始矣。……自此搜括不已,至于加派;加派不已,至于捐助,以迄于亡。"③ 上有严酷刑罚,下有横征暴敛的搜刮,最终导致老百姓卖儿卖女,以致出现人吃人的惨状,最终官逼民反,或者是外敌入侵,导致了一代代专制王朝的灭亡。新上台的统治者吸取前代的教训,会推行比较温和的惠民政策,但是由于体制问题没有解决,皇帝的贪欲和权力不受任何制约,又无法有效解决地方对农民的掠夺,最后又必然出现横征暴敛、民不聊生

---

① [清]顾炎武.日知录集释[M].卷十一权量.黄汝成集释.长沙:岳麓书社,1994:379-381.
② [清]顾炎武.日知录集释[M].卷十三家事.黄汝成集释.长沙:岳麓书社,1994:496.
③ [清]顾炎武.日知录校注卷十二财用[M].陈垣校注.合肥:安徽大学出版社,2007:673.

的局面,如果遇上大的灾荒或者重大社会灾难,农民起义就会推翻原有的政权,建立起新的王朝,然后又走上兴衰治乱的历史循环。

在这里我们列举几个王朝的例子,来说明百姓在暴君以及封建地主阶级的压迫下,处于什么样的生存境地。西周周厉王在位的时候,任用荣夷公为卿士,将山林湖泽改由天子直接控制,不准国人进入谋生,实行的"专利"政策,百姓无论是采药、砍柴,还是捕鱼捉虾、狩猎鸟兽,都必须纳税,甚至喝水、走路也得缴纳钱物。周厉王收取"专利",另一位大臣芮良夫曾力谏道:"利是天地所载的万物生出来的。天地万物之利,天地间之人皆应有之,怎能一人专而有之?专利必触怒众人,招致大难。为人王者,应该将利益广布于天下之人。匹夫专利,犹谓之盗,王而行之,其归鲜矣。"(《史记·卷四·周本纪第四》)周厉王未听芮良夫的警告,终于导致国人暴动,失去天下。秦二世除了大肆屠戮群臣和人民之外,还大兴徭戍,加重赋敛。他上台伊始,徭役、屯戍相继不断。开始,他调集大量的劳力,加紧修建骊山墓。当骊山墓竣工后,又下令继续修建阿房宫,以及直道和驰道。为了加强关中的统治力量,又征调材士五万人屯卫咸阳。而且豢养大批狗马禽兽,以供游猎享乐之用。咸阳用度不足,他下令向各郡县征调粮草,要求自备转输所需食粮。还规定咸阳三百里内的谷物不准食用,以便搜刮供应军需。诸如此类的横征暴敛,比起秦始皇时期,可谓有过而无不及,秦朝也在他手上迅速走向了灭亡。汉朝初期实行文景之治,老百姓的确受惠不少,所以很快进入盛世时期,但是到了汉朝中后期,百姓的负担之沉重也是难以想象的,表面上看起来田赋是三十税一,但是还有人头税,还有每年将近两个月的兵役以及后来不断增加的徭役。西汉王朝自元帝始,朝政衰败,皇纲不振,横征暴敛,百姓困苦。鲍宣上疏汉哀帝,提出老百姓的"七亡七死",真实地反映了西汉中后期的农民生活状态。凡民有七亡:阴阳不和,水旱为灾,一亡也;县官重责更赋租税,二亡也;贪吏并公,受取不已,三亡也;豪强大姓蚕食亡厌,四亡也;苛吏徭役,失农桑时,五亡也;部落鼓鸣,男女遮列,六亡也;盗贼劫略,取民财物,七亡也。七亡尚可,又有七死:酷吏殴杀,一死也;治狱深刻,二死也;冤陷亡辜,三死也;盗贼横发,四死也;怨雠相残,五死也;岁恶饥饿,六死也;时气疾疫,七死也。民有七亡而无一得,欲望国安,诚难;民有七死而无一生,欲望刑措,诚难。(《汉书·鲍宣传》)可以说如果老百姓连最基本的吃饭问题都解决不了的时候,那么起来推翻残暴的统治就已经是迫在眉睫了。

隋朝的灭亡与隋炀帝的横征有莫大的关系。隋炀帝统治期间,劳役不息,百姓不堪其苦。举例来说,大业元年(605年)在洛阳兴建东京,每月役使民丁两百万,然后装饰力求奢华,同年开凿通济渠后带领大量随从沿运河巡视南方,花费巨额资金,征调大量百姓。大业三年,征调北方人民经太行山开凿驰道直到并州,并向附属的突厥启民可汗要求突厥民众协助开凿驰道。大业四年,出巡榆林动员壮丁百余万人,从榆林到紫河(今内蒙古、山西一带)筑造长城以保护突厥启民可汗。然后是不断对外发动战争,先后对林邑、契丹、琉球、伊吾、吐谷浑、高句丽发动大规模战争,然后在大业七年,山东、河南大水成灾,淹没四十多个郡县,百姓无以为生,爆发了王薄起义,然后的农民战争很快让隋朝走向了灭亡。

唐末农民起义的根本原因也在于腐朽的政治统治导致老百姓无法生存。唐末宦官执政,朋党之争不断,使得唐朝内部的统治开始分裂,统治者只知道聚势敛财,官员的贪污现象非常严重,地主也在大肆掠夺百姓的财产,不顾百姓死活。土地兼并的现象非常严重,大地主和官员们为了谋取私利大力掠夺百姓的土地,使得唐末的很多农民都失去了自己的土地,这批落到地主手中的土地被他们当作敛财的工具,哪怕庄稼还没有熟,他们就已经让农民交钱了。除了粮食,官员们还定下了很多其他赋税,吃盐、住房甚至喝水都要交钱,那个时候连年大旱使得庄稼几乎颗粒无收,到处闹饥荒,人们啃食树皮也不能保证基本的温饱,很多人被活活饿死。而就是在这样的生存环境下,官府仍然催逼赋税,有的百姓甚至卖了房子和孩子都不能按时交钱,最后农民被逼上了造反的绝路,导致了后来的王仙芝、黄巢大起义。

历史上这样的例子可以说不胜枚举,但是一个共同的特点就是由于统治阶级丝毫不顾及百姓的死活,无穷无尽的劳役、赋税使得百姓连最基本的生存都无法维持下去,如果再爆发自然灾害,大量的人面临饿死,在这样的情况之下,起义就是必然的事情。历史再一次告诉我们:制民之产,活民之实,这是国家得以存在或者延续的最起码的底线,如果民众不能生存下去了,国家又能依附在哪里呢?因此,国以民为本,民以食为天,这是一个最简单而又朴素的真理。

三、文化清谈:国家衰败的深层原因

上层建筑对经济基础具有反作用。当某种文化一旦完备并且成为主导思想的时候,往往会对社会产生极其深远的影响。从历史上看,儒释道三家构成了中国文化的三大主干,三大文化各有其适用的领域。儒家讲入世,注重现实主义和伦理主义,擅长于国家治理。佛道讲游世与出世,注重精神境界,对文学艺术与个人信仰有独特价值。国家治理以儒学为主,自然在治理效能上更为有效,如果以佛道为主,就容易黜实就虚,时间久了会导致国家的文弱。因此,历代王朝建立之初,多喜黄老之学,休养生息,但是一旦经济恢复,也大多还是采取儒法共治。历史上的有些皇帝,耽于佛法,甚至于出家者大有人在,往往对具体国家治理不感兴趣。最典型者乃是梁武帝,最终不仅国亡,甚至被饿死。这里不是说佛道在国家治理中没有积极作用,而是因为国家之间丛林法则是一直存在的,如果不正视此一现象而采取避世主义,很容易遭到强权的毁灭性打击。

如果说儒释道的文化特质还好区分的话,那么儒学本身的异化就很容易被忽视了。在儒学发展史上,董仲舒和朱熹、王阳明对于儒学的时代转换具有关键的作用。然而仔细分析,董仲舒的三纲五常和天人感应不仅把儒学神学化,更是把儒学推向了为皇权服务的文化专制主义;而朱熹的性理学说以及王阳明的良知学说,更是把佛教和道教的本体思维融入儒学。延续八百年之久的宋明理学,与其说是儒学的创新和发展,不如说是阳儒阴释的文化清谈。这两种主流思想,对国家治理的负面效应值得我们警示。

(一)文化专制主义:社会正义无法坚持

知识分子在我国古代主要就是士大夫,这是一群代表良知和社会正义的重要力量,而他们发挥作用的主要渠道就是谏言或者舆论,但是在专制君主制度下最终连言论自由都被扼杀掉。其极端表现就是明清两代为代表的文字狱,专制君主用文化专制、用杀戮来摧毁士人的道德气节,把舆论监督的权力彻底废掉,整个社会万马齐喑,即使出了问题也没有人敢说,也因此丧失了改革的机会,直至王朝的灭亡。这种体制主要体现为官场的廷杖制度以及明清时期的文字狱制度。顾炎武考证说在上古三代没有在朝廷公开打人的事。在朝廷上打人,始于汉明帝,后来发展到大官对小官可以法外用刑,动不动就有上级官员把下级官员打死的事件发生。明朝最典型的事件有嘉靖三年,翰林院编修杨慎发动228人到天安门请愿,结果嘉靖皇帝派兵镇压,除86人逃脱外,其余142人全部被廷杖、判刑。另一件著名的案子就是方孝孺案。侍讲学士方孝孺由于不愿给朱棣起草即位诏书,被下令比凌迟多一刀的1001刀处死,灭其十族(连其老师都被灭族),这一暴行造成了读书人道德操守的普遍丧失,毕竟大多数人都还是怕死的。还有后来的东林之祸以及文字狱,彻底毁灭了读书人的心智,也毁灭了社会的良知和正义。多年的专制摧残,士大夫最终完全丢掉了人格和廉耻,剩下的只是奴才,"消靡天下之人才,而甘心以便其不肖"①,大家都一样的平庸、一样的懦弱,专制帝王以为就可以高枕无忧了,然而内忧外患一旦到来,则国之大厦轰然倒塌,连一点抵抗的力量都没有。

另一个实行文化专制主义的表现就是以八股文为代表的科举考试。科举自隋唐推行以来在选拔人才的公正性方面发挥了巨大的作用,但是到了明朝以后则负面作用超过正面作用。一是明成祖独尊程朱理学的《五经大全》《性理大全》《四书大全》为钦定教材,完全容不得一点不同意见,把所有读书人的思想禁锢在程朱理学之中,诸子百家甚至儒学的其他派别都被视为异端,人的理性创造力就已经完全被扼杀了。顾炎武愤怒地指出:"自八股行而古学弃,《大全》出而经说亡,十族诛而臣节变",②"于是道器两亡,而行能兼废。世教之日衰,有由然也。"③八股另一个害人之处就是考试的出题内容,如果考试的内容是关系国计民生和军事国防的实学的话,就不会造成国家积贫积弱的格局。而明清八股考试内容完全是与国计民生毫不相关的道德心性以及烦琐无用的八股时文技巧。同时,科举考试之后还有一个"赴部候选"的等待环节,如果不去溜须拍马、专营竞奔,要么会等待上任的时间很长,要么就只能去贫穷边远的山区做官。这种文化专制的政治体制如果不改变,整个社会就没有真才实学者被选拔出来,也就没有办法避免被异族灭亡的命运。

(二)文化清谈主义:积贫积弱的理论基石

马克思说:"理论在一个国家的实现程度总是取决于理论满足

---

① [清]顾炎武.日知录集释[M].卷八铨选之害.黄汝成集释.长沙:岳麓书社,1994:306.
② [清]顾炎武.日知录集释[M].卷十八书传会选.黄汝成集释.长沙:岳麓书社,1994:651-652.
③ [清]顾炎武.日知录集释[M].卷十七杂流.黄汝成集释.长沙:岳麓书社,1994:635.

这个国家的需要的程度。"① 每种文化的产生和存在都与具体的历史条件相适应,一旦这种条件发生变化或者不存在了,相应地文化也必须做出调整或者会被淘汰。佛教自从汉代开始传入中国后,就逐渐以其严谨的逻辑思辨和极具特色的因果报应在中国知识分子以及民众中扎下根来,而对于其追求彼岸世界以及灭除人欲等出世主义的因素,历代都有学者力图进行批判,但是直到明清实学之前,要么因为批判者没有深入佛教思想内核,要么因为其消极性在社会政治领域没有充分表现,因此历史上的批判不仅没有动摇佛教的思想地位,反而让佛教更加发扬光大,进而形成了借鉴华严宗的程朱理学和吸收禅宗思想的阳明心学,实际上形成了佛化儒学的局面。但是明朝灭亡这一大事件,使得很多儒家学者开始思考究竟文化出了什么问题,于是他们先是以汉学来检讨宋学,进而又返本回到先秦儒学,用原始儒学的经世致用精神来批判佛教以及宋明理学。从某种意义上说,正是这次文化反思不仅凸显了佛道出世主义的弊端,进而迫使佛教必须重新调适自身才能适应社会现实,同时也恢复了原始儒学的经世传统,从而奠定了民族复兴的文化根基。

1. 从立体消用到即用得体:实学对佛道本体论的批判

一般把研究世界的本原或者本质问题称之为本体问题,具体来说就是探究万物产生、存在以及发展变化的根本原因。本体论的思维方式的出现,是为了解决生成论所不能圆融的问题,也就是不断追求根源的问题。本体论将生成论转化为体用关系,"体"是绝对的,"用"是具体的事物、现象和作用,体不变,用可变,这样就从逻辑上解决了生成论的局限,但是现实是否行得通却是未必。孔子罕言性与天道,学生多次问及,他也只是一再强调要关注现实人事,已经看到了空谈本体有可能会荒废人事。毫无疑问佛

---

① 马克思,恩格斯. 马克思恩格斯选集:第4卷[M]. 北京:人民出版社,1995:247.

教的本体论将中国哲学的思辨性提升到一个新的高度,在大乘有宗占主流的中国佛学,本体论往往表现为佛性论。赖永海指出,佛性指的是众生觉悟之因,亦即众生的成佛可能性,发展到后来则被作为形而上真理的别名。① 佛性往往就是指佛教的终极存在,有时候称为如来藏,有时候称为阿赖耶识,有时候称为自清净心,它们的共同点都是完满自足、全体大用。山河大地,万类生灵,无不包括在佛教的终极本体中,如《楞严经》中"汝曾不知如来藏中,性见觉明,觉精明见,清净本然,周遍法界。随众生心,应所知量。""一切世间诸所有物,皆即菩提妙明元心。心精遍圆,含裹十方。"② 大乘佛教提出了一个真如本体,按照佛教空中假的思维模式,但是这个本体落实到现象界却又是虚妄的,这种立体废用的做法,遭受到实学家的强烈批判。

在本体论上,实学家与朱熹一样,都反对佛学的万理俱空,以山河大地为见病的观点。如罗钦顺就指出"佛氏以山河大地为幻,以生死为轮回,以天堂地狱为报应,是其知之所未彻者亦多矣,安在其为见性!"③ 但是与朱熹所不同的是理学是以伦理来补佛教的空,实学认为不仅有伦理,也不应该排斥物理。

顾宪成在深入批判阳明后学的禅学本质后也对禅宗无善无恶的心性本体进行了批判。顾宪成说:"或问佛法大意,曰:三藏十二部五千四百八十卷,一言以蔽之曰'无善无恶'。试阅七佛偈便自可见。"(《小心斋札记》卷十)从本体论上讲禅宗的心性本体的确是无善无恶,顾宪成认为,这种厌有崇无的做法与儒家的性善本体格格不入。这种说法其实也不太准确,因为天台宗就是讲性具善恶的。

如果说罗钦顺和顾宪成等人对佛教的批判尚停留在皮毛的层面,那么王夫之和黄宗羲则从根本上揭示了佛教本体论的弊端。

---

① 赖永海.中国佛性论[M].北京:中国青年出版社,1999:3.
② [日]大正一切经刊行会.大正藏.经藏(0945)卷十九.
③ [明]罗钦顺.困知记[M].上卷.北京:中华书局,2013:3.

黄宗羲则从气为本体的角度对儒道佛的本体论进行了区分，其差别在于"老氏指气之虚者为道，释氏指气之灵者为性"，而儒家以气之理为体。他说：

老氏既说无，又说"杳杳冥冥，其中有精，混混沌沌，其中有物"，则是所谓无者，不能无矣。释氏既曰空，又说"有个真性在天地间，不生不灭，超脱轮回"，则是所谓空者，不能空矣。此老释之学，所以颠倒错谬，说空说虚，说无说有，皆不可信。若吾儒说有则真有，说无则真无，说实则真实，说虚则真虚，盖其见道明白精切，无许多邪遁之辞。老氏指气之虚者为道，释氏指气之灵者为性，故言多邪遁。以理论之，此理流行不息，此性禀赋有定，岂可说空说无？以气论之，则有聚散虚实之不同，聚则为有，散则为无；若理则聚有聚之理，散有散之理，亦不可言无也。气之有形体者为实，无形体者为虚；若理则无不实也。①

黄宗羲首先从逻辑的层面论证了空无与实有的矛盾，然后从气的聚散层面来很好地说清了有无的关系问题。然后黄宗羲进一步指出佛老在本体论上讲空、无的最终结果是有体无用，导致了做不得一事的现实局面。"即释氏亦最忌道破，人便作光影玩弄耳，"陷入了真正的虚无主义，"人伦世事都不管，"②忽视具体社会事物而使得国家积贫积弱。他说："老、佛以为空无，则本体已绝矣。老、佛有体无用，吾谓正是其体先绝于内，故无用于外也，"（同上）不能解决实际民生社会问题的本体即使再玄妙在黄宗羲看来都是没有意义的，"言道理，只有这个极玄极妙，天地万物都是这个做出来，得此，则天地万物虽坏，这物事不坏；幻身虽亡，此不亡，所以其妄愈甚，"（同上）而"释氏是认精魂为性，专一守此，以此为超脱轮

---

① ［清］黄宗羲.明儒学案·崇仁学案二［M］.沈芝盈点校.北京：中华书局，1985：53.
② ［清］黄宗羲.明儒学案·崇仁学案二［M］.沈芝盈点校.北京：中华书局，1985：54.

回，"（同上）他进而认为，佛教放弃社会关怀责任，只图个人解脱，乃是自私的行为。

如果说黄宗羲是从外部来揭示佛教的有体无用，王夫之则是从内部，即从唯识学的角度来批判佛教本体论的出世主义。唯识之学，乃印度佛教瑜伽学派正统哲学，由玄奘法师传回中土，后虽衰微，然佛教根本哲理实端赖于此，所以弄懂了唯识学才算真正了解了佛学。宋明儒者批判佛学，按照黄宗羲的说法，"程、朱之辟释氏，其说虽繁，总是只在迹上；其弥近理而乱真者，终是指他不出，"①历代排佛者驳而不倒，废而屡兴，原因何在？就在于没有深入研究唯识学，所以总是隔靴搔痒，没有找到要害。而船山深入唯识学，一方面采撷其精华，构建了自己气本论的哲学体系。在这方面，吴立民、徐苏铭已有比较准确的描述："他从佛家法相唯识学中，以'八识'说'性'，解决了'性'的问题，又以禅悟说相宗，解决了'心'的问题。他从魏伯阳、张伯端的道教内丹学说中，以精、气、神'三宝'说'命'，解决了'命'的问题，又以《骚》论丹，解决了'气'的问题。他从唯识种子熏习说中，提出'性日生日成'的命题，从内丹修炼实践中得出'人可以造命'的结论。"②然王夫之并不是照搬唯识学的知识，而是对唯识学的六、七、八识提出了新解，进而批判了佛教的出世主义。

"识"在佛教里面指的是心的分别作用、认识功能，分为眼、耳、鼻、舌、身、意、末那、阿赖耶八种，有些经典，如《楞伽经》等将第八识染净别开另立第九识——阿摩罗识，或者称无垢识。王夫之认为，唯识秘密法就在于第七识——末那识：

第七末那识，意之识也。故《成唯实论》亦名此为意识。六识缘此而生。此识虽未思善思恶，而执八识一段灵光之体相为自内我，全遮圆成无垢之全体，由此坚持之力，一切染品皆从此起。故

---

① [清]黄宗羲.明儒学案·发凡[M].北京：中华书局，1985：8.
② 吴立民，徐苏铭.船山佛道思想研究[M].长沙：湖南出版社，1992：10.

梵云末那,唐云染。①

　　船山把六、七、八识对应为"虑""志""量",第七识类似于潜意识,它是第六识的"根",也就是说引发第六识,它又缘自第八识,第八识是一切思维种子所在,具有能藏、所藏、执藏三个意义,阿赖耶识就是佛性本体。因为有第七识的执着才有前六识中"我"相的存在,而末那识有十八个心所,最贴身的就是四个根本烦恼:我痴、我见、我慢、我爱。"我痴"的意思就是"无明","无明"又有两种:相应无明和不共无明。相应无明同贪、嗔等相应同时而起。不共无明不与贪、嗔等相应而起,又分独行和恒行两种。独行不共无明同十种"小随烦恼",各别而起,与"前六识"相对应。恒行不共无明唯有同"第七识"相对应,"前六识"是没有的,他总是恒常现行,总是存在,所以又称"恒审思量",有"坚持之力",破"无明"就是要破"恒行不共无明",其他无明都有间断,而只要能够破除"恒行不共无明",其他无明也就是不存在了。第八识就由于末那识的执着而成为生死流转、生灭不断的根苗,而一旦斩断了末那识的"恒行不共无明",就达到了顿悟佛性的目的,而如果不抓根本,只在第八识、前五识的枝末上下功夫,就如牛车不动,只打车而不打牛一样愚蠢。显然这是针对顿悟而言,而渐悟派还要连眼、耳、鼻、舌、身等五识也舍去。船山认为,对待第七识的态度正是出世间与世间法的争论所在,也是儒佛重要区别所在。他说:

　　释氏之所谓六识者,虑也;七识者,志也;八识者,量也;前五识者,小体之官也。呜呼!小体,人禽共者也。虑者,犹禽之所得分者也。人之所以异于禽者,唯志而已矣。不守其志,不充其量,则人何异于禽哉?而诬之以名曰染识,率兽食人,罪奚辞乎?②

---

① [清]王夫之.相宗络索·八识章[M].沈阳:辽宁教育出版社,2008:78.
② [清]王夫之.船山全书:第12册[M].长沙:岳麓书社,1996:451.

在王夫之看来，志向乃是人与禽兽的根本分野之一，而佛教要斩断的末那实际上就是儒家乾健之性，自强不息的志向，一个人的德业成就就在于志气的远大与否，而佛教"斥七识乾健之性、六识坤顺之性为流转污染之害源，"①就是要泯灭人在世间有所作为、自强不息的志向，按此修炼，只怕做佛不成，反倒沦为禽兽。从这里可以看出，王夫之才是真正从儒学立场，抓住了佛教理论出世主义的要害，进而挺立了儒学经世致用的自信。

王夫之不仅从唯识学的角度对佛教进行了批判，而且还从自己的气本论哲学体系出发对佛教的世界观进一步展开批评。对于佛教以山河大地为虚幻，他说："释氏谓'心生种种法生，心灭种种法灭'，置之不见不闻，而即谓之无。天地本无起灭，而以私意起灭之，愚矣哉！"肯定了客观世界的真实存在。对于佛教的寂灭，他说："浮屠谓真空常寂之圆成实性，止一光明藏，而地火水风根尘，皆由妄现，知见妄立，执为实相"。在他看来，道不离器，没有所谓的离开了器的道存在，因此在方法论上他反对佛教的"立体消用"，而主张由用得体，体用胥有。而他的体用与佛教也是不同的，佛教的体多指佛性，用则为修持以及挑水、搬柴等事情，船山的体则指万物的规律，用则为立德、立功、立言等经世致用的事业。他说：

佛老之初皆立体以废用，用既废则体亦无实。故其既也，体不立而一因乎用。②

故善言道者，由用以得体；不善言道者，妄立一体而消用以从之。③

王夫之提出要用"由用得体"来取代佛教的"立体消用"，可以说是切中肯綮，后来学者很少有人能达到王夫之的高度。颜元可以说是明清之际实学家中排佛道最激烈者，他虽然不能如王夫之那样在学理上深入批判佛教的本体论，但是他对佛道空无本体论

---

① [清]王夫之.张子正蒙注卷二[M].北京：中华书局，1975：49.
② [清]王夫之.思问录·俟解·黄书·噩梦[M].北京：中华书局，2009：9.
③ [清]王夫之.周易外传卷二大有[M].北京：中华书局，2009：156.

对社会带来的危害有深入的揭露。

针对佛道讲空无、虚静,颜元认为空、静对于经世致用没有可取之处,"今姑即佛之所谓空,道之所谓静者穷之,而后与之言实与动。佛殊不能空也,即能空之,益无取;道殊不能静,即能静之,益无取。"不论是空,还是无,它都不能否定外在事物的客观存在性,"佛不能使天无日月,不能使地无山川,不能使人无耳目,安在其能空乎?道不能使日月不照临,不能使山川不流峙,不能使耳目不视听,安在其能静乎?"而佛道所说的空、无无非是心入定之后的主观感觉罢了,即使得到了这种感觉,但却"不施之于子臣弟友","照不及君父","人道灭矣";而如果推之于天下,如同宋儒那样名儒心佛者,更会导致国家的衰败。对于道教的成仙之说,他称之为"人中妖"、"天地之盗",修道者即使能够通过心如死灰,嗜欲不作,心肾秘交,丹候九转,练成静极之仙果,但是"人道又绝矣",而且这种"盗天地之气以长存"的做法肯定为天地所不容,必然会遭到天谴,"世传五百年雷震一次,此必然之理。"更为可笑的是,世界上根本就没有这种长生不老的事情,"乾坤中亦何赖有此太上也?"①

王夫之并不是排佛最激烈的人,但是无疑是实学家中排佛最深刻的一位,自从实学家对佛道进行批判后清代佛道都基本上沦为了民间宗教,长久以来很难回应王夫之的观点,也只有到了近代佛学开始反思自己的出世主义弊端,从而产生出了人间佛教运动。

2. 从静坐参禅到格物致知:实学对佛道修养论的批判

欲要认识或者达到真如本体,佛教的修养方法通常都是修习止观二法的禅定工夫,也就是静坐,要消除眼、耳、鼻、舌、身所带来的感官认识,也要摒弃自我的思维意识,才能切入真如。这种认知方式也遭受到了实学家的激烈批判。

在罗钦顺看来,佛教把"尽心"与"知性"混为一谈,结果始终是

---

① [清]颜元.习斋四存编·存人编·卷一[M].陈居渊导读.上海:上海古籍出版社,2000:165.

在空无上下功夫,对于人伦物理毫无所知。他说:

> 释氏之明心见性,与吾儒之"尽心知性",相似而实不同。盖虚灵知觉,心之妙也。精微纯一,性之真也。释氏之学,大抵有见于心,无见于性。故其为教,始则欲人尽离诸相,而求其所谓空,空即虚也。既则欲其即相、即空,而契其所谓觉,即知觉也。觉性既得,则空相洞彻,神用无方,神即灵也。凡释氏之言性,穷其本末,要不出此三者。然此三者皆心之妙,而岂性之谓哉!使其据所见之及,复能向上寻之,"帝降之衷"亦庶乎其可识矣。顾自以为无上妙道,曾不知其终身尚有寻不到处,乃敢遂驾其说,以误天下后世之人,至于废弃人伦,灭绝天理,其贻祸之酷可胜道哉!①

静坐修养所得只是一种心理感受,所见的东西也只是镜花水月一样虚幻之物,无法凝化为现实。"盖吾儒之有得者,固是实见,禅学之有得者,亦是实见,但所见者不同,是非得失,遂于此乎判尔。彼之所见,乃虚灵知觉之妙,亦自分明脱洒,未可以想象疑之。盖心性至为难明,是以多误。谓之两物又非两物,谓之一物又非一物。除却心即无性,除却性即无心,惟就一物中分剖得两物出来,方可谓之知性。学未至于知性,天下之言未易知也。"②而要明白事物和人伦的道理应该用格物致知的方法。

所谓"格物,莫若察之于身,其得之尤切。"程子有是言矣。至其答门人之问,则又以为"求之情性固切于身,然一草一木亦皆有理,不可不察"。盖方是时,禅学盛行,学者往往溺于明心见性之说,其于天地万物之理,不复置思,故常陷于一偏,蔽于一己,而终不可与入尧舜之道。二程切有忧之,于是表章大学之书,发明格物之旨,欲令学者物我兼照,内外俱融,彼此交尽,正所以深救其失,

---

① [明]罗钦顺.困知记·上卷[M].阎韬点校.北京:中华书局,2013:2.
② [明]罗钦顺.困知记·上卷[M].阎韬点校.北京:中华书局,2013:17.

而纳之于大中。良工苦心,知之者诚亦鲜矣。①

在罗钦顺看来,不论是禅宗悟入之前的"无真非妄"还是悟入之后的"无妄非真",其结果都是真妄不分,最终是为其遁世哲学而服务的:"达磨虽不立文字,直指人心,见性成佛,然后来说话不胜其多。亦尝略究其始终。其教人发心之初,无真非妄,故云'若见诸相非相,即见如来';悟入之后,则无妄非真,故云'无明、真如无异境界'。虽顿、渐各持一说,大抵首尾衡决,真妄不分,真诐淫邪遁之尤者。"②

罗钦顺进一步指出佛教的"灭尽诸相,始能见空"③,最终在社会上的结果往往不是善恶看透,而是为其作恶寻找到了理论根据。他说:

朱子尝论及"释氏之学大抵谓,若识得透,应于罪恶即都无了。然则此一种学,在世上乃乱臣贼子之三窟耳。"所举王履道者,愚未及详考其人,但尝验之邢恕,明辨有才而复染禅学,后来遂无所不为。④

罗钦顺所言,可以说是王龙溪之学的真实写照,很多大谈无善无恶心之体的晚明学者往往什么坏事都做得出来。

与罗钦顺一样,顾宪成也对阳明后学的空谈心体以及禅学的无念之说甚为不满。在他看来禅宗所说的"明心见性""自在解脱"都需要离相无念才能达到。《坛经》上说:

汝之本性,犹如虚空,了无一物可见,是名正见。无一物可知,是名真知,无有青黄长短,但见本源清净,觉体圆明,即名见性成佛,亦名如来知见。于一切法不取不舍,即见性成佛道。

若见一切法,从不染著,是为无念。用即遍一切处,亦不著一

---

① [明]罗钦顺.困知记·上卷[M].阎韬点校.北京:中华书局,2013:3.
② [明]罗钦顺.困知记·上卷[M].阎韬点校.北京:中华书局,2013:23.
③ [明]罗钦顺.困知记·上卷[M].阎韬点校.北京:中华书局,2013:23.
④ [明]罗钦顺.困知记·上卷[M].阎韬点校.北京:中华书局,2013:24.

切处。但净本心,使六识从六门走出,于六尘中,无染无杂,来去自由,通用无滞,即是般若三昧,自在解脱,名无念行。我此法门,从上已来,顿渐皆立无念为宗。

这种无念为宗的做法,实际上什么都没有得到,而真正的获取知识还是需要儒家的学习才能完成。

提宗亦曰:"无善无恶心之体。"居然与宗门之指不异矣。侈谈元虚,而学习兢崇悬解。①

在认识论方面,黄宗羲也对佛教的习静坐、屏思虑的工夫论给予了批评。在他看来,佛教虽然也讲存心,但是心内无主,心无主宰,只是一个死法,而儒家"理义养心",才是活法。"释氏心亦不放,只是内里无主,"(同上)虽然佛教与孟子都讲尽心,但是二者是有区别的,孟子讲尽心是要约束收敛,不放纵其心,有仁义礼智等具体义理在其中;而佛教讲尽心,则是扫相,内里无任何主宰,"若守着一个光明底心,则只了与此心打搅,内自相持既熟,割舍不去,人伦世事都不管,"得到的只是一个虚无寂灭,"缘他当初,只是去习静坐、屏思虑,静久了,精神光彩,其中了无一物,遂以为真空。"(同上)黄宗羲具体将二者进行了如下比较。

禅家存心有两三样,一是要无心、空其心,一是羁制其心,一是照观其心;儒家则内存诚敬,外尽义理,而心存。故儒者心存万理,森然具备,禅家心存而寂灭无理;儒者心存而有主,禅家心存而无主;儒家心存而活,异教心存而死。然则禅家非是能存其心,乃是空其心、死其心、制其心、作弄其心也。②

在黄宗羲看来,儒佛在工夫论上的区别就在于心内是否有主,是否时刻以儒家的义理来约束自己,"容貌辞气上做工夫,便是实学,慎独是要。"(同上)而不在于动静,如果心无主宰,那么"静也不

---

① [明]顾宪成.泾皋藏稿[M].上海:上海古籍出版社,1993:201.
② [明]黄宗羲.明儒学案·崇仁学案二[M].沈芝盈点校.北京:中华书局,1985:52.

是工夫,动也不是工夫。静而无主,不是空了天性,便是昏了天性,此大本所以不立也。动而无主,若不猖狂妄动,便是逐物徇私,此达道所以不行也。"(同上)关键在于心要有所立,有所用,"心要有所用。日用间都安在义理上,即是心存。岂俟终日趺坐,漠然无所用心,然后为存耶?"[①]

对于那种"上高座,合眼并手"的修养方法,清代排佛最积极的颜元认为那就是"镜花水月",就是无用的代名词。他说:

动照万象,昔人形容其妙曰"镜花水月",宋、明儒者所谓悟者,亦大率类此。吾非谓佛学中无此意也,亦非谓学佛者不能致此也,正谓其洞照者无用之水镜,其万象皆无用之花月也。不至于此,徒苦半生,为腐朽是枯禅;不幸而至此,自欺更深。

对于这种心的知觉能力,颜元首先是肯定其合理性的。他经过亲身实践认为人心如水,若能竦起静坐,不以事扰,不杂旁念,敏者数十日,钝者三五年,确实可以思维敏捷,能够洞照万象,如镜花水月,甚至有人还偶尔可以预言未来。但是其本身则是虚妄的,"天地间岂有不流动之水,天地间岂有不著地、不见沙泥、不见风石之水?一动一著,仍是一物不照矣,"不论你怎么修炼,自然和社会总是在不断变化,这一点不以主观意志而存在,而且也改变不了客观世界。此外,这种修炼,只要一动就不灵了,要存养这一点性灵,就得耳目不接天下之声色,身心不接天下之人事,背离人情物理,放弃经世致用,导致国贫民弱。要想求道尽性,必须要在天下之万物,社会之人伦中"尽伦定制,阴阳和,位育彻,吾性之真全矣"。

因此颜元认为,必须要用儒学的实行来代替佛教的静坐,如果大家都去合眼并手,谁来从事经济、政治、军事等社会活动?晚明可以说是一个典型,大家都在那里合眼并手,空谈心性的时候,北

---

① [明]黄宗羲.明儒学案·崇仁学案四[M].沈芝盈点校.北京:中华书局,1985:64.

方满清铁蹄南下,大肆屠杀汉族人民,道学先生却无一计可施,无一事能做。只有恢复原始儒学的多闻、多见、多实践的修养论,才能挽救国家的命脉,使得人民能够安身立命。

3. 从空诸所有到节宣欲望:实学对佛道人性论的批判

在如何看待人的欲望方面,佛教无疑是禁欲主义的典型代表,后来宋明理学也大力提倡存理灭欲的人性论,对社会发展带来了极其负面的影响。明清实学家对此有深刻的反思,王夫之的"依人建极"、"理在公欲"的观点从某种程度上可以说是终结了佛教乃至宋明理学的禁欲主义人性论。

首先,实学也同理学一样用儒家的五伦攻击佛教在伦理层面的无父无君、不婚不娶。顾宪成就认为儒佛的差别最主要的在于人伦关系。佛教以山河大地为见病,把现实世界看作为"空",以"人伦为幻迹",认为心性在君子父子兄弟夫妇之外,这样就导致了超越与世俗"打成两截"的局面。罗钦顺也认为儒家的"五伦"不能舍弃,这是儒佛重要区别所在。他说:

吾儒只是顺天理之自然。佛老二氏,皆逆天背理者也,然彼亦未尝不以自然借口。邵子有言"佛氏弃君臣父子夫妇之道,岂自然之理哉!"片言可以折斯狱矣。顾彼犹善为遁辞,以谓佛氏门中不舍一法。夫既举五伦而尽弃之矣,尚何法之不舍邪!①

在王夫之看来,人欲是人性的重要组成部分,是不可能也没有必要进行灭除的,尤其是儒家的家国天下的责任感和担当精神。他说圣人不妄谈性与天道,把人道尽好后,才学《易》以乐天安土,圣人虽然畏天命但是重人事,而异端则是灭弃人性,"强天以从人",使客观屈从于主观。佛教要人们摒弃人的耳目、声色之欲,灭

---

① [明]罗钦顺.困知记·上卷[M].阎韬点校.北京:中华书局,2013:29.

弃人的自然本性来远离"烦恼",达到涅槃境界;道教违反人的自然生理,想通过服食丹药、内丹修炼、房中术等方式达到长生不老,船山认为这种行为都是"固命自私",放弃了人的社会责任感,"裂天彝而毁人纪"①。最终是国势日下,乃至发展到不可收拾的地步。他说:

息吾性之存存,断天地之生生,则人极毁而天地不足以立矣。(同上)

要依人建极,不仅不能毁弃人事,而且也不能毁弃人性,尤其是不能把理欲对立起来,非要革尽人欲,才能穷得天理。船山说:

终不离人而别有天,终不离欲而别有理也。离欲而别为理,其唯释氏为然。盖厌弃物则而废人之大伦矣。今云然后力求所循以天理,则是离欲而别有所循之理也,非释氏之诐辞哉!五峰曰,天理人欲同行异情。趣哉!能合颜孟之学而一原者,其斯言也。夫即此好货好色之心,而天之以阴骘万物,人之以载天地之大德者,皆其以是为所藏之用。……非如老子所云五色令人目盲,五声令人耳聋,与释氏之贱以为尘、恶以为贼也。……使不于人欲之与天理同行者,即是以察乎天理,则虽若有理之可为依据,而总于吾视听言动之感通而有其贞者不相交涉,乃断弃生人之大用,芟薙无余,日中一食,而后不与货为缘;树下一宿,而后不与色相取,绝天地之大德,蔑圣人之大宝,毁裂典礼,亏替节文,己私炽然,而人道以灭。②

天与人、理与欲是统一的,人的好货好色之心本来就是天理的体现,这也是人的本性所在,是不能也不应该革除的。王夫之进一步指出宋儒的"人欲净尽,而后天理流行"和佛教的"空诸所有"是一路货色。他说:

---

① [清]王夫之.周易外传卷六[M].北京:中华书局,1977:250.
② [清]王夫之.读四书大全说卷八[M].济南:山东友谊出版社,1994:995.

则以天理未复,但净人欲,则且有空虚寂灭之一境,以为其息肩之栖托矣。凡诸声色臭味皆理之所显,非理则何以知其或公、或私、或得、或失?……倘须净尽人欲,而后天理流行,则但带兵农礼乐,一切功利事,便于天理窒碍,叩其实际,岂非"空诸所有"之邪说乎!①

王夫之明确提出了人欲是社会发展的动力,没有人的功利追求,就没有社会的发展,兵、农、礼、乐等一切功利事情,正是国家富强和人民安定的基础所在。从这里我们可以看出,实学家反对佛老实际上是站在经世致用的功利角度,已经突破了理学家单纯用人伦反佛老的路径。需要指出的是,船山所肯定的欲望主要是联系国家、社会的责任而来,他虽然肯定了个人追求货色的正当性,但是他不是要提倡纯粹的利己主义,在他看来,追逐利欲,也可以使人堕落;过分薄于利欲,也会淡漠甚至放弃自己对国家和社会的责任,因此君子要淡于利欲,而不是薄于利欲,要用个人的道德操守来慎重选择、处理,这样才会求得国家和个人利欲上的一致性,实现二者的良性发展。

在人性论方面,颜元的"归人伦"也具有代表性。他所用的武器就是儒家的"五伦"——夫妇有别、父慈子孝、兄友弟恭、朋友有信、君臣有义。首先,他认为男女之情就是人的天性,"尧、舜之道,造端乎夫妇,"有了夫妇,才有人类,"无夫妇则人何处生?一切伦理都无,世界都无矣。且你们做佛弟子的,哪一个不是夫妇生来的?若无夫妇,你们都无,佛向哪里讨弟子?佛的父亲若无夫妇,佛且无了,哪里有这一教?"②从根源上讲,佛及佛的弟子都是来源于夫妇,他们也都不能逃离这男女之本性,这就是人道的根本,为什么非要废弃男女而出家?颜元进一步指出,不仅是人,"禽有雌

---

① [清]王夫之.读四书大全说卷八[M].济南:山东友谊出版社,1994:985.
② [清]颜元.习斋四存编·存人编[M].陈居渊导读.上海:上海古籍出版社,2000:167.

雄,兽有牝牡,昆虫蝇蠓亦有阴阳,""你看天地是个大夫妇,天若无地,也不能化生万物,天不能无地,夫岂可无妇?"阴阳雌雄相配,乃是宇宙万物的本性,"然禽兽虽无一定配偶,而游牝以时,也是禽兽的天理。""故男女者,人之大欲也,亦人之真情至性也。"男女夫妇本来就没有什么罪恶,没有什么可怕的,正是因为有了夫妇,才有人类的不断繁衍,如果每人都出家,人类就会灭绝,就是部分人出家,也使得父母断子绝孙,"一旦为僧道,生不能养,死不能葬,使父母千万年无扫坟祭主之人,一思赤子怀抱时,你心安不安?"这是从"孝"的角度来分析出家的不可。颜元同时从"忠"的角度来阐述人的社会责任,"男子生下来当为朝廷应差应甲,平定祸乱,大而为将,小而为兵,射猎四方,生人之义也;一旦为僧道,便为世间废人,与朝廷无干,不但不为朝廷效战斗,并不为当差纳粮以供其上,回思悬弧之义,宁不自愧?"人还有保家卫国,为社会做贡献的社会责任,在颜元看来这也是不能丢弃的。在颜元看来,虽然僧道出家,未必就见得真能克服了天生的男女之情,"你看见妇人,果漠然不动念乎? 这一动念,却是天理不容灭绝处。"因此,很多教派做出败坏风俗之事,"小之哄骗钱财,欺诱妇女,大之贻患于国家,酿祸于生民,"①所以颜元在提出"令僧道、尼姑以年相配,不足者以妓继之,俱还族"②的"人其人"的做法,虽然有些过激,但是可以看出他对佛教禁欲主义的不满。

  对于佛教将耳目口鼻看成是累碍,颜元也持反对态度。他说:"有生方有性,若如佛教,则天下并性亦无矣,又何觉?"也就是说即是佛教的"幻觉之性"也不能离开人的眼耳鼻舌身意而存在。耳目之官、心之官本身也是人的天性,"形色天性,惟圣人然后可以践形。"形,性之形也;性,形之性也;舍行则无性矣,舍性亦无行矣。明,就是眼睛的性,听,就是耳朵的性。并不是所有的声、色都乱人

---

① [清]颜元.习斋四存编·存人编[M].陈居渊导读.上海:上海古籍出版社,2000:164.
② [清]颜元.习斋四存编·存治编[M].陈居渊导读.上海:上海古籍出版社,2000:156.

之性,只有非礼之声、非礼之色才会乱性,所以对于人的耳目之欲,不是要禁止,而是要"节宣",对那些非礼的声、色要去掉,而对于正常的声、色则要提倡,"去非礼之声,则耳达四境之声,正以宣吾耳性之用。推之口、鼻、手、足、心、意,咸若是,推之父子、君臣、夫妇、兄弟、朋友,咸若是,故礼乐缤纷,极耳目之娱而非欲也,位育平成,合三才成一性而非侈也。"应该说颜元用"节宣欲望"来反对佛教以及理学"革除人欲"是一个巨大进步,也从文化上把广大民众从僧侣主义中解放出来,重新开启了中华民族富强的文化基石。

4. 从因果报应到崇正以学:对佛教因果观的批判

佛道信仰是以因果报应、仙佛菩萨等观念为核心的,实学家也对佛教的因果报应、福田利益进行了批判,然而为何到了清代佛道会作为民间信仰而广泛存在?戴名世说:"今夫佛氏之为患也,莫大于窃吾儒性命精微之旨以为明心见性,而其最浅陋惑人之甚者,莫过于福田利益、轮回生死之说。明心见性之佛易去也,福田利益、轮回生死之佛不易去也。"①未必是佛教窃儒学的性命精微之旨,但是福田利益、轮回生死难去却是清代的事实,清代佛道遭受到实学批判退出学术的中心后演化为超亡送死的民间信仰也说明了这一点。

首先,实学家对地狱轮回等说都基本上持否定态度。罗钦顺说:"幽明之故、死生之说、鬼神之情状,未有物格、知至而不能通乎此者也。佛氏以山河大地为幻,以生死为轮回,以天堂地狱为报应,是其知之所未彻者亦多矣,安在其为见性!"②认为是格物致知没有彻底。黄宗羲认为这种蛊惑跟巫术差不多,"何谓蛊惑?佛也,巫也。……故治之以本,使小民吉凶一循于礼,投巫驱佛,吾所谓学校之教明而后可也。"③提倡用儒家的礼乐教育来崇正以学,

---

① [清]戴名世.戴名世集[M].王树民,编校.北京:中华书局,1986:52.
② [明]罗钦顺.困知记上卷第八章[M].阎韬点校.北京:中华书局,2013:3.
③ [清]黄宗羲.明夷待访录·财计三[M].长沙:岳麓书社,2008:166.

代替佛教的死生罪福。顾炎武引用《魏书·世祖纪》认为，这完全是一种虚诞之谈，"愚民无识，信惑妖邪，私养师巫，挟藏谶记、阴阳、图纬、方伎之书。又沙门之徒，假西戎虚诞，生致妖孽，非所以一齐政化，布淳德于天下也。"① 王夫之对佛道把其学说与阴阳五行结合在一起也是力斥其非："黄冠之以配神气魂魄也，是无形之中而繁有充塞之质也。下此而星命言之，相术言之，日者葬师言之，无可为名以惑天下，则挟五行以摇荡人心于疑是疑非之际，"（《尚书引义》卷三）但是他对生命现象也无法做出科学的解释，在《离骚经》注释中认为，"生死之枢"在于"魂气之合离"，认为可以通过意的作用，使魂魄精气神五者"合同而致一"，可以长生不老，力图用气来解释鬼神。颜元虽然猛烈抨击这种鬼神祸福之说，但是他也无法正确解释什么是鬼神，他的理由是"地狱轮回之说，我天朝圣人全未道及，"自求多福关键在于心正，"只真心自新，便为君子，自是朝野钦之，鬼神敬之，又何借佛力僧经，作三昧法水哉？"② 在这里可以看到明清之际的实学家也无法正确解释鬼神观念，他们探讨问题的前提就是鬼神存在，顾、黄、王、颜都同样力图用气之聚散来解释生命现象，同时最终又用儒家的宗教精神来解释鬼神。鬼神观念的淡化或者解构是要靠科学的进步，使得人们的认识能力和改造客观世界的能力逐步提高才能完成，整个人类对自然社会现象不理解都曾产生鬼神的观念，只是到了近现代工业革命到来之后才逐渐消退，所以就当时科技和认识水平而言不可能达到现代人的认识水平，也正因为无法正确说明鬼神观念的本质，所以民间信仰还有其存在的空间。

第二，佛道民间信仰与劝善戒恶相结合。从明朝中后期开始，兴起了一种民间善书运动，以袁黄的《了凡四训》为代表，将人的祸福与善事数量、质量直接联系。这种民间善书以佛道为多，比如当

---

① 许嘉璐主编.二十四史全译·魏书[M].上海:汉语大词典出版社,2004:74.
② [清]颜元.习斋四存编·存人编[M].陈居渊导读.上海:上海古籍出版社,2000:180.

时流行的道教《太上感应篇》，很多儒家学者，像施润章、陆陇其、陈廷敬、朱珪，甚至包括惠栋都为之作注。这实际上也反映了理学被实学所批判后出现的信仰危机，当时的魏象枢感慨地说："理学一途，世人惊诧者众，而边地尤盛，将谓存天理灭人欲，为必不可到之一境。"①理学的本体论基础被解构，其普世性价值受到怀疑，但是就道德本身而言并不是坏事，而实学虽然解构了理学的本体论，但是却无法为道德找到一个更为坚实的基石，实际上包括康德最后都只能求助于先验。这一真空，为佛道民间信仰所代替，而就广大老百姓来说，哲学思辨那一套距离他们很遥远，他们需要一个简单而又可行的信仰体系，而佛道二教同样劝人为善戒恶，这一点与儒家圣人利用刑赏来劝解智慧处于中下的人的效果是一样的。② 朱彝尊观察到当时的一个奇怪现象，就是用儒家经典来教育民众，人们以为迂阔反而不相信，相反如果用因果轮回、地狱鬼神来劝说，人们出于畏惧的心理反而效果还好些。（《曝书亭集》卷三十五《感应篇集注序》）所以当时的雍正等统治者认为，佛道可以用来使社会趋于向善，因而进行提倡。

第三，这是出自人的心理因素的需要。按照马斯洛的需要层次理论，人有一种寻求安全的需要，未知的世界永远存在，不可知的变数也总是难以穷尽，人们出于害怕的心理需要有一种精神上安慰，人的精神也害怕真空。就是现代科学如此发达，大家基本上都知道神实际上不存在，但是很多人依然有寻求宗教的要求，还是出于寻求安全的需要，所以宗教信仰可能会长期存在下去，但是如果因果报应演变成一种买福卖罪，起不到劝善戒恶的作用，反而破坏社会秩序和风气的时候，就应该改革或者取缔。社会的道德和秩序必须要靠教育和法治来完成，而不能一味依靠信仰。在这一点上，黄宗羲就不同意用因果报应来进行教化和警戒，他说："地狱

---

① [清]魏象枢.寒松堂全集[M].陈金陵点校.北京：中华书局，1996：472.
② 王世光.前清儒者视野中的民间佛道信仰[J].宗教学研究，2002(3)：132.

之说,相传已久,而乱臣贼子未尝不接迹于世,徒使虔婆顶老,凛其纤介之恶,而又以奉佛消之,于世又何益乎?"[①]这种借因果报应骗人钱财、卖罪买福的现象在目前都还大量存在,应该予以坚决打击。

5. 从不事生产到精加沙汰:对佛道的限制措施

由于僧人和道士多不从事生产,虽然马祖道一和百丈怀海改革禅宗戒律制度,提倡农禅结合,但就整体而言,佛教的生活来源主要还是靠香火钱以及布施来维持,很少有直接从事生产劳动的。佛教传入中国后,也曾就沙门敬不敬王者展开过激烈的争论,这其实就是政治和宗教的权力之争问题,虽然后来是王权取得胜利,但是就佛道而言,还是享有很多普通老百姓不具有的权力,如不向朝廷纳税,相对游离于法律之外,很多犯法之人出家躲避追捕等。总而言之,在政治、经济以及风俗等方面,佛道与王权之间还是有着一定的冲突的,但是同时也看到佛道对于维护整个社会稳定还是有积极作用的,所以大部分统治者对佛教采取的是一种有限度的宽容政策。最典型的就是朱元璋,对佛道内部的弊端极为了解,因此取得政权后采取了一系列的限佛措施,对佛道内部进行整顿,将其限制在一定范围之内。

在利用王权对待佛道的态度上,在实学家那里基本上有两种类型:一种是比较激进的,最典型的是颜元的"靖异端";另一种是顾炎武的限佛措施,将历代对待佛教的政策搜集在《日知录》中,比较温和,也容易行得通一些。

颜元基本上是采取韩愈"人其人,火其书,明先王之道以教之",完全恢复先秦儒学精神的办法,在《靖异端》中他考古谋今,提出了九条靖佛老的措施。一绝由,不允许四边异色人进入中国。二去依,毁天下佛道之像,禁淫祠。三安业,令僧道、尼姑按年龄相

[①] [清]黄宗羲. 黄宗羲全集·第1册[M]. 杭州:浙江古籍出版社,1985:198.

配,不足者以妓配之,全部还俗,各入地籍,使有恒产,夷人全部驱逐出去。四清蘖,异言惑众者诛。五防后,窝藏佛老经卷者诛,献一卷赏十两,告发者赏五十两。六杜源,硕儒著书辟佛老。七化尤,用儒学教育僧道。八易正,民间及学校只读《四书》《曲礼》等儒家经典。九明法,奖励孝行、廉义,责罚信奉佛老者。①

在他看来,这样社会风气就会端正,国家就会走向富强。但是我们看到用暴力措施去解决思想问题,恐怕引起的麻烦会更大,而且也不可能解决根本问题。然而这种做法却比宋儒排佛可能更有效果,清代纪昀就记载了僧人明玉对排佛的看法:"辟佛之说,宋儒深而昌黎浅,宋儒精而昌黎粗。然而披缁之徒,畏昌黎不畏宋儒,衔昌黎不衔宋儒也。盖昌黎所辟,檀施供养之佛也,为愚夫愚妇言之也。宋儒所辟,明心见性之佛也,为士大夫言之也。"②颜元的排佛是要端掉佛老的窝,当然这种激进的措施一般是难得实行的。

相对而言,顾炎武对待佛教的态度则值得推崇。他在《日知录之余》卷三将历史上的排佛措施分类排列,以此来表达他对于佛道的态度。

在顾炎武看来,佛道组织如果管理不善,对整个国家的发展和稳定会产生负面效应。比如佛道组织真伪混杂,很多僧道有名无实,败坏社会风气。引用的史料有《晋书·佛图澄传》:百姓因澄故,多奉佛,皆营造寺庙,相竞出家,真伪混淆,多生愆过。《宋书·蛮夷传》:佛法讹替,沙门混杂,未足扶济鸿教,而专成速薮。加好心频发,凶状屡闻,败乱风俗,人神交怨。

其次,如果佛教势力过大,有可能会对世俗政权构成威胁。如《释老志》记载世祖灭佛教原因是看到寺院"大有弓矢矛盾","阅其财产,大得酿酒具及州郡牧守、富人所寄藏物,盖以万计。又为屈室,与贵室女私行淫乱。"这里面就涉及政治、经济以及风化伦理等

---

① [清]颜元.习斋四存编·存治编[M].陈居渊导读.上海:上海古籍出版社,2000:156.
② [清]纪昀.纪晓岚文集:第2册[M].石家庄:河北教育出版社,1995:476.

方面。

第三，佛道过度发展会冲击儒家礼义人伦，破坏社会结构。《释老志》：昔后汉荒君，信惑邪伪，妄假睡梦，事胡妖鬼，以乱天常，自古九州之中无此也。夸诞大言，不本人情，叔季之世，暗君乱主，莫不眩焉。由是正教不行，礼义大坏，鬼道炽盛，视王者之法蔑如也。尤其对于佛道后来的"买福卖罪"的做法深为不满。

第四，佛道人数过多会蠹耗国力，增加社会负担。《新唐书·李叔明传》：佛，空寂无为者也；道，清虚寡欲者也。今迷其内而饰其外，使农夫、工女堕业以避役，故农桑不劝，兵赋日屈，国用兵储为斁耗。

《武宗纪》：朕闻三代以前，未尝言佛。汉魏之后，象教浸兴，是由季时传此异俗，因缘染习，蔓衍滋多。以至于蠹耗国风而渐不觉，诱惑人意而众益迷。洎乎九州山原、两京城阙，僧徒日广，佛寺日崇，劳人力于土木之工，夺人利于金宝之饰，遗君亲于师资之际，违配偶于戒律之间。坏法害人，无逾此道。且一夫不甲，有受其饥者；一妇不蚕，有受其寒者。今天下僧尼不可胜数，皆待耕而食，待织而衣。寺宇、招提，莫知纪极，皆云构藻饰，僭拟宫居，晋、宋、齐、梁，物力调瘵，风俗浇诈，莫不由是而致也。况我高祖、太宗以武定祸乱，以文理华夏，执此二柄，是以经邦，岂可以区区西方之教与我抗衡哉！

《通鉴》：百姓男耕女织，不自温饱，而群僧安坐华屋，美衣精撰，率以十户不能养一僧。

在他看来，对佛道组织要进行限制，主要体现在以下几个方面。

一是"精加沙汰"，限制规模。《宋书·蛮夷传》：可付所在，精加沙汰，后有违禁，严加诛坐。于是设诸条禁，自非戒行禁苦，并使还俗。《释老志》：其好乐道法，欲为沙门，不问长幼，出于良家，性行素笃，无诸嫌秽，乡里所明者，听其出家。率大州五十人，小州四十人。

限制规模,主要是缩减僧道人口,严格禁止四十岁以下的女子为尼,允许五十以上的老年男女出家,他们"欲嗜已衰","心已近道",能够精持戒律,精修者可为人师。(《旧唐书·彭偃传》)对于僧尼,要实行度牒和考试制度,三年或者几年一考,不合格者强令还俗。

二是缴捐纳税。《旧唐书·彭偃传》:臣伏请僧道未满五十者,每年输绢四疋;尼及女道士未满五十者,每年输绢二疋。其杂色役与百姓同。有才智者令入仕,请还俗为平人者听。但令就役输课,为僧何伤。臣窃料其所出,不下今之租赋三分之一,然则陛下之国富矣,苍生之害除矣。其年过五十者,请皆免之。

《新唐书·李叔明传》:臣谓道士年未满五十者,可令岁输绢四,尼及女冠输绢二,杂役与民同之,过五十者免。

三是严禁幻惑。"周世宗显德二年五月……禁僧俗舍身、断手足、炼指、挂灯、带钳之类幻惑流俗者。"毁除伪造的《道藏》以及其他伪撰著作。洪武二十四年六月丁巳,对于佛道经典,不许增添词语,对于"假张真人多私造符箓者,皆治以重罪"。

四是政教分立。禁止百姓及官员铸佛写经,"唐玄宗开元二年七月壬子……下人浅近,不悟精微,睹菜希金,逐焰思水。浸以流荡,颇成蠹弊,如闻坊巷之内,开铺写经,公然铸佛,口食酒肉,手漫膻腥,尊敬之道既亏,慢押之心斯起,百姓等或缘求福,因致饥寒。言念愚蒙,深用嗟悼。殊不知佛非在外,法本居心,近取诸身,道则不远。溺于积习,实藉申明。自今以后,禁坊市不得辄更以铸佛写经为业。"如果要瞻仰佛像尊容和阅读佛经都到寺庙去拜礼或借阅。要禁止百官与僧道往来,"唐玄宗开元二年七月戊申,禁百官家毋得与僧尼往还。"对于那些"因缘讲说,眩惑州间,溪壑无厌,惟财是敛"的僧道,要依法律罪,允许讲戒律。尤其强调"人主不可接僧"。

五是儒化僧道。要限制佛道的地盘,那么让出来的地盘怎么办?顾炎武的意思乃是用儒家的伦理和风俗去逐渐瓦解佛道,其中以其引述《五台志》的资料来印证他"许佛道畜妻"的儒化措施为代表。《五台志》记载释迦牟尼和老子皆有孩子,后来僧道人为克制"民生有欲","虽无妻而常犯淫僻之罪",与其这样,不如"管剃不必禁也,听其娶妻生子",寺观也不必毁掉,而是用作社学、社仓,用儒家的人治之道加以管理,这样就可以逐渐彻底世俗化。这种做法,南传小乘佛教和日本僧人可以说是做了有益的尝试,在中国适合与否,如今仍在争论之中。

整个有清一代,佛教呈现衰落之势,尤其是实学家对佛教弊端的揭示,尤其是对禅宗的语录参禅和呵佛骂祖的极端行为的批判,使得从朝廷到士大夫都对佛教保持了某种疏离。《大清律例》明确规定:不许私建、增置寺观庵院,不许私自剃度,家中不足三人,或已超过十六岁者不准出家,僧人年满四十才准招收门徒一人,僧人作奸犯科,与平民同等治罪。[①] 朝廷明显采取了限制佛教的措施,主要是从社会生产的角度出发。清代学术的主流主要是实事求是的考据之学,其目的还是要从学理上回复到儒家经世致用的传统上来,对佛教的寂灭、消极、堕落等的批评也没有停止,清代佛教主要以净土宗为主,主要流传于民间,以超亡送死、念佛经忏为主要内容,后来佛教内部也出现滥度、滥传、买福卖罪等腐败现象,佛教更加没落。鸦片战争以来,西学再次东渐,西方文化积极进取渐得人心,以张之洞和邝爽秋为代表,多次提出要废除庙产,用来兴办学校,可以说佛教面临着能否生存下去的困局。

在这种情况下,佛教界精英人士开始思考出路,一派以杨文山、欧阳竟无为主,主张正本清源,弘扬居士佛学,从哲学角度来研究佛学,取得了很大成绩,这一路径到后来以任继愈为集大成者,他用马克思主义来研究佛学,开辟了佛学研究的广阔天地。另一派以太虚法师为代表,主张顺应时代革新佛教,变佛教的出世主义为入世情怀,开创人间佛教运动。他说:"人间佛教,是表明并非叫

---

① 华方田.清代佛教的衰落与居士佛教的兴起[J].佛教文化,2004(4):21.

人离开人类去做神做鬼,或皆出家到寺院山林里去做和尚的佛教,乃是以佛教的道理来改良社会,使人类进步,把世界改善的佛教"。① 这样才算是对明清实学对佛教出世主义的批判有了一个比较好的回答,也算是为佛教的复兴找到了一条比较可行的道路。同时,我们也看到近代以来,我们从西方找到科学与民主,找到马克思主义才真正实现了中华民族的逐步复兴,空谈误国、实干兴邦,这是历史给予我们的宝贵经验。

四、穷兵黩武:盛极而衰的重要原因

在中国历史上,还有一种盛极而衰的现象,整个王朝从建立之初的休养生息发展到国力富强的鼎盛时期,但是往往会因为一些重要的事件直转而下,有些甚至直接就亡国。在这些重要事件之中,往往穷兵黩武是其中的一个重要因素。正义的战争未必一定会导致衰败,但是穷兵黩武一定会走向好战而亡。其中最主要的原因就是战争不仅耗费巨大,导致国家财政出现重大危机,而且也使得百姓对不断的战争伤亡厌倦之极,因此奋起反抗,导致治平不易,治乱遽易的局面出现。

我们还是从历代王朝的好战事例之中来说明此一现象。秦朝因为采用商鞅变法,实行了军功爵位制度,开启了其不断征讨的引子,公元前230年至公元前221年,先后灭掉东方六国(齐、楚、燕、赵、韩、魏),然后南征百越,统一岭南,北击匈奴,收复河套,建立起庞大的帝国。但是天下大定之后,却不与民休息,而是继续滥用民力,大兴土木,修筑长城,修筑阿房宫,修筑秦始皇陵,当时,全中国人口不过二千万,前前后后被征发去筑长城、守岭南、修阿房宫、造大坟和别的劳役合起来差不多有二三百万人。耗费了不知多少人力财力,逼得百姓怨声载道。公元前209年,阳城(今河南登封东

---

① 太虚法师.太虚大师全书:第25卷[M].北京:宗教文化出版社,2004:354.

南)的地方官派了两个军官,押着九百名民夫送到渔阳戍边,因为雨期耽误,按照法律规定要被杀头,因而爆发了陈胜吴广起义,强大的秦帝国只存在了15年的时间。虽然秦朝灭亡的原因是多方面的,但是好战无疑是压垮骆驼的最后一根稻草。

汉朝到武帝的时候国力已经达到了鼎盛,也正是在这种自信之下,汉武帝开始了他的开边宏图。首先反击匈奴,在漠北之战后告一段落,这时候汉朝已经消除了匈奴的威胁,汉朝在这一时期耗费最多的国力。其次收复闽越和南越,攻打西南夷,这期间也有数十万的军队投入,之后派数万人灭亡卫满朝鲜占领辽东和朝鲜半岛大部。从某种意义上来说,这种开边既打出了气势,也扩展了汉帝国的生存空间,但是常年的战争也把大汉一百多年积累的财富耗费殆尽,也因此开启了西汉的衰败。由于把兵力和钱财都花费在打仗上面了,因此即便是国内百姓因为黄河泛滥受灾也没有能力去进行有效的治理,导致黄河泛滥了二十多年还没有人去管,黄河附近的郡城到处都是灾民。当时一共有大约二百万的受灾民众,而当时人口总数量才五千多万人,可以看出,受灾的民众是非常多的。幸而汉武帝晚年意识到此一问题,才安排霍光等人辅佐汉昭帝,算是亡羊补牢,时犹未晚。

隋炀帝灭国的原因很多,但是热衷于开疆辟土,不顾民众承受力也是一个重要的原因。大业元年(公元605年)征服林邑(今越南中南部);同年征服契丹;大业三年(公元607年)收复琉球;大业四年(公元608年)征服伊吾;大业五年(公元609年)征服吐谷浑。大业八年(公元612年)、大业九年(公元613年)与大业十年(公元614年),隋炀帝对高句丽发动了三次大规模战争。其中第一次东征高句丽遭受了惨败,浪费了巨大的人力物力,导致民众生活困难,隋末民变与此密切相关。

在历史上真正好战的王朝,能够称得上数一数二的,唐朝可以说当之无愧。唐朝三百多年的历史中,对外战争就达到了一百多场,几乎无年不战。与突厥进行了四次战争,与吐谷浑进行了两次战争,在朝鲜半岛进行了三次战争,与吐蕃进行了六次战争,与契丹进行了三次战争,与奚契丹进行了四场战争,与大食进行了两次战争,与突骑进行了两次战争,与勃律进行了两次战争,与南诏进行了两次战争,与回纥进行了三次战争……多年的征伐使大唐的疆域达到了空前的地步,最盛时期疆域面积达到了 1237 万平方公里(唐高宗龙朔年间)。从某种意义上可以说大唐的雄风就是靠战争打下来的,然而唐朝衰落也可以说与战争紧密相关。唐朝靠什么来承担巨大的战争耗费?靠的是均田制、租庸调制和府兵制,因为推行均田制和租庸调制,全国百姓负担较轻,民富国强;因为奖励军功,当兵可以免除各种税赋,同时当兵享有很高的荣誉,打仗的衣服、口粮、生活用具都是由府兵个人承担,国家基本上没有什么大的财政开支,因此才催生了唐朝的战争机器。这一点后文还有具体的介绍。但是到了唐代后期,土地兼并严重,均田制、租庸调制已经名存实亡,农民不是沦为佃户就是奴婢,不但没钱也没精力更不情愿去帮政府打仗了,政府于是花钱去招募破产农民、市井流氓、少数民族来继续打仗,最后导致了安史之乱,安禄山、史思明就是少数民族出身。这里我们假设唐朝能够把均田制和租庸调制坚持下去,能够把府兵制的利益机制维持下去,或者说社会结构发生了巨大改变的时候,能够为广大百姓的最基本生存考虑,切实改善一下民众的生存空间,不发动或者少发动一些扩张战争,也许唐朝的国祚还会延续一两百年。杜甫的《兵车行》揭露了唐玄宗长期以来的穷兵黩武,连年征战,给人民造成了巨大的灾难:"或从十五北防河,便至四十西营田。去时里正与裹头,归来头白还戍边。边庭流血成海水,武皇开边意未已。君不闻,汉家山东二百州,千村万落生荆杞……君不见,青海头,古来白骨无人收。新鬼烦冤旧鬼哭,天阴雨湿声啾啾",其惨烈之况令今人读来都为之黯然。这里也警示我们,战争的依靠力量还是广大的民众,只有切实关心好、照顾好民众的利益,才能取得战争的胜利。如果一味地消耗民众的财富和精力,即使开拓再广的领土,最终也是富贵而骄,莫之能守。

与唐朝开边意未足形成鲜明对照的是宋朝的防御性国策。由于唐末武将乱国,宋朝以文制武,虽然养了庞大的军队,最高时期达到了120多万,但是其缺点极为明显:一是士兵从20岁到60岁都在服役,国家发给俸禄,实际上真能打仗的就20到30岁之间,朝廷为此开支巨大;其二是为了防止武将乱国,形成了将不习兵,兵不习将的格局,根本就没有战斗力;其三,由于以文治国,整个两宋启示都缺乏一些武力建国和开边的决心和勇气,本来宋朝与辽、金、夏的战争,胜率都非常高,但是朝廷不是想去打赢战争,而是只要别人不来侵略就行。最典型的就是对岳飞的迫害,就是因为担心岳飞打下金国之后二帝回来自己位置不保,因此宋高宗和秦桧害死了一代名将。从这里我们也可以看出,文治和武功在国家治理中都具有同等重要的作用,一味穷兵黩武,是很难持久的;相反,完全地以文制武,没有了军人的血性和勇气,同样也只能偏安一隅,最终也难逃被外族灭亡的命运。

元朝在历史上是穷兵黩武的典型,由于元朝直接从奴隶制国家转化而来,劫掠奴隶和抢夺财富就是他们的崇高理想,由于周边国家的没落和蒙古骑士的骁勇善战,在元朝初期可以说是所向无敌,建立起横跨亚欧两大洲的庞大帝国,甚至打到欧洲的多瑙河。但是元军所到之处,烧杀抢夺、涸泽而渔,根本就不懂得马上打天下、文化治国家的道理,所以后来这种纯粹靠征服而不是统治的国策是根本无法继续下去的。一是永不停歇的战争拖垮了国家的财政。元世祖拒绝了儒臣派节省经费、减免税收的建议,推行的就是战争掠夺财富的国策,庞大的军费开支显然是无法完全靠战争来弥补的,于是元朝政府开始大量印制钞票,导致通货膨胀,民生维艰。与此同时,欧洲大陆也爆发了严重的瘟疫、饥荒,人口急剧下降1/4。据记载,元顺帝后期,几乎年年都会有饥荒的记载,国家的赈济已经远远跟不上了,于是爆发了农民起义,其中最为活跃的是白莲教。其二是推行民族分化等级政策,尤其是将汉族人划分为最低等的"南人",加上地主阶级的残酷剥削,导致了后来率先起义的就是刘福通、张士诚、陈友谅、朱元璋等汉族义军。其三也是后来的对外战争接连失败,对日本、安南、缅甸、占城、爪哇的战争都遭到失败,其原因就在于不习惯南方湿热气候导致瘟疫,同时南方国家也实行坚壁清野,让元军攻占之后得不到任何好处。最后就是元朝自己内部的腐败导致了自己的灭亡。从整体上来说,元朝是历史上最典型的穷兵黩武的例子,不可一世的蒙古铁骑横扫亚欧两大洲,建立起了历史上疆域最广的封建王朝,但是不到100年时间就土崩瓦解,其中的一个主要原因就是永不停息的战争最终拖垮的只是自己。

明朝应该说是汲取了前代各个王朝的教训,在兵役上仿照唐朝府兵制实行卫所制度,同时亦有限度地进行开边战争,北边击败蒙古和鞑靼,南边击败越南,还成功进行了抗倭骚扰。国家内部治理上采用程朱理学,可以说是比较好地实行文治武功相结合的例子,但是由于前面列举的政治、经济、文化等方面的原因,明朝到中后期也不可避免地走向了封建王朝兴衰治乱的历史周期律,专制黑暗、官场腐败、土地兼并、文化清谈盛行,加上后来军队制度的腐化变质,导致明军在李自成和后金的双重打击下被彻底击溃。明朝以及后来的清朝都告诉我们一个历史的经验,要保持国家的长治久安,军事只是一个重要的组成部分,政治、经济、文化、社会等方面都必须要保持和谐与发展,才能实现系统的正常运行,所以国家治理乃是一个系统性的工程。

第四章

传统经典中的治理智慧

中国历代有重视文化典籍整理与研究的传统,我们今天来研究传统治理智慧,往往需要从典籍入手,同时也要结合当时的历史条件进行分析,才会得出比较客观的理论。然而即使典籍研究具有某些时代特征,也有很多经典具有跨时代的意义,尤其是儒家的《尚书》《春秋》《论语》《孟子》《荀子》等主要经典和《二十四史》,需要我们去深入研读,同时诸子百家的其他著作、很多民间的格言、善书以及家规家训,也都与国家治理具有紧密的关系。由于篇幅所限,我们这里仅随意抽取几篇来进行解析。关于整个传统经典中的至理名言,笔者正在撰写《传统治典辑要》来完整地进行解读。

一、民为邦本:从《孟子·尽心下》说开去

"民为贵,社稷次之,君为轻。是故得乎丘民而为天子,得乎天子为诸侯,得乎诸侯为大夫。诸侯危社稷,则变置。牺牲既成,粢盛既洁,祭祀以时,然而旱干水溢,则变置社稷。"

——《孟子·尽心下》

与西方民主主义不同的是,中国古代治国理政历来提倡的是民本主义。早在《尚书·五子之歌》中就有"皇祖有训,民可近,不

可下。民惟邦本,本固邦宁"的说法。这是夏康之弟劝诫夏康而作的诗歌,意思就是老百姓是国家的根本,统治者要敬民、重民、爱民和保民,只有老百姓安定和富足了,国家才能够长治久安。《诗经》上也说"邦畿千里,维民所止",一切治理都必须以老百姓的美好生活为根本目的。孔子在回答子贡的时候也说"足食、足兵,民信之矣"(《论语·颜渊》),一个国家只有首先让老百姓吃饱饭,然后有强大的国防力量,老百姓才能相信你。孔子讲统治者必须做到博施济众,才能算得上是一个明君,子贡曰:"如有博施于民,而能济众,何如?可谓仁乎?子曰:'何事于仁,必也圣乎!尧舜其犹病诸!'"(《论语·雍也》)谁能让老百姓过上好日子,谁就是圣贤,谁就是好的统治者。民本主义可以说是儒家的核心理念,而对于民本主义阐述得最完整的非孟子莫属。

在孟子看来,君权不是神授,而是来自老百姓。"天将下民,作之君,作之师",(《孟子·梁惠王下》),"天视自我民视,天听自我民听"(《尚书·泰誓中》),意思是民意所拥护的人,才能成为君主,才能成为师傅,这一点黄宗羲的《原君》中解释得很清楚:"有生之初,人各自私也,人各自利也;天下有公利而莫或兴之,有公害而莫或除之。有人者出,不以一己之利为利,而使天下受其利;不以一己之害为害,而使天下释其害;此其人之勤劳必千万于天下之人。夫以千万倍之勤劳,而己又不享其利,必非天下之人情所欲居也。故古之人君,量而不欲入者,许由、务光是也;入而又去之者,尧、舜是也;初不欲入而不得去者,禹是也。"(《明夷待访录·原君》)君主就是大家推举出来为大家公利而服务的人,用我们今天的话说就是人民公仆,这一点应该说符合上古氏族社会的真实情况。孟子进而指出,君主的重要职能就是为广大的老百姓谋福利,所以民意才是统治者最应该考虑的问题,"取之而燕民悦,则取之……取之而燕民不悦,则勿取"(《孟子·梁惠王下》)。因此,孟子提出了他的著名论断:"民为贵,社稷次之,君为轻。是故得乎丘民而为天子,得乎天子为诸侯,得乎诸侯为大夫。"(《孟子·尽心下》),只有努力为民众服务,得民心者才能得天下。而失去了民心的统治者,是可以废除的,"君有大过则谏,反复之而不听,则易位"(《孟子·万章下》),这种思想可以说是民权主义的典型,后来王夫之也提出没有所谓的君权神授,对于不为老百姓办事的君主"可禅,可继,可革!"(《读通鉴论》)。

因此,作为人民推举出来管理众人之事的君主,不可不谨慎地治理好国家。孟子认为国君必须要选贤举能,"贵德而尊士,贤者在位,能者在职"(《孟子·公孙王上》),然后广泛听取国人的意见,与民同乐,才能治理好国家,同时也才能稳固自己的统治。然而实际情况却是,随着封建社会国家机器的强大,君主逐渐脱离了以民为本的理念,将整个天下看成是个人的私有财产,进而采取残酷的手段来统治民众。这一点正如黄宗羲在《原君》中所说:"后之为人君者不然。以为天下利害之权皆出于我,我以天下之利尽归于己,以天下之害尽归于人,亦无不可;使天下之人,不敢自私,不敢自利,以我之大私为天下之大公。始而惭焉,久而安焉。视天下为莫大之产业,传之子孙,受享无穷;汉高帝所谓某业所就,孰与仲多者,其逐利之情,不觉溢之于辞矣。此无他,古者以天下为主,君为客,凡君之所毕世而经营者,为天下也。今也以君为主,天下为客,凡天下之无地而得安宁者,为君也。是以其未得之也,屠毒天下之肝脑,离散天下之子女,以博我一人之产业,曾不惨然。曰:我固为子孙创业也。其既得之也,敲剥天下之骨髓,离散天下之子女,以奉我一人之淫乐,视为当然。曰:此我产业之花息也。然则,为天下之大害者,君而已矣。"可以说后来整个封建社会的君主,已经是背离了孟子天下为公的民本主义,实行的是天下为私的家族本位。因此,顾炎武提出了"天下兴亡,匹夫有责"的口号,封建王朝只是一家私姓的皇帝,而不是天下百姓的君主,必须要回到百姓,赋予国家治理真正的民主原意。然而要想真正实现孟子所设想的民本主义,封建专制王朝是根本不可能实现的,真正的民意决定权力是靠民主制度才能完成。这一点在中国近现代历史的各种试误之后,是新中国成立后的民主集中制才让权力的来源回归于人民。

鸦片战争以来,中国老是被西方列强欺侮,在探索国家强大的文化根基的时候,五四新文化运动认为,只有民主和科学才是救国之道,而传统儒家民本思想只不过是帝制统治的开恩之举,是不能作为国家治理的核心思想的。不可否认的是,五四新文化运动在反思传统的弊端方面的确是找到了要害,但是如果进而全面否定民本主义的好处,恐怕也有矫枉过正的嫌疑。如果我们从历史的角度来考察,为何西方发展成为民主主义,而中国却走向了民本主义的道路,也许正是马克思所说的亚细亚生产方式所导致的必然,并不存在后来自由主义学者所批判的传统开不出民主和科学之花的说法。

郎毅先生在其著作《从国家主义到民本主义》一书中指出:国家以社会为本,社会以人民为本,这就是民本主义。社会是国家的母体,国家存在的意义只是服务于社会的工具。但是在中国,整个封建社会时期,社会处于一种无组织性和松散的状态,使得它对国家完全失去了作为母体应该具有的制约力量,同时社会的分散和沉默也使得国家难以凝聚自己的力量来处理各种重大问题,国家也因此开始以集权的方式来统治整个社会。但是这种集权方式往往依赖于上层统治者的政策是否开明,社会对于国家的反制力量很弱,因此,中国封建社会总是摆脱不了兴衰治乱的历史周期律。面对农民战争导致的改朝换代之后的经济凋敝、民穷国破的局面,封建统治者往往采取比较开明的休养生息政策,也就是道家的无为而治,分权于地方和民间,基本上三十年就可以恢复经济,出现盛世局面,而八十年左右基本上就会成为世界强国。但是一旦社会显露富象,为了维护统治者的既得利益,就转而强化专制,实行严厉统治,最终导致腐败横行,国家又由盛转衰,社会的力量又集聚起来最终爆发革命,形成一个新的循环。在中国近两千多年的封建社会基本上都没有逃脱这样的反复律,采取开明政策的时期,社会就发展比较好,而单纯采取专制手段的时期,则没有几个王朝不衰败的。原因就在于社会力量的薄弱，无法对国家力量形成有效的制约。这种社会力量的发展，无疑就是西方的民主主义，所以五四新文化运动提倡民主和科学，是非常正确的。但是，这并不意味着民本主义本身就有缺陷，不论是哪个时代的统治者，都面临着如何处理国家与社会，或者说国家与民众的关系问题，是真正做到以人为本，还是仅仅为了获得选民的支持，其中的差异是非常之大的。西方实行所谓选举制和代议制的民主，能争取大多数选民的支持，就能够上台，但是问题在于通过这种选举上台的领导者，有几个真正兑现了他们竞选的承诺？同时，某个党派只代表某些集团或者阶级的利益，那么其他的利益集团呢？所以西方的民主说到底是程序上看起来民主，而实质上社会的两极分化非常严重。张维为就指出，在美国，如果你进入了中产阶级，那么你的生活还算过得不错。但是如果你处于社会的中下层，对不起，你的境况跟非洲贫穷国家的居民没有什么区别。所以我们看到西方的代议制民主是把部分的权力还给了部分的民众，它很难解决所有民众的福祉问题。

　　新中国采用的是民主集中制的原则，在学术界经常也被称为是响应式民主，我们没有人为地把社会划分为几个党派或者几大利益集团，只要老百姓有需求，政府就努力去做。尤其是习近平主席提出坚持以人民为中心的执政理念，对社会最弱势的群体实行精准扶贫，保证他们有安置房，保障每个家庭至少有一个人就业。国家不计成本地对农村进行大规模的基础设施以及产业投入，确保全民都能够享受到改革开放的成果，确保共同富裕的实现，这些都是资本主义的民主主义所难以想象的。但是我们也不得不警惕，即使是将来中国社会国力发展到了世界领先的时候，我们也要牢记封建社会的教训，要保持社会力量与国家力量的某种平衡和制约，避免盛极而衰的历史老路。

二、谏太宗十思：《贞观政要》中的为君之道

在中国古代社会，能够遇见一位明君，不仅是很多大臣，也是很多百姓的希望。但是如何成为一位明君，却并不是每一位帝王都用心思考的。唐代的吴兢有感于贞观之治的来之不易，编辑了《贞观政要》一书，希望后人能够学习唐太宗的治国之道，能够如太宗一样屈己而纳谏，任贤而使能，恭俭而节用，宽厚而爱民，国家才能政治清明，人民才能安居乐业，继而达到繁荣兴盛。

在《贞观政要·君道》篇，通过太宗与魏征的对话，从五个方面来阐释了一位明君应该具有的品质。

首先就是修身为先。太宗说："为君之道，必须先存百姓。若损百姓以奉其身，犹割股以啖腹，腹饱而身毙"，作为君主，必须把百姓的生存和发展放在首位，而不能通过掠夺百姓来满足自己的私欲，如果那样，就像割自己腿上的肉来喂饱自己一样，结果是最终自己也无法生存下去。怎样才能做到不剥夺百姓呢？太宗认为关键在于修养自身，"若安天下，必须先正其身"，而修身最重要的就是要节制欲望，"朕每思伤其身者不在外物，皆由嗜欲以成其祸。若耽嗜滋味，玩悦声色，所欲既多，所损亦大，既妨政事，又扰生民。且复出一非理之言，万姓为之解体，怨讟既作，离叛亦兴。"这句话可以说到历代帝王败家亡国的根本所在，西方有句名言，权力容易使人腐败，绝对的权力绝对的腐败。尤其是在封建社会，具有生杀予夺最高大权的皇帝，他的权力基本上可以称得上是绝对的权力了，如果不能自身克制自己的欲望，而是骄奢淫逸，所欲既多，所损亦大，最终导致政治腐败、民不聊生，离叛兴起，国乃灭亡。所以《大学》八目，特别强调修身为本，未有不先正其身而能正天下者。时至今日，虽然已无那种不受制约的权力，但是作为一个部门的首脑，职位越高，权力也越大，对社会的影响也更为重要，如果不能克己裕民，而是单纯依靠法律，则法律虽繁，总有很多漏洞让腐败分

子钻营，即使最终受到惩罚，也已经对社会造成极大危害。所以考察一个官员，不能不首先重视其道德，克明俊德而后才能为民做事。

其次是兼听兼信。贞观二年，太宗问魏征：怎么样才能做一位明君？魏征回答：兼听则明，偏信则暗。古代国君治理国家，不仅要听大臣之言，而且还要充分听取百姓的意见，《诗经·大雅·板》上说："先民有言，询于刍荛"，有疑难之事，应该向山野樵夫等社会最底层的人请教，而不能瞧不起劳动人民。舜治理国家的时候，"辟四门，明四目，达四聪"，开辟四个门，接纳四方贤士，以广四听，使得天下无雍塞，能够真正了解老百姓的实际情况。而庸君以近习为耳目，只听取身边的意见，下面的实际情况不能得到了解。历史上的秦二世偏信赵高，梁武帝偏信朱异，隋炀帝偏信虞世基，天下百姓都纷纷起义了都还不知道，结果最终都落得了亡国败身的下场。吴兢在做注解时还强调，兼听固然重要，但是听到的哪些是正确的，哪些是不正确的，君主还必须具备良好的判断能力。而这种判断能力则来自自我的学习和修养，必须不断学习知识和提升自我的修养，才能够心中有主见，不为外在所迷惑。

第三是居安思危。贞观十年，太宗与房玄龄和魏征讨论创业和守成的问题，房玄龄认为当一个王朝腐败的时候，群雄并起，要取得天下，会经历各种艰苦，甚为困难。而魏征认为，创业虽然困难，而守成更为困难，因为创业是逆境，人会时时警惕自己，而守成是顺境，更容易滋生骄逸之气。就如父母勤劳，知道稼穑之艰难，而败家子不知道稼穑艰难，最终贪图安逸享乐败家一样，治理国家如果贪图安乐享受，而不顾百姓生存，"百姓欲静而徭役不休，百姓凋残而侈务不息"，国家的祸乱就会到来。贞观十一年，魏征又给太宗上书阐明江山难得易失的道理。魏征说自古以来，没有哪位君王不希望国祚长久的，但是往往都是克终者鲜，败亡相继，原因就在于失其道。国家治理是有其内在规律的，对于统治者来说必须修己才能安民，而不能只追求自己欲望，不顾百姓死活，失去了百姓，国家的根基也就不复存在。隋朝统一天下，坚甲利兵，威震海内，但是到了隋炀帝恃其富强，"驱天下以从欲，磬万物而自奉，采域中之子女，求远方之奇异"，徭役无时，干戈不止，谗邪者必受其福，忠正者莫保其生，君臣道隔，民不堪命，以至于率土分崩，最终被部下杀死。因此，任何一位君主，都必须居安思危，切不可妄自尊大，远离百姓；都必须修德安民，戒奢以俭，情不胜其欲，才能固其根本，浚其泉源。

诚然，地位越高，权力越大，责任就愈重，稍有不慎，轻则引发国家内乱，重则导致国家灭亡。纵观整个封建王朝，我们可以说大部分君王都能够戒骄戒奢，励精图治，但是如果有一位君王，只顾自己纵欲，不顾生民死活，则百年成之不足，一人败而有余。所以个人修身的确是齐家、治国、平天下的基础和核心，在这方面，魏征提出了君王应该遵守以下的十个方面。

君人者，诚能见可欲，则思知足以自戒；将有作，则思知止以安人；念高危，则思谦冲而自牧；惧满溢，则思江海下百川；乐盘游，则思三驱以为度；忧懈怠，则思慎始而敬终；虑壅蔽，则思虚心以纳下；惧谗邪，则思正身以黜恶；恩所加，则思无因喜以谬赏；罚所及，则思无以怒而滥刑。总此十思，宏兹九德，简能而任之，择善而从之，则智者尽其谋，勇者竭其力，仁者播其惠，信者效其忠；文武争驰，君臣无事，可以尽豫游之乐，可以养松乔之寿，鸣琴垂拱，不言而化。何必劳神苦思，代下司职，役聪明之耳目，亏无为之大道哉？

魏征所提倡的君王十思：思知足、思知止、思谦冲、思江海、思三驱、思慎始、思虚心、思正身、思无因喜、思无以怒，被《旧唐书》赞为"可为万代王者法"，与《尚书·虞书》里面所称的九德——宽而栗、柔而立、愿而恭、乱而敬、扰而毅、直而温、简而廉、刚而塞、强而义——可以说是为政者所必须具备的政德，虽然今天我们已经实行了民主的制度，不大可能出现如封建社会世袭的家天下而出现的庸君、昏君的情况，但是正如孔子所说"为政在人，取人以身，修身以道，修道以仁"（《礼记·中庸》），即使是在现在的法治社会，所有的事情都最终还得靠个人去执行和完成,是否具有为人民服务的意识,是否能够有良好的政德,关系到整个国家和民族的未来。[①]

三、治国九经:《礼记·中庸》中的治理思想

儒家的核心思想总是在围绕如何治理国家来展开,在《礼记·中庸》有一段专门讲到治国方略,说有九条规则,是为治国九经。见以下原话。

凡为天下国家有九经,曰:修身也、尊贤也、亲亲也、敬大臣也、体群臣也、子庶民也、来百工也、柔远人也、怀诸侯也。

修身,则道立。尊贤,则不惑。亲亲,则诸父昆弟不怨。敬大臣,则不眩。体群臣,则士之报礼重。子庶民,则百姓劝。来百工,则财用足。柔远人,则四方归之。怀诸侯,则天下畏之。

齐明盛服,非礼不动,所以修身也。去谗远色,贱货而贵德,所以劝贤也。尊其位,重其禄,同其好恶,所以劝亲亲也。官盛任使,所以劝大臣也。忠信重禄,所以劝士也。时使薄敛,所以劝百姓也。日省月试,既禀称事,所以劝百工也。送往迎来,嘉善而矜不能所以柔远人也。继绝世,举废国,治乱持危,朝聘以时,厚往而薄来,所以怀诸侯也。

这段话的逻辑结构非常清晰,说的就是治理国家的要领是什么,为什么,怎么办。

治国的要领在于九个方面:修身、尊贤、亲亲、敬大臣、体群臣、子庶民、来百工、柔远人和怀诸侯。在这九个方面中,基础或者说前提就是修身,只有自己把格物、致知、诚意、正心做好了,具备了

[①] [唐]吴兢.贞观政要[M].王贵标点.长沙:岳麓书社,2000:2-12.

知识、仁爱、勇敢三种达德,才能够推己及人,继续进行尊贤、亲亲、敬大臣、体群臣的齐家治国之术,最后达到百姓安居、国家强盛、外邦归顺的平天下。其逻辑与《大学》里面的修齐治平理念一脉相承。接着就解释为什么说这九个方面是治理好国家的关键。

首先是要修身。修身则道立。修养好了自身,治理国家就有了立足的根本。儒家治理思想最强调的就是明德新民,先修养好了自身,达到了内圣的境界,才能开创外王的事业。《大学》上也说物有本末,时有终始。什么是本呢?自天子以至于庶人,壹是皆以修身为本。《论语》上说:君子务本,本立而道生。这也就是修身则道立的意思。一个人的道德品质败坏,却要他齐家、治国、平天下,达到国泰民安、协和万邦的治理状态,这是不可能的。只有那些仁智合一的领导者才能聚集天下贤才,才能使得四方人民归顺,"是故君子先慎乎德,有德此有人,有人此有土,有土此有财,有财此有用。德者,本也,财者,末也"。(《礼记·大学》)贯彻的仍然是儒家德治天下的理念。那么究竟什么是修身呢?下面就进行了解释:齐明盛服,非礼不动,这就是修身。齐者,斋也,就是通过心斋和诚意正心、通过寡欲来让自己本身的美德澄明出来,达到一种喜怒哀乐未之法的中和状态,这样观察万事万物就不会以自我为中心,就能体会鸢飞鱼跃的至诚之道,这就是内圣的境界。盛服是说外表要端庄,行为要符合礼仪。这既是诚于中、形于外的必然表现,同时也是统治者必须注重的细节,儒家特别强调文质彬彬,然后君子,必须内外兼修,给人以庄重感,君子不重则不威,尤其是通过正名、仪礼来加强这种庄重感。礼在儒家那里是有非常丰富的内涵的,就现存的《礼经》来讲,就包含着《周礼》《仪礼》《礼记》三个部分。《周礼》讲的是周朝文化和政治体制的内容,也可以说是周朝的政治哲学或宪政哲学思想的资料;《仪礼》主要是冠、昏、丧、祭、朝、聘、燕享等典礼的详细仪式,是周朝社会生活秩序的规范等;《礼记》记载和论述先秦的礼制、礼意,解释《仪礼》,记录孔子和弟子等的问答,记述修身做人的准则,是对礼制的哲学解释。人这个物种从原始蒙昧发展成人类社会,靠的是有规矩,有秩序。规矩,秩序,就是礼法。不做逾矩的事,既是自我的修身,也是尊重典章制度、率先垂范,进而达到人人遵守秩序,社会就能达到和谐。

第二讲尊贤。尊贤则不惑。如果说治理好国家的第一个因素是修养好自身的话,那么第二个关键因素就是聚拢人才,要把那些贤能的人汇聚到自己的帐下,贤人治理国家,政事就能迅速推行。贤的本义是善于理财,后来引申为有德行、有才能。尊重贤能,就能招徕人才,就可以产生两个不惑的效果。一个是自己不惑,每个人由于自身各方面的条件限制,都不可能达到全知全能的境地。每个人都有好多事情搞不清楚,知识量也非常有限,如果能够尊重贤达的人,贤达的人就会协助你,帮你理清思路,协助你治理国家,这样自己就不疑惑迷茫了。另一个就是他人不惑。明确了用人的标准,德才兼备的君子就会百川归海,而那些德才微薄的小人也就自然会远离,这也就是后来诸葛亮在《诫子书》中所说:"亲贤臣,远小人,此先汉之所以兴隆也;亲小人,远贤臣,此后汉之所以倾颓也"。那么究竟怎么样才能做到选贤与能呢? 下面接着就进行了界定:去谗远色,贱货而贵德,所以劝贤也,就是四个要点:去谗、远色、贱货、贵德。什么是谗,《古汉语常用字字典》上解释谗:说别人的坏话。《荀子·修身》:伤良曰谗,害良曰贼。谗言者就是背后喜欢说别人坏话的人,其引申意义就是小人,所以去谗就是要远离那些不说真话的小人,才能知道真实情况。远色就是不能沉湎于女色,不能因为贪图美色,导致自我不能做出公正的判断,古往今来因为美色而亡国亡身者不胜枚举。一个统治者,好色无度,一是自己身体不好,二是无心朝政,从此君王不早朝了,三是容易宠溺女人过度,让她任性而为,祸害国家。贱货就是不能贪财,贪财者很少有公心,难得治理好国家,所以《大学》上也讲"国不以利为利,以义为利也",因为对于国家治理者来说,舍去自己的私心,以百姓的公心为目标实现富国强兵才是真正的大利,《论语·颜渊》上说:"百姓足,君孰与不足? 百姓不足,君孰与足?"就是这个道理。前面三个是从否定的方面来界定什么是不贤,后面则从正面的德来界定贤。《资治通鉴》上就有德帅才辅的说法,只有高尚的品德才能带来人才的聚集和财富的增长,国家也才能长治久安。

第三是亲亲。亲亲,则诸父昆弟不怨。亲爱亲族就不会惹得叔伯兄弟怨恨,这样就能得到整个家族的支持。中国古代社会就是由家族发展而来,宗法制度一直是中国社会的基层组织,这也是古代把齐家看得很重的原因。说一个人不能齐家,就得不到家族的支持,就不能治理好国家。家庭是个小社会,国家就是由无数个家庭和家族所组成的。自己家族的人都教导不好,都管理不好,还能去管理数百个以上的家族,这是不可能的。今天虽然已经没有了宗法制度,但是各个阶层、民意社团、政党也可以说类似家族的利益集团。下面就接着解释了怎么齐家,那就是"尊其位,重其禄,同其好恶"。尊其位者,就是要把家族中那些德行高尚的人安排在合适的位置,要亲近这些人,使得五伦中的父子、夫妇、昆弟关系良好运转。"仁者,人也,亲亲为大。义者,宜也,尊贤为大。"(《中庸》)亲爱亲人就是最大的仁,尊重贤人就是最大的义。亲爱亲人要分亲疏,尊重贤人要有等级,这就产生了礼。礼的秩序一旦形成,社会就能自我运转。重其禄者,就是要维护他们与地位相对应的合法权益,不得损害他们的合法权益。慈者足以使众,惠则足以使人,对于广大的百姓来说,仁爱他们,给他们利益,让他们过上美好的生活,他们才能拥护你。经济基础决定上层建筑,必须首先满足群众基本的物质生存需要才能谈上层建筑,否则即使你说得天花乱坠,群众也不会长久地相信你。同其好恶者,不能以自己的私心作为判断价值的标准,理在公欲,要以百姓心为心,老百姓所喜欢的就是治理者的奋斗目标。对此最好的注释就是孟子在回答齐宣王"寡人好色"的解释,孟子对曰:"昔者大王好色,爱厥妃。当是时也,内无怨女,外无旷夫。王如好色,与百姓同之,于王何有?"意思是说如果你好色,能够做到让天下人好色的欲望都得到满足,男女都能适时婚配,内无大龄未嫁的怨女,外无大龄未婚的旷夫,老百姓都能过上正常的夫妻生活。与百姓同之，又有什么问题呢？其实就是委婉地批评了齐宣王不能以自己的私心来奴役天下，而是要以百姓的标准为治国的原则。

第四是敬大臣。敬大臣，则不眩。眩字在《广雅》上面解释为乱，而在《释言》上解释为惑，在这里两个意思都解释得通。大臣者，国家高级官员，与最高统治者就如同是职业合伙人，是最高的决策团体，直接商议乃至决定国家的大事。这些人一般都应该由那些最有才华、最有德、最有理想的人来担当，这些人投奔一个君主看中的不是利，而是义，孟子所说君臣有义即是如此。对待这些人则必须尊重他们，充分发挥他们的才干，那么国家就不会混乱，治理就会井井有条。最高统治者操作国家机器，是靠各级政府官员。政府官员分三六九等，而大臣是最接近最高统治者的人。最高统治者不清楚的事情，大臣可能清楚。为人君，止于仁；为人臣，止于忠。儒家在讲君臣关系的时候最注重的就是君敬臣忠。君主以仁义待大臣，大臣报之以忠心。君臣携手，君主靠着大臣这双眼睛，能够看清楚天下大势，不至于不辨是非。而后来的三纲五常提倡君为臣纲，严格意义上来说，已经偏离了原始儒家对于君臣关系的界定，君主不是靠敬重大臣，而是靠威慑来驾驭大臣，结果就很难得到大臣的信任，也无法得到大臣的尽心尽力，所以类似崇祯皇帝后来怪大臣不忠的情况实际上是忘记了敬大臣的治理原则。具体做法就是官盛任使。关于官盛任使历来有很多不同的解释，笔者以为南怀瑾先生说的疑人不用，用人不疑的说法是比较符合原意的。就是领导者在慎重选拔好大臣或者说干部以后，要放权让他们发挥自己的抱负和才能，而不能对他们处处限制，甚至听信小人之言而加以杀害（见南怀瑾《话说中庸》上论）。这样的事例可以说不胜枚举，唐太宗信任魏征，天下大治，崇祯听信谗言，杀害忠臣熊廷弼和袁崇焕，为所有正直之士所心寒，终至于无人帮助而至于亡国。

第五是体群臣。体群臣，则士报之以礼。如果说君主与大臣是进行好顶层设计的话,那么群臣则主要是大臣以下的各级官员,相当于我们今天的国家公务员,他们负责的最主要的就是政策的执行。对于各级官员来说,他们工作的首要目的就是为了自己以及家庭的生存,所以上层领导者一定要能体恤、体察,体谅,体贴下级官员。长官不仅掌握着下级官员的俸禄,还掌管着下级官员的升迁以及奖励和惩罚,所以一般来说,绝大部分下级官员都是比较畏惧上级官员的。如果君主以及大臣能够体谅百官,体贴入微地爱护百官,百官干事就会心情愉快,就会竭尽忠心回报国家和上级。这其实也是有舍才有得的道理。将欲取之,必先予之。你爱别人,别人也爱你。群臣就会食君之禄,忠君之事。而如果采用使下级畏惧或者采用一些所谓法家的阴谋之术来统治百官,也许对于巩固自己的统治是有效的,但是下级官员是否尽心尽力为国效力、为民做事那就很难说了。而如果一旦百官不尽职尽责,国家陷入贫穷、贪污、混乱甚至战争的状态,君主和大臣的统治还有存在的基础吗?所以《道德经》上说:"太上,不知有之,其次亲而誉之,其次畏之,其次辱之。"显然上古时代的无为而治已经不太符合社会的情况下,最好的办法就是亲而誉之的治理办法,也就是体群臣。最糟糕的就是让下属害怕和采取辱骂的方式来进行治理。那么"体群臣"的具体办法是什么呢?忠信重禄,所以劝士也。这里首先必须要弄清一个转换,前面讲体群臣,这里却忽然变成了士,士就是知识分子。原因何在?因为群臣就主要从知识分子中选拔出来,所以这里的意思应该是怎么样从知识分子中选拔官员的问题,忠信重禄乃是百官的为官之道,也是选拔人才的标准。忠就是对上要尽心尽力,忠于职守,信则是诚信,与朋友交而不信乎?为人处世,光明磊落,不搞欺骗,君子坦荡荡。重禄者,就是给足俸禄,让他们衣食无忧,不至于还得靠别的收入才能维持生计,用我们今天的话来说就是高薪养廉。当然这个高薪也是有个限度的,冯玉祥就曾经批评过国民政府滥加工资,说如果官员没有一个以人民为重的心,而是贪得无厌的话,多少薪金也不会忠于国的,所以高薪一定是有一定标准的,不能脱离生产力的发展水平。历史上晚清腐败之所以屡禁不绝的一个原因就是官员工资太低,无法养活一家人,所以不得不想办法来捞外水补贴家用,因此形成了整个社会的腐败。

第六是子庶民。子庶民,则百姓劝。"劝"字在这里应该是听从,服从的意思。子庶民,就是爱民如子,能够做到爱民如子,老百姓就会服从。父母爱子女,是天性。如果君主及其官员也能这样爱百姓,百姓就会觉得安稳,觉得幸福,继而就会积极向上,努力奋斗。君主是天子,也是君父,是百姓的父母。这里我们需要注意的是,儒家一直有爱民和重民的传统,最典型的就是孟子的民贵君轻的说法,儒家看到了国家政权的根基在于土地和人民,尤其是民心向背对于政权的稳固与否至关重要,因此统治者爱护百姓如同爱自己亲生的子女一样,要有"如保赤子"的仁爱至情,才能使老百姓甘愿接受教化而互相规劝,养成良善的民风。但是由于古代认为君主是替天行道,其政权的来源是上天,与我们今天认为权力的来源是民众是有根本区别的。对于权力的来源认识不同,就有爱民如子与今天的人民公仆的区别,如果是人民公仆的治理理念,则人民是主体,而爱民如子的民本思想主体则更多的是指望统治者能够发善心,民众对于他们的权力是很难限制的,除非改朝换代。除此之外,不论古今,为政者都必须爱民、养民、惠民,这一点是相通的。具体怎么爱民?途径就是时使薄敛。"时使"就是要爱惜民力,指的是让老百姓服徭役的时候,要看时节是否合宜,比如在春耕秋收的时候,就不要驱使人们去搞建筑、修工程。因为时令不等人,一旦错过了春耕和秋收的时节,全年的粮食生产就不能保证,整个社会就有可能挨饿。古代使用民力的情况很多,时常会征调百姓去修建城墙、水利工程、政府衙门,乃至于扩建皇宫、当兵出战等等,这些都是摊派给老百姓的劳动,都是不给钱的,家有男丁的都要出力。而一旦把主要劳动力都拿去干这些事情时,粮食生产就不能保证,过渡耗费民力也会激发百姓的愤怒和反抗。最典型的就是秦朝的筑长城,最终导致了农民起义,推翻了看似强大的秦帝国。薄敛则是藏富于民,不要向老百姓征收太多的苛捐杂税,不要变着法子乱收费、乱摊派。大河有水小河才不会干,百姓富强才是真正的国家富强,而如果百姓贫无立锥之地,豪强贵族则朱门酒肉臭,这样的王朝是没有一个能够持久的。我们纵观整个历史,任何一个王朝的灭亡说到底就是逼得百姓连基本的生存都不能满足的时候,才爆发了大规模的起义,最终统治者也无法享受他们那穷奢极欲的生活。所谓国之本在民,能不慎乎?

第七是来百工。来百工,则财用足。长期以来,人们似乎觉得儒家重义轻利,不大注重财务,士农工商更是把工商排到了后面,这其实是对儒家的误解。严格说来,儒家不是不注重利,而是先义后利,强调利一定要来得正当。孔子就曾经说:"富而可求也;虽执鞭之士,吾亦为之。如不可求,从吾所好。"(《论语·述而》)孔子也认为富而好礼是比安贫乐贱更高的一个层次,因此追求财富一直都是先秦儒学的要义,只是后来到了宋明理学时期,万般皆下品,唯有读书高,开始死读书、读死书,轻视工商业,导致国家积贫积弱。如果说粮食主要靠农民来进行生产,那么财富则主要靠百工以及商人来完成。百工就是各种工匠、手艺人,还不纯粹是商人。百工与财务挂钩,有了百工,国家才能富足。我们今天提倡工业立国,提倡制造业立国,是把工业的重要性放在农业之前。然而在还处在奴隶制和封建制交替的春秋战国时代,能够意识到手工业的重要性是不简单的。如果处处与民争利,对手工业者巧取豪夺,国家的工商业就不会发达,国家就会积贫积弱,这一点随着社会由封建社会向工业社会发展过程更是凸显出来。对于广大的手工业者,国家的政策就是"日省月试,既禀称事"。禀者,赐给谷物也,就是要经常考查,看他们是否称职,是否生产出了合格而够用的产品,进而保证国家的需要。这里我们需要指出的是,古代商品经济不发达,所谓的手艺人不仅辛苦,有时候还不能糊口,所以国家为了奖励他们的劳动,还赐给谷物,还经常考核,一是防止他们偷懒,二是防止一些见利忘义的现象出现。今天,工商业已经成为国家的主导行业,但是也需要经常抽查产品,防止假冒伪劣产品流入市场,也需要市场的监管,整个社会才会保持和谐有序。

第八是柔远人。柔远人,则四方归之。如果说前面七点是国家内部治理的话,第八和第九基本上讲的都是外部的治理,主要讲的是对外关系。远人主要指国家周边的人,当时主要指的是东夷、南蛮、西戎、北狄,就是我们今天讲的少数民族,对于这些人,要用怀柔的政策,不要迷信武力的征服,最终他们都会来归顺。历史上最典型的就是诸葛亮七擒孟获,远人不服,则修文德以来之。对于远处的人,要宽厚对待,这样他们就会归附。当代国家也是如此,如果对别的国家友好,"送往迎来,嘉善而矜不能","君子尊贤而容众,嘉善而矜不能",保持人情交往,奖励好人,也同情能力差的人,则西方的贤能都会汇聚而来。如果恃强凌弱,国家就成了众矢之的,处处树敌,没有一个好的外交关系。这句话,后来被孟子概括为"得道者多助,失道者寡助"(《孟子·公孙丑下》)。如果说柔远人是对偏远的普通民众而言的话,那么怀诸侯则是对整个地区邦国而言,有点类似我们今天的国家关系。

第九是怀诸侯。怀诸侯,则天下畏之。诸侯是古代中央政权所分封的各国国君及其统治区域的统称,在其统辖区域内,世代掌握军政大权,但按礼制要服从王命,定期向帝王朝贡述职,并有出军赋和服役的义务。诸侯统治的地方称为邦国,相当于今天的联邦制。对于他们的治理也同样是采取怀柔政策。诸侯治理好了,国家就安定,也就能凝聚强大的军事力量,综合国力就强,天下就没有哪个国家敢来欺负。对于我们今天来说,怀诸侯的治理思想不仅适合于处理中央与地方的关系,也可以拿来处理与其他国家的关系。具体做法就是继绝世,举废国,治乱持危,朝聘以时,厚往而薄来。意思就是延续已经绝后的家族,复兴已经颓败的邦国;治理那些混乱的社会,解救那些处于危难的邦国,朝见聘问各有定时,赠送从厚,纳贡从薄。这里说的是对于那些滥用强权、不实行以民为本的邦国,要帮助他们把国家治理好,每逢这些藩属国家中有内乱,都会应他们的恳求,不得已而派兵弭乱,等到平定以后,便班师回朝,而不是留驻重兵,占据邻邦的土地或资源财富。只要他们过一个时期,来朝进贡而已。说到底就是要维护王道正义,帮助那些虽然正义但是一时却处于弱势的邦国恢复正常的秩序。实际上,当中央王朝一旦出现危机的时候,地方也可以帮助中央平叛内乱,恢复正常的秩序,历史上王朝的中兴大多源于地方势力的勤王。所以对于今天的国际关系来说,我们也应该在坚持道义的基础上帮助那些需要帮助的国家,形成道义和命运共同体,才能巩固国家的统治。

最后,总结治理天下的九经,说到底,就是一个字。以往很多学者认为是"诚",但是如果结合儒家整个治国理政的理念来看,应该是一个"仁"字,是儒家仁政思想的具体表述。仁者爱人,既要爱属下的各级官吏,也要爱护广大的农民和手工业者,最后也要爱其他国家的人民,这样才能真正实现社会和谐,才能实现长治久安。

四、约己裕民:从《格言联璧·为政》篇说开去

《格言联璧》为晚清学者金缨所著的一部格言集。正本书分为学问、存养、持躬、摄生、敦品、处事、接物、齐家、从政、惠吉、悖凶11类,按儒家大学、中庸之道,以"诚意""正心""格物""致知""修身""齐家""治国""平天下"等主要内容为框架,收集有关这些内容的至理格言,按当时人的阅读习惯分为八类,从个人、家庭到社会、国家,凡所应有,无所不有。作者的用意在于以金科玉律之言,作暮鼓晨钟之警,即用圣贤先哲的至理格言来鞭策启迪童蒙,从小懂得做人的道理、树立远大的人生志向、努力进取,长大以后成为于国于家有用的人。虽然被定义为蒙学经典,但是其内涵确是极为丰富。我们这里仅从其《为政》篇来分析其中的治国理政思想。

首先是要爱民、裕民。重民一直是儒家的传统,《格言联璧》也继承此一传统,《为政》篇第一句话就是"眼前百姓即儿孙,莫道百姓可欺,且留下儿孙地步;堂上一官称父母,漫道一官好做,还尽些父母恩情",警告为政者不要欺骗百姓,不要鱼肉百姓,要像父母爱子女一样给予恩惠,让他们能得到实在的好处,要"体黎庶情",一切以老百姓的利益为出发点,"非甚不便于民,且莫妄更;非大有益于民,则莫轻举",那些对于老百姓有利的事情,不要轻易去变更,而那些对老百姓没有好处的事情,不要轻易去实行,尤其是国家的财富都来自民众,"财用可省时便省,丝毫皆下民脂膏",都是劳动者栉风沐雨,万苦千辛一点一点劳动而来。为政之道在于为天下百姓考虑,"利在一身勿谋也,利在天下者谋之;利在一时勿谋也,利在万世者谋之",且不可以利用权势为自己苟禄营私,损人利己,这样有朝一日权势离去,最终也导致自己无人帮助,进而导致整个家族也会衰落。"居官廉,人以为百姓受福,予以为锡福于子孙者不浅也,曾见有约己裕民者,后代不昌大耶;居官浊,人以为百姓受害,予以为贻害于子孙者不浅也,曾见有瘠众肥家者,历世得久长耶!"恐怕历代那些居官者,很少有人能明白为民谋利与自己家族兴旺发达二者具有内在的一致性。其实老百姓从整体来看,就是最公正的评判者,为官者对老百姓的恩惠,百姓都记在心里,所以一旦自己有事,广大的百姓都会主动来帮助你,这样不是什么困难都能挺过去吗?同时居官廉洁,也让家族的成员养成自我奋斗的习惯,不去奢望那些不劳而获的财富,这样不也走上了幸福总是靠自己奋斗的长久之道吗?所以《为政》篇上说"平日诚以治民,而民信之,则凡有事于民,无不应矣",就是这个道理。

其次是要公正执法。首先是立法要严,规矩必须要先树立起来,做到有法可依,不能任凭个人主观意志行事。"朝廷立法不可不严,有司行法不可不恕",既然立法要严,又为何执法要宽呢?下面接着进行了解释:"严以驭役,而宽于恤民;极于扬善,而勇于去奸;缓于催科,而勤于抚字"。立法要严主要针对两种人群而言,一个是官吏,因为他们手中掌握权力,容易贪鄙,容易假公法以报私仇,所以对他们督责必须严;另一种人群就是作奸犯科者,必须要用法律予以重惩,这样社会才能安定。而宽主要是针对普通百姓而言,尤其是荒歉岁月,更是不能逼着百姓交租税,平时也要通过惩恶与扬善相结合,来达到社会公平和谐、人民安居乐业的效果。对于制定好的法律,一定要执法公正,要自身廉洁,才能维护法律的权威。"执法如山,守身如玉;爱民如子,去蠹如仇",最为重要的就是当官者不能犯法,"一切人犯法,犹可言也,惟做官人不可犯法,做官人犯法,更无禁治之人也",因此,首先必须保证执法者自身的公正和廉洁,否则法律的权威就无法得到实施。在具体执法过程中,一定要严谨认真,不能出丝毫差错,否则造成冤假错案,即使后来平反,有些后果也是无法挽回的,"无辜牵累难堪,非紧要,只须两造对质,保全多少身家;疑案转移甚大,无确据,便当末减从宽,休养几人性命",尤其是人的性命不可能有第二次,所以执法必须严谨,不能屈打成招,今天也只是到了十八届四中全会提出全面依法治国的治国方略中才第一次提出了疑罪从无的原则,可以尽量避免冤假错案的发生。

再次是要广纳贤才。"人身之所重者元气,国家之所重者人才"。一切事情皆要人去完成,因此必须要能知人善任,要善于把各种贤才发现出来并加以任用。"大智兴邦,不过集众思;大愚误国,只为好自用",国家兴亡就在于能够集中众人的智慧,而自以为是、刚愎自用者往往只会给国家带来灾害。招纳进来的人才,任用他们做官,一定要考察他们是否以天下公心去办事,"念念用之君民,则为吉士;念念用之套数,则为俗吏;念念用之身家,则为贼臣",那些不考虑百姓生产和生活而只痴迷于官场权术抑或者只会为自己和家庭考虑的官员,都是不称职的官员。对于这些不称职的官员是应该要坚决清除出去的。君子和小人的主要区别之一就是君子济人,小人利己,"君子当官任职,不计难易,而志在济人,故动辄成功;小人苟禄营私,只任便安,而意在利己,故动多败事",所以判断是否人才的第一个首要标准就是看他在道德方面是利人还是利己，私心太重者不能任用为官员。选拔人才的第二个标准就是要有知识和智慧，"呆子之患，深于浪子，以其终无转智；昏官之害，甚于贪官，以其狼藉及人"，也就是说昏官比贪官更为可怕，贪官虽然可恶，但是还有可能把事情办成，但是昏官，往往把事情搞得不可收拾，带来更大的危害。选拔人才的第三个标准就是务实，不能口头上说得天花乱坠，而实际上做事则一事无成。"士大夫济人利物，宜居其实，不宜居其名，居其名，则德损；士大夫忧国为民，当有其心，不当有其语，有其语，则毁来"，也就是说济人利物，不能只见言语，而不见行动，做官必须以务实为重要准则。此外，选拔人才的第四个标准就是看其是否能够自律，尤其不能以自我的主观意志和情感去看待问题，那样很容易犯错误，"官虽至尊，决不可以人之生命佐己之喜怒；官虽至卑，绝不可以己之名节佐人之喜怒"，做官不能以自己的喜怒感情为出发点，不能带有先入之见，"听断之官，成心必不可有；任事之官，成算必不可无"，意思就是说凡是涉及断案的事情不能带着先入为主的成见去审理，而涉及具体做某件事情的时候，心中却又必须有主见才行。同时，在平时交友也需要谨慎，防止被别人利用，"无关紧要之票，概不标判，则吏胥无权；不相交涉之人，概不往来，则关防自密"，不顺便把权力交给下面的人，不顺便结识素无来往之人，就不容易被别人利用。

《格言联璧》最后总结说"治道之要在知人，君德之要在体仁，御臣之要在推诚，用人之要在择言，理财之要在经制，足用之要在薄敛，除寇之要在安民"，只要能够做到在上仁爱，以诚待下，任用贤才，使其各得其所，减轻赋税，节省开支，维护社会稳定，那么国家就会治理得井井有条，就会出现一派祥和升平的盛世景象。而所有的治国之道概括起来也就是一句话要推行王道，而王道的核心就是要爱人。"天德只是个无我，王道只是个爱人"，这也正是儒家仁政学说的核心思想。

五、民心至贵:《资治通鉴》中的为政之道

> 治国在于理民。民乐则国治,民劳则国颓,民怨则国乱,民苦则国危,民反则国亡。理民在于知民,黔首虽微,不可欺罔。久安之民骄佚,经乱之民愁苦。与人同利,民无怨言;病人以利己,民怨必起。
>
> ——《资治通鉴·卷一百九十三:唐纪九》

要了解中国政治,不能不读《资治通鉴》。这本书是司马光花了19年时间写成的一部时间跨度达1362年,字数达300万字的国家治理巨著,其目的就是"鉴于往事,有资于治道",要对国家治理提供参考,有资于借鉴。他以儒家治理的眼光,全面展现了这一千多年王朝兴衰交替的沧桑历史,力图为后人揭示历史发展的客观规律。可以说自此书付梓以来,成为历代研究国家治理必读的一本书。毛泽东主席先后读了17次,多次强调从政者和学生要阅读《资治通鉴》。1954年冬,毛泽东对历史学家吴晗说:"《资治通鉴》这本书写得好,叙事有法,历代兴衰治乱本末毕具,我们可以批判地读这部书借以熟悉历史事件,从中汲取经验教训。"那么《资治通鉴》中究竟讲了哪些治国之道呢?我们这里采用陆元兵的分解方法,来从四个方面简要进行阐述。①

首先是治国。为什么会发生改朝换代的农民战争?会有王朝的土崩瓦解?司马光认为关键在于民心,统治阶级一旦失去了民心,就一定会失去政权,得民心者得天下。国家要长治久安,也必须得民心才行。对于为政者来说,必须要有治国平天下的胸怀,要有以民为本的理念,要有治国安邦的才能,要有利民富民的智慧。治国的精义在于治吏,要善于识人用人;治吏的关键在于治心,能

---

① 陆元兵.《资治通鉴》治国理政智慧160问[M].北京:华文出版社,2017.

控制好自己的欲望，做到慎独、正心、收心和专心；治心的核心在于治礼，就是能立规矩，遵守规律，加强学习，做到自律。谈到领导者应该具备什么样的素质，司马光认为第一条就是要有担当。天下兴亡，领导者要负首要责任。面对社会问题，面对百姓疾苦，领导者逢场作戏，或者是视而不见，那就是对权力的亵渎。不能遇事绕着走，不能当事件的看客，而是必须要把老百姓的冷暖安危放在心上，认真解决，才能使得国家安定持久。第二做事要公正。《论语·颜渊》上讲：政者，正也。子率以正，孰敢不正？其身正，不令而行；其身不正，虽令不从。政治的根本就是公平公正，先端正自己再端正他人，先端正人心再端正行为。真实是公正的前提，对于品德、能力、功劳、罪恶、行为、言谈、事物等各方面的内容，都必须核实真实才能决定下一步的行动。如果各种社会风气端正，则从上到下没有虚伪，就能够得到真实的情况，制定政策才不会有偏差。如何做到真实？就是首先要端正人心，正人先正己，树人先树德，儒家仁义礼智信的教育就是为此而立的。第三条就是推行仁道。凡事皆有道，达到天下大治的具体方法就是以德治国，推行仁义礼乐的儒家治国之道。司马光借董仲舒对汉武帝的贤良对策指出：古代圣明的君王去世之后，其后代可以长期坐稳天下，国家几百年太平无事，靠的就是推行礼乐教化。没有哪个君主不希望自己的国家能够安宁长存，但是不遵道而行，家破国亡的却很多。周幽王、厉王时期，耽于玩乐，钳民之口，国家出现衰败。但是到了周宣王时期，推行德政，恢复善政，发扬文王、武王功业，周代再次焕发生机，这是遵循仁道治国的结果。第四条讲究工作方法。社会生活复杂而且多变，没有一成不变的事情，所处的时代不同、所在的地方不同、所面临的对象不同，都必须审时度势，采取不同的应对方法，才能取得成效。隋文帝时期，梁彦光任岐州刺史，由于当地民风淳朴，他采用无为而治，政绩斐然。后调任相州刺史，民风险诈刻薄，梁采用老方法由于治理无效竟被免官，后来再次来到相州，采用儒法并举策略，惩治不法，奖励乡学，相州大治。根据具体情况的不同,司马光认为,领导决策,必须懂得形、势、情三个字。所谓形,说的是大概计算得与失后得出的胜算;所谓势,说的是临时情况下应该做的事,进与退的时机;所谓情,指的是意志坚定与否。所以采用的策略相同,所遇的事情性质也相同,而取得的功效却不一样,即是由于这三个方法各有不同性质的缘故。人不可能两次踏进同一条河流,领导决策必须根据具体情况,随时机的转动而转动,应事物的变化而变化,从不松懈自己的意志,然后才能成功。做领导者最忌讳的就是拍脑袋进行决策,决策前没有大量调研,决策时没有系统思考,决策后朝令夕改,造成的损失和浪费将会非常巨大。第五条要善于总结。世界上也许根本就没有生而知之,只有学而知之和习而知之。人的成长往往就是一个深入思考、深刻反省和深度学习,不断提升的过程,科学地总结过去,才能开创美好的未来。领导者往往容易犯的毛病就是自大,自大就不容易反省自身,就容易犯错误。唐太宗写成《帝范》十二篇给太子,可以说也是他自我的总结和反思。他对太子说:你没有我的功劳勤苦而承继皇位,如果竭力行善举,国家仅得安定;如果骄奢懒惰,自身性命都难保。修身治国的道理,我都已经写在这十二篇里面了,希望你能效法其中的先哲圣王,努力治理国家。可以说唐太宗一生的英明,就在于他这种自我反思、自我总结和自我提升的精神,这是值得每个从政者学习的。

其次是治吏。司马光在《上帝太后疏》中说:"为政之要,在于用人。"国之治本,在于用人。理国以得贤为本,国得贤才,则天下安;吏不廉平,则治道衰。为政之本,莫大于择人。那么,究竟什么是治国的君子与小人呢?可以说官场里从来就不缺清官廉吏,也不缺贪婪逐利的小人。贪得无厌、虚伪狡诈、心狠手辣、两面三刀、阿谀奉承、见风使舵、拉帮结派都是小人的典型特征,在权力和利益面前,他们可以抛弃道义、抛弃亲情、抛弃荣辱、抛弃廉耻,无所不用其极。以赵高为例,怂恿秦二世实行严苛刑罚,大臣、王子犯了罪,都被赵高审讯严惩。在他手下,12位皇子在咸阳被斩首示众，十名公主在杜县被分解肢体而死，更不用说其他的人会遭受到何种酷刑。结果呢？杀光了33位兄弟姐妹的秦二世也被逼得最后自杀，年仅二十四岁。所以领导用人不可不慎，用人不慎可能自己最后都性命难保。那么，什么是真正的贤才呢？司马光认为应该德才兼备，德帅才辅。德才兼备者为圣人，无德无才者为愚人，德胜过才为君子，才胜过德为小人。有德的人知道该为谁办事，有才的人知道怎么办事。挑选人才如果找不到圣人、君子而委任，与其得到小人，还不如选用愚人。因为小人恃才而行恶，可能对社会的危害更大。那么，是不是有才而品行不好的人就完全不能任用呢？魏征在与唐太宗对话时有句话说得很好，那就是天下未定时，对于一个人专取其才能，并不看重和考察其德行，而天下太平后，则不是德才兼备者不能使用。《易·系辞下》云："德薄而位尊，知小而谋大，力小而任重，鲜不及矣。"这三种人不会有什么好的结局。在现实生活中究竟怎么识别人才，可以说是一件非常困难的事情，需要长期的考察。"视其所以，观其所由，察其所安"（《论语·为政》），不仅要听其言，还要观其行，从多方面进行考察，才能避免王莽那样的伪君子。《资治通鉴》里面谈到了很多识别人才的方法，比如第一可以从忧乐上识别。能真正做到"先天下之忧而忧，后天下之乐而乐"的人必定是君子，只能与人同乐，不能与人同忧者不堪大任。第二可以从小节上来识别人才。一个人身边的日常用具和摆设，往往也是一个人习气和个性爱好的真实反映。第三可以从性格上识别人才。疏阔刚直的人，多嘴多舌的人都容易招惹是非；妒忌心强、多言善变却又缺乏仁德之人都难免中伤他人；心高气傲、才德配不上志向的人都是斗筲之人，不能为政。第四，可以从言语形态上识别人才。眼珠乱转、言语荒诞者，容易反叛；敢于直言不讳批评朝政者，多是忠贞之人；阿谀奉承、随声附和者，多是奸佞之臣。最后，最重要的乃是领导者自身必须修养自身，识别人才的根本在于识别者的至公至明，如果居上位者至公至明，那么属下的一切都会清清楚楚，没有谁会隐瞒得过去；如果不公不明，那么一切好的政策和制度，都可能变成他们徇私、欺骗的工具，唯有贤人才知道谁是贤才，以其昏昏，使人昭昭，那是不可能做到的。

再次是治心。心生则种种法生，为官者最怕的就是贪念。贪为为官者第一罪恶，一有贪念便生万恶。万恶之中，又以奢侈为危亡之本。物不极则不反，恶不极则不亡。司马光引用了唐太宗的话来说明（《资治通鉴》卷192，唐纪8）从政者克制欲望的必要性。他说君主依靠国家，国家仰仗百姓，剥削百姓来奉养君主，如同割下身上的肉来充腹，腹饱而身死，君主富了而国家灭亡。凡欲望多则花费大，花费大则赋役繁重，赋役繁重则百姓困苦，百姓困苦则国家危急，国家危急则君主地位不保。所以为政者必须要能够驾驭好自己的欲望，才能驾驭好自己的人生。物欲过旺，必然贪财；色欲过旺，必然贪色；权欲过旺，必然贪权；名欲过旺，必然贪名！穷奢极欲，是造成国家危亡的根源。因此，领导者必须要懂得节制，要懂得修身，才能处理好各种政务。只有贤明和德行，才会使人折服。领导者修养首先得从克己开始，克己然后才能心静、心定、心公、心宽！心静、心定的人才能知彼知己，才能明察秋毫；心公、心宽的人才能严于律己，宽以待人，才能为百姓做实事、做好事。领导者往往会面临种种诱惑与陷阱，自我要求越严越好。领导者要加强道德修养，少一分自私和暴力，多一分仁爱与谦恭，才能凝聚人心，才能开展好事业。关于正心的内容可以说是非常丰富的，如廉洁、公私分明、戒骄戒躁、自省自警、慎重交往、有礼有节等等，这些德行的培养，一个非常重要的方法就是要加强学习，要不断提升自己的理论修养和道德修养，不断自我反省，在实践中去磨炼和提高。

最后是治礼。治礼主要讲的是领导方法，《资治通鉴》中认为，主要的原则就是恩威并施，刚柔相济，赏罚分明，文武并用，宽严适度。针对汉高祖马上打下的天下，哪里用得着《诗经》《尚书》的说法，陆贾反驳说马上可以得天下，难道可以在马上治理天下吗？文武并用，才是长治久安之策。假如秦始皇吞并天下之后，推行仁义，效法天下，哪里会有汉朝的天下？纯粹用武力是不能统治天下的。同理，纯粹用文的方法也不足以治理天下。诸葛亮治理蜀地，采用严峻刑法，下属很是不解。诸葛亮解释说：刘璋治理蜀地时，一味采取恩惠政策，导致刑罚失去威信。蜀地的人专权而为所欲为，君臣之道，渐渐破坏。给予高官官位，官位无法再高时，反而被臣下轻视；顺从臣下的要求，施加恩惠不能复加的时候，臣下便会轻狂怠慢。现在树立法令的威严，法令被执行，人们便会知道我们的恩德；以爵位限定官员的地位，加爵的人便会觉得很荣耀。荣耀和恩德相辅相成，上下之间有一定的规矩，就容易治理了。因此，仁政和刑罚两种手段互相补充，政局才能稳定。但是刑罚和权力的使用一定要慎重，一味嗜好刑罚，就容易变成以暴制暴，以暴力压制暴力只能是越来越暴力，以血腥对付血腥只能越来越血腥，最后都不会有好下场。所以使用刑罚不仅要慎之又慎，而且还必须在刑罚制度中贯彻德行，这样才能使社会和谐。与刑罚同样重要的是奖赏，赏必行，罚必信，领导的威信才能树立，公平正义才能得到维护。怨恨往往生于不均，领导的机要在于赏罚分明。奖赏不当就有鼓励坏人的危险，刑罚不当就有失去好人的结果。如果该坚持的没有坚持，该反对的没有反对，正常就会变成不正常，不正常就会变成正常，社会价值观就会紊乱，姑息之政就由此产生。真正的社会风气转变，主要靠的不是赏罚，而是教化。十年树木，百年树人。文化教育的力量是无穷的，榜样的力量也是无穷的。《论语·子路》上讲"善人为邦百年，亦可以胜残去杀矣"，只有通过长期的文化熏陶，以德化民，才能达到太平之治。

《资治通鉴》还谈到了王朝由盛转衰的原因，最重要的经验就是居安思危。创业之初，人们容易明白艰苦奋斗的意义，天下大定，社会繁荣的时候，人们容易忘记吃苦耐劳的传统，社会越是承平日久，就越容易滋生骄奢淫逸，骄奢淫逸就会招致危亡。长治久安之后，领导者最提防的就是官员骄奢淫逸、百姓贪图享受，以及小人阿谀奉承。汉朝中大夫徐乐给汉武帝的上书中说：一个国家，如果到了民众困苦而君主却不加体恤，臣民怨恨而君主却毫不知情，社会风俗已乱而国家政治却仍不进行整治，那么离土崩瓦解就不远了。

第五章

实现传统治理理念与制度的现代转换

一、国家治理现代化与中华民族伟大复兴

制度是治国之重器,良制是善治之前提。2019年10月28日至31日,党的十九届四中全会在北京召开,通过了《中共中央关于坚持和完善中国特色社会主义制度、推进国家治理体系和治理能力现代化若干重大问题的决定》(以下简称《决定》),专题研究制度建设,强调坚持和完善中国特色社会主义制度、推进国家治理体系和治理能力现代化,是实现社会主义现代化建设的根本保证,是应对风险挑战、赢得主动的关键所在,是实现两个一百年奋斗目标、实现中华民族伟大复兴的内在要求,其制度建设的不断落实和完善,不仅对中国发展,也会对整个世界格局产生深远的影响。

(一)中国之治创造中国奇迹

邓小平指出:"制度是决定因素",制度问题更带有"根本性、全局性、稳定性和长期性"。中国历史上长期走不出兴衰治乱的历史周期律怪圈,很大程度是由于制度不科学、不完备。一个王朝建立

之初，往往开国君主能够励精图治，而到了后来，好的制度无法坚持下去，社会问题又得不到解决，尤其是土地兼并和腐败问题愈演愈烈，最终导致了王朝的土崩瓦解。党的十八大以来，习近平主席提出要全面深化改革，要抓住完善和发展中国特色社会主义制度这个关键，不失时机深化重要领域改革，坚决破除一切妨碍科学发展的思想观念和体制机制弊端，着力构建系统完备、科学规范、运行有效的制度体系，为经济和社会的发展提供持续的生机与活力，用制度来保证中华民族的伟大复兴和社会主义现代化强国目标的实现。

制度红利是中国取得成功的最大优势。判断一种制度是否成功，是否具有优势应该首先设定一个标准，否则出发点不同就会得出不同的结论。在权衡一个制度是否优越的判断标准中，归根到底要看它是否能够解决广大民众的生存和发展问题，同时亦不能违反整个人类社会的公正和道义。任何一种理论及其实践，如果能够促进经济发展、社会和谐、国土安全、人民幸福、国际安宁，那么，这种理论及其制度无疑就是优越的。反之，如果它把国家推向经济停滞、社会动荡、国土分裂、国家衰败，那么，不论其自我表述多么动听，也不论它在局部多么合理，都很难说这种制度是成功的。中国自从1840年鸦片战争以来，陷入了列强欺压、经济倒退、战乱频仍、社会动荡的局面之中，无数仁人志士为此提出了各种制度设计，包括农民阶级的太平天国制度、地主阶级的洋务运动、资产阶级的君主立宪以及模仿英美式的西方资产阶级共和国方案，甚至于蒋介石倡导的军事法西斯模式都无法解决民族和国家的生存与发展问题，只有十月革命一声炮响，给中国送来了马克思主义，中国共产党在坚持马克思主义理论与中国具体实际相结合的过程中，坚持了党的民主集中制、密切联系群众制度以及实事求是的思想路线和制度，纠正"左"、右倾的路线，最终实现了中华民族的完全独立自主，解决了近代以来中国面临的生存问题。新中国成立以后，面临的任务除了要继续巩固人民政权之外，最大的任务就是要解决发展的问题。从解放初的一穷二白到今天的繁荣富强,创造了国际社会的发展奇迹:2020年我国脱贫攻坚战取得了全面胜利,现行标准下9899万农村贫困人口全部脱贫,832个贫困县全部摘帽,12.8万个贫困村全部出列,完成了消除绝对贫困的艰巨任务,人民生活正在走向更加美好的未来。人们的衣服从追求保暖到追求美观舒适,人们的饮食从半饥饿状态到小康富足,人们的住房从遮风避雨到追求质量,人们的出行从两脚行走到汽车销量世界第一、高铁世界第一,以及农业税被废除,教育、医保、社保全民普及……这种经济长期高速发展和社会长期稳定的奇迹是如何发生的,它的内在机制何在?唯一的答案就在于制度的红利,在于坚持了中国特色的社会主义制度。

中国特色社会主义制度的显著优势是推动中国经济发展的最强动力,也是中国经济高速发展奇迹和社会长期稳定奇迹的唯一答案。党的十九届四中全会《决定》指出,我国国家制度和国家治理体系具有多方面的显著优势:坚持党的集中统一领导,坚持人民当家做主,坚持全面依法治国,坚持全国一盘棋,坚持各民族一律平等,坚持社会主义市场经济体制,坚持共同的理想信念、价值理念、道德观念以及先进文化指导,坚持以人民为中心的发展思想,坚持改革创新、与时俱进,坚持德才兼备、选贤任能,坚持党对军队的绝对领导,坚持"一国两制"的和平统一方针,坚持独立自主和对外开放的外交策略等。正是这些显著优势,协同发挥出巨大的治理效能,取得了中国发展和稳定的巨大成绩。在这些制度的优越性之中,以制度的执行力而言,社会主义有一个强大执行力的政府,它具有全国一盘棋、集中力量办大事的优越性。没有这种执行力,就没有南水北调、科技园区、高速公路与铁路、西电东输、西气东用、旧城改造等,也没有应对国际金融动荡和国家重大灾难的强大能力,比如2019—2020年的新冠肺炎疫情,中国再次展现了制度的优势与治理效能。

2019年暴发的全球的新冠肺炎疫情,可以说是对整个国际社会国家治理的一次大考。在这次大考中,中国已有的国家治理体系显示出强大的治理效能,也暴露出国家治理中存在的诸多漏洞与不足。中国能够在类似武汉千万级以上的人口大城市进行封城,然后在全国发动社区级别的隔离,进而很快取得抗击疫情的阶段性胜利,而反观整个世界,类似欧美这样的发达国家,其疫情确诊数量和死亡人数都远远高于中国,并且还没有完全控制住。以美国为例,截至 2021 年 5 月 6 日 21 时,美国新冠病毒肺炎累计确诊 33321244 例,累计治愈 26035314 例,累计死亡 593148 例,现有确诊 6692782 例;而中国累计确诊 103746 例,死亡 4858 例。在表面数字悬殊对比的背后,乃是国家治理体系及其治理能力优劣的集中展现。中国之所以能够在疫情暴发最早,而能够最快地将疫情控制住,彰显了我国国家制度和国家治理体系的巨大优势。

一是坚持了党的集中统一领导。综观整个人类历史,不论是中国,还是西方,都希望有一个强有力的中央政府来进行社会管理。在中国先秦时期,孔子就看到诸侯割据、权力分散带来的社会动荡问题,因此提出春秋大一统的治理理念,但是又担心君主权力过大会导致权力滥用,因此寄希望于士大夫阶层来监督和限制权力的集中。在西方,柏拉图也提出最好的治理乃是哲学王的模式。根据柏拉图设计的社会政治结构,哲学家垄断城邦全部政治权力,被置于等级结构的顶端,其合法性不在于人们的同意,而在于哲学家基于智慧统治的自然正当性,这样的国家的效用即可弥补雅典早期民主的问题,使得国家的军事、政治等各方面能力趋于强大,充分体现国家的治理效能。实际上,中西文化在这方面的共识就是强有力的中央领导和执行机制优越于散漫的民主政治,但是如何解决权力集中之后权力滥用的问题,一直是几千年来中西政治家的困惑之所在。在我国,中国特色社会主义制度经过多年的探索,可以说已经基本能够解决此一矛盾。一方面,坚持党的全面领导,坚决维护党中央权威,健全总揽全局、协调各方的党的领导制度体系,把党的领导落实到国家治理各个领域、各个方面、各个环节，已经形成制度体系，这样就能充分体现社会主义制度集中力量办大事的优势。从这一次抗击新冠肺炎疫情来看，各地政府早期也出现过一些混乱和措施不到位的现象，但是中央迅速统一部署，在医务人员援助湖北、各地物质运送武汉、迅速查处失职官员、听取群众呼声、解决群众实际困难等方面迅速走上正轨，尤其是火神山、雷神山以及方舱医院的建设、社区隔离、居民基本生活物质保障方面，更是体现出党的全面领导所展现出来的效率。疫情很快就被控制，各地的确诊病例在两个星期之内迅速降低，而这些高效的治理效能在很多西方国家是难以想象的。在这次抗击新冠肺炎疫情的过程中，西方由于多党制以及资本主义制度的局限，很多应该采取的正确措施被党派斗争内耗掉，也没有办法统一调度社会资源进行整体抗疫，所以导致整个疫情蔓延长时间难以控制。另一方面，为了防止权力集中之后出现的权力寻租以及权力滥用等问题，在我国基本上形成了以人民为中心的制度体系和依法治国的法律制度体系，把权力关进制度的笼子，使得权力受制约和监督，有效避免了权力集中之后可能会出现的问题，这样既能保证集中力量办大事的优势，又能有效避免权力集中后可能出现的腐败现象。

二是建立了以人民为中心的制度体系。习近平主席在2020年1月13日的十九届中央纪委四次全会上指出：我们坚持以正风肃纪反腐凝聚党心军心民心，坚决惩治腐败、纠正不正之风，坚决清除影响党的先进性和纯洁性的消极因素，健全为人民执政、靠人民执政的各项制度，让人民始终成为中国共产党执政和中国特色社会主义事业发展的磅礴力量。那么，什么样的制度才是好的制度？一言以蔽之，真正做到以人民为中心，切实维护广大民众利益的制度，就是好的国家制度。尽管在历史上有政治家、思想家都提出过民为邦本的思想，但是往往没有把保护广大人民群众的根本利益落实到制度上去，没有落实到实践中去，也因此包青天成了广大群众的美好愿望。在历史上不乏大的瘟疫流行，不论是欧洲历史上的雅典大瘟疫、欧洲黑死病、印第安人的天花、延续两个世纪的黄热病、1918年的西班牙大流感,抑或是中国历史上的东汉大瘟疫、云南鼠疫、东北鼠疫等,每次大的疫情都造成几百万甚至上千万人的死亡,原因何在?除了古代的医疗卫生体系不健全之外,就是没有一套能够真正为人民利益而服务的制度。好的为民制度不仅可以让贤德之人居有其位,而且可以让无能之辈受到追责,使得各项利民措施得到彻底贯彻执行。中国共产党从其成立之日起,就把维护广大人民群众的根本利益作为执政的基本准则,从全心全意为人民服务的理念到以人民为中心的制度落实,不仅体现了社会主义制度的优越性,更是与西方某些国家的形式民主形成鲜明的对比。在疫情大暴发之时,是把人民群众的生命安全放在第一位,还是把个人利益放在首位,成了检验治理体系好坏的重要标准。在中国疫情暴发初期,也曾经出现了形式主义和官僚主义的问题,有些领导对本地疫情一问三不知,有些领导应对措施不得力,使得疫情传播始终控制不下来,使得群众治疗以及平时生活得不到基本的保障,中央迅速启动了问责程序,该罢免的罢免,该替换的替换,迅速扭转了局面。而反观目前疫情的震中美国,一些政客成天只知道推卸责任,到处甩锅,而对于国内的抗疫困难不去下功夫解决,使得确诊人数和死亡人数高居不下,而这样的政客竟然还每天在电视上吹嘘自己的成绩。且不谈制度的优越性对比,单就治理效能来说,已经是高下立判了。

三是继承了优秀的中华文化传统。习近平主席多次强调中华优秀传统文化是中华民族的精神命脉,是涵养社会主义核心价值观的重要源泉,也是我们在世界文化激荡中站稳脚跟的坚实根基。我们常常在思考,为什么世界的几大文明只有中华文明能够在历次挫折中越挫越勇,能够传承几千年而不中断?相反,世界的其他几大文明,如古希腊、埃及、印度以及巴比伦文明,都已经今非昔比,出现了文化的中断,而中华文明正如黑格尔所言,"只有黄河、长江流过的那个中华帝国是世界上唯一持久的国家。"而这次抗击疫情再次让我们看到了中华文明中的人文精神,正是这种精神使得我们的国家和民族能够经受住各种打击。首先,是民胞物与的仁爱精神。先哲孔子在阐述六经的过程中得到一个结论:只有施行仁政,明德亲民,修身齐家治国平天下,才能保我子孙黎民,所以对内民为邦本,对外协和万邦,才能长治久安。以这次疫情为例,由于对内火线提拔有能力有责任感的官员,罢免那些官僚主义、形式主义的庸官,才使得国内疫情形势迅速扭转;在外部,由于我们长期坚持了天下大同的人类命运共同体的理念,才使得我们遭受疫情的时候,别的友邦倾力相助,而当我们缓过神来,又全力支援其他国家抗击疫情。所谓独行快,众行远,我们追求的是大家团结一致的人类命运共同体。其次,是舍身忘我的大爱精神。孟子早就提出有一种"富贵不能淫、贫贱不能移、威武不能屈"的大丈夫人格,有一种"舍生而取义""杀身而成仁"的理想信念。在疫情面前,哪个不怕死?但是如果人人都怕死,没有人站出来敢于去挑战病魔,那么就有更多的人会死去。在这种情况下,有那些鲁迅称之为民族脊梁的人站出来:武汉市江夏区第一人民医院的彭银华医生站了出来说"我还年轻,让我上";武汉市协和医院江北医院的夏思思站了出来说"有事叫我,我来"……而他们牺牲时都还是不到30岁的青年人啊!83岁的钟南山院士站了出来,买站票到武汉进行实地考察;73岁的李兰娟院士站了出来说"我可以带队去武汉救治危重症患者"……这是一种什么精神?这是一种舍生忘死的大爱精神,是一种"天下兴亡、匹夫有责"的爱国主义,是一种毫不利己、专门利人的共产主义精神。这次抗击疫情,全国人民都展现了人性的光辉,都撑起了民族的脊梁。鲁迅先生曾经说过:我们从古以来,就有埋头苦干的人,有拼命硬干的人,有为民请命的人,有舍身求法的人……虽是等于为帝王将相作家谱的所谓"正史",也往往掩不住他们的光耀,这就是中国的脊梁。① 习近平总书记2014年在《在文艺工作座谈会上的讲话》指出:"中华民族在长期实践中

---

① 鲁迅.鲁迅全集:第6卷[M].北京:人民文学出版社,1981:118.

培育和形成了独特的思想理念和道德规范,有崇仁爱、重民本、守诚信、讲辩证、尚和合、求大同等思想,有自强不息、敬业乐群、扶正扬善、扶危济困、见义勇为、孝老爱亲等传统美德。中华优秀传统文化中很多思想理念和道德规范,不论过去还是现在,都有其永不褪色的价值。"五千多年来,中华优秀传统文化中的仁、义、礼、智、信、温、良、恭、俭、让、忠、勇、孝、悌、廉等思想道德观念深入人心,尚仁重德、知礼好学、诚信守正、宽厚孝义、扶危济困的情操品格,深深地滋润着神州大地上的众生,流淌在血脉里,熔铸在精神世界之中。在这次抗击疫情的过程中,尤其是在关爱他人、扶危济困、孝老爱亲、热爱祖国、厚德载物等方面再一次展示了中华传统美德的光辉,随着各项弘扬中华优秀传统文化的制度和措施落实到位,相信一定会为国家的长治久安奠定坚实的基础。

　　四是坚持了任用贤能的选拔制度。马克思主义认为,人是生产力中最活跃、最革命的因素。任何事情如果没有大量的专业过硬、品德过关的人才来支撑,终究是难得做成大事的,所以历代发现人才并任用人才是治国之关键。就我们今天来说,路线确定以后,事业完成的程度与领导的能力有相当大的关系。古人讲,千军易得,一将难求。广大的人民群众只要遇见一个英明的领导,就会爆发出改天动地的力量。从武汉早期的抗击疫情来看,始终无法截断传染的链条,确诊的拐点迟迟无法到来,而当中央调兵遣将,先后将陈一新、应勇、王忠林等领导调到湖北及武汉以后,情况就迅速改观。从全国大局来说,从"遭遇战"到"阻击战",从"重中之重"到"人民战争",从"头等大事"到"阶段性胜利"……观势、谋局、落子,总书记在亲自指挥这场人民战争的过程中,每每以见叶知秋的眼光和大国领袖的担当因时因势果断作出决策部署,为这场人民战争赢得了时间、争取了主动,成为"致人而不致于人"的生动示范。首先是临危不乱,敢于担当。疫情来势汹汹,敢于在 1 月 23 日迅速果断采取措施封锁近千万人口的城市,这是需要勇气的。又敢于在 4 月 8 日解除离鄂离汉通道,这也是需要勇气的。其次是调兵遣将,兵贵神速。抗击疫情是一场大考,防控动员是一道大题。军队首先支援,4万名白衣战士驰援湖北,十余个昼夜建成火神山、雷神山医院,35天开放床位13000多张、建成16座方舱医院,"中国速度"背后有符合国情的政治制度、突出的治理能力、雄厚的综合国力,更有习近平胸怀全局、高屋建瓴的战略布局。再次是统揽全局、两线作战。经济社会是一个动态循环系统,不能长时间停摆。在疫情防控取得阶段性成果的关键时刻,在确保疫情防控到位的前提下,推动非疫情防控重点地区企事业单位复工复产,恢复生产生活秩序,需要精心规划、统筹安排。在国内,密集的战"疫"日程中,习近平接连主持召开多次重要会议,研究部署经济社会发展等重点工作。对春耕作出重要指示,心系"复工复产""产业发展",鼓励培育壮大新兴产业,关注"脱贫攻坚""对外开放"……目前,我国的疫情防控与恢复生产已经基本走上正轨。这些成绩的取得,既有英雄的人民的辛勤努力,也有英明的领袖领导有方。在当今专业化分工越来越精细化的时代,隔行如隔山,必须把那些精通专业且又具有民胞物与的贤达人士委以重任,才能精准施策,有效应对。这次抗击疫情的成功,除了全国人民的团结一心之外,钟南山院士、李兰娟院士等的专业领导也起到了非常关键的作用。

第五,坚持了马克思主义的理论指导。五四新文化运动时期,曾经有一场关于问题与主义的论战。胡适认为,应该少谈些主义,多研究和解决一些中国的实际问题。李大钊提出必须有一个根本的解决,才有把一个一个具体问题都解决了的希望。而这个根本解决之道就是马克思主义。自从中国社会选择马克思主义作为指导思想建立中国共产党至今已经100周年,在这一百年的时间里,用革命和建设的成功实践证明了马克思主义适合中国的国情。同样,在这次抗击新冠疫情的过程之中,也同样展现了马克思主义理论具体指导实践的巨大威力。首先就是马克思主义的群众路线的运用,一切依靠人民,一切为了人民,从群众中来,到群众中去,一切新冠肺炎治疗费用全部免费,同时也广泛听取和集中人民的智慧,这也可以说是中国抗击疫情成功的重要因素。其次就是实事求是的思想路线,实践才是检验真理的唯一标准,与国外五花八门的抗疫措施相比,中国措施的最大特色就是实事求是、与时俱进,根据实际情况的发展变化不断调整方针和措施,前期是想尽一切办法做到应收尽收、应治尽治,然后实行社区隔离,不落下一人,很快就将传染系数降了下来。然后在世界疫情大暴发进而回流中国的时候,又不断调整措施,从自我申报到一律隔离十四天,建立大数据的追踪网络,追责防控不力的干部,然后有序控制来华人员。到目前为止,我们已经能够有效防控境外疫情向我们的传播,经济和社会生活也逐渐恢复,走向有序和正常,这些成就的取得,都充分体现了马克思主义实事求是的思想灵魂。我们也相信,有马克思主义思想的指导,有党的英明领导,中国人民就能够克服重重困难,最终建设成现代化的社会主义强国。

(二)从反封建到文化软实力的理念嬗变

客观地看,传统国家治理既有精华,又有糟粕,尤其是中国在长达2000多年的封建社会中形成的官僚主义、家长制等专制主义的弊端,仍然深深影响着国人。如何区分传统治理中哪些值得借鉴,哪些值得扬弃,哪些需要创造性转化,不仅是一个认识问题,也是一个实践问题,需要在时代发展的潮流中去寻找答案。

近代以来,伴随着民族危机加深进而寻找救国出路的过程中,对整个传统的否定倾向日益严重,甚至出现了全盘否定传统和全盘西化的呼声;在治理国家方面,却又或明或暗地采用传统统治之术,这也说明想要完全割裂传统基本上是不可能的。自从1840年鸦片战争以来,中国先后遭遇了西方一系列的军事、经济侵略,尤其是两次鸦片战争、甲午中日战争以及八国联军的军事入侵,使得国家面临灭国之危险,一些有识之士奋而寻求国家自强之道。首先是采用中体西用之模式,政治制度、思想形态仍然采用传统封建专制，只是在器物层面希望通过学习西方的经商、工业，从而建立起强大的国防，通过兴洋务从而达到维持封建统治的目的。在甲午战争之前，就总体军事力量和经济实力而言，中国是远胜于日本的，然而甲午一战中国却败得很惨。以康有为、梁启超为代表的维新人士认为必须学习日本，搞君主立宪，实行资本主义制度，才能实现国家的富强，然而包括后来的清末新政在内的两次君主立宪运动，都没有取得成功。以孙中山为代表的资产阶级革命派认为只要革命成功，实行类似美国的三权分立、议会制的政治体制，中国就能很快立于世界民族之林。现实的情况是辛亥革命成功之后，袁世凯篡权，实行的是名为共和，实则军阀专制的体制，后来北伐成功，蒋介石建立南京国民政府之后，干脆连北洋军阀时期的议会都直接废除掉，实行军事专制的法西斯统治。就国家治理而言，虽然没有了皇帝，但是封建统治那一套依然盛行，西方崇高的自由、平等、法治基本上都只是流于口号；对传统文化的否定却不仅仅是五四新文化中的全盘反传统口号，而是落实到实际生活之中。清末新政中废除科举，辛亥革命后成立的"中华民国"，命令废除小学读经，后来新文化运动中兴起的打倒孔家店，乃至于后来的文化革命都基本上将传统的一切视为历史的包袱，必去之而后快。但是现实生活中却又不得不采用很多传统的治理之道，因此就陷入了一种如何正确对待传统治理的矛盾困境，此一困境实际上又是近代以来各种政治怪象之根源，同时理论与实践上的背离亦不能解决国家的自强任务。

中国共产党的传统文化观也有一个从反封建到弘扬中华优秀传统文化的历史嬗变过程，此一嬗变亦体现在国家治理方面。新文化运动时期，陈独秀、李大钊都是激烈的反传统派，他们都认为中国社会的落后在于儒家文化，只有民主和科学才能解决中国社会的一切问题，而必须摒弃一些代表中世纪的传统文化。在1921年中国共产党成立之后，一方面由于受共产国际的影响，另一方面也受五四反传统的思维模式影响，基本上全盘照搬苏俄的模式，而没有注重将马列主义与中国国情相结合,所以连续出现陈独秀的右倾投降主义,瞿秋白、李立三、王明的"左"倾冒险主义,使得革命遭受到重大损失,主张马列原理与中国国情相结合的毛泽东被讥讽为山沟沟里面的农民党。1931 年在遵义会议上确立了毛泽东、周恩来、王稼祥三人军事指挥领导地位后,再到延安时期将毛泽东思想确定为党的指导思想,一直到新中国成立,基本上中国革命都是胜利一个接着一个,很少有大的错误出现。之所以如此,就在于毛泽东主席坚持马克思主义实事求是的思想路线,善于做调查研究,善于从群众中汲取智慧。实事求是可以说是破除"左"、右倾错误的最好办法。毛泽东运用历史唯物主义的方法,得出了对待传统比较科学的看法:"中国历史留给我们的东西中有很多好东西,这是千真万确的。我们必须把这些遗产变为自己的东西。"①在 1938 年 10 月召开的中共六届六中全会上,他在提出马克思主义中国化的任务时就明确指出:"我们这个民族有数千年的历史,有它的特点,有它的许多珍贵品"。"从孔夫子到孙中山,我们应当给以总结,继承这一份珍贵的遗产。这对于指导当前的伟大的运动,是有重要的帮助的"。"学习我们的历史遗产,用马克思主义的方法给以批判的总结",这是我们的一项重要任务。② 为此提出了"古为今用、推陈出新"的指导方针,对于中国历史要"观往迹,制今宜",要运用马克思主义的立场和观点,进行"古籍新解",吸收其精华,去除其糟粕,应该说这种科学的方法论也导致了在治理层面的科学性。

然而如何正确地区分传统中的精华与糟粕,尤其是不要陷入传统的糟粕中去,的确是一件很困难的事情,有时候不知不觉地承袭了旧的制度却不自知。托克维尔在《旧制度与大革命》中揭示了一个现象:法国大革命似乎要摧毁一切旧制度,然而大革命却在不

---

① 毛泽东.毛泽东文集:第 3 卷[M].北京:人民出版社,1996:191.
② 毛泽东.毛泽东选集:第 2 卷[M].北京:人民出版社,1991:533-534.

知不觉中从旧制度继承了大部分情感、习惯、思想,一些原以为是大革命成就的制度其实是旧制度的继承和发展。在1958年批评反冒进、1959年"反右倾"之后,党和国家的民主生活逐渐不正常,"文化大革命"时期更是形成了林彪、"四人帮"两个党内宗派集团,在反帝反封建的口号下不仅没有把封建主义扳倒,反而使其沉渣泛起。党的十一届六中全会通过的《关于建国以来党的若干历史问题的决议》(以下简称《决议》)在分析"文化大革命"发生的历史原因时也指出:"中国是一个封建历史很长的国家,我们党对封建主义特别是对封建土地制度和豪绅恶霸进行了最坚决最彻底的斗争,在反封建斗争中养成了优良的民主传统;但是长期封建专制主义在思想政治方面的遗毒仍然不是很容易肃清的,种种历史原因又使我们没有能把党内民主和国家政治社会生活的民主加以制度化,法律化,或者虽然制定了法律,却没有应有的权威。这就提供了一种条件,使党的权力过分集中于个人,党内个人专断和个人崇拜现象滋长起来,也就使党和国家难于防止和制止'文化大革命'的发动和发展。"明确提出了好的经验要加以制度化和法律化,这其实已经是开始重视政治文明或者说制度文明的建设了。同时,也说明对封建主义的批判还任重道远,需要有更深刻、更精准的认识。黎澍、李泽厚等人就认为文化革命是封建主义假借社会主义来反资本主义,乘机在各个方面以各种不同的形式死灰复燃,暗中取代社会主义,还要冒充是最革命的,给国家造成了巨大的损失。进入到改革开放新时期之后,实际上仍然面临着反全盘西化以及继续清除封建主义的任务,同时亦有落实洋为中用、古为今用的双重任务,如何正确对待外来文化与古代文化,更好为社会主义现代化建设服务,成为邓小平之后几代领导人所继续关注的问题。

  改革开放以来,大量的西方文化被介绍到中国,国内出现了一波又一波的西方思潮热,出现了过度崇拜西方,进而出现了历史虚无主义和文化虚无主义。以1988年的政论片《河殇》为代表,极力贬低传统文化,拔高西方文化,发展到后来对马克思主义在意识形态的指导地位都构成了挑战,并引起了社会思潮的混乱。马立诚在《当代中国八种社会思潮》中分析了改革开放以来在中国社会已经形成气候的八大思潮:邓小平思想,老左派思潮,新左派思潮,民主社会主义思潮,自由主义思潮,民族主义思潮,民粹主义思潮和新儒家思潮。实际上争论最激烈的往往是左派与自由主义的论战,一直延续至今。在此情况下,反对西方对中国实施西化、分化的和平演变战略开始成为主要矛盾。而反对西化、反对西方资产阶级自由化,又往往要借助传统文化,因此对传统的态度就发生了一个巨大的转变,从以前的主要反封建开始变成了要发掘优秀的传统文化资源。邓小平一方面辩证地指出:"要有实事求是的科学态度。要运用马克思列宁主义、毛泽东思想,对于封建主义遗毒的表现进行具体的、准确的、如实的分析。……也要划清文化遗产中民主性精华同封建性糟粕的界限。……不要又是一阵风,不加分析地把什么都说成是封建主义。"[①]另一方面强调指出:"现在有些同志对于西方各种哲学的、经济学的、社会政治的和文学艺术的思潮,不分析、不鉴别、不批判,而是一窝蜂地盲目推崇。对于西方学术文化的介绍如此混乱,以至连一些在西方国家也认为低级庸俗或有害的书籍、电影、音乐、舞蹈以及录像、录音,这几年也输入不少。这种用西方资产阶级没落文化来腐蚀青年的状况,再也不能容忍了。"[②]尤其是资产阶级自由化泛滥,后果极其严重。反"西化"在重要性和紧迫性上都超过了反封建。这种态度的变化带来了传统文化发展的契机,后来的几代领导人都基本上继承了此一思想。

关于弘扬中华优秀传统文化与反"西化"的关系,党的十四届六中全会上江泽民明确提出:"如何在扩大对外开放、迎接世界新科技革命的情况下,吸收外国优秀文明成果,弘扬祖国传统文化精

[①] 邓小平.邓小平文选:第2卷[M].北京:人民出版社,1994:335.
[②] 邓小平.邓小平文选:第3卷[M].北京:人民出版社,1993:44.

华,防止和消除文化垃圾的传播,抵御敌对势力对我'西化''分化'的图谋,这是在社会主义现代化进程中必须认真解决的历史性课题"。① 一个民族只有在努力发展经济的同时,保持和发扬自己的民族文化特色,才能真正自立于世界民族之林。中华优秀传统文化成为最深厚的文化软实力,越来越受到各级领导的重视。

(三)治理现代化支撑中华民族伟大复兴

中国特色社会主义制度是经过长期的实践而探索出来的最优选择,是契合中国国情的伟大创造,是马克思主义发展史上的光辉篇章,是带领中国人民实现民族复兴、走向美好生活的制度保障。中国是一个国情极为独特的国家,5000多年来一直延续的文化血脉、广袤的国土面积、多民族聚居的广大人口、坎坷曲折的历史命运、千差万别的民族风俗……都注定我们无法照搬任何一种西方现代化模式,必须结合具体国情,才能探索一条行之有效的道路。而经过鸦片战争以来一百多年的探索,我们成功地探索出了一条适合中国国情的社会主义道路模式,不仅彻底摆脱了近代以来一直被侵略、被压迫的悲惨命运,而且用几十年时间走完了发达国家几百年走过的工业化历程,实现了经济快速发展和社会长期稳定的奇迹,也可以说是创造了人类文明史上的奇迹。之所以说是人类制度文明史上的伟大创造,体现在以下几个方面。其一是对马克思主义国家学说做出了原创性的贡献。关于社会主义和共产主义的制度,马克思和恩格斯只有原则性的设想,列宁的一些好的理念和实践,也没有发展为成熟定型的制度体系,苏联和东欧剧变也基本上宣布苏联制度模式的终结,只有中国在坚持马克思主义基本原理与中国具体国情相结合的基础上形成了中国特色社会主义制度模式,成为社会主义发展史上的一个成功范例。其二是对传

---

① 江泽民.江泽民文选:第1卷[M].北京:人民出版社,2006:573.

统进行了成功的转换，一方面对于封建专制进行了批判，比如为官理念从"父母官"到"人民的公仆"的转变就充分体现了人民当家做主的本质特征，另一方面对传统的精华进行了批判性的继承，比如民主集中制既可以防止专制主义的危害，又可以避免西方民主制的权力分散导致的决策效能弱化的问题。尤其是进入新时代之后，习近平主席先后多次专门组织政治局常委学习古代的治理经验，先后就中国古代的兴衰治乱、德治与法治、吏治以及典章制度等进行专题学习，并且结合时代发展需要创造性地把古代监察制度以及反腐败的有益经验运用到国家治理中来。中国特色社会主义制度是在马克思主义的指导下，与传统文化尤其是儒家文化相结合的产物。近些年来，国学开始出现复兴从某种程度上来说正是在马克思主义指导下，与现代化相结合的结果。这也给我们一个启示，传统文化的复兴必须实现与马克思主义与现代文明融合才可能有发扬光大的可能，这也是一个良性互动的过程，如果只是想把董仲舒、程朱理学或者康有为的学说照搬到现代社会而脱离马克思主义的指导，这种尝试无疑是要失败的。其三，中国特色社会主义制度也是整个人类制度文明史上的伟大创造。在苏联东欧剧变之后，福山宣布人类社会的发展只有西方的一种模式，即西方的市场经济和民主政治。在他看来，人类社会的发展史，就是一部以自由民主制度为方向的人类普遍史。自由民主制度是人类意识形态发展的终点和人类最后一种统治形式。然而实际情况是历史并没有终结，共产主义的发展也没有终结，中国在充分吸收世界一切优秀文明成果的基础上，发展出了中国特色社会主义制度，不仅把马克思主义国家学说推向一个新的发展阶段，也让中国优秀的传统文明焕发出生机，更是为世界各国人民提供了一个走向富强、民主、文明、和谐、美丽的理想社会的现代化模式，而且其优越性正在各种世界性的大考中体现得淋漓尽致。尤其是人类命运共同体的理念正在越来越被广泛地接受。

中华文明不仅在历史上曾经为人类文明进步做出过不可磨灭

的贡献,也可以为化解当前人类面临的共同难题提供重要启示,更可以为中华民族伟大复兴提供智力支撑。习近平经常用"历久弥新"一词称赞中华文化源远流长,在长达5000多年的历史长河中,中华文明创造了辉煌的历史,尤其是儒家的德治理念,不仅形成了中国社会超稳态的结构,也赢得了世界各国人民的尊重。只是1840年鸦片战争以来,中华文明才遭遇到了千年未有之变局,在以西方科学和民主为核心的文化冲击下处于被批判、被边缘化的境地,然而传统文明中有一种中和权变、实事求是、返本开新的精神始终存在,也正是在此精神指引下,中国开始虚心学习西方的一切优秀文明成果,进而来实现传统的浴火重生。经过近代以来180多年的学习西方,我们可以很肯定地说西方的主要优秀文明成果已经内化并且成为新的传统。一种融汇了马克思主义、传统文化以及西方文明精华的理论以及制度体系已经在中国形成,这就是中国特色的社会主义制度以及马克思主义中国化的理论成果,其最新表现就是习近平新时代中国特色社会主义思想和十九届四中全会上概括的中国特色社会主义制度体系。这种制度体系由人民代表大会制度的根本政治制度、中国共产党领导的多党合作和政治协商制度等13个方面制度构成。它具有鲜明的中国特色、完整严密的体系、强大的自我完善能力,既把以往的成功经验通过制度进行固化,又在实践中不断补好漏洞和短板,体现出与时俱进的特质。实际上,在已经基本吸收西方优秀文明成果的基础上,要推进新时代的理论创新和制度创新,推进马克思主义的中国化、时代化和大众化,把中国特色社会主义事业推向前进,一个非常重要的事情就是得实现好传统的创造性转化和创新性发展,因为改革开放发展到今天,我们已经没有石头可以摸着过河了,中国就是中国特色社会主义制度模式的开创者和引领者,没有外来经验可以借鉴,只有结合时代发展,从马克思主义、传统文化以及西方文明那里寻找资源,开拓创新,才能把中华民族伟大复兴和建成社会主义现代化强国的伟大理想实现。而在这三个理论资源中,目前来说最缺乏的还是对传统优秀文化的创造性转换研究,近代从鸦片战争以来,思想主流一直都是西学东渐占据主导,同时传统不断退守的过程,而如今中国在充分吸收西方文明的基础上,更应该突出民族特色才能在全球化浪潮中实现返本开新。就未来的中国制度发展而言,马克思主义只能提供理论和方法的指导,而没有现成的实践可以借鉴,就借鉴西方制度文明来说,其民主的合理成分已经被辩证地汲取,而西方的多党制、议会制并不符合整个东亚的国情,亚洲其他采用西方议会制民主的国家和地区,其社会撕裂、决策低效等问题已经充分体现。相比之下,中国自改革开放以来,在马克思主义指导下,积极弘扬优秀传统文化及其制度的做法更符合国情,使得中国保持了近四十年的经济高速增长、社会持续稳定、文化持续繁荣、人民生活不断提升,这种成功的经验,我们必须继续坚持并发扬光大。

然而,已经取得的成功并不代表制度已经完全成熟,实际上在国际局势不断深度裂变以及改革开放迈向深水区的时候,诸多短板、漏洞以及不足也充分体现了出来。比如形式主义、官僚主义的现象仍然存在,在某些领域的治理低效也依然存在,更为重要的是,防范重大风险、化解重大危机方面,预防机制和保障机制还亟须加强。不断变化的社会生活会有不同的社会问题出现,国家治理体系的完善没有终结,只有不断提升的过程,但是只要我们把握住基本的方法论原则,就能够与时俱进,不断将国家治理推向成熟和完善,从而实现中华民族伟大复兴和建设社会主义现代化强国的目标。

二、坚持实事求是和人民至上的治理原则

方法论往往是元哲学的问题,思想路线和方法论正确了,往往就会得出正确的结论。马克思主义的辩证唯物主义和历史唯物主义就是我们共产党人的方法论,毛泽东将其概括为实事求是,邓小

平也多次指出解放思想、实事求是就是我们党的思想路线,就是我们的方法论,整个党的发展史向我们揭示了一个真理,任何时候只要我们坚持实事求是的原则,就不会或者少犯"左"倾或者右倾的错误,即使在实际生活中有了偏差,也很容易纠正错误,重新走上正确的道路,而历史上诸多弊端的产生和积累,往往都是教条主义和主观主义造成的。国家治理也遵循同样的原则,只要我们在纷繁复杂的社会生活中坚持一切从实际出发,一切依靠群众,从群众中来,到群众中去,把实践当成检验真理的唯一标准,就能够做到无往而不胜。

(一)坚持实事求是的方法论

实事求是作为我们党的思想路线,是中国共产党认识问题、分析问题、处理问题所遵循的指导原则和思想基础,具体表述就是:一切从实际出发,理论联系实际,实事求是,在实践中检验真理和发展真理。邓小平提出:"实事求是,是无产阶级世界观的基础,是马克思主义的思想基础。过去我们搞革命所取得的一切胜利,是靠实事求是;现在我们要实现四个现代化同样靠实事求是。"[①]把实事求是看成是马克思主义最根本的方法论,也被定义为毛泽东思想的精髓。后来被当成整个马克思主义中国化理论的精髓和灵魂。习近平同志指出:"实事求是作为党的思想路线,它始终是马克思主义中国化理论成果的精髓和灵魂,即是毛泽东思想的精髓和灵魂,是包括邓小平理论、'三个代表'重要思想以及科学发展观在内的中国特色社会主义理论体系的精髓和灵魂。"[②]

方法论是人们认识世界、改造世界的根本方法,有时也称为思维模式。方法论往往是元哲学问题,甚至也可以说是哲学的核心

---

① 邓小平.邓小平文选:第2卷[M].北京:人民出版社,1994:143.
② 习近平.坚持实事求是的思想路线[N].学习时报,2012-05-27.

问题,判断一种观点或者结论是否正确,往往首先就是看你采取了何种方法论。在毛泽东同志看来,实事求是就是一种与主观主义相对立的方法论,但是实事求是这种说法,马克思主义经典文献中并没有,反而是在中国古代的治学和治国理论中多次出现,《资治通鉴》中就出现了数十次之多。实事求是也可以说是儒家文化的核心理念,笔者就曾经主张将儒家实学界定为"实事求是之学",①这一观念也与日本东京大学教授小川晴久对实学内涵的诠释有相通之处:"实学是在实事求是的基础上,能够把握关系性=法则性的一种实证的穷理之学;实学不采取崇拜某种特定理论,而忽视其他理论的一尊立场,而是面向诸学的大百科式的学问。"②究竟马克思主义语境中的实事求是与儒家文化中的实事求是有什么区别与联系?我们不能仅仅从考据学的角度来看待传统的实事求是命题,而是应该从儒家文化方法论的层面来进行剖析,这样才能够更好地看清实事求是在马克思主义和儒家文化语境中的异同之处,同时也可以为儒学与马克思主义关系研究提供一种新的思考。

1. 马克思主义语境中的实事求是命题

实事求是这个说法,马克思主义经典文献中没有直接提及,但在中国传统文化中,却是多次提及,早在班固的《汉书》中就提出研究史学要实事求是,要讲究资料的真实性。后来被作为我们党的思想路线,被称为马克思主义、毛泽东思想和中国特色社会主义理论的精髓,同时也被儒家实学作为自己的核心思想,两者究竟有无本质区别?还是有异曲同工之处?如果仅从社会发展形态的角度来强调,两者的确有本质区别,但是如果从方法论的角度来看,两者就大同小异了,都是一种求真务实的科学精神,所不同的是儒家实学在这个问题上的论述没有西方的辩证法思维严谨和细致

---

① 杨华祥.实事求是与儒家实学——明末清初实学思潮研究[M].武汉:武汉出版社,2011.
② [日]小川晴久.关于实学概念[J].日本中国学会报,1981(33):138.

罢了。

关于实事求是和马克思主义之间的关系,邓小平曾经有过概括。他说:"马克思、恩格斯创立了辩证唯物主义和历史唯物主义的思想路线,毛泽东同志用中国语言概括为'实事求是'四个大字。实事求是,一切从实际出发,理论联系实际,坚持实践是检验真理的标准,这就是我们党的思想路线。"①明确指出了实事求是是马克思主义和传统文化的一个连接点,实事求是就是指辩证唯物主义和历史唯物主义,后来毛泽东同志用中国语言进行了完整的表述,主要见于《矛盾论》《实践论》《改造我们的学习》《反对党八股》等文章。

在马克思主义哲学那里,辩证唯物主义是由辩证的唯物论和唯物的辩证法、辩证唯物主义认识论三部分组成。习近平在中共中央政治局第二十次集体学习时对马克思主义曾经有个概括:一是世界统一于物质,物质决定意识的原理,使主观世界更好符合客观实际;二是掌握事物矛盾运动的规律,既讲两点论,又要讲重点论;三是坚持用全面的、发展的、系统的、普遍联系的观点看问题;四是掌握实践和认识的辩证关系,一切从实践出发,在实践中检验和发展真理。②从这里可以看出,实事求是在马克思主义这里,可以概括为物质第一性、实践的观点、矛盾的观点、发展的观点、群众路线等理论,与之相应的非实事求是的表现主要有官僚主义、主观臆断、虚无主义、神秘主义、教条主义、保守主义等,二者区别的核心就在于是否坚持一切从实际出发,在实践中检验和发展真理,其核心就是基于实践的认识论,也有学者称之为实践本体论。

中国共产党成立以来,一直到遵义会议之前,党内接连出现了很多"左"、右倾的错误,导致革命出现了重大的损失。毛泽东认为,党内教条主义和经验主义是导致错误的思想根源,因此从

---

① 邓小平.邓小平文选:第2卷[M].北京:人民出版社,1994:278.
② 习近平:坚持运用辩证唯物主义世界观方法论提高解决我国改革发展基本问题本领.人民网,2015-01-25,http://cpc.people.com.cn/n/2015/0125/c64094-26445123.html.

1925年开始着力从马克思主义方法论的角度来批判二者的错误根源,最后以《实践论》和《矛盾论》两篇文章系统地介绍了马克思主义的唯物辩证法。在第一次国内革命战争时期,毛泽东特别强调了阶级分析和调查研究的方法,认为革命的对象包括帝国主义、军阀、买办、官僚、大地主阶级以及一部分反动知识界,革命的领导力量是工业无产阶级,半无产阶级、小资产阶级是朋友,中产阶级具有两面性。① 强调革命工作必须建立在调查研究的基础上,写出了著名的《湖南农民运动考察报告》,并针对党内当时出现的绝对平均主义、盲动主义、个人主义、主观主义、本本主义等错误思想,提出"没有调查,就没有发言权"的观点②,并且从七个方面阐述了调查的技术。然而这些错误思想并没有得到解决,后来还接连出现了陈独秀的右倾投降主义和三次"左"倾冒险主义,尤其是陈独秀的右倾投降主义和王明的教条主义给革命造成了巨大的损失,到延安之后,1937年王明从苏联回国,教条主义又沉渣泛起,为了彻底从思想路线上整顿党风和文风,清除教条主义和经验主义的危害,毛泽东根据唯物辩证法,写出了《实践论》和《矛盾论》。

在《实践论》中,毛泽东指出人的正确认识只能从实践中来,尤其是生产实践、阶级斗争和科学实验等,经过接触外界事物的感性认识,再运用概念、判断和推理对感觉而来的材料加以整理和改造,形成理性认识,然后还必须到实践中去证实和发展理性认识得来的结论。实践、认识、再实践、再认识,循环往复以致无穷,将真理推进到高一级的程度。毛泽东说,在认识论上唯理论只承认理性的实在性,不承认经验的实在性,认为只有理性靠得住,感觉的经验靠不住,颠倒了事实;经验论认为只有感性认识可靠,理性认识靠不住,变成了庸俗的事务主义家,不能通观客观过程的全体,沾沾自得于一孔之见。在实际生活中往往表现为教条主义和经验

---

① 毛泽东.毛泽东文选:第1卷[M].北京:人民出版社,1991:9.
② 毛泽东.毛泽东文选:第1卷[M].北京:人民出版社,1991:109.

主义,教条主义往往生吞活剥马克思主义书籍中的只言片语,去吓唬人们,经验主义往往拘守于自身的片断经验,盲目地工作。此外,还有些人的思想不能跟随时代或者实践的变化而进行相应的调整,不懂得真理的标准只能是社会实践,往往就会犯右倾机会主义和"左"倾冒险主义的错误。毛泽东指出:实践的观点是辩证唯物论的认识论之第一和基本的观点,①唯心论和机械唯物论,机会主义和冒险主义,都是以主观和客观相分裂,以认识和实践相脱离为特征的。以科学的社会实践为特征的马克思列宁主义的认识论,不能不坚决反对这些错误思想。②

在毛泽东看来,辩证唯物论有两个最显著的特点,一个是实践性,另一个就是阶级性。关于阶级性的哲学依据就是矛盾法则,即对立统一法则,这是唯物辩证法的最根本法则。在《矛盾论》中,他分析了矛盾的普遍性和特殊性,普遍性表现为一切事物及其发展过程中都自始至终存在着矛盾运动,特殊性则表现为每一种社会形式和思想形式,都有其特殊的矛盾和特殊的本质。这就要求解决这些特殊的矛盾,必须要深入实践,具体问题具体分析,不能有主观随意性。在实际工作中必须分清主要矛盾和矛盾的主要方面,认清矛盾既相互依存,也可以相互转化。与之相对应,在看待事情和问题的方法上就存在两种对立的宇宙观:一种是形而上学的宇宙观,用孤立的、静止的和片面的观点去看世界,欧洲的机械唯物论和庸俗进化论,以及中国古代的"天不变,道亦不变"的思想,以及党内存在的教条主义和经验主义,犯错误的根源就在于他们看事物的方法是主观的、片面的和表面的。辩证法的宇宙观必须坚持对立统一的法则,具体情况具体分析,在实践中检验和发展真理。毛泽东最后总结说马克思主义最本质的东西,马克思主义活的灵魂,就在于具体地分析具体的情况,我们的教条主义者从来

---

① 毛泽东.毛泽东文选:第1卷[M].北京:人民出版社,1991:284.
② 毛泽东.毛泽东文选:第1卷[M].北京:人民出版社,1991:295.

不用脑筋具体分析任何事物,做起文章或者演说来,总是空洞无物的八股调,在我们党内造成了一种极坏的作风。①

为了进一步从思想上总结过去党内路线的分歧,清除广泛存在于党内的非马克思列宁主义的思想作风,进而达到纯洁党性的目的,毛泽东开展了反对主观主义以整顿学风、反对宗派主义以整顿党风、反对党八股以整顿文风的整风运动。毛泽东指出,党内存在主观主义和马克思列宁主义的两种学风,教条主义、经验主义,两者都是主观主义,两者都只凭主观想象,忽视客观实际事物的存在。宗派主义是主观主义在组织关系上的一种表现,把个人利益和局部利益看得高于一切。党八股是主观主义和宗派主义在文风上的表现,其本质仍然是主观主义。与之相对立的就是马克思列宁主义的态度,对周围环境作系统的周密的调查和研究,不凭一时的热情,不凭主观想象,不凭死的书本,而是凭客观存在的事实,详细地占有资料,在马克思列宁主义的一般原理指导下,引出正确的结论。毛泽东指出这就是科学的态度,这就是实事求是的态度。"实事"就是客观存在的一切事物,"是"就是客观事物的内部联系,即规律性,"求"就是我们要去研究。我们要从国内外、省内外、县内外、区内外的实际情况出发,从其中引出其固有的而不是臆造的规律性,即找出周围事变的内部联系,作为我们行动的向导。② 从这里,我们可以很明确地看出,毛泽东思想中的实事求是就是基于马克思主义的矛盾观和实践观基础上的一种方法论,其核心就是理论联系实际,要用全面、客观和发展的眼光看问题,找出规律,运用规律,最终实现改造世界的目的。

而把实事求是界定为党的思想路线,并确定为毛泽东思想的精髓的人则是邓小平。如何破除"两个凡是"的思想僵化,邓小平开展了真理标准的问题讨论,然后明确指出:实事求是是毛泽东思

---

① 毛泽东.毛泽东文选:第1卷[M].北京:人民出版社,1991:312.
② 毛泽东.毛泽东选集:第3卷[M].北京:人民出版社,1991:801.

想的精髓,是无产阶级世界观的基础,是马克思主义的思想基础。我们过去搞革命所取得的一切胜利,是靠实事求是;现在我们要实现四个现代化,同样靠实事求是。① 邓小平同时明确把党的思想路线界定为:一切从实际出发,理论联系实际,实事求是,在实践中检验真理和发展真理。并在1982年党的十二大上写入了《中国共产党党章》。②

毛泽东后来的几代领导人都坚持了党的实事求是的思想路线,并结合中国社会发展实际创新性地发展出了中国特色的社会主义理论。比如针对中国当时经济发展非常落后的状况,邓小平抓住主要矛盾,提出了"发展才是硬道理"和"三个有利于"的新论断。江泽民提出了"三个代表"的重要思想,"三个代表"可以说是真理标准的进一步深化和落实。胡锦涛的科学发展观和习近平的新时代中国特色社会主义思想都是立足于中国社会的实际情况作出的适时的合理的政策调整,都贯穿了实事求是的思想路线。

从以上的论述我们可以看到,实事求是在马克思主义语境中有以下几个共性。

第一,从客观实际出发,而不是先验主义、逻辑推演、神仙鬼怪或者主观想象,无限丰富多彩的现实生活世界是我们一切研究乃至政策制定的现实基础,换言之,是现实主义的。

第二,调查研究是获得正确认识的核心环节。尽管形成正确的认识需要逻辑、推理、判断等理性认识的阶段,但是都是建立在以调查研究为核心的社会实践基础之上的。这项工作做得越细致、越全面就更有可能得出正确的结论。

第三,真理的标准在于实践检验。毛泽东说:"判定认识或理论之是否真理,不是依主观上觉得如何而定,而是依客观上社会实践的结果如何而定。真理的标准只能是社会的实践。实践的观点

---

① 邓小平.邓小平文选:第2卷[M].北京:人民出版社,1994:143.
② 人民出版社.中国共产党章程[M].北京:人民出版社,2012:18.

是辩证唯物论的认识论之第一的和基本的观点。"①具体落实到实际上又形成了生产力的标准、人民生活水平的标准、综合国力的标准、先进文化的标准等,其中生产力标准和人民生活水平标准又是其中的核心。

第四,与时俱进的理论创新。因为实践往往是在不断变化的,所以新的形势往往要求有新的理论来进行指引,我们不能固守于某一个时代的结论,既不能脱离当前的现实而把某种理论看成是固定不变的教条,也不能脱离历史实际,用后来的理论或者事实去否定或者评判过去的事实,而是必须坚持历史与逻辑的统一。

2. 儒家文化语境中的实事求是

在中国传统文化中,实事求是的概念首先出现在汉代,《汉书》中《景十三王传·河间献王》记载:"河间献王德以孝景前二年立,修学好古,实事求是,从民间得善书,必为好写与之,留其真,加金帛赐以招之。"②文中意指,河间献王刘德对于搜集来的先秦典籍,通过比对其他典籍或相关著述的记载加以印证,并采用将真本善本书留下,然后将仔细誊写好的抄本连同重礼回馈献书者。唐代学者颜师古在做注时,将"实事求是"注释为"务得实事,每求真是也"。如果把实事求是看成是一种求真务实的科学精神,那么我们就会发现先秦以前也有这种务实的思想,比如老子的道法自然和辩证法思想,墨子的"三表"(上古圣王之事、百姓耳目之实、百姓人民之利)学说,荀子的"劝学"和重行,以及韩非的"因时变法"、"因参验而审言辞"(《奸劫弑臣》)等,都体现出实事求是与时俱进的务实精神,所以李泽厚认为,中国文化是一种实用理性的文化,而这种务实精神尤其以儒家为典型。

在孔子那里,中庸之道或者说中和权变的思想方法贯穿了其

---

① 毛泽东.毛泽东文选:第1卷[M].北京:人民出版社,1991:284.
② [汉]班固.汉书:卷五十三[M].北京:中华书局,1962:2410.

整个思想和实践,这也可以说辩证法的一种形态,对后世整个儒学的发展至关重要。辩证法是西方哲学概念,从亚里士多德开始,对辩证法的基本理解就是:世界万物都是由互相对立的两个方面构成,任何一个事物,都是由互相对立的两个方面构成。矛盾的两个方面既有对立性,又有统一性,在一定条件下还可以相互转化。在中国传统里面常常用阴阳来表示矛盾的两个方面,事情既然有矛盾的两个方面,在实际生活中应该选择哪一边呢? 孔子的做法是用中,"执其两端,用其中于民"(《礼记·中庸》),在《论语·子罕》中,孔子说:"吾有知乎哉? 无知也。有鄙夫问于我,空空如也。我叩其两端而竭焉。"有些人认为孔子在搞折中主义,其实孔子并不是在具体问题上不置可否,而是要充分了解矛盾双方的合理性后再结合自己的原则来得出结论,防止出现片面性的问题。在这方面,庞朴从逻辑的角度来分析了先秦的带有实事求是特色的中道精神。

如果用 A 和 B 来代表两端,那么用 AB 两端来组合中道,就有四种形态。[①]

一是 A 而 B,立足于 A 而兼及于 B,以对立的 B 来补 A 之不足。如《论语·述而》上有"子温而厉,威而不猛,恭而安"(《论语·述而》),如"贵以贱为本,高以下为基"(《老子·39 章》),看到事物是由对立面组成的观念,一个存在以肯定的形式来吸纳否定者,把否定者组合到自己的相对之躯里面来,以使自己从偏颇成为中道,从相对成为绝对。黑格尔说:"假如一个存在物不能够在其肯定的规定中同时袭取其否定的规定,并把这一规定保存在另一规定之中,假如它不能够在自身中具有矛盾,那末,它就不是一个生动的统一体,不是根据,而会以矛盾而消失。"[②]

二是 A 而不 A′。单个的范畴或独立德目,不仅需要对立面来

---

① 庞朴. 一分为三论[M]. 上海:上海古籍出版社,2003:25-35.
② [德]黑格尔. 逻辑学(下册)[M]. 北京:商务印书馆,1982:67.

予以补足,即使是最美的存在者,亦有本质上的欠缺或不足,而且这些最美的存在者,在特定情况下也会有一种过头的趋势,发挥至极必将走向反面,必须加以节制,所以有了 A 而不 A′ 的中和状态,后一个范畴是前一个范畴的极端化或膨胀化。比如"乐而不淫,哀而不伤"(《论语·八佾》)、"矜而不争,群而不党"(《论语·卫灵公》)、"君子惠而不费,劳而不怨,欲而不贪,泰而不骄,威而不猛"(《论语·尧曰》),《道德经》中的"胜而不美"(《老子·31 章》)、"生而不有,为而不恃,长而不宰,是谓玄德"(《老子·51 章》)、"是以圣人方而不割,廉而不刿,直而不肆,光而不耀"(《老子·58 章》)就是这个意思。

三是不 A 不 B。一般情况下,此方之所不及,正是彼方之所过;此方之所过,正是彼方之所不及,若能不立足于任何一端,把毋过毋不及的主张一次表现出来,最能显示出执两用中的特色。如孔子说:"我则异于是,无可无不可"(《论语·微子》)。荀子说:"圣人知心术之患,见蔽塞之祸,故无欲无恶,无始无终,无近无远,无博无浅,无古无今,兼陈万物而中悬衡焉。"(《荀子·解蔽》)《道德经》中最典型的一句话就是"不欲琭琭如玉,珞珞如石"。(《老子·39 章》)

四是亦 A 亦 B。如果不 A 不 B 利于表现"中",着重指明对对立双方的超越,那么亦 A 亦 B 的形式,则重在使对立双方互相补充,最足以表现"和"或者包容的特色。同时,它又有别于以 A 为主体的 A 而 B 的形式,便于处理需要对 AB 两端等量齐观的事事物物。比如荀子认为只要适时合义,柔从并不是慑怯,刚强并不是骄暴;左并不是过激,右也绝非保守。比如"文质彬彬,然后君子"(《论语·雍也》),"君子之道,或出或处,或默或语"(《易·系辞上》),《道德经》里面也有"故有之以为利,无之以为用"(《老子·11 章》),故"物或行或随,或嘘或吹,或强或羸,或挫或隳"(《老子·29 章》),圣人有见于此,凡事都循人情,依物势,合于中道而行事。

在千变万化的实际生活中,要想做到"执中"是很困难的,并不是简单的平均主义和折中主义,而是要根据实际情况进行"权变",要因时、因地、因人,根据条件的变化采取具体的策略,符合时代的要增加进来(益),不符合时代的要剔除出去(损),儒家又称之为"时中"。"君子之中庸也,君子而时中",穷则变,变则通,通则久,"通其变使民不倦,神而化之,使民宜之","通其变、使民不倦者,是之谓中焉",当然这种变通不是毫无原则地乱变,而是有其核心价值观的,原则的东西不能改变,其余的则可灵活处理。先秦儒家的中和原则概括起来主要有以下几点。

一是坚持仁智合一。孔子思想体系,基本上以仁智为主体,以礼乐为功用。"仁者爱人"可以说是孔子的最高理想,包括仁义礼智信、恭宽信敏惠等道德范畴,但这些范畴也不是抽象的教条,必须靠学习和实践来完成。孔子是特别强调学习和实践的,否则即使是美好的品德也可能走向反面。最典型的就是孔子教导子路的"六言六弊":"好仁不好学,其蔽也愚;好知不好学,其蔽也荡;好信不好学,其蔽也贼;好直不好学,其蔽也绞;好勇不好学,其蔽也乱;好刚不好学,其蔽也狂"(《论语·阳货篇》),孔子有时候又用知、仁、勇三达德来概括他的理想境界,并且将这类人称之为君子,后来孟子和荀子实际上各自偏重于尊德性和道问学的单向路径。

二是坚持民本主义。重视每个人的人格平等,有教无类;重视普通百姓的生命价值,"节用而爱人,使民以时"(《论语·学而》)、"其养民也惠,其使民也义"(《论语·公冶长》),孔子评价历史人物的标准就是对老百姓有没有历史贡献,比如他评价管仲是英雄的原因就是"民到于今受其赐"(《论语·宪问》),后来孟子进一步概括为"民为贵、君为轻、社稷次之"的民本主义,这正是儒家的可贵之处。如今西方大讲民主,但是如果一个执政者他内在没有爱民如子的道德,光靠外在的法律去制约,恐怕很多情况下也只是打着民主的幌子捞自己的利益罢了,所以民本主义与民主相结合才是真正落实人民当家做主的有效途径。

三是坚持现实主义。孔子是坚定的入世主义者,这一点跟当时的隐士是完全不同的,孔子就曾经评价那些隐士"欲洁其身,而乱大伦",也就是说你作为一个人就不可能逃离社会,也不能对他人的生死漠不关心,更不能生活在彼岸世界或者仅仅寄希望于来世。所以子不语怪力乱神,而是关注具体的生活,把具体的人的事情处理好,使社会达到文明、富强、幸福的大同状况,这就是道之所在,就是学者的主要责任,所以《论语·雍也》上说:敬鬼神而远之,可谓知矣。当然孔子并不是说否定鬼神的存在,先秦儒士的一个重要职能就是主持祭祀,而且儒家还特别强调祭祀祖先可以民德归厚,对于那些无法实证的东西采取存而不论的态度,类似现象学所说的悬置。同样,对于性与天道,也是采取存而不论的态度,因为孔子实际上看到了空谈很容易误事误国的消极作用,所以他特别强调不论学什么都要能解决实际问题才行。《论语·子路》上说"诵诗三百,授之以政,不达;使于四方,不能专对;虽多,亦奚以为",强调的就是学问要能解决实际问题。孔子罕言性与天道,并不是他不重视形而上学,而是看到了过于谈空说有,会导致废弃具体的人伦乃至社会实践,最终导致积贫积弱,进而出现难以收拾的局面,这也正是孔子晚年不赞同道家的原因所在。

四是坚持通权达变。最能体现孔子中庸之道的就是其权变思想——时中,用我们今天的话来说就是具体情况具体分析,坚持原则性与灵活性的高度统一。首先孔子讲中庸是很难做到的,"可与共学,未可与适道;可与适道,未可与立;可与立,未可与权"(《论语·子罕》),聪明的人容易做过头,愚蠢的人又达不到,但是人们往往以为做过头比没有达到要好,其实二者都不好,"过犹不及",聪明人往往陷入猖狂的状态(不得中行而与之,必也狂狷乎?)(《论语·子路》),小人往往恣意妄为,"君子而时中;小人之中庸也,小人而无忌惮也"(《礼记·中庸》)。既然时中如此重要,那么如何达到呢?至少在孔子思想那里有两点非常重要:一是不要先入为主,自以为是,犯主观主义错误,"毋意,毋必,毋固,毋我"(《论语·子罕》);另外,就是坚持学、思、习相结合的道路,"博学之,审问之,慎思之,明辨之,笃行之",尤其是在实践中不断总结和提升,就能达到"虽愚必明,虽弱必强"(《礼记·中庸》)的境界。举个论语里面的例子,学生问孔子是不是"闻斯行诸?"同样的问题,孔子回答子路是不行,你必须考虑你的作为是不是会给自己和家人带来麻烦了再行动,因为子路的性格急躁;而对于冉有,孔子则是说是的,马上去做,因为冉有是个慢性子。(《论语·先进》)像这样的例子非常多,比如孔子关于失言与失人的辩证论述等,实际上只要我们基本掌握中庸的大体原则在实际生活中还是比较容易把握的,并不是高不可攀。

儒学在孔子之后的发展主要沿着两条路径进行:一条是以孟子为代表的尊德性的路径,一条是以荀子为代表的道问学的路径。两条路径并不是说互相排斥对方,而是有所侧重,但是发展到极致,有很多方面就已经开始远离原始儒学的实事求是精神了。汉唐时期基本上是以荀学为主的时期,也是比较注重儒家原始经典的时期,但是在汉代却把孔子一贯所不言的鬼神阴阳五行观念纳入儒学中来形成谶纬之学,加上经学后来越来越烦琐,思想的灵活性和创新性受到抑制,所以到魏晋时候玄学兴起,就已经明确提出了"名教不合自然"的观点。到了隋唐,由于佛学的勃兴,其严谨的逻辑思辨和因果报应思想使得儒学受到极大冲击,从唐代的韩愈、李翱开始就试图借用佛道的思辨性来重构儒学,进而重新夺取意识形态的话语主导权。到了宋明理学时代,周敦颐首先是借用了道家和道教的思想进行儒学的形上建构,后来,二程、朱熹借用华严宗的理事观念创立了程朱理学,陆九渊和王阳明借用了禅宗的某些观念创立了心学,从本体论的建构和争夺三教话语权的角度来说,无疑是成功的。但是也正是大谈性与天道的同时,忽略了具体的社会生活实际,造成了有体无用的局面,出现了诸如"灭人欲"乃至"做不得一事"的情况,整个社会脱实向虚,最后导致了宋明两次被少数民族所灭亡的悲惨命运,尤其是有将近两亿人口的明王朝被只有几十万人的清朝所灭,使得以顾炎武、黄宗羲和王夫之为代表的士大夫进行深刻的反思,他们认为,最终的原因乃是文化上的去实崇虚,因此创立了以元气实体、经世致用、理在公欲和实事求是为核心的明清实学,希望恢复原始儒学的务实精神,进而通过复兴实学文化达到复国的目的,应该说这乃是具有里程碑的范式转换,也是近现代以来中华民族伟大复兴的文化根基所在。

顾炎武就特别反感理学的空谈义理和以己意解经,强调资料的来源一定要准确,一定要从经书和实际生活中得来,强调学者一定要去关注那些事关国家兴衰治乱之源和生民根本之计的问题,后来乾嘉学者进一步将这种实事求是的精神发扬光大。梁启超指出:"有清学者,以实事求是为学鹄,饶有科学的精神,而更辅以分业的组织",①这里把实事求是与科学精神联系起来,应该说是比较中肯的。从中国学术的内在发展逻辑来看,清代学者以实事求是为指导来研究学问和关注社会,才真正终结了宋明理学,使得中国社会从中古时代迈向现代社会。

明清之际实学家关于如何去"求"是,提出了很多深刻的见解。一是善于怀疑。方以智尤其不喜欢宋明理学的主观臆测和空谈心性,提倡"疑人之所不疑"和"博学积久,特征乃决"的考据方法,主张严谨、客观的治学态度,认为所有的证据必须可靠,经得起推敲,要敢于怀疑以往已有的知识和权威。他说:

疑何疑?谁非可疑,又谁可疑乎?善疑者,不疑人之所疑,而疑人之所不疑;善疑天下者,其所疑决之以不疑,疑疑之语,无足以生其疑。新可疑,旧亦可疑,验可疑,平更可疑。(《东西均·疑何疑篇》)

顾炎武也主张对前人的成说,不盲从,不依傍;对古代的典籍该信的就信,该怀疑的要怀疑,要"信古而阙疑",要力求事情本来

---

① 梁启超.清代学术概论[M].上海:上海古籍出版社,1998:自序 2.

的真面目;在学术观点上要从实际出发,成一家之言,体现独立的学术态度。比如对待古与今的关系,他既不提倡"援今而议古",认为这无异于"圆凿而方枘",也不提倡单纯的拟古主义,认为那是邯郸学步,"有此蹊径在胸中,便终身不脱依傍二字,断不能登峰造极"。(《亭林文集·卷四·与人书十七》)判断是非的标准乃是现实主义,乃是经世致用。

二是多用归纳法。演绎法与归纳法都是学者常采用的两种方法,但是如果大前提有问题,那么采用演绎法所得出来的结论就值得怀疑,因而多采用归纳法,则犯错的概率要小得多。凌廷勘为戴震写事略状:"昔河间王实事求是。虚理在前,吾所谓是者,人既可别持一说以为非,吾所谓非者,人亦可别持一说以为是也,如理义之学是也。……夫实事在前,吾所谓是者,人不能强辞而非之,吾所谓非者,人不能强辞而是之也。"(《校礼堂文集·卷三十五·戴东原先生事略状》)实学正是要从客观实际出发而去求是。顾炎武在治学上就强调归纳为主,演绎为辅,他非常重视实事和证据,而且要从其中求出国家治乱之源和生民根本之计,他穷几十年搜集各种资料撰成《日知录》,观点寓于事实之中,理论来自翔实的资料和生活的总结。同时他还提倡要走出书斋,到社会生活中去接受检验。

三是求证于经典。理学对于圣人之道,多采用以理义去推索的方法,这种推索往往根据己意来臆测圣人之道。即如朱熹就认为《诗经》有诲淫的成分在其中,因此要删改《诗经》,曲解、肢解儒家原典精神的情况甚多。明清之际思想家厌倦了理学的主观臆测,而是强调要把注意力放到古经注疏中来,要寻求元典的真实含义。戴震就认为:"圣人之道在六经。汉儒得其制数,失其义理;宋儒得其义理,失其制数。"[1]而费密则提出"圣人之道惟经存之,舍经无所谓圣人之道,"(《弘道书·卷上·道脉谱论》)不能离开儒家

---

[1] [清]戴震.戴震全书:第6卷[M].杨应芹点校.合肥:黄山书社,1995:375.

经典而任意发挥,他认为,圣人之道在儒家经典中明明白白,既不需要用义理去推索,也不需要借助佛道来补。他说:

> 古经之旨何也?圣人之情见乎辞,惟古经是求而通焉,旨斯不远矣。大道之行圣王不一,皆敦本务实以率天下……古经备矣,不待后世别有所发明,其旨始显也。……后儒自取私说,妄改古经,追贬七十子,尽削汉唐守道诸儒,恶足信乎?(《弘道书·卷上·古经旨论》)

由于时代变迁,古今文字不同,要明白先贤的本意,就得通过训诂,通过文字学、音韵学、训诂学等手段还原其本来面目。顾炎武特别强调要收集第一手的资料,他将其称之为"采铜于山",顾于史料十分重视《实录》和《邸报》。黄宗羲等人还提出了经史互证、六经皆史的观点。清代学者之所以推崇汉唐诸儒,尤其是汉儒,乃是由于汉代去古未远,较为可信。儒家经典本来就经过历代流传抄写,出现错漏,甚至有人伪造掺假,而宋明理学家更是把自己观点强加于其上,致使错上加错。费密指出:"宋之理学则改经更注,以就其流。朱熹,二程之巨浪也;王守仁,九渊之余焰也。四家之书具在,与古经相暌者,远矣。……皆诸儒作聪明,乱旧章,其可叹者,岂胜言哉!"(《弘道书·卷下·圣门定旨两变序记》)而就求证于经书来说,在明清之际是要从古经中寻找"敦本务实""通人事以致用"的道理,而到了乾嘉时期,由于文字狱等政治高压手段的影响,演变成了纯粹的考据学,经世致用无人敢提。

四是求证于实践。治学是为了会通,而这种会通的目的就是为了经世致用,为了探讨国家治乱之源和生民根本之计,而这种会通必须要建立在确实可靠的事实基础之上,王夫之说"言天者征于人,言心者征于事,言古者征于今",(《张子正蒙注·有德篇》)一切理论都要落实到人、事、今上面,要言必有征,要有"可闻之实"为依据,像理学家那样的"先天说",不能征其虚实,是不能作为治身治世原则的。顾炎武主张要把读书和"出户"(实践)结合起来。他说"若既不出户,又不读书,则是面墙之士,虽子羔、原宪之贤,终无济于天下"(《亭林文集·卷四·与人书》),做学问不仅要多读经史,还要广交朋友,到社会生活中去开阔眼界,这样才能有所作为,理学家那种单纯向内用功的工夫论实际上是学不到什么真东西的。

清代中期因为政治高压,学者基本上都专注于文字、训诂、音韵等考据学的东西,而于经世致用则很少涉及,但是就在考据学中,也仍然贯彻了实事求是的精神,为晚清的经世致用崛起奠定了基础。比如戴震和章学诚等学者,通过字义疏证,揭示了理学以理杀人的弊端,颜元、阮元等学者通过对原始儒家经世致用的分析,尽力剔除佛老二氏的浮谈,使得佛教和道教逐渐被学术边缘化,近代才有了太虚法师的人间佛教,倡导现实而不是彼岸的解脱,提倡佛教的人间化、人生化,才让佛学得以复兴。清朝随着嘉庆、道光时期思想的逐渐宽松,学者开始把重心转移到实践层面的经世致用上来,曾国藩明确提出了义理、辞章、考据和经济(经世济民)的观点,并且格外强调三者的落脚点在于经世济民,在于服务社会,"义理明则躬行有要经济有本"①。从某种意义上来说,近现代以来无数仁人志士为中华民族的独立和复兴而奋斗,正是原始儒学的务实精神以及明清实学的实事求是和经世致用精神指导的结果。

3. 与时俱进推进国家治理走向成熟与完善

从孔子提出中和权变的中庸之道开始,实践理性就一直是儒家的方法论,但是在实际过程中要能真正做到实事求是还是不容易的,现实生活就是智者过之,愚者不及,很少有统治者真正贯彻了此一原则。整个封建社会,皇权专制,大部分时候都是以皇帝或者皇族的意志为转移,难得做到政策与实际相符合。一个王朝,往

---

① 曾国藩.曾国藩全集·日记[M].长沙:岳麓书社,1985:55.

往开国或者前几代的国君,因为经历过战争的苦难,了解民生疾苦,往往采取一些符合底层百姓利益的政策,而到了中后期则严重脱离现实和群众,统治者骄奢淫逸,最终导致民不聊生,引发王朝没落。意识形态的主导思想也往往是空想,甚至就没有考虑过底层百姓的真实情况,才会出现"存天理,灭人欲"这样的极端禁欲主义的道德教条。明末清初,以顾炎武为代表的实学家,提倡经世致用,再次开启实事求是之风,后来的湖湘实学关心世事、实事求是、躬身实践的传统深深地影响到了毛泽东,后来我党实事求是思想路线的形成就是把马克思主义的实践观与传统的经世致用有机结合而产生的。

马克思主义传入中国之后,党内的教条主义、盲动主义、主观主义等也给革命造成了巨大的损失,尤其是陈独秀的右倾投降主义以及瞿秋白、李立三、王明、博古等人迷信共产国际,盲目暴动,以硬碰硬,导致红军在中央苏区无法立足,不得不进行艰难的长征,每长征一公里,就有三四名红军战士献出了生命。在巨大的牺牲面前,毛泽东总结经验教训,开展整风运动,强调要坚持实事求是的思想路线和密切联系群众的群众路线,才使得中国革命取得了成功。十一届三中全会以后,中国改革开放的成功靠的就是实事求是,邓小平在1992年的南方谈话中指出,"实事求是是马克思主义的精髓。要提倡这个,不要提倡本本。我们改革开放的成功,不是靠本本,而是靠实践,靠实事求是"。任何个人,如果不搞调查研究,不密切联系群众,只凭主观想象或者本本主义,是不可能把事情办好的,甚至有可能会犯严重的错误。

进入新时代之后,习近平高度重视实事求是方法论的继承与完善。2012年5月16日习近平在中央党校春季学期第二批入学学员开学典礼上做了《坚持实事求是思想路线的讲话》。[①] 他在讲

---

① 中共中央党校新闻网:https://www.ccps.gov.cn/xxsxk/xldxgz/201812/t20181223_126889.shtml.

话中指出：实事求是，是毛泽东同志用中国成语对辩证唯物主义和历史唯物主义世界观和方法论所作的高度概括。坚持实事求是，就是坚持一切从实际出发来研究和解决问题，坚持理论联系实际来制定和形成指导实践发展的正确路线方针政策，坚持在实践中检验真理和发展真理。我们党是靠实事求是起家和兴旺发展起来的……回顾我们党90多年的历史可以清楚地看到，什么时候坚持实事求是，党就能够形成符合客观实际、体现发展规律、顺应人民意愿的正确路线方针政策，党和人民事业就能够不断取得胜利；反之，离开了实事求是，党和人民事业就会受到损失甚至严重挫折。

在我国已进入全面建设小康社会的关键时期和深化改革开放、加快转变经济发展方式的攻坚时期，我们面临的国内外形势更加复杂多变，新情况、新问题、新矛盾层出不穷。要解决这些新情况、新问题，就必须真正把握坚持实事求是的基本要求，最基础的工作就是要搞清楚什么是"实事"，就是要通过调查研究，了解实际、掌握实情。坚持实事求是的关键就在于"求是"，就是探求和掌握事物发展的规律，一定要按照客观规律办事，事业才能取得成功。坚持实事求是，还必须坚持群众路线，一方面，实事求是是在实践基础上认识世界的过程，这一过程要通过"从群众中来"才能实现。人民的伟大实践是认识的真正源泉。只有切实尊重人民的首创精神，倾听人民呼声，反映人民意愿，及时发现、总结、概括人民创造的新鲜经验，才能获得正确反映客观规律的真理性认识，才能制定出符合客观规律的科学决策。另一方面，实事求是又是在实践基础上改造世界的过程，这一过程只有通过"到群众中去"才能实现。人民是历史的创造者，是改造世界的主体和力量源泉。党的奋斗目标与人民的根本利益、经济社会发展规律是根本一致的。马克思主义政党只有充分调动和发挥人民的积极性和创造性，才能实现自己的历史使命。习近平主席进一步指出，只要我们各方面的工作符合实际情况、符合客观规律、符合人民意愿，党和人民事业，就会无往而不胜。

坚持实事求是的世界观和方法论，对于我们推进国家治理体系和治理能力的现代化同样具有指导意义。我们必须认识到我国的基本国情仍然是社会主义的初级阶段，尽管我国经济总量已经跃居世界第二，但是发展中不平衡、不协调、不可持续的问题突出，国际社会上单边主义开始抬头，增长速度、结构调整、消化前期刺激的三期叠加，再加上一些不可预期的重大风险，使得我们必须正视当前的困难，同时也要辩证地看到中国经济和社会长期向好的趋势没有变。在此情况下，我们必须深入调查调研，在实践中去认识和把握客观规律，尤其是集中群众的智慧和力量，找到办法，找到出路。就国家治理而言，我们必须立足于群众路线，看各项制度以及治理效能是不是能够促进经济和社会的发展，是不是能够真正为群众办实事，办好事，提高广大人民群众的幸福感、获得感和成就感。凡是对国家发展和提高人民生活水平的制度优势，我们必须坚持；凡是那些只做表面文章，没有实效的形式主义、官僚主义，必须加以克服。而在实践中群众所首创的方式方法，能够出实效、促发展的，也必须通过制度进行固化，通过不断地固根基、扬优势、补短板、强弱项，就能逐渐构建起系统完备、科学规范、运行有效的制度体系，最终把我国制度优势更好转化为国家治理效能，实现国家治理现代化的目标。

(二)坚持人民至上的立场论

如果说实事求是是辩证唯物主义最好的中国化表达，那么群众路线就是历史唯物主义的中国化概括。实事求是与群众路线既是马克思主义的内在组成部分，也是中国革命和建设取得成功的思想路线和工作路线，对于我们的各项工作都具有方法论的指导意义。中国古代的民为邦本可以说是一种朴素的群众路线，但是在古代由于专制集权的体制存在，往往民本思想成为一种空洞的口号。只有到了新中国成立之后，人民成为国家的主人，才真正实现了理论与实践的统一。在这里,我们有必要探讨一下从民本到近现代的民主再到新中国的人民至上的理论嬗变,从而有助于更好地理解我们党的工作路线,把群众路线真正落实到具体工作中去。

1. 中国古代的民本思想

民众是国家的基础,如果没有了民众,国家治理就无从谈起,所以基本上所有比较开明的思想家和统治者都能够认清这个基本规律,最典型的表达就是孟子的"民为贵,社稷次之,君为轻"以及荀子的"民为水,君为舟,水亦能载舟,又能覆舟"(《荀子·哀公》)论断。在夏启之前是所谓的"公天下"的五帝时代,实行的是传贤不传子,由部落联盟议事会推举继承人,然后进行几年时期的摄政,政绩得到各方面尤其是民众的肯定之后,才由上一代的君王正式将帝位禅让给继承人,这种民主协商推举领导人的做法可以说是能够切实保证民众的利益的。夏启杀死伯益而称王,用王位世袭制代替了传统部落的禅让制,使得家天下代替了公天下,然而民本的观念并没有从执政理念上中断,反而通过儒家得到了固化。夏启废禅让建立家天下,宣扬"有夏服天命"的天命观。但是,夏启的儿子太康即位后就沉迷游乐,不理朝政,结果被放逐。是时,《尚书·五子之歌》就讽之曰:"皇祖有训,民可近,不可下,民惟邦本,本固邦宁"。民为邦本正式作为国家治理的根本原则被提了出来。夏桀、商纣残暴,民不聊生,最后被民众所推翻,西周汲取前朝的教训,提出"敬德保民""以德配天",所谓"聿修厥德,永言配命,自求多福"(《诗经·大雅·文王》)。其中"德"包括敬天、敬宗、保民三方面,尤其要"怀保小民",否则难保国祚。德治和民本成为周朝的治国方略。周朝八百年的历史从某种程度上也证明了敬德保民作为治国理念有其独到之处,后世没有任何一个王朝能够达到如此长的国祚。

东周平王迁都洛邑,然后平王又将原本宗周的土地许给了晋秦二国后，晋文公诛杀周携王才巩固统治，周王朝的势力就日渐式微，天子权威的丧失导致了诸侯争霸。春秋战国时期，礼坏乐崩、战乱频仍，民不聊生，关于国家如何治理也是百家争鸣，其中对后世影响最大的主要有儒家、道家、墨家和法家，其中以儒家和墨家最重视民众。孔子自己曾经说他最推崇的就是文王周公敬德保民的治国之道，因此提出了庶民、富民、教民的仁政思想。孟子继而提出了"民为贵，社稷次之，君为轻"的政治秩序理论，要求统治者要有"忧民之忧"及"与民同乐"的思想境界，要首先能够保证民众的生命安全，然后建立"恒产"的产权制度以保障民生。荀子则更进一步提出"天之生民，非为君也；天之立君，以为民也"的立君为民权力观，儒家民本思想基本形成，后来即使提倡天人感应的董仲舒以及提倡天理人欲对立的程朱理学都基本上坚持了儒家重民、利民、保民的民本思想。墨家更是比儒家进一步，认为每个人都是平等的，整个社会要交相爱、兼相利。墨子要求国家不论大小，人不论尊卑、贫富、强弱、贤愚，都要在平等的基础上相互友爱，和谐共处，国家领导人要由民众推选产生，要采用事、实、利的考核方法来考核官员，不是真正为民众办实事的官员要进行问责或者辞退。应该说这已经有现代公民社会的思想萌芽，惜乎其超前性而不能为封建统治者所采纳，但是也一直作为侠客传统而延续下来。

　　道家提倡爱民治国，认为老百姓饥饿的原因在于征税太多，老百姓难以治理的原因在于统治者胡作非为，要治理好国家，必须坚守清静无为之道，以百姓心为心，不能像煎小鱼一样瞎折腾，要让老百姓吃饱穿暖，让老百姓无知无欲，最后达到一种小国寡民、老死不相往来、简单纯朴的治理状态。可以说道家的思想近似于自由产生秩序的西方古代自由主义思想，也曾经在每次王朝更替之后对国家休养生息发挥了重要作用，但是问题在于百姓欲望的潘多拉盒子打开之后怎么能够回到无知无欲的状态去。后来理学提倡存天理、灭人欲出现了非常大的社会问题；同时，你又怎么能够让统治者做到清静无为。按照西方政治学观点，权力有一种扩张的本性,一直到其界限为止,封建社会皇帝权力很大,除了极少数修养极高的皇帝,如汉文帝、唐太宗等,有多少皇帝能够无为而治的。而且一旦出现弱政府局面,也很有可能黑社会势力就会来干预社会生活并建立自己的秩序,香港原来的九龙寨就是典型。这也是为何道家爱民思想不能成为治国主要方略的原因。

  法家实际上也看到了民众的力量,韩非就认为人有好利的本性,应该充分利用这种好利本性制定各种奖励耕战的政策,使得国家强盛起来,发挥民众对于国家的"生力",但是同时又要通过战争来消耗财力和物力,商鞅称之为"杀力",使得农民经常处于贫困线上,否则一旦民众的生活水平和国家财力达到一定的程度,他们就会安于现状,安于享乐,就会削弱国家实力。从根本上说法家是站在专制君主的立场,设计一套制度通过严刑峻法来掠夺民众财富、制止民众造反,这是先秦唯一一家不是站在民本主义角度来设计国家治理方案的学派,但是后世却得到了整个封建王朝的钟爱。自秦朝专用法家很快就实现富国强兵但是同时很短时间就土崩瓦解之后,实际上后世封建统治者采用了儒法互补的治理格局,一方面借助法家程序公平和赏罚二柄来发展经济、控制民众;另一方面又希望用儒家的敬德保民来促使社会和谐、达到长期执政。然而,在整个封建社会中,儒家的德治和民本思想其实是很难落到实处的。其中最主要的原因还是没有一套将民本理念落实到位的制度,尤其是皇权没有有效得到限制的时候。以唐太宗为例,几次气得要杀魏征,如果不是长孙皇后劝阻,只怕魏征已经人头落地,这说明民本理念根本就没有制度进行保障,虽然科举教育一再教导要爱民利民,国家也有惩治腐败官员的措施,但是如果没有有效的制度来保障,一旦皇帝昏庸甚至腐化,从上到下就只知道掠夺百姓;同时,封建社会那种对上负责、对下欺瞒,缺乏有效的民众监督,进而出现官官相卫、集体腐败的现象比比皆是,民众有冤无处申,只希望寄托于有几个清官能解民于水火,实际上对于清官的奢望也正说明封建社会没有民本,只有官本位。

与儒家民本思想难得落实的是，法家那一套法、术、势的帝王控制之术，却一直大行其道。从秦朝采用法家治国之后到清代结束，没有哪一个王朝不采用法家理念的，甚至于汉初黄老之学也夹杂有法家思想，因此整个封建社会从国家制度来讲，其实就是法家在主导。表面上看儒家经过董仲舒和朱熹的学理化论证之后似乎是儒家思想在国家治理中居于主导地位，但是我们要看到董仲舒和朱熹的论证说到底还是为封建王朝的统治合理性在寻找根据，董仲舒的天人感应明显显得空疏，朱熹的天理之说也未必符合社会实际，为什么统治阶级不遗余力进行提倡，因为他们能够将三纲五常合理化，尤其是其中的君为臣纲能够巩固其家天下的统治，至于其中的以德治国、民本思想只是拿来糊弄一下士大夫，又有几个皇帝真正想要去做修身，然后再来齐家、治国、平天下。而法家那一套"杀力"理论，那一套控制之术却更能消耗民众的力量，至少可以暂时保住自己的统治，至于富国强兵、开疆拓土、创造盛世，除了极少数雄才大略的君主有此想法之外，绝大部分的君主都只是想保住自己宝座的阿斗。正因为如此，中国封建社会总跳不出兴衰治乱的历史循环，说到底是封建君主世袭的家天下体制所造成的必然结果，并不是民本思想本身有问题。

近些年来学术界有一种观点，认为传统的民本思想与现代的民主思想有着根本的区别，民本思想与现代社会是不能兼容的。其实，我们仔细分析民本与民主的主张，发现二者并没有像他们说的本质区别，共同点都是看到民众在国家发展和安定中具有关键的作用，因此执政者必须要重民、安民和利民，要切实把解决民生问题作为执政的基本理念。而不同之处在于民本思想是希望统治者能够发善心进而来爱民，在矛盾没有激化到亡国之前，很难有一种机制来进行纠偏，改朝换代多采用官逼民反的革命形式；而民主在于权力的主体是人民，领导人是民众选举产生，如果执政者不为民做好事和实事，可以通过选举或者罢免重新改换领导人，实际上也就是通过改良达到了纠偏的效果。两者只是纠偏的方式不同，革命的方式代价更大,改良的方式代价小,也使得政权可以更为持久。但是不论是古代的民本,还是现在的民主,只要处在行政体制下,都必须得有为人民服务的思想,从这一点来说传统的民本去除掉为君分忧、以吏为师的心态之后,是完全可以融入现代执政理念中去的。我们以往对民本的批判实际上是把法家的专制主义算到了儒家头上,这一点是需要进行澄清的。

2. 近代的资产阶级的民众观念

近代以来在寻找国家和民族出路的进程中,资产阶级认为只要实行西方的君主立宪抑或是三权分立的议会制就能够保障民众权力,实现国家的繁荣富强,戊戌维新、清末新政、辛亥革命、护法运动、护国运动、北伐运动,一直到蒋介石失去政权,退到台湾,可以说民众的权力和利益都只是停留在口头或者形式上,根本就没有从实质上解决过民权和民生问题。袁世凯窃取革命果实后,推行的仍然是封建主义那一套,在政治上指使军警、流氓包围国会、选举他为总统,然后又用同样手段来解散国会,甚至最后演出了一出称帝的闹剧。整个北洋军阀时期,民众何曾有过真正的选举权和被选举权。在经济上北洋政府竭力维护的是帝国主义、地主阶级和买办资产阶级的利益,袁世凯在河南占地就达到4万多亩,张作霖在东北占地150万亩,许多自耕农和半自耕农陷入破产,变成佃农和雇农。买办资本集团还借助于政治势力,操纵、垄断财政金融和工业、运输业以及其他民族工业,使得民族资本奄奄一息,最为典型的是蒋介石时期的四大家族巧取豪夺,贪污腐败,连当时的美国驻华大使司徒雷登都看不下去了,说国民党从其执政伊始就容忍了各级官员的贪婪受贿、懒散无能、搞裙带关系和派系斗争。一句话,那个被它所推翻了的腐朽官僚制度的一切弊病它都全有了。(《中国近现代史纲要》,高等教育出版社,2018年版,第191页)国民党到最后失去大陆政权都还不明白其根本原因在于失去了民心。我们列举几个事例来看蒋介石政府对民众的掠夺达到何种程度,1948年8月,法币发行额比1937年全民抗战前增发47万多倍,物价暴涨了725万倍。恶性通货膨胀引发物价飞涨,使得人民被洗劫一空,民族工商业走向破产。再加上繁重的苛捐杂税、劳役和兵役,1937年杂税名目达到1756种,全国80%以上的农民过着极端贫困的生活,1947年各地饥民达到1亿人以上,大批农民被迫卖儿鬻女,流落他乡,直至冻饿而死,公教人员和学生群众也陷入极度的贫困,全国各阶层人民都处于饥饿和死亡的线上,除了团结起来同蒋介石政府进行你死我活的斗争之外,没有别的出路。(同上)

  这里我们要思考一个问题,孙中山先生所设想的权力为大多数人所公有,不得为少数人而私的民权理念以及要核定地价、平均地权的民生理念是写入了民国约法的,具有宪法性质的,为什么一直得不到实施?如果说这是中国传统封建官僚及其体制的惯性所导致的,那么,当代资产阶级民主国家应该可以做到切实保证人民的福祉吧,但是我们以当今号称最民主的美国为例,来看看2020年新冠肺炎疫情下美国民众的真实状况。从媒体的新闻报道来看,美国的存款总额是13.9万亿美元,但是有40%的人均存款不到400美元,60%的人存款撑不到3个月,[①]美国2020年第一季度GDP下降5%,第二季度下降32.9%。数据表明,不是美国民众把钱拿去消费了,而是民众手里根本就没有钱,钱都集中在大资本家手中,所以特朗普在明确知道新冠疫情没有控制住的情况下也要重启经济,因为光靠美国政府发的2000美元也就只能撑一个月。从美国申请失业救济的人口达到4000多万可以看出美国的弱势群体和贫困人口之多。问题在于:美国为什么不采取中国政府全包的方式,封城、封社区,然后所有的检测和治疗费用国家全包呢?制度不允许。资本主义制度下的大财阀不会发善心用真金白银来挽救群众的生命和健康,他们的政客只会推卸责任,到处甩

---

① 希财网:https://baijiahao.baidu.com/s?id=1663932784162293829&wfr=spider&for=pc.

锅,而对每天 2 万多例的确诊病例和高达十万以上的死亡人数轻描淡写。如果这只是经济上表明资产阶级民主的虚伪,民众没有得到切实的利益的话,那么在政治权利上也是同样如此。种族歧视在美国一直都存在,2020 年 5 月 25 日明尼苏达州黑人乔治·弗洛伊德因为涉嫌使用假钞,竟然被警察暴力执法窒息死亡,然后又得不到公正的解决,从而爆发了大规模的全美游行示威,这也再次说明美国民众没有所谓的平等人权,有的只是白人优先和富人优先的政治游戏。以美国总统大选为例,总统选举费用一路飙升,2016 年,特朗普与希拉里的选举费用超过 20 亿美元。到如今美国总统的选举没有上 10 亿美元的费用可以说连门都没有。美国的选举与其说是一人一票,不如说是一美元一票。曾经帮助威廉·麦金利连续赢得两届总统选举,美国前参议员马克·汉纳一语道破美国选举本质,"两样东西对美国政治十分重要:第一是金钱,第二还是金钱。"[1]在资本主义社会,民主只是一个形式上用来装点门面的幌子,民众的基本人权、经济利益都无法获得实质上的平等,换言之,广大的穷人、少数族裔和弱势群体的正当诉求根本就得不到应有的重视,而那些政客和大资本家才是国家的主人,马克思所论述的资产阶级和无产阶级的对立,在资本主义每发展一段时期都会通过经济危机体现出来,而且没有解决之道,除非他们也跟中国一样,切实提高贫困人群的教育、住房、医疗、工作、社保等方面待遇,消除日益严峻的两极分化,但这在资本主义国家基本上是不大可能做到的。

3. 社会主义制度下的人民当家做主

马克思主义群众史观是历史唯物主义的重要内容。马克思主义认为,人类社会的历史就是物质生活资料生产的历史,因而也就是物质生活资料生产者的历史,是代表生产力发展方向的最广大

---

[1] 搜狐网:https://www.sohu.com/a/260250321_591132.

人民群众的历史。人民群众是社会物质财富和精神财富的创造者,是社会变革的决定力量,是实践和认识的主体,是创造历史的动力。在马克思主义唯物史观提出以前,虽然很多思想家都提出过一些要重视人民群众历史作用的思想,比如儒家的民本主义,但是都没有从生产力与生产关系,从阶级斗争的角度,从人类社会历史发展的整体上科学地说明人民群众的历史地位与作用,因而也没有形成一套科学的理论并落实到制度体系之中去,从而始终摆脱不了兴衰治乱的历史周期循环。只有马克思主义科学地说明了人民群众在历史发展中的地位和作用,其具体观点有如下一些。第一,人民群众是历史过程的积极主体,对社会的发展起着主要决定作用。国家由人民构成,国家的一切财富都是人民创造的,在阶级社会,统治阶级利用国家暴力机关占取人民的财富,但是如果没有了人民的劳动创造,统治阶级就无法生存下去。每当历史上官逼民反、民不聊生的时候,都是人民群众起来革命,推动历史的发展。第二,英雄人物对历史的发展具有重要作用,但是也是人民创造的。英雄人物是社会存在的物质条件创造的,是代表社会经济发展方向的人民群众哺育了英雄人物的成长,如果英雄人物与代表先进生产力和生产关系的人民群众背道而驰,那么他是成不了英雄人物的,英雄人物只是从人民群众中产生并代表人民群众推动历史的发展。第三,群众路线是马克思主义政党的根本立场,是开展一切工作的指导路线。在《共产党宣言》中,马克思指出共产党人的历史使命就是要消灭私有制,消灭剥削阶级,消灭一切使人受奴役的劳动制度,获得全人类的解放的真正的自由,实现一切人的自由全面发展。共产党人的力量就来源于团结全世界的无产者,也就是作为人民群众主体的劳动人民,包括工人、农民、牧民、手工业者等一切体力劳动者以及不剥削人而受人剥削的脑力劳动者。换言之,马克思主义政党就是广大人民群众的政党,其宗旨就是要为广大的劳动人民谋幸福。

中国近代以来,各个阶级在探索国家出路的过程中,之所以难以成功，一个非常重要的原因就是没有解决好广大民众，尤其是人口最多的农民的利益问题。太平天国因为推行天朝田亩制度，迅速壮大起来，遍及18个省，但是定都天京后，生活奢侈腐化，民众仍然生活艰难，完全忘记了当初的初心和使命，所以很快也就败亡。后来的洋务运动、戊戌维新都是少数官僚或者精英人士在主导与推行，广大民众既没有了解，也没有得到什么利益和好处。后来的辛亥革命成功，胜利果实被袁世凯窃取，老百姓生活比晚清时期还困难，以鲁迅为代表的新文化运动主将认为是没有从思想上唤起民众，因而百姓若观对岸之火，熟视而无所萦心。然而，以提倡资产阶级民主主义的早期新文化运动就是否解决了中国的问题呢？答案是否定的。只有马克思主义传入中国之后，在辩证唯物主义和历史唯物主义的指引下，尤其是在马克思主义的群众史观指引下，充分发动群众，切实解决群众的根本利益，中国革命、建设和改革的局面才焕然一新。

　　1921年中国共产党成立，在只有500字的《中国共产党纲领》中明确规定党的政治纲领是通过武装斗争推翻资产阶级，建立无产阶级专政，直至消灭阶级区分。在中共二大上面，明确提出共产党是工人阶级的政党，她的群众基础是广大的产业工业和三万万的农民，要想取得革命的成功，就必须实现贫苦农民和工人的握手，除去穷困和他们痛苦的生活环境，同时建立广泛的民主联合战线。中共二大第一次以党规党纪的形式把党的命运和最广大人民群众的利益规定下来，指出中国共产党是"时时刻刻要站起来为无产阶级利益努力工作的党"，是"代表中国无产阶级及贫苦农民群众的利益而奋斗的先锋军"。党的一切运动都必须深入到广大的群众里面去。20世纪初，饱受压迫、战乱之苦的中国人民最大的利益是什么呢？首先必须能够解决他们的生存问题，能够吃饱饭，穿暖衣，而当时面临帝国主义和封建主义以及官僚资本主义的多重压迫，如果不打倒这几座大山，解放就只能是空话。中共二大明确提出，解决时局的关键是必须用革命手段打倒帝国主义和封建主义,在全中国人民面前破天荒第一次提出了明确的反帝反封建的民主革命纲领。这一体现广大人民群众根本利益的纲领,不仅为中国革命指明了方向,而且成为团结各阶层群众的战斗旗帜。中国共产党能够领导中国革命取得成功,从根本上说就是代表了以工人阶级和农民阶级为主体的劳苦大众,为他们的根本利益而奋斗,因而得到了他们的支持,最终取得了革命的胜利。在淮海战役胜利之后,陈毅元帅说了一句话:淮海战役的胜利是人民群众用小推车推出来的。陈老总说淮海战役中贡献最大的便是老百姓。淮海战役中出动民工543万人,大小车辆88万辆,挑子30.5万副,筹集粮食9.6亿斤(1斤=0.5千克),运送到前线的粮食4.34亿斤。参战兵力与支前民工的比例高达1∶9,强大的后勤补给,是胜利的保证。为什么中国共产党能够深得民心,为什么能够在孤军深入的二万五千里长征、穷凶极恶的日本帝国主义的大扫荡以及武装到牙齿的美帝国主义发动的朝鲜战争中取得胜利?从根本上来说还是在于人民的支持,在于我党坚持了马克思主义的群众史观,进行了土地改革,老百姓分到了土地,解决了中国农民几千年来解决不了的问题。为了保卫这个胜利的果实,激发人民群众无穷的革命热情,在1949年的七届二中全会上毛泽东指出务必保持谦虚、谨慎、不骄、不躁的作风,务必保持艰苦奋斗的作风,总而言之一句话就是要保持与人民群众的血肉联系,我们才能取得进京赶考的胜利。

1949年,毛泽东在《论人民民主专政》一文中详细阐述了中国革命胜利的三大法宝:"我们有许多宝贵的经验。一个有纪律的,有马克思列宁主义的理论武装的,采取自我批评方法的,联系人民群众的党;一个由这样的党领导的军队;一个由这样的党领导的各革命阶级各革命派别的统一战线;这三件是我们战胜敌人的主要武器。依靠这三件,使我们取得了基本的胜利。"强调理论和实践相结合的作风,和人民群众紧密地联系在一起的作风,以及批评和自我批评的作风,是中国共产党区别于其他任何政党的显著标志。

毛泽东一生就是贯彻马克思主义群众史观的典范。1934年在中央苏区的时候,他就明确指出人民群众才是真正的力量之源:"真正的铜墙铁壁是什么？是群众,是千百万真心实意地拥护革命的群众。这是真正的铜墙铁壁,什么力量也打不破的,完全打不破的。"① 抗日战争时期,他再次强调"依靠民众则一切困难能够克服,任何强敌能够战胜,离开民众则将一事无成"②。抗日战争可以说是一场充分发动人民群众赢得胜利的典范。到革命即将取得胜利之时,毛泽东特别强调领导干部不能丢掉密切联系群众的优良作风,否则就有可能成第二个李自成。因为胜利,党内的骄傲情绪、以功臣自居的情绪、停顿起来不求进步的情绪、贪图享乐不愿再过艰苦生活的情绪,可能生长。因为胜利,人民感谢我们,资产阶级也会出来捧场。资产阶级的武力征服不了我们,但是他们会用糖衣炮弹来征服我们,使得我们最终会因为脱离群众而失去政权,因此革命以后的路程更长,工作更伟大,更艰苦。这一点现在就必须向党内讲明白,务必使同志们继续地保持谦虚、谨慎、不骄、不躁的作风,务必使同志们继续地保持艰苦奋斗的作风。③ 因此,革命成功以后必须坚持全心全意为人民服务的观点,必须坚持以人民的利益作为最高标准。"全心全意地为人民服务,一刻也不脱离群众;一切从人民的利益出发,而不是从个人或小集团的利益出发;向人民负责和向党的领导机关负责的一致性;这些就是我们的出发点。……应该使每个同志明了,共产党人的一切言论行动,必须以合乎最广大人民群众的最大利益,为最广大人民群众所拥护为最高标准。"④

党的群众路线并不是一个孤立的存在,它与理论与实际相结合、批评与自我批评一起并称为党的三大优良作风。如果只讲党

---

① 毛泽东.毛泽东选集:第1卷[M].北京:人民出版社,1991:139.
② 毛泽东.毛泽东军事文集:第2卷[M].北京:军事科学出版社、中央文献出版社,1993:381.
③ 毛泽东.毛泽东选集:第4卷[M].北京:人民出版社,1991:1438-1439.
④ 毛泽东.毛泽东选集:第3卷[M].北京:人民出版社,1991:1094-1095.

的群众路线,而不讲实事求是与民主批评,则有可能发展成为民粹主义或者是民族沙文主义,当年纳粹德国就是打的民粹主义与民族主义的旗号,在我国也有把民粹主义发展到极"左"的例子。因此在1978年党的十一届三中全会上强调要充分恢复和发扬党内民主和党的实事求是、群众路线、批评和自我批评的优良作风,尤其是强调要把实事求是与群众路线相结合起来,"继续坚持实事求是,坚持群众路线","就一定能够加快实现新时期的总任务"。1981年6月,党的十一届六中全会通过了《关于建国以来党的若干历史问题的决议》(后简称《决议》)。《决议》对群众路线给予高度评价,把实事求是、群众路线、独立自主这三个方面作为毛泽东思想活的灵魂。中国四十多年改革开放所取得的巨大成就,从某种意义上就是坚持了这三个方面的结果。邓小平的"三个有利于"、江泽民的"三个代表"、胡锦涛的"科学发展观",都特别强调了要把是否有利于提高人民生活水平、是否代表中国最广大人民的根本利益作为重要的执政理念,要始终把实现好、维护好、发展好最广大人民的根本利益作为党和国家一切工作的出发点和落脚点,尊重人民主体地位,发挥人民首创精神,保障人民各项权益,走共同富裕道路,促进人的全面发展,做到发展为了人民、发展依靠人民、发展成果由人民共享。中国改革开放的成功的内生动力就在于激发了人民群众的创造力,改革开放的成果由人民共享的人民至上理念让改革的道路越走越宽阔。

进入新时代,习近平将党的群众路线发展到了一个新的高度。2012年11月15日,习近平总书记在十八届中共中央政治局常委同中外记者见面时指出:"人民对美好生活的向往,就是我们的奋斗目标。"立场鲜明地宣誓了新一届领导集体执政为民的决心。习近平强调始终把人民放在最高的位置,要坚持人民至上的根本立场,坚持以人民为中心的发展理念,健全人民当家作主的制度体系。把以人民为中心作为我国国家制度和治理体系的根本价值追求,这是马克思主义理论时代化的最新理论成果,是我们创新和完善中国特色社会主义制度体系的宗旨和灵魂,是推进国家治理体系和治理能力的现代化的指导方针。

党的十八大以来,以习近平同志为核心的党中央高度重视人民主体地位的制度体系建设,并且把以人民为中心作为执政理念的核心,我想至少可以从以下三个方面得到说明。一是实现共同富裕、体现社会主义本质的必然要求。当年邓小平同志提出社会主义的本质是解放生产力,发展生产力,消灭剥削,消除两极分化,最终达到共同富裕。经过四十多年的改革开放,发展生产力已经获得了很大的成就,让一部分人先富起来的目标已经基本实现,现在应该是兑现共同富裕的时候了,这也是我们社会主义国家的本质要求所决定的。按照1987年党的十三大提出经济建设三步走的总体战略部署,我们在20世纪80年代已经基本解决了人民的温饱问题,现在是解决第二步目标的时候,即到2021年国民生产总值再增长一倍,人民生活达到小康水平。这是我们党对人民的庄严承诺,我们必须坚定不移地实现。实现全面建成小康社会,是要求全民都实现小康,用习近平总书记2018年2月考察大凉山时的话来说就是让人民过上幸福美好的生活是我们的奋斗目标,全面建成小康社会一个民族、一个家庭、一个人都不能少。而实现全面小康最大的困难就是贫困地区和贫困群众的脱贫问题。为了兑现这个承诺,在以习近平同志为核心的党中央的坚强领导下,一场前所未有的脱贫攻坚战在全国范围全面打响。"五级书记抓扶贫",层层立下军令状、责任书,19.5万名第一书记驻村,77.5万名干部帮扶,不拔穷根绝不撤退……随着一系列精准扶贫精准脱贫政策的贯彻落实,我们已经实现这个目标,到2020年底已实现全国脱贫。

二是全面深化改革、实现民族复兴的时代需要。中国改革开放在高速发展30多年后进入了攻坚区和深水区,一方面原来的资源型、粗放型、劳动力密集型的优势不复存在;另一方面改革开放以来积累的一些深层次问题,尤其是人民日益增长的美好生活需要和不平衡不充分的发展之间的矛盾如何破解。比如发展质量和效益不高,创新能力不强,生态环境恶化,脱贫攻坚任务艰巨,城乡区域发展和收入分配差距依然较大,群众在就业、教育、医疗、居住、养老等方面面临不少难题。破解这一切问题的出路还是靠发展,发展是解决我国一切问题的基础和关键。在党的十九大报告中,习近平主席提出了以人民为中心的发展思想,这是我们全面深化改革和实现民族复兴的必由之路,是实现"四个全面"战略布局和"五位一体"总体布局的连接点。新发展理念既将人民作为发展的出发点和落脚点,又将发展作为契合出发点和落脚点的第一要务。通过创新发展,把人才作为支撑发展的第一资源,激发亿万群众的创造活力,提高发展的质量和效益,以更好更多的发展成果造福人民。通过协调发展,解决区域发展不平衡、城乡发展不协调、产业结构不合理、经济发展和社会发展"一条腿长、一条腿短"等问题,筑牢人民群众根本利益一致性的基础。通过绿色发展,为人民群众创造良好生产生活环境。通过开放发展,用好国际国内两个市场、两种资源,为人民群众生活水平提高夯实基础。通过共享发展,使全体人民在共建共享发展中有更多获得感,使全体人民朝着共同富裕方向稳步前进。换言之,我们要通过充分发挥群众的智慧与积极性来实现我们的战略目标。

三是防范重大风险,推进全球治理的现实需求。马克思主义最终要实现的是全人类的解放,所以为世界人民谋和平、造福世界人民是社会主义的题中之义。同时,中国已经深度融入世界经济、政治体系,中国的发展离不开世界的和平与繁荣,中国人民追求的中国梦,与世界人民对美好生活的追求是相通的。习近平总书记强调中国梦是和平、发展、合作、共赢的梦,不仅造福中国人民,而且造福世界人民。中国的发展惠及世界各国人民,中国努力扩大同各国的利益交汇点,推进大国协调和合作,构建总体稳定、均衡发展的大国关系框架,按照亲诚惠容理念和与邻为善、以邻为伴周边外交方针深化同周边国家关系,秉持正确义利观和真实亲诚理念加强同发展中国家团结合作。习近平总书记提出的"一带一路"倡议和建设人类命运共同体的呼吁，得到世界上越来越多国家的响应和赞同，也是造福世界人民的体现。但是世界并不太平，国际政治、经济旧秩序的存在，使得发展中国家与发达国家的差距越来越大，以美国为代表的某些西方国家近年来推行单边主义、孤立主义的霸权政策，世界正在面临百年未有之变局，全球发展正面临治理赤字、信任赤字、和平赤字、发展赤字四大挑战。破解这"四大赤字"需要秉持公正合理、互商互谅、同舟共济、互利共赢四大理念，需要爱好和平、爱好正义的人民力量越来越强大，才能建设一个公平正义的国际环境，只有将中华民族的伟大复兴与世界的和平稳定有机融合起来，才能够行稳致远。此外，一些不可预测的风险这些年来也时有发生，既有国内的经济、政治、意识形态、社会风险以及来自自然界的风险，也有国际经济、政治、军事、公共卫生等方面的危险，如何破解，除了要积极做好预案之外，就是要密切联系群众，发挥群众的智慧与力量，我们就能够克服艰难险阻、化险为夷，取得最后的胜利。

　　四是改进党的作风，实现长期执政的内在要求。毛泽东在七届二中全会上指出，夺取全国胜利只是万里长征走完了第一步，革命以后执政的道路更艰巨。如果新中国成立初期只是面临资产阶级糖衣炮弹的腐蚀，那么改革开放发展到今天，更有可能会有本身蜕化变质的危险。新修订后的党章指出我们党的最大政治优势是密切联系群众，党执政后的最大危险是脱离群众。党来自人民，植根于人民，服务于人民。失去人民群众的拥护和支持，党的事业和一切工作就无从谈起。在任何时候任何情况下，与人民群众同呼吸共命运的立场不能变，全心全意为人民服务的宗旨不能忘，坚信群众是真正英雄的历史唯物主义观点不能丢。习近平总书记在学习贯彻党的十九大精神研讨班开班式上的重要讲话中告诫全党，功成名就时做到居安思危、保持创业初期那种励精图治的精神状态不容易，执掌政权后做到节俭内敛、敬终如始不容易，承平时期严以治吏、防腐戒奢不容易,重大变革关头顺乎潮流、顺应民心不容易。这"四个不容易"无论哪一方面做不到、做不好,就不可能长期执政。解决之道就是我们需要时刻保持居安思危的意识,深刻认识到新时期党面临的精神懈怠危险、能力不足危险、脱离群众危险、消极腐败危险的尖锐性和严峻性,坚持问题导向,保持战略定力,推动全面从严治党向纵深发展。要消除脱离群众的危险,除了我们要在思想观念上牢固树立全心全意为人民服务的理念外,还必须健全为人民执政、靠人民执政的各项制度,尤其是健全群众监督的各项制度,人民才是真正的阅卷人,只有让人民来监督政府,政府才不会松懈;只有人人都起来负责,才不会人亡政息。

三、守正创新:实现传统治理理念的创新性发展

时代是思想之母,实践是理论之源。任何先贤的理论,如果脱离了时代,脱离了实践,就如同庄子跟齐桓公说的那样,只能是古人的糟粕而已。我们梳理古代的治国理政经验,说到底是为今天的治国理政服务,为实现中华民族伟大复兴的事业服务。因此,结合时代以及实践对传统的治国经验进行整理,汲取其精华,去除其糟粕,在实践中去重新展现其价值,从而促进中国特色社会主义制度走向成熟和完善,乃是我们研究古代治国理政经验的最终目的。

中国传统治理经验,可以划分为道与术两个部分。道的部分主要包括儒、墨、道、法、佛等诸家的治理思想,目前主要见于其经典文献之中,也具体融入各个时代的具体制度之中,其中尤以儒家和法家为多。术的部分主要包括历代的典章制度,包括古代的郡县制度、官僚制度、科举制度、宗法制度、尊儒制度、监察制度等,每个时代由于其具体情况不同,其制度的因循损益,也有其背后的逻辑所在。对于传统治理的思想理念,我们既要厘清其局限性,又要本着创新性发展的态度,结合时代与实践,找到传统与现代的理论

结合,才能实现返本开新。换言之,传统的治理之道必须要有创新性发展才能适合于当下,才能老树开新花,获得新的生命力。

(一)综合治理是中国传统社会长期稳定的主要原因

社会越是往后发展,国家越是疆域广阔、人口众多,其社会的复杂性就越是凸显。各个阶层、各个民族、各个利益团体往往会形成不同的思想派别,也会追求不同的政治体制。治大国若烹小鲜,不能随便折腾,必须尽量照顾到各个利益团体,然后追求最大的公约数,这样的社会才能具有稳定性和长期性。在西方,古罗马的西塞罗提倡混合制治理模式对于我们今天仍然具有借鉴意义。

西塞罗认为,自从有国家以来,政体无非就是君主制、贵族制和民主制三种模式,这三种模式都各有其优点和缺点。君主制权力过于集中,能够集中力量办大事,但是如果君主本身的能力或者德行有问题,君主就会转变为暴君。贵族制很容易导致宗派性的寡头垄断。民主制也容易导致无政府状态,很多好的决策也往往难得推行下去。有鉴于此,西塞罗认为,理想的政府应该是混合制,他认为一个适中和平衡地整合了所有三种政体的混合制模式比任何一种单一的政体形式都要好。在混合制政体下,国家将拥有一位具备卓越和高贵品德的治理者,又将某些权力授予显赫的公民,同样也根据民意和判断力将某些权力赋予一般的民众。[①]由于混合制模式基本上照顾了各个阶层的利益,同时又实行了适当的权力制衡,因此它是一种相对最为稳定的政体模式。在权力平衡思想的指引下,西塞罗基于罗马共和国的具体执政经历提出了一系列关于理想国家的治理原则。

第一,良好的法律是治理好国家的前提。在西塞罗看来,国家治理的基础和前提必须是良好的法律。他说,必须有一些普遍规

---

① [古罗马]西塞罗.如何治理国家[M].陈越骅,译.上海:上海社会科学院出版社,2016:7.

律来支配着人类处理公共事务的行为,而神圣的法律不仅是整个宇宙的基础,也是政府应该建立于其上的基础。(《如何治理国家》第 3 页)一个国家最高的统治者不是个人,而应该是法律。他说:"一个国家的法律统治着领导者,正如领导者统治着人民一样。实际上,我们可以说领导者是法律的声音,而法律就是无声的领导者。"可以说法律的崇高地位决定了西塞罗的治国理念首先就是依法治国,包括所有的领导者都没有超越法律的权力。那么,什么样的法律才是好的法律或者说神圣的法律呢?西塞罗认为,良好的法律应该是人类的理性与自然界的规律和谐一致的产物,这样才能普遍适用于所有的人。也就是说不论是政府首脑发布的行政命令、人民大会通过的法案、元老院的公告、宗教法、习惯法等,都必须符合正确的理性与自然的基本原理。显然,这就是我们通常所说的善法,西塞罗认为,这样的法律不会随着时间的流逝而改变,它适合于任何地方的人。当然西塞罗所设想的永恒的法律其实也是不大可能的,良好的法律应该随着时代的变化而应有相应的调整。他也寄希望于领导者能够发布正义的、有利于国家的、与法律相符合的命令,这就对领导者的素质提出了很高的要求。

第二,品德和智慧是最重要的领导力。在西塞罗看来,统领一个国家的领导者必须拥有卓越的品德和才智才能胜任。领导者必须具有诚实、正直、勇气、能力和决心等优秀的品德才能治理好一个国家,尤其是领导者要总是把国家利益置于个人的利益之上。他说:"统领一个国家就像为一艘船掌舵,尤其是在遇到暴风雨肆虐的时候更是如此。如果船长不能保持稳定的航向,航程将以全员覆没而告终。"(《如何治理国家》第 16 页)作为领导者,他首先要具备的品质就是要有坚强的意志,不能向绝望屈服,不能允许自己被诸多责任所组成的巨大洪流所冲垮,要能直面困难并且主动出击解决困难。其次,领导者应该在必要的时候用生命去维护国家的核心价值。西塞罗提出的核心价值包括:敬重信仰,发现诸神的意愿；支持行政长官的权力，荣耀元老院的权威；遵守法律，珍惜传统道德，服从法院及其判决，正直守信；保护行省和我们的盟友，奋起捍卫我们的国家、我们的军事事业和我们的公共财产。（《如何治理国家》第 12 页）这里其实包含着维护信仰、权力平衡、尊重法律、珍惜道德、保卫国家和盟友等五个方面。在一些敌人试图破坏或者颠覆这些原则的时候，领导者必须时刻警惕并及时打击这些破坏者。在强调遵守法律之外，西塞罗也重视道德在国家治理中的作用，他认为要阻止公民做坏事，除了需要有对法律规定的惩罚而带来的敬畏之外，更重要的是要启发我们先天的羞耻心，一个好的领导者要善于运用公共舆论鼓励大众的这种自然情感，通过制度和教育予以强化，从而实现以德治国和以法治国的有机结合。（同上，第 14 页）最后，西塞罗强调国家领导者追求的终极目标应该是让公民过上幸福的生活，这种生活包括财产安全、物资丰富、良好的声誉和正直的美德。（同上，第 14 页）从这里我们可以看出，西塞罗国家治理的最终目的乃是人民要过上幸福美好的生活，这种生活既包括物质层面的丰裕，也包括精神世界的充实。

　　正如司马光在《资治通鉴》中所强调的德才兼备一样，西塞罗也非常重视领导者的才能，在他看来良好的领导者还必须具有足够的知识和高超的智慧，一个政治家要善于演讲，要把思想的力量传达给公众，要善于跟国家里面的不同派别合作共事。一位演说者除了要懂得正确选择语言，深刻把握群众的心理之外，还必须具备一个敏锐的头脑，能够记住一系列浩如烟海的相关先例、历史典故和法律知识，还必须在整个人类知识体系里打下扎实基础，才能成为一个伟大的演说家和政治家。（同上，25 页）实际上西塞罗的理想领导者已经近乎柏拉图所说的哲学王了。

　　第三，廉洁是公职者必须具备的品德。西塞罗认为，腐败是啃食国家心脏的癌症，由于公职者手中掌握权力，而如果没有相应的制度对他们进行制约的话，很难保证他们不腐败。西塞罗说没有比贪婪更大的恶行，尤其是在那些治理我们国家的人中间。利用公职为个人谋私利不仅不道德,而且是犯罪和纯粹的邪恶。贪婪、行贿和欺诈从内部吞食一个国家,使得它虚弱而且容易受到攻击。在危害最小的情况下会使民众心灰意冷、丧失信心;而最坏的情况则可能惹得民怨沸腾,甚至引发革命。(同上,第39页)因此,对于政治家而言,除了自我克制和诚实之外,没有更好的办法;对于广大公职人员来说,还必须接受群众的监督和法律的惩罚。西塞罗看到由数量有限的利益集团掌握国家财政资源的时候,是很容易通过各种政策去掠夺个人的财产的。因此,他呼吁政治领导者必须尽力避免征收财产税,必须要保护个人的合法的财产,否则当国家大部分财富都集中到少部分人手里的时候,那么这个国家就非常危险了。应该说这种藏富于民的思想是具有非常深刻的现实意义的。

第四,必须要有开明的对外政策。古罗马是一个奴隶制的国家,一般来说很少把奴隶或者外来的人口授予罗马的公民权的,但是西塞罗认为一个国家要保持活力,必须对外来移民保持开放的姿态,一个欢迎外来者并赋予其平等身份的国家会变得越来越强大,而不是越来越虚弱。他说:如果我们不允许将公民权作为奖赏授予我们的盟友和朋友中最优秀、最勇敢的人,那么当我们遇到艰难和危险的时候,就会发现自己痛苦地处于无人提供宝贵援手的境地。(同上,第42页)从整个世界历史来看,凡是那些历史上实行比较开放国策的国家,外来移民都会带来新鲜的血液,给国家带来生机与活力,而凡是闭关自守的国家,往往陷入了衰败的境地。中国自从清代实行闭关锁国的迁海令和禁海令之后,与世界的发展就逐渐拉大距离,最终导致了鸦片战争以来落后挨打的被动局面,而新中国成立以后,也只有当我们实行改革开放的国策之后,我们才实现了国家的繁荣富强,才真正走上了中华民族伟大复兴的历史进程。

第五,战争必须要具有正义性。自从人类社会建立国家以来,战争就一直没有停止过。古罗马其实是一个好战的国家,但是在西塞罗看来,有些战争是具有正义性的,而有些战争则是非正义的。只有那些为保护国家、支持盟友,或维护荣誉而发动的战争才是完全可以接受的,因为贪婪而发动的战争则是不可原谅的。(同上,第44页)这种思想可以说与中国古代的止戈为武的义战有相同之处,因为战争带来的不仅有可怕的伤亡,而且往往对国力也是巨大的消耗,历史上因为穷兵黩武而导致国家衰落甚至灭亡的事例数不见鲜。义战的目的不是为了满足某些人的贪婪,而是为了保卫国家的利益,让人民能够安居乐业。

古罗马正是因为有西塞罗这样的思想家,才使得罗马帝国存续了上千年之久,而我们中华民族几千年的文明没有中断,说到底也是因为有一套正确的治国理念和制度,同样有意思的是中国古代封建王朝的衰落也往往是这套治国理念被异化之后出现的结果。我们来反思历史,凡是历史上统治者比较开明,智慧和品德都比较出众的皇帝往往都开辟出了历史上的盛世。他们注重权力的平衡与监督,注重道德与法律的双重治理,注重百姓的冷暖安危,执行比较开明的对外政策,从不轻易发动无谓的战争,使得国家繁荣稳定;而那些专制集权的暴君,只图自己享乐,不顾人民的死活,社会贪污腐败,实行闭关锁国,妄动干戈于邻邦,这样的王朝往往都没有摆脱走向衰败甚至亡国的悲惨命运。

金观涛、刘青峰在他们的著作《兴盛与危机:论中国社会超稳定结构》一书中提出中国封建王朝有一个奇异的修复能力,使得中国历史从秦汉一直到明清,虽然免不了改朝换代的纷乱,但是文明始终没有中断。此种现象的确值得深思,有学者从地理环境寻找原因的,中国处于东亚大陆,东边环海,西边高山,形成一个相对独立的地理环境;也有从自给自足的小农经济来寻找原因的,认为小农经济将百姓固定在土地上,人员不外流,才保证了文明和社会的稳定发展;也有从宗法制来寻找原因的,认为嫡长子继承制和家国同构的国家体系,保证了族权和皇权交接传承的稳定性,保证了宗族血缘的正统;也有认为是儒家学说发挥了关键作用,从汉武帝

"罢黜百家、独尊儒术"开始，儒家学说在中国文化中占有越来越重要的地位，儒家学说兼收众长，不断发展，以"仁义礼智信"的独特文化理念影响了中国一大批文人志士。自古以来多少仁人志士铁肩担道义，以天下忧患为己任，为国家的发展奉献自己的力量，他们忠于国家民族，抵御外来侵略，保持高风亮节，以知识分子的良知和责任，延续着中华文明。可以说这些说法都有道理，但是也都有不够完善的地方，研究历史规律不能够脱离历史而存在，我们必须要以历史事实为依据，如果我们从几千年来中国社会的历史发展变化及其逻辑中去寻找答案，无疑更为可靠。

一个大国，尤其是像中国这样多民族的国家，不仅存在很多的民族和宗教派别，也存在很多不同的利益集团和阶层，要处理好内部的稳定，绝不仅仅是靠某一个单纯的政策或者思想能够做到的，一定是多种因素综合作用的结果。换言之，中国古代社会能够形成超稳定的社会结构，一定是它在相当大的程度上能够照顾到各个方面的利益，实行综合治理的结果。否则很难做到长期的稳定，比如秦朝单纯采用法家的治理决策，实行严刑峻法，结果到二世而崩；元朝采用歧视汉族的民族政策，结果即使拥有当时全世界最厉害的军事力量，也只维持了上百年的时间。中国古代社会能够维持长期稳定，从文化上来讲，恰恰是兼收并蓄、有主有次进行综合治理的结果。

春秋战国时期，随着社会政治、经济环境的变化和人们认识能力的提高，这时也出现了思想和文化的活跃，产生了雅斯贝尔斯所说的文明突破的轴心时代，产生了儒、墨、道、法等为主的诸子百家。他们关于国家治理的思想各具特色，不仅影响到了中国整个封建社会，也影响到中国今天的国家治理。

就治国之道来说，孔子的理想治国之道的核心是仁政，是建立在仁智合一基础之上的基于君子修身而外推的内圣外王治理模式，强调各级官吏必须具备良好的道德修养和文化素质，即德才兼备的原则，强调社会必须对民众进行教化，百姓温柔敦厚，社会才能和谐。后来孟子和荀子虽然由于在人性论上有分歧，进而强调不同的治国重点，但是基于孔子而来的举贤选能、重视教育、改善民生的总体思想是相同的，只是由于孟子相信人性本善，更强调发挥人的良知良能，因而采取以义为主，尊王贱霸的治国方略。而荀子则认为人性本恶，因而更强调隆礼重法、化性起伪，注重从外在的社会秩序来治国的礼法并举方略。道家的治国方略则是道法自然，无为而治。无为不是不为，而是要顺应规律而为，不能凭主观想象，统治者在主观上越是想要善治，结果却适得其反。在老子看来，爱民治国不能靠智慧来达到，而恰恰是要使民众无知无欲，不能尚贤、尚货、尚智、尚武，让人的机心激发出来，而要让民众保持一颗淳朴的心，然后统治者"以百姓心为心"，让百姓安居乐业、吃饱穿暖，这样社会才会和谐而安定，所以老子提倡"太上，不知有之"的自由产生秩序的治理模式，反对"亲而誉之""侮之""畏之"（《道德经·17章》）的治理模式。应该说老子是看到了人的欲望以及进而产生的文明所带来的副作用，但是想采用类似原始氏族社会的那种古老治理模式显然已经不太符合历史的发展进程，智慧的潘多拉盒子一旦打开，就基本上不可能再合上了。此外，墨家、法家等按照他们的理想模式提出了其治国的理念。如果说儒家是基于"伦理亲情"来构建治理的基础，其核心治理理念就是礼治天下，要解决的问题是整个社会秩序的话，那么墨家则是基于最广大的平民注重实利和渴望安定的逻辑，提出了"兼相爱、交相利"的义政治理模式。在墨子看来，理想的国家治理就是要达到"饥者得食，寒者得衣，劳者得息，乱者得治"（《墨子·非乐》）的理想状态。饥饿的人得不到食物，寒冷的人穿不到衣服，劳累的人得不到休息，这三者正是平民百姓的忧患所在。为了解决这些社会问题，必须实行义政，"义政将若何哉？子墨子言曰：处大国不攻小国，处大家不篡小家，强者不劫弱，贵者不傲贱，多诈者不欺愚"（《墨子·天志上》），具体措施包括尚贤、足食、节用、节葬、非攻、非乐等，都是一些基于百姓获得实利，能够生存的实利措施。而法家也是看到其他学派所忽视的问题,在法家看来,任人唯亲、任人唯贤、无为而治,听起来都不错,短期看都可能有效果,但是长此以往恐怕都靠不住。个人都有犯错误的时候,更为可怕的就是有些人打着善良的旗帜而干不善的事情,如何才能保持善治的持久性和公平性,倒不如有一套稳定的游戏规则来得长久适用些。

法家的理论出发点是人性好利论。商鞅认为,人的本性就是好利的,"民之性,饥而求食,劳而求佚,苦而索乐,辱则求荣,此民之情也,"(《商君书·算地》)满足人的基本生存需要以及由此产生的欲望是每个人与生俱来的,"民之欲富贵也,其阖棺而后止,"《商君书·赏刑》终其一生都不会改变。人的一生就是追逐利益的一生,礼仪法度对于人的约束作用十分有限,想用礼仪法度来限制人的好利本性,不仅不是明智的做法,更是没有必要,因为人的好利本性可以因势利导,引导民众勇于耕战,从而达到富国强兵的目的。韩非更是从历史进化的角度指出,上古时代,人民少而财有余,当今时代人口增长速度远远超过物质增长的速度,"人民众而货财寡,事力劳而供养薄,"(《韩非子·五蠹》)而权力的本质也发生了根本的变化,上古尧舜时代,他们付出的是臣虏之劳,而得到的不过是当今监门小吏的待遇,因此,如果没有一套法律制度来约束人们的经济利益冲动,整个社会就会陷入混乱。基于人性好利和趋利避害的本性,因此必须实行法治,通过法治来达到天下大治。法治的主要内容一是奖励耕战,在赏与罚的双重驱使下,民不得不耕,不得不战,从而达到富国强兵的目的。二是刑无等级,全国只有一个统一的法律,除了君主之外,任何人都得遵守,在法律面前,全体臣民都是平等的,法高于一切,任何人都不得徇私枉法,从而保证法律的公平公正。三是严刑峻法,为了实现法治,必须采用轻罪重罚,严刑苛法,让老百姓对法有所畏惧。法家的理论可以说对于加强权力集中,从而形成封建君主专制起到了关键的作用,君主是独立于法律之外的,这样也非常容易导致君主对于权力的滥用。同时严刑峻法虽然能够使民众产生畏惧,但是同时也导致了民众的反抗,因而秦朝采用法家的治理理念一方面迅速增强国力,从而统一了六国;但是由于严峻刑罚也使得秦国很快就被农民起义所推翻,因此后来封建社会的主流治国理念基本上采用儒法相结合的治理模式,也可以说是充分吸取秦朝成败得失的经验教训而做出的正确选择。

春秋战国时期,战乱频仍,苦难的百姓生活使得思想家都基于不同的利益集团和个人的视野提出了异彩纷呈的治国方略。在这其中最有特色的无疑就是儒、墨、道、法四家。他们不仅成为当时的显学,更为重要的是他们从不同的角度切中了人性、社会发展以及不同人群等多个层面的实际情况,因而实际上后来的国家治理都没有离开这几个方面。

美国心理学家亚伯拉罕·马斯洛在《人类激励理论》一文中指出,人类的需求从低到高分为五个层次:生理需求、安全需求、社交需求、尊重需求和自我实现的需求。越是低层次的需求,其欲望就越是强烈,只有当维持人的最基本的生存需求满足以后,才可能出现社会化程度更好的高级需求。如果我们以马斯洛的需求理论来看,墨家和法家看到的正是个人满足最低生活需要的生理需求和安全需求。而这些由于当时社会动荡就几乎很难达到,而儒家强调的道德、政治、社会交往则基本上属于第三到第四个层次,道家强调的自由和逍遥则更是属于第五个层次,甚至属于马斯洛所强调的高于第五个层次的自我超越阶段。因此可以说儒、墨、道、法都切中了人的不同需要层次,在生命、温饱等问题都不能解决的时候,劳动人民更相信墨家和法家的思想,而当社会稳定、经济发展的时候,儒道思想又会焕发出新的活力。当然,道家那种企图逃避社会而归隐的理想也在乱世时候有一定的市场,只是国家战乱之时,想做隐士都是一件困难的事情。而佛教之所以能够在中国生根发芽并且发展壮大,根本原因在于其思辨性的哲学思维和因果报应的轮回学说。由于中国文化中素来有重视现实实际而罕言性与天道的传统,所以即使有道家和墨家的本体论以及逻辑学,但是相比佛教的因明逻辑来说,其思辨性就相形见绌了。所以当佛教传入中国并完成格义之后充分展示其精深的思辨水平,儒学、道学都不得不借鉴佛教的思维模式,来重新建构自己的本体形而上学,这一点非常符合士大夫的精神需求。同时,佛教亦能很好补足儒、墨、道、法诸子百家中对于死亡哲学的空白,尤其是其因果报应的轮回学说,让民众出于对轮回的恐惧,不得不行善,这对于民众的信仰和社会的和谐稳定都具有非常积极的作用。也因此佛教与儒、道并称为三教,分别代表了治心、治世、治身的三角关系,成为国家治理的重要指导思想。

同时,儒、墨、道、法、佛也基本上代表了不同的阶级或者阶层,其所重点关注的领域各有不同,因此在国家治理思想上也呈现出互补的特征。儒家思想基本上代表了士大夫阶层,着重于伦理和政治层面的建设,后来逐渐成为国家治理思想的主流。道家讲自由,讲境界,后来逐渐成为无为而治的自由市场模式,同时也成为一部分爱好哲学和艺术,却又不太关心政治的文人所喜好。墨家代表的是基层的平民,启发了中国的科学精神,切合了群众实用主义的理念,讲互惠互利和互相爱护,后来基本上化入民间,尤其是后来的侠客精神多源于墨家。法家基本上代表的最上层地主阶级的利益,尤其是符合了封建君主加强自身权力,进而控制臣民的要求,所以为后来历代君主所效法。佛教提倡的众生平等既可以满足底层民众的某些精神需求,也能满足上层精英的精神思辨。因此,这五家的国家治理思想在整个封建社会都有着非常重要的影响,呈现出综合治理的特征,因而开启了中国封建社会的超稳态内部结构。

我国已经进入了中国特色社会主义建设的新时代,对于传统儒、墨、道、法、佛的综合治理之道,我们必须本着社会主义国家制度的原则去进行取舍,儒家的以德治国、民本理念、知识分子监督功能以及实事求是的务实作风,是我们必须提倡的,而对于道德解决所有问题的一元化思维模式、三纲五常的宗法家长制作风以及空谈性理的理学务虚和灭人欲等观念则是务必要去除才行。对于墨家的兼爱、互利以及尊重个人的平等权利需要继承,而对于其苦行以及空想的侠客模式则应予以摒弃,应该提倡公平公正的法治才行。对于道家的上不扰民、与民休息、尊重自然等理念可以落实到社会主义市场经济中去,也可以与绿色发展理念相互结合,而其无知无欲以及小国寡民的做法则要摒弃。对于法家的人性好利等观点要与市场经济相结合,对于其提倡的法治观念可与依法治国相结合,而其权力集中的某些合理成分也应该与民主集中制相结合,而对于其权力控制之术以及削弱民力的思想则必须摒弃。对于佛教,其积极性方面包括慈悲爱物的情怀、放下执着的心态以及文化交流等方面,可以运用到对外的文化交流,可以运用到生态保护,可以维持社会的和谐,但是其因果报应之说则不宜提倡。尽管我国境内还有很多信仰佛教的地区和民众,可以推行宗教信仰自由政策,但是非传统佛教信仰地区,则必须进行马克思主义的教育。

总而言之,传统治理思想的创造性发展必须坚持马克思主义为指导,必须坚持实事求是与群众路线,要追求科学与进步,而不能是借着复兴中华优秀传统之名,行封建糟粕之实,尤其是有些学者提出的用儒学取代马克思主义之类的说法,开历史的倒车,不仅对于国家治理没有好处,也不符合时代发展潮流,最终只会贻笑大方。

(二)深入研究国家兴衰治乱背后的历史规律

1945年,黄炎培先生问毛泽东主席共产党摆脱历史上"其兴也勃焉,其亡也忽焉"的历史怪圈,历史周期律由此得名。"历史周期律"是指世界上任何一个国家的政权都会经历兴衰治乱,往复循环呈现出的周期性现象。极端的不公导致社会的崩溃,从而达到新的相对公平,周而复始。此一周期在中国历史上一而再地出现,一个王朝经历了痛苦不堪的战乱之后开始建立新的王朝,励精图治,与民休息,然后会达到100年到300年的长治久安,然后又不可避免地陷入贪污腐败、土地兼并、民不聊生的境况,直到一场新的农民战争到来。对此种现象的原因分析历来很多,我们这里也可以从国家治理的主导思想的变化来进行一番梳理。

一般来说,王朝建立之初,统治者经历了战乱之苦,国家治理主导思想都基本上以儒家仁政或者黄老之学为主,与民休息,重民保民,统治者亦大多能够修身克己,以天下百姓为重,因此生产力得到恢复和发展,很快进入升平之世。而一旦承平日久,统治者就开始对内骄奢淫逸、贪图享乐,加强中央集权,防范百姓,搜刮百姓,对外则穷兵黩武,儒家的仁政学说和道家的无为而治早抛之脑后,信奉法家的帝王专权以及好战主义。而在王朝衰败的时候,除了重视法家思想之外,也往往伴随着佛老思想的盛行,此种盛行并不是政府的无为而治,而是整个社会黜实就虚,空谈义理和心性,对民间疾苦、国计民生则漠不关心。我们举几个历史时期来予以说明。

首先是文景之治。鉴于秦朝的速亡,汉初统治者采纳了陆贾、贾谊以及刘安等人的黄老治理思想,与民休息,实行无为而治,使得国家从积贫积弱的状态中逐渐恢复过来,经过了大概70年到80年时间,到景帝刘启的时候,西汉实现了"文景之治",生产力已经达到了相当高的水平。西汉的强大,与黄老之学的治理理念密切相关。黄老之学的核心主张就是无为而治,与民休息。经历了连年的战乱之苦,"黎民得离战国之苦,君臣俱欲休息乎无为",(《史记·吕太后本纪》)陆贾提出上古圣人无为而治,"君子之为治也,块然若无事,寂然若无声,官府若无吏,亭落若无民"(《新语·至德》),国家不发动战争,不征发徭役,百姓安居乐业,社会实现大治,而秦始皇力求有为,社酷刑、筑长城、罚四方,"事愈烦,天下愈乱。法愈炽,而奸愈炽"(《新语·无为》),终至速亡。无为不是不为,而是不要乱为。一方面,君主要顺应自然之道,不得以个人意志干扰国家治理;另一方面,统治者要"循理而举事,因资而立功"(《淮南子·修务训》)。刘安就认为无为之治有两个要点:一是"省事""节欲"以安民,二是"法宽刑缓",不能以严酷刑罚对待百姓,而是应该实行仁政,仁爱民众,要做到君上无为,臣民有为,社会就能发展。其次,黄老之学提出了礼法兼施、兼容仁义与法术势的治国之道,体现出儒道法并用的特色。陆贾、贾谊、刘安等都提出,治理国家要以仁义为本,同时不排斥刑罚。陆贾就认为刑罚的作用主要是除恶,而不能起到劝善的作用,劝善要靠德治教化才能实现。当政者贪利刻薄,政策不符合于民心,必然招致民众反抗。贾谊继承了儒家的重民思想,强调保民是政治之本,"故夫民者,至贱而不可简也,至愚而不可欺也。故自古至于今,与民为仇者,有迟有速,而民必胜之"(《新书·大政》),因此治理国家必须做到两点:一是实行仁政以利民、富民,二是减轻刑罚,政不扰民。同时,黄老道家也提出要慎用法家思想,一方面通过礼法兼施来强化等级秩序,加强中央集权,同时要用法律来惩恶,维持社会公平正义,但是要慎用刑罚,不搞严峻刑罚,量刑要适度;"疑罪从去,疑赏从予"(《新书·大政》),体现统治者仁政爱民和建立良好社会风气的初衷。

其次是贞观之治。以李世民、魏征、房玄龄、杜如晦等人为代表的贞观统治集团开创了一条国家迅速崛起的国家治理路径。汉代采用黄老之学的治理思想,达到文景之治大概花了70多年的时间,而李世民在位才23年的时间,就迅速使得唐朝达到了政治清明、经济繁荣、文化发达的升平局面。总结贞观统治集团的国家治理思想主要有以下几点:第一有一个开明团结的领导集体。在中国封建社会,由于皇帝的权力高度集中,一位开明而智慧的君主就显得非常重要。唐太宗是中国历史上少有的明君,不仅自我加强修养,恪守儒家的君道理念,而且广纳贤才,从谏如流,从而达到了明君贤臣、君臣遇合的理想君臣关系。在他周围,聚集了一批良臣名将,如魏征、房玄龄、杜如晦、李靖、长孙无忌、王珪、虞世南、褚遂良、马周等人,尤其是魏征,前后进谏二百余事,提出许多治国良策,都大部分被采纳。由于李世民自我修养很高且又胸怀宽广,善于选贤、用贤,君臣和谐相处,具有极强的政治向心力,为创建治世提供了很好的条件。第二推行儒家的仁政思想。李世民君臣总结隋朝灭亡的教训,认为隋朝的灭亡基于几个方面:一是君主奢侈无度,"上之所好,下必有甚,竟为无限,遂至灭亡"。(《贞观政要·俭约》)二是杜绝言路,独断专行,多行不义,自取灭亡,唐太宗由此提出:"人欲自照,必须明镜;主欲知过,必藉忠臣"。(《贞观政要·求谏》)三是用人不贤,导致小人掌权,最后死于宠臣宇文化及之手。四是崇尚佛道,贬抑儒学,务虚色彩浓厚,民生惟艰。贞观二年,李世民明确对群臣表示,他推崇尧舜之道,周孔之书,提倡仁义治国,为此封孔子为"先圣",扩建国子监学舍四百余间,设置弘文馆,精选天下儒生充当学士,"儒学之盛,古昔未之有也。"(《旧唐书·儒学上》)在政治理念上,以仁义和重民作为治国的基本原则。他说,"朕观古来帝王以仁义为治者,国祚延长,任法御人者,虽救弊一时,败亡亦促",(《贞观政要·仁义》)明确提出仁义之道是最高的治国原则,法家治理处于次要地位。基于儒家仁政爱民的原则,李世民提出"国以民为本",(《贞观政要·务农》)把民众视为国家和君权的根基。他说"为君之道,必须先存百姓,若损百姓以奉其身,犹割股以啖腹,腹饱而身毙"。(《贞观政要·君道》)魏征以舟水之喻来说明民比君重要。基于儒家的民本思想,贞观统治集团在全国推行与民休息、轻徭薄赋、刑罚宽平、减少战争等措施,极大促进了生产力的发展;同时李世民还从隋朝灭亡的教训中认识到纵欲是祸乱之源,"伤其身者不在外物,皆由嗜欲以成其祸,"(《贞观政要·君道》)他以隋炀帝奢侈而亡以自勉,戒奢从俭,还以历史上官吏纵奢身亡的事例告诫群臣,对于贪奢官吏予以惩治。

第三采纳道家、法家的合理理念。李世民将儒家的道德教化与道家的无为而治结合起来,认为无为而治乃是儒家道德教化的最高境界,"无为而治,德之上也";同时提倡黄老道家的清静无为,认为君主治国要"简静",(《贞观政要·君道》)减少对社会的政治干预,"君能清净,百姓何得不安乐"(《贞观政要·政体》),以无为思想为政策指导,很快就实现了"徭役不兴,年谷丰稔,百姓安乐"的政治局面。此外,李世民贞观统治集团也善于吸收法家的政治思想来保证社会的公平和稳定。贞观统治集团十分看重法治在治理国家中的作用,李世民亲自主持制定《贞观律》,强调立法必须注重公平、稳定和宽简,认为立法的关键是捐私而立公,法律应保持相对稳定性,不可多变,法律必须宽简,"死者不可再生,用法务在宽简"(《贞观政要·刑法》),这就保证了法治的前提——良法的确立。然后严格执法,皇帝带头守法,避免以主观意志来取代法令。皇帝带头守法,甚至在一定程度上皇权都受制于法,这在古代帝王中是不多见的。但是并没有从制度上形成皇权也必须完全受制于法律的制度,只是寄希望于皇帝的个人修养来带头遵守法律,由于没有制度上的保证,所以也就没有办法保证后来的君主都能带头遵守法律,这是古代法治与现代法治的重要区别。严格治吏是李世民法治思想的重要内容,李世民要求择人任官,对官员进行奖励和惩罚都要严格按照法律执行,赏不遗远亲,罚不阿权贵,并要求赏罚"以公平为规矩,以仁义为准绳"(《贞观政要·择官》),形成了德主刑辅的治国方略,开启了贞观之治的盛世局面。第四重视贤才,从谏如流。在封建时代,最高决策权几乎被皇帝垄断,由于个人的能力有限,加上个人好恶往往会使得政治决策出现错误。李世民充分认识到此一问题,要求群臣如若看到自己有过失,必须直言规谏,为此他规定官员五品以上者赐座讲话,并且对进谏有功者采取奖励提升政策,甚至于魏征几次进谏惹得他龙颜大怒时都能够理性接受谏议。今天看来"以人为镜,可以明得失"(《贞观政要·任贤》)乃是充分发挥了群臣监督的作用,可以避免或者少犯政治决策的错误。此外,贞观统治集团还非常重视人才的作用,李世民认为人才是治理好国家的关键,"能安天下者,惟在用得贤才"(《贞观政要·择官》),为此,他大力兴办学校,完善科举制度,生员从隋时的70人增加到8000人,士人参加科举考试,达到其标准者，便可入仕为官。在考察和任用人才方面，把"贤能"与否作为唯一的评价标准。只要是贤者，便能为其所用，不计亲疏、贵贱，不计个人恩怨，都能加以重用。正是因为贞观统治集团的开明政策，国家聚集了大量的人才，从而在帝国统治和治理上取得了非凡成就。

再次，我们来看看明朝的衰落。有明一代，由于政治专制、土地兼并，加上程朱理学定于一尊且逐渐僵化，整个社会蕴藏着巨大的危机，这种现象到了明朝中叶之后越发凸显。皇帝荒淫无道、党同伐异、北虏南倭、土地兼并、赋税繁重、天灾人祸，民不聊生，虽然王阳明提出致良知之说，希望通过自我教化来觉悟良知，"破心中贼"，约束自己的思想，进而维护君主专制的统治秩序，但是这无异于空想，倒是对解放思想，进而出现异端思想创造了条件。明代土地兼并激烈到何种程度？皇帝、王公、勋戚、宦官、豪强、地主所霸占的庄田数量之多，超过了以往任何时代。明朝建立不到一百年，土地从 850 万顷锐减到 422 万顷，致使广大农民、军户成为流民，甚至于发生人吃人的惨剧。而明朝的专制集权也达到历史上又一个高度。明代朱元璋甚至废去了元代的中书省和丞相，分相权于吏户礼兵刑工六部，六部皆直属于皇帝，又以兵部和五军都督府分掌兵权，刑部、大理寺、都察院分典刑狱，一切兵刑大权均总揽于皇帝。在地方机构中，明代设立十三布政使司，代替元朝的行省。地方事务由三司负责：布政司掌民政，按察使掌司法，都指挥使掌兵权。又在都察院下设置监察御史，派出官员为巡按御史，代皇帝巡视地方，弹劾官员，监察民情，后来又设立锦衣卫、东厂、西厂等特务机构，加强对民众和文武百官的控制。清代基本上采用明代的官僚制度，虽然明代永乐年间设立内阁、清代雍正年间设立军机处，其权力相对较大，但是裁决权最后仍掌握在皇帝手里。这样，中国封建君主专制由宋代的权力集中逐渐演化到明清时代的君主权力的绝对化。君主权力过度集中，剥夺了郡县守宰的事权，各级官吏互相牵制，没有任何自主权，也没有办法尽到自己的责任，专制权力最终造成一种无责任的政治,所有的官员都只为皇帝一人服务时,百姓疾苦就显得无足轻重。顾炎武因此认为君主个人独裁,是导致民众疾苦、国家穷困的根源。从文化意识形态来看,理学的空谈之风也是盛极一时。"今之君子则不然……终日讲危微精一之说,"(《亭林文集》卷三《与友人论学书》)于孔子、孟子所重视的国计民生,则是丢失殆尽,实际上"清谈孔孟",误国误民,"五胡乱华,本于清谈之流祸,人人知之,孰知今日之清谈,有甚于前代者,不习六艺之文,不考百王之典,不综当代之务,举夫子论学论政之大端一切不问,而曰'一贯',曰'无言'。以明心见性之空言,代修己治人之实学。"(《日知录》卷七《夫子之言性与天道》)如果不是社会风气的极度空疏,也不会导致清朝20多万铁骑轻而易举征服一亿多人口的明朝帝国。

(三)用儒家天下观促进人类命运共同体建设

在党的十九大报告中,坚持推动构建人类命运共同体成为习近平新时代中国特色社会主义思想的重要内容。报告指出:中国人民的梦想同各国人民的梦想息息相通,实现中国梦离不开和平的国际环境和稳定的国际秩序。必须统筹国内国际两个大局,始终不渝走和平发展道路、奉行互利共赢的开放战略,坚持正确义利观,树立共同、综合、合作、可持续的新安全观,谋求开放创新、包容互惠的发展前景,促进和而不同、兼收并蓄的文明交流,构筑尊崇自然、绿色发展的生态体系,始终做世界和平的建设者、全球发展的贡献者、国际秩序的维护者。这一重大论述,既是基于我国的现实国情,也是基于当今世界的复杂形势,更是基于以马克思主义为指导,坚守中华文化立场,同时又结合时代条件而做出的科学论断,是新时代中国的国际秩序观和外交政策的集中表述,也是将中华优秀传统文化尤其是儒家文化进行创新性发展的一个典范。在这里,我们结合传统儒家的天下观与人类命运共同体进行一个比照,从而对传统治理思想的创新性发展做一个个案研究。

1. 天下大同是儒家的终极理想

当今世界,伴随着交通基础设施的逐步完善以及网络信息的快速便捷传播,世界已经变成了名副其实的地球村,各国相互联系和依存变得更加紧密,天下一家、天下大同不仅具备了可能性,同时也具备了必然性,很多全球性问题已经不能靠单个国家或者地区就能解决。习近平在十九大报告中指出:世界面临的不稳定性不确定性突出,世界经济增长动能不足,贫富分化日益严重,地区热点问题此起彼伏,恐怖主义、网络安全、重大传染性疾病、气候变化等非传统安全威胁持续蔓延,人类面临许多共同挑战。没有哪个国家能够独自应对人类面临的各种挑战,也没有哪个国家能够退回到自我封闭的孤岛,而必须进行协同合作才能解决问题。

在中国传统的天下观里面,儒家天下为公、天下大同的思想不仅是传统天下观的主流,而且能较好地应对当今的国际社会问题,具有普遍性的意义。直接体现儒家大同思想的记载首先出现在《礼记·礼运》篇:"大道之行也,与三代之英,丘未之逮也,而有志焉。大道之行也,天下为公,选贤与能,讲信修睦。故人不独亲其亲,不独子其子,使老有所终,壮有所用,幼有所长,矜寡孤独废疾者皆有所养,男有分,女有归。货恶其弃于地也,不必藏于己;力恶其不出于身也,不必为己。是故谋闭而不兴,盗窃乱贼而不作,故外户而不闭。是谓大同"。在大同社会里,权力属于大家,选举贤能的人来领导大家;整个社会人人互爱,和谐相处,没有阴谋诡计;大众没有私心,财货皆为共享,每人各尽所能,各得其所。孔子在这里给我们阐述了儒家的理想社会图景,这种理想社会既根植于尧舜禹时代的原始氏族公社痕迹,也是儒家后来所一直追求的理想政治,也与马克思主义所设想的共产主义社会有诸多类似之处,这也是为何马克思主义传入中国之初被称为大同之学而被中国社会迅速接受的原因之一。

孔子进一步指出后世逐渐形成了以私有制为基础的小康社会:"今大道既隐,天下为家,各亲其亲,各子其子,货力为己,大人世及以为礼,域郭沟池以为固,礼义以为纪,以正君臣,以笃父子,以睦兄弟,以和夫妇,以设制度,以立田里,以贤勇知,以功为己。故谋用是作,而兵由此起。……是谓小康。"(《礼记·礼运》)小康社会人皆有私心,努力保有自己的财产和地位,对自己的家人比对别人好,社会纷争由是而兴,因此必须以仁爱为基础,采用礼乐刑政来治国。当然儒家没有分析从原始共产主义转变到家天下的私有制的原因所在,但是正如康有为的公羊三世说所指出的那样,天下为礼的小康之道是进入天下为公的大同社会的必经阶段,"必天下为公而后可至于太平大同",其中分为据乱世、升平世、太平世三个阶段。在这里我们可以看出,小康社会并不是理想的社会形态,而大同社会才是最终的目标,而小康在我国已经接近基本实现。这一进程又恰好与建设民主富强文明和谐美丽的社会主义现代化国家相对应,这也就是习近平所提出的中国特色社会主义新时代,刚好与大同社会的升平世建设即将完成相对应。

2. 内圣外王才能达到天下太平

儒家的治国理政理念常常被概括为内圣外王,而实际上内圣外王出自《庄子·天下》篇,儒家自己的表达是修齐治平,《礼记·大学》上讲:"物格而后知至,知至而后意诚,意诚而后心正,心正而后身修,身修而后家齐,家齐而后国治,国治而后天下平。自天子以至于庶人,壹是皆以修身为本。"儒家的治国理念乃是以修身为核心的外推模式,只有那些知识和道德都修养好的人,才有资格去从事治理,治理也具有从小到大,从近到远的辐射效应。修身在《礼记·中庸》中又被称为知、仁、勇三达德,自身具备了智慧、道德和勇敢这三项必要条件后,还必须从家庭、邦国一步步实践,成效显著的才能最后去平治天下。

在这里有必要对儒家的天下概念进行阐释。有人把儒家的国等同于现在的省,把儒家的天下等同于现在的国家,应该说这种观念是不准确的。儒家的天下并不是所谓的现代民族国家,而是一种世界主义,正如孟子所说:"天下者,天下之天下,非一人之私有"(《孟子集注·万章上》),"得丘民者得天下",用我们今天的话来说,得民心者得天下,何为得民心?就是子贡问孔子所说的"博施济众"(《论语·雍也》),就是让人民过上美好的生活,只要能做到"庶之、富之、教之",就能做到"近者悦,远者来","四方之民襁负其子而至矣"(《论语·子路》)。所以我们看到党的十八大以来,习近平提出人民对美好生活的向往就是我们的奋斗目标,着力解决国际国内的民生问题,逐渐赢得了全世界的认同和赞可,中国的"一带一路"倡议取得了很大的成效并且正在向纵深迈进。明末清初的顾炎武曾经对国和天下进行了严格的区分:有亡国,有亡天下。亡国与亡天下奚辨?曰:易姓改号,谓之亡国。仁义充塞,而至于率兽食人,人将相食,谓之亡天下。……知保天下然后知保国。保国者,其君其臣,肉食者谋之;保天下,匹夫之贱与有责焉耳矣。(《日知录》卷十三"正始")以统治阶级的一己私利为核心的叫国,以普通百姓为念的叫天下,当然国与天下有时候也可以统一。在他看来,明朝的灭亡,是朱姓王朝的家天下不存在了,但是作为老百姓的天下还继续存在。实际上儒家学者常说的胸怀天下,其实就是要兼济天下所有的百姓,并不限于哪个具体的地域或者民族。正因如此,北宋张载的横渠四句才能真正体现儒家民胞物与的情怀,以至于习近平在哲学社会科学工作座谈会上的讲话(2016年5月17日)也引用了这句话:自古以来,我国知识分子就有"为天地立心,为生民立命,为往圣继绝学,为万世开太平"的志向和传统。一切有理想、有抱负的哲学社会科学工作者都应该立时代之潮头、通古今之变化、发思想之先声,积极为党和人民述学立论、建言献策,担负起历史赋予的光荣使命。

在习近平的治国理念中,统筹国内与国外两个大局也基本上贯穿了内圣外王的思维模式。国内要推行四个全面的战略布局,把自身的问题解决好,打铁还需自身硬。国内治理好了,才有能力与资格推行国际上的人类命运共同体建设。如果国家内部治理不好,去国际上推行大国外交,就不具备示范效应,别国也不会真心跟从。在四个全面战略布局中,全面从严治党类似于儒家的修身环节,是一切工作的根本。己身正,不令而行;己身不正,虽令不从。从这几年的"打老虎""拍苍蝇""猎狐"等反腐措施以及中央八项规定和四风整顿、"两学一做"等活动来看,成效显著,加上全社会的依法治国,为全面深化改革和落实以人民为中心的小康社会建设提供了坚强保证。事实上也证明,这5年来中国经济乃至社会继续稳定高质量发展,基本上消除了经济增长"换挡"、结构调整"阵痛"与前期刺激性政策的消化三期叠加而导致的经济大幅下行的风险,这样就为中国推行"一带一路"的外交战略奠定了坚实的基础。实际上,中国目前已经形成国内的全面深化改革与国际的"一带一路"推进两条腿走路的良好互动局面。

3.和而不同是新国际关系的重要原则

中国传统文化具有极强的包容性,只要不涉及核心利益和原则问题,中国向来尊重其他文化的多样性。和实生物、和为贵、和气生财、和而不同、协和万邦等"和"的理念在中国代代相传。《国语·郑语》上记载了周太史伯阳父的话:"夫和实生物,同则不继。以他平他谓之和,故能丰长而物生之。若以同稗同,尽乃弃矣。故先王以土与金、木、水、火杂以成百物。"用我们今天的话来说,事物乃是二元乃至多元的对立统一,万事万物如果只有保持多样性才能不断丰富和发展,如果完全追求一致,则事物就不能发展。太史伯就曾断言,周幽王去和而取同,喜好谗言,讨厌忠臣,三年之内必亡。深谙音乐之道的孔子深知宫商角徵羽五种不同的声音才能够奏出美妙的音乐,因此提出了和而不同的思想:"君子和而不同,小人同而不和"(《论语·子路》),其基本意思就是君子追求和谐,允许不同声音和意见存在,不要求同一;小人则追求同一,容不得其他的形态存在。这种追求中和的理念也是人际关系与国家政事的指导思想。从《周易》的观点来看,事物总是由相反相成的对立面构成,太极不仅本身由阴阳构成,而且阴中有阳,阳中有阴,那么对应在社会状态来说也是如此,阴阳是对立统一的,没有必要追求绝对的同一,这就是《道德经》里面所说的"万物负阴而抱阳,冲气以为和"的道理。传统中国处理华夷关系基本上就贯穿了兼容并包、协和万邦、天下一家的和谐理念,也因此出现了汉唐雄风、康乾盛世等伟大的时代。

党的十九大报告中强调的"亲诚惠容"中的"容"字与上是同一个意思。中国提出的人类命运共同体思想强调和承认世界的多样性与差异性。习近平总书记指出:世界上有200多个国家和地区,2500多个民族和多种宗教。如果只有一种生活方式,只有一种语言,只有一种音乐,只有一种服饰,那是不可想象的。他还以花朵为例说明:一花独放不是春,百花齐放春满园。因此,中国外交遵循互相尊重的原则,尊重每个国家的历史选择,尊重每个国家的发展模式,尊重每个国家追求美好生活的理想,不把自己的意志强加给别国,不干涉别国内政。"一带一路"倡议不是单方面把中国的战略和国力投送出去,强行让其他国家和地区适应中国的政策,而是与其他国家和地区的发展进行对接,秉持共商、共建和共享原则。

在合作机制上,中国的"一带一路"推行求同存异的协商原则。没有规定严格统一的参与规则,不刻意追求一致性,注意照顾各方利益,不搞以意识形态划界的圈子文化,而是让不同制度、宗教、文明的国家都可以参与进来。习近平在十九大报告中指出:世界的命运必须由各国人民共同掌握。各国主权范围内的事情只能由本国政府和人民去管,世界上的事情只能由各国政府和人民共同商量来办。对话协商应该是国际矛盾首要的解决方式,不到迫不得已不能诉诸武力,战争一般都意味着生民的伤亡或者财产的损失;协商民主同时意味着充分照顾弱小国家的利益,不做以大欺小的事情。如果弱势群体的利益长期得不到关照,只会让他们走上分裂或者反抗的道路。因此,相互尊重也蕴含了为全体人类共谋福祉的思想。

4. 兼济天下才能合作共赢

在儒家思想中,有一种"己欲立而立人,己欲达而达人"(《论语·雍也》)、"达则兼善天下"(《孟子·尽心上》)的思想,它的前提就是内圣,就是要以王道仁政去让老百姓也过上幸福生活。这一点与"己所不欲,勿施于人"(《论语·颜渊》)是相辅相成的,其中的界限就是看"推己及人"的对象是否赞同和接受你的主张。一般来说,真善美以及过上更美好的生活则是天下百姓都认可的共同价值,所以大乘佛教有普度众生的说法,而按照相互尊重的原则,这种认可和接受也是基于双方能形成共识才能开展。在马斯洛的需要层次里面,对应着生存、发展与超越三个层次,而目前很多亚非拉国家都面临着发展的问题,基础设施落后、科技水平有限、融资渠道难,而这些正是中国目前的长项,所以在互相尊重的前提下,合作共赢就成了双方的共识。

命运共同体说到底是利益共同体。儒家特别强调首先要解决老百姓的生产生活问题,"是故明君制民之产,必使仰足以事父母,俯足以畜妻子,乐岁终身饱,凶年免于死亡;然后驱而之善,故民之从之也轻"(《孟子·梁惠王上》)。孔子也强调"足食,足兵,民信之矣"(《论语·颜渊》),坚实的经济基础和强大的国防是取得老百姓信任的必要条件。世界各国之所以能成为命运共同体,关键在于各国之间具有共同利益、整体利益。而在具有共同利益或整体利益的世界各国之间,存在着荣损与共、利益相连的连带效应。习近平总书记就明确指出:一个强劲增长的世界经济来源于各国共同增长。各国要树立命运共同体意识,真正认清"一荣俱荣、一损俱损"的连带效应,在竞争中合作,在合作中共赢。在追求本国利益时兼顾别国利益,在寻求自身发展时兼顾别国发展。中国提倡走共同发展与和平发展的道路。所谓共同发展,就是既要让自己过得好,也要让别人过得好的一种共荣、共进的理念。所谓和平发展,用习近平总书记的话说,是指要和平不要战争,要合作不要对抗,在追求本国利益的同时要兼顾别国利益关切的一种主张。

按照合作共赢理念推进的"一带一路"建设,取得了巨大的成绩,由我国带头和推动的基础设施建设以及陆、海、空、网络互联互通建设进展迅速,中亚班列、中欧班列以及海上丝绸之路等线路的运行直接促进了进出口贸易的快速增长,促进了沿线国家人民生活水平的提高。2014 年至 2016 年间,我国对全球贸易总额达到 11.9 万亿美元,不仅改变了我国长期以来存在的贸易顺差问题,也同时治疗了新自由主义金融危机所造成的全球化顽疾,带领世界经济走向了真正的复苏。以政策沟通、设施联通、贸易畅通、资金融通和民心相通为主要内容的亚洲命运共同体正处于蓬勃向上的形成时期。

5. 文事武备才能保证国际公正

人性并不都是纯善,世界也并不都总是美好的。儒家强调"有文事者必有武备,有武备者必有文事"(《孔子家语·相鲁》),要推行人类命运共同体的战略实施,除了要有强大的经济实力之外,还必须要有强大的国防作为保障。中国越是发展壮大,遇到的压力和阻力就会更大,面临的外部风险就会越多。近年来,周边接连出现的一系列事件,包括南海问题、钓鱼岛争端、中印边境对峙等,其背后不仅有当事国的利益纠纷,还涉及背后的国际势力挑拨,有些国家看不得你过得比他好。中国的国家安全不容忽视,只有时刻保持高度的警惕,全面加强军队革命化、现代化、正规化建设,时刻做好军事斗争的准备,才能为国家主权安全和推进人类命运共同体建设提供坚强保障。

儒家治理国家的方式最典型的就是《礼记·中庸》中提到的治国九经:"凡为天下国家有九经,曰:修身也、尊贤也、亲亲也、敬大臣也、体群臣也、子庶民也、来百工也、柔远人也、怀诸侯也。"其中提到"柔远人则四方归之,怀诸侯则天下畏之","远人不服,则修文德以来之",怀柔政策一直是中华民族处理对外关系的一个基本准则,而不是如同某些西方国家所一贯推行的霸权主义,但是也正如韩非在《五蠹》中指出"上古竞于道德,中世逐于智谋,当今争于力气",必须采用德法并举,文治武功才能有效地治理好国内国际社会。

一方面,中国也是世界命运共同体的重要一员,虽然中国也有自己的国家核心利益和国家意志,但是中国绝不走霸权主义的道路,绝不搞侵略扩张和强权政治。但是中国也绝不是无原则的息事宁人,必须坚定维护本国的核心利益,维护自己的主权、安全、发展利益,任何国家都不要指望我们会吞下损害中国主权、安全、发展利益的苦果。另一方面,也必须坚持维护国际的公平和正义,讲公道话,办公道事,推动建设持久和平、共同繁荣的和谐世界,使人人享有平等追求全面发展的机会和权利,最终实现天下一家、生活幸福的共同理想。

此外,本着"有朋自远方来,不亦乐乎"(《论语·子曰》)的好客精神,中国开展了民心相通的交流渠道,国家领导人多次互访,也设立了500多所孔子学院和中国文化中心。近年来,我国与其他国家在旅游开放、互派留学生、科技文化交流合作、医疗援助以及传染病防治、人才流动、民间以及政党交流方面等都得到了长足发展。本着亲诚惠容外交理念的人类命运共同体正如火如荼地开展。

如果说以亚洲四小龙为代表的第一波东亚崛起可以被称为儒家资本主义的话,那么以人类命运共同体为目标的第二波东亚崛起似乎可以成为儒家社会主义的模式,本着相互尊重、合作共赢以及公平正义的原则的中国外交也必将带来中华民族的复兴和世界的和谐美好。

(四)天人合一理念促进生态文明建设

中华民族在几千年的历史发展进程中没有出现文明的中断,必然有很多合理的理念能够经受住历史的检验,其中的一个核心观念就是天人合一的哲学观。"天"在中国文化中有多种含义,归纳起来至少有三种含义:(1)主宰之天,带有人格神义,这在先秦时期尤为典型,后世也继续沿用;(2)自然之天,带有自然界义,主要是指遵循大自然的规律,按照规律办事;(3)义理之天,在宋明理学时期具有超越性义,主要指的是道德来源的先验性。这三个方面形成了中国传统敬畏自然、遵循自然、仁爱万物的生态自然观,对于中华民族的可持续发展起到了非常重要的作用,在今天我们亦可以采用其合理内核,为绿色发展和生态文明建设做出贡献。

1. 儒家:天人合德的生态伦理观

儒家在中国哲学上最大贡献无疑就是其重德的理念,而道德的来源就在于天,孔子多次强调道德的来源在于天,天是道德的象征,"天生德于予"(《论语·学而》),他只是替天行事。涉及生态伦理观的天德,就是天道生生不息,具有以仁为心的好生之德,如果不遵守天德,上天就会惩罚你。"浩浩昊天,不骏其德,降丧饥馑,斩伐四国。"(《诗经·小雅·雨无正》)人们只有很好地崇尚德政,用道德行事,才能得到天的保佑。《尚书·召诰》中说:"惟王其疾敬德,王其德之用,祈天永命。"否则"获罪于天,无所祷也"。

这种天人合德的思想到了孟子这里则发展为仁爱万物。孟子主张人性本善,认为人皆有不忍之心,不忍之心是人天生就具有的,具有先验性,不忍之心有四种表现:恻隐之心、羞恶之心、辞让之心、是非之心。这种不忍之心不仅表现在人与人的社会交往上,也体现在人对物的态度上应该仁慈,而不能肆意地宰杀牲畜以满足自己的口腹之欲。《孟子·梁惠王上》记载,梁惠王看到杀牛来祭祀的残忍局面而主张用羊代替,孟子说杀羊也一样很残忍,同时不行仁政让老百姓生不如死亦是一件残忍的事情,然后孟子说:"君子之于禽兽也,见其生,不忍见其死;闻其声,不忍食其肉。是以君子远庖厨也。"在这里,虽然孟子并没有叫人们不吃肉,但是这种"君子远庖厨",少去杀害有血气的生命,无疑对中国传统社会的人与动物和谐相处具有重要的指导意义。

孟子的"远庖厨"的观念在宋明理学更是发展为一种民胞物与的生态伦理。张载讲"民吾同胞,物吾与也。"(《西铭》)张载认为,天地好比父母,一切人、一切物都是天地所生,一切人都是同胞兄弟,一切物都是同伴,应该爱一切人、爱一切物。这种人与自然万物平等和谐的仁爱思想,无疑对生态环保和绿色发展具有极其重要的思想意义。当前社会的很多问题,如能源枯竭、环境污染、物种灭绝、气候恶化等问题,说到底还是狭隘的人类中心主义所导致的恶果,他们把万物当成索取和征服的对象,在掠夺自然的同时,也丧失了自身存在的根基。后来曾国藩也强调君子应该有"民胞物与之量,内圣外王之业",这种超越自我中心主义的仁爱观念才能真正实现为万世开太平的治国理想。

民胞物与的仁爱之心反映在人与自然的关系上就是义而后取,取之有道,用之有度。不能贪得无厌,不能无视其他生灵的痛苦。故人在现实生活中应该有"盎然生物之心",有"温然爱人利物之心",在这一点上孟子也给予了我们很好的教导:

王如知此,则无望民之多于邻国也。不违农时,谷不可胜食也。数罟不入洿池,鱼鳖不可胜食也。斧斤以时入山林,材木不可胜用也。谷与鱼鳖不可胜食,材木不可胜用,是使民养生丧死无憾也。养生丧死无憾,王道之始也。五亩之宅,树之以桑,五十者可以衣帛矣。鸡豚狗彘之畜,无失其时,七十者可以食肉矣。百亩之田,勿夺其时,数口之家,可以无饥矣。谨庠序之教,申之以孝悌之义,颁白者不负戴于道路矣。七十者衣帛食肉,黎民不饥不寒,然

而不王者,未之有也。(《孟子·梁惠王上》)

如果真能做到孟子所说的无失其时,取之有度,不竭泽而渔,不贪得无厌,那么我们既不需要日新月异的高消费,也不需要过禁欲主义的生活,保存一颗仁爱之心,就能够达到与自然的和谐相处。

2. 道家:天人合道的生态伦理观

如果说儒家还是或多或少有人本主义的倾向,道家则从一开始就从万物一体的层次来谈人与世界万物的关系。傅佩荣指出,人对自然界可以采取的态度有四种:1. 竞争;2. 利用;3. 保护;4. 欣赏。显然道家站在第四个层次,即从道的观点欣赏万物,所谓天地与我并生,万物与我为一,走的是物我一体、道法自然的哲学路径。在老子看来,道是天地万物的本源,既产生了宇宙万物,又同时蕴藏在万物之中,是万物运行的法则。老子说由于体道的程度不同,万物的存在运行有三种状态:道、德、失。《老子·23章》是这种思想的典型概括:"故从事于道者,同于道;德者,同于德;失者,同于失",人们对于具体事物的态度和后果不外此三种状况。一是体道的圣人,善利万物,超越两极,物我两忘,快乐自在,无为而无不为。二是体德的人,通过守弱、贵柔和不争等道的某些近似特性,明哲保身,运用物的因果规律,全真保身。领悟力高的可以进而进入圣人的境界。三是完全受欲望支配的人,完全受物的因果规律支配,没有明心见性,妄作凶,造成国家、社会和他人的灾难和祸害,最终也毁了自己。在《齐物论》中,庄子进一步提出了道通为一的观点:"物固有所然,物固有所可。无物不然,无物不可。故为是举莛与楹,厉与西施,恢诡谲怪,道通为一。"很多人因此把庄子的思想概括为相对主义,其实庄子并不是说可以抹杀事物的差别,在他看来,正是因为知道了事物有统一性的一面,那么就可以通过认识事物的统一性而达到利用万物的目的:"唯达者知通为一,为是不用

而寓诸庸。庸也者,用也;用也者,通也;通也者,得也。适得而几矣"。(《庄子·内篇·齐物论》)

庄子所说的几,用我们今天的话来说,就是规律,就是万物成为其自身的必然性,万物皆是分得了道的某些属性而展现为自身的存在状态,这就是德的状态,花有花道,人有人道,而他们也都遵循自身的发展变化规律而运行,"万物并作,吾以观其复。夫物芸芸,各复归其根。"(《老子·16章》)我们按照万物自身运行的规律,顺势而作,这就是道法自然,就是德的状态,而如果我们不按照事物本身的运作规律,强行按照自己的主观意志去进行改造,就很可能造成灾难的局面。

在老子那里,天之道是利而不害,生育万物同时又保持某种平衡;人之道是为而不争,是少私寡欲,是体验天之道而后推行人之则的内圣外王之道。通过一番澄汰物欲和去除主观主义的工夫之后,发现万事万物运行的规律,用一种超越的心态,顺应自然,既不刻意守弱,也不强作妄为,进而达到为人治世的目的。在老子那里,有很多"德"的条目,如"见素抱朴,少私寡欲"(《老子·19章》),"不自见,不自是,不自伐,不自矜"(《老子·22章》),"知足者富,强行者有志"(《老子·33章》),"知足不辱,知止不殆,可以长久"(《老子·44章》),"去甚,去奢,去泰"(《老子·29章》),"无为而无不为,取天下常以无事"(《老子·48章》)等,尤其是老子的反面三去——去甚(极端)、去奢(奢侈)、去泰(过度)和正面三宝——第一,慈爱;第二,俭约;第三,不敢居于天下人之先,对我们今天的绿色发展和生态文明都具有极其重要的借鉴意义。

3.佛教:天人有情的生态伦理观

佛教发生于印度,却发展于中国,成为中国传统哲学中最重要的三家之一,而佛教在生态伦理上的特色,无疑是其众生平等、因果轮回的观念。在佛教的理论中,生命有所谓六凡四圣的差别,声闻、缘觉、菩萨与佛，已经修成正果，不再进行因果轮回，而处在地狱法界、饿鬼法界、畜生法界、阿修罗法界、人法界、天法界的六道众生，则会因为自身所造的身、口、意三业而辗转轮回。从众生平等的角度来讲，十界众生本质上皆具有清净污染的佛性，但是六凡的众生佛性却因为五欲六尘的妄想、分别和执着而遮蔽，依其遮蔽程度和种类而产生出六种不同的生命形态，具体来说有以下几种形态。

地狱：业因是嗔恚，嗔恚心重的人，自然就变现出地狱境界。

饿鬼：业因是悭贪，贪心变饿鬼。

畜生：业因是愚痴，没有能力辨别真妄与邪正。

阿修罗：修五戒十善，修成下品，果报只能变成阿修罗。

人：业因是伦常，遵守佛教所讲的五戒十善，修成中品，就可保住人身。

天：天法界要修十善，并修四禅八定，修四无量心，修成上品。

在这里，衡量六凡中三善道（天、人、阿修罗）与三恶道（地狱、恶鬼、畜生）的标准就是是否修行五戒（不杀生、不偷盗、不邪淫、不妄语、不饮酒）与十善（不杀生、不偷盗、不邪淫、不妄语、不两舌、不恶口、不绮语、不贪、不嗔、不痴）。而三恶道的众生会遭受到比三善道更加剧烈的痛苦，"欲知前世因，今生受者是。欲知后世果，今生作者是。"（《佛说三世因果经》）所以这种善恶因果的报应思想对于普通大众会产生巨大的震慑作用，尤其是佛教的生态伦理思想对于生态文明和绿色发展会有积极作用。

如果说天人观念在儒、道两家那里都具有超越界与现象界区分的含义，那么在佛教这里，天人则都是属于有情众生的同一类范畴，相对于草木等无情众生而言，他们有感受快乐、痛苦、悲伤的觉知和心识，会参与六道轮回，而草木则由于没有神经的觉知能力，不会参与六道轮回。而佛教不杀生的思想根基就在于有情众生很有可能在过去的轮回中曾经是我们的父母，伤害他们就等同于吃自己父母的肉,而且按照因果轮回的报应,今生你杀害动物或者吃它的肉,就是在起惑造业,下个轮回中就变成了他们来杀害你或者吃你的肉。因此,佛教提倡我们多吃素食,为来世积累功德。近代以来丰子恺的《护生画集》可以说集中体现了佛教这种护生即是护心的思想。没有买卖就没有杀戮,如果常人真要吃肉,那么佛教讲必须是三净肉。三净肉应具备三个条件:(《四分律》第四十二卷)第一,眼不见杀,即没有亲眼看见动物临死的凄惨景象;第二,耳不闻杀,即没有亲耳听到动物被杀死的声音;第三,不为己所杀,即不是为了自己想吃才杀的。而原始佛教是提倡和鼓励菩萨戒的禁肉食,到了中国梁武帝之后演变成出家人不得食肉。

对于佛教的因果轮回报应之说,现代人多认为其虚妄,但是也不能否认它对于社会向善,对于营造人与万物的和谐相处具有积极的作用。清代学者洪亮吉就曾经说过:"岂果有轮回果报乎?曰:无有也。轮回果报之有说,亦释氏为下等之人说法耳。然中材以下不以命之说拘之,则嚣然妄作矣,亦犹至愚之人,不以轮回果报之说怵之则为恶不知何底矣。"现实情况不正是因为很多人没有了敬畏而大肆屠杀动物和掠夺自然吗?

4. 中医:天人相应的生态伦理观

中医的思想很多方面与道家有类似之处,因此先秦时期往往将道医相提并论,黄老之学在汉初都非常盛行。但是两家的差别还是有的。中医的最显著特色就是从个人健康的角度来探讨天人关系,提倡人要顺应自然,法天养生,注重精神对健康的影响。

在中医看来,人是大自然的一部分,必须遵循大自然的规律才能健康长寿。《黄帝内经·上古天真论》中黄帝问岐伯为什么古代的人能活几百岁,而现代的人年过半百就衰老了,岐伯说:上古之人,其知道者,法于阴阳,和于术数,食饮有节,起居有常,不妄作劳,故能形与神俱,而尽终其天年,度百岁乃去。今时之人不然也,以酒为浆,以妄为常,醉以入房,以欲竭其精,以耗散其真,不知持满,不时御神,务快其心,逆于生乐,起居无节,故半百而衰也。夫上古圣人之教下也,皆谓之虚邪贼风,避之有时,恬惔虚无,真气从之,精神内守,病安从来。在这里我们看到健康长寿的几个要素:阴阳平衡、饮食有节、起居有常、适度劳作或者运动、心灵平静。而现代文明却往往给我们带来了不健康的生活方式,如熬夜、过劳、放纵等,造成了五劳七伤(五劳:久视伤血,久卧伤气,久坐伤肉,久立伤骨,久行伤筋;七伤:大饱伤脾,大怒气逆伤肝,强力举重久坐湿地伤肾,形寒饮冷伤肺,形劳意损伤神,风雨寒暑伤形,恐惧不节伤志)的局面,使得我们提前透支了我们的健康,走向了早衰,而没有了健康,其余的一切都失去了存在的基础。

自然界提供了人类生存的基本条件,人对于自然界的气候变化等有相应的适应能力,若超出了人体适应能力或者人体适应能力下降,则可引起疾病。人类要适应自然才能健康生活,所以中医强调人与自然的统一。季节、昼夜、地理,对人体的生理、病理、疾病的诊治等方面均有影响,同时人能影响环境,既要利用环境又要适应环境,达到"与天地相应,与四时相副"(《灵枢·刺节真邪》)才能和谐统一。当代的工业食品、反季节、转基因、熬夜加班(时辰养生)都不符合健康要求。举例来说,工业食品虽然品种丰富,但是往往农药、激素、化肥超标或者过量,同时也使得废弃和雾霾严重影响我们的呼吸系统,使得癌症呈现高发状态。就时辰养生而言,身体在几千年的自我进化中,已经形成了晚上11点到1点是胆休息的时间,1点到3点是肝休息的时间,3点到5点是肺休息的时间等人体自我调节的生物钟,而如果这些时间不去休息,就容易形成胆囊结石、血液污浊、肺部疾病等问题,更为严重的是中医特别强调了心灵平静对于健康的重要作用。

在中医看来,养心是养生的最高境界,心胸宽阔而勇敢,形体安定而不游移,专心一意,清心寡欲,自然百病消除,健康的根本在心,一切法从心生,心净则身净。心宽一寸,病退一丈,心治则百络皆安,心乐则百年长寿。而心态要好的关键就是养德,夫大德者必得其寿,要保持心境的平和,而不能过喜、过悲、过恐、大怒以及苦思,因为怒伤肝、思伤脾、喜伤心、悲伤肺、恐伤肾。在达观宁静的心境下,人体自身的免疫力、代偿力、康复力得到最佳组合,各项机能阴阳平衡,和谐运行,精、气、神、形达到最佳境界,心灵平静了,心理就平衡,生理就稳定,病理就不发生,即使发生了,也能很快重新平衡。

从这里我们可以看出,中医学的天人关系不仅非常符合现在的身心发展绿色环保的观念,其预防性的观念、整体性的观念、长远性的观念也都可以应用到治国理政中去,传统文化中的上医治国、中医治人、下医治病也就是这个意思。

从整个历史长河来看,中国传统的天人合一思维让中华民族生生不息,上下五千年文明没有中断,其内在精神值得我们今天进行辩证的吸收和利用。当今社会,西方文化释放能量非常迅猛,同时也导致了非常多的社会问题,因此国际社会开始关注绿色发展和生态文明的问题,而我们实际上是可以在综合传统与现代的基础上找到一条适合中国国情的绿色发展之路的。

第一,要懂得敬畏自然。人天不是对立关系,不是主客二分,不是征服与被征服的关系,人是天的一部分,要敬畏自然,做到畏天与知天的和谐统一。1992年世界一千多位名科学家发表了一份《世界科学家对人类的警告》,开头就说"人类和自然正走上一条相互抵触的道路"。汤一介教授认为:"这个观点是非常深刻的,对自然界的过分开发、资源的浪费、臭氧层的变薄、海洋的毒化、环境的污染、人口的暴涨、生态平衡的破坏,不仅造成了'自然和谐'的破坏,而且严重地破坏了'人和自然和谐',这些已严重威胁着人类自身生存的条件。由于片面的物质利益的追求,对自然资源的争夺,占有和权力欲望的膨胀,造成国与国、民族与民族、地域与地域之间的对立和战争。过分注重金钱和物质享受,造成了人与人之间关系的紧张,社会的冷漠,心灵的孤寂,使人们失落感日甚。现代社会,由于人们无止境地追求感官之享受,致使身心失调,人格分裂,由于心理不平衡引起的精神失常、酗酒、杀人、自杀等,造成自我身心的扭曲,已成为一种社会病,从而严重影响了社会的安定,其原因正在于忽视了人自我身心内外的和谐。这种发展是不可持续的,其哲学根源就在于主客二分的思维模式,不懂敬畏自然。而中国文化中知识分子可以发扬民胞物与的情怀,一般底层文化不高的民众可以让宗教的某些戒律来约束他们。

第二,要超越人类中心主义。人与万物价值平等,万物并行而不相害、道并行而不相悖。怀德海在过程哲学(process philosophy)中认为,把环境、资源、人类视为自然中构成密切相连的生命共同体,要超越人类中心主义。中国文化一直都非常尊重其他生命的价值,提倡人与自然、人与社会、人与自身的和谐相处,也只有如此,才能形成一种共生共荣、诗意安居的和谐状态。

第三,要有适度发展理念。要控制整个人类的欲望。任何增长都有极限,大同理想、人间佛教都告诉我们,理想的社会是天下为公,是道德与物质的共同进步,而不是无止境的GDP增长,无止境的欲望扩展,这在任何地方都是不可能持续下去的。

第四,要有全新的幸福观。幸福虽然不排斥必要的物质,但是人的幸福感主要来自心灵的自由,来自利他的社会责任,少私寡欲是对社会、对他人负责的人生态度。个人在社会上不能无限追求物质的享受,不能搞绝对的个人主义,要走精神修养与物质发展相结合的道路,要把个人的发展与社会的责任和人类的未来相联系起来。

四、推陈出新：实现传统典章制度的创造性转化

(一)从周官制度来看传统治理之术

尽管《尚书》《诗经》等文献中有一些先秦的国家制度的记载，但是真正完整地记载中国传统礼仪典章制度的文献则应该是《周礼》《仪礼》和《礼记》，统称为礼经，它们完整地记载了儒家礼乐制度及其文化内涵，是传统社会典章制度的源头。《周礼》里面记载了周代的官职制度，后来的官僚制度变迁可以溯源于此。中国号称礼仪之邦，孔子的最开始的本职专业就是礼仪大家，因此孔子采辑周、鲁各国即将失传的礼仪而加以整理记录的《仪礼》，对后人研究传统的社会治理有非常大的帮助，而且从某种意义上讲，古代的很多礼仪仍然在中国社会中广泛存在。《礼记》则主要是论述儒家治理的思想理念，包括哲学思想、教育思想、政治思想、美学思想等，是儒家礼乐制度的"道"论部分。如果说古代的很多具体制度已经不适合当今时代，但是这种治理理念却是能够与时俱进，不断开拓出新境界的。

《周礼》中详细记载了周朝的官制、田制、兵制、学制、刑法、祭祀等方面的具体制度，内容极其丰富，涉及社会生活的所有方面。所记载的礼的体系最为系统，既有祭祀、朝觐、封国、巡狩、丧葬等的国家大典，也有如用鼎制度、乐悬制度、车骑制度、服饰制度、礼玉制度等的具体规范，还有各种礼器的等级、组合、形制、度数的记载。许多制度仅见于此书，因而尤其宝贵。虽然实行分封制的周朝还保留了很多原始氏族公社制度以来的痕迹，与秦朝之后建立在郡县制之上的封建帝制有很大的差别，但是其中的官职名称、历史沿革以及损益变化仍然是由此发源，研究其中的逻辑发展，对于

我们今天治国理政具有参考价值。

1. 王为民极、天官冢宰的职官体系

秦朝以前的最高统治者是王,关于王的含义,历来有不同的说法,但是有两点是共同的。一是指头目或者首领,夏商周时期是最高的统治者,后世指在某个领域、某一方面取得成就的人。二是与霸相对,深得民众的爱戴,《说文解字》上解释为"天下所归往也。"意思就是老百姓很信服。从《周礼》中我们也可以看出王是天下之大宗,诸侯是小宗,卿大夫则又是诸侯的小宗,因此古代的王制是基于家族血缘亲疏关系而建立起来的宗法治理,一方面王需要巩固其大宗的权力和地位,另一方面又必须照顾到各个小宗的利益。《周礼·天官·冢宰》开篇就说"惟王建国,辨正方位,体国经野,设官分职,以为民极",王建立国家,第一步是建立都城,选取夏至那天中午,八尺长的标杆的日影在一尺五寸的地方定为地中,建设都城。国度为每边九里的正方形,每一边设三座城门。其布局为前朝后市,左庙右社,都城划分为九个区域,由九卿分别治理,后世的国都建设也大抵如此。国都与诸侯都城大小以及礼仪都有严格的规定,比如国都城墙可以高九雉,一雉约等于一丈,诸侯城墙不能超过七雉,卿大夫不能超过五雉。后来孔子看不惯礼坏乐崩,试图拆除三家大夫超过规定的城墙即是基于此。第二步则是分封井田。以都城为中心,每边千里的地域称为王畿,依次外推五百里分别称为侯服、甸服、男服、采服、卫服、蛮服、夷服、镇服和藩服,每一服承担不同的责任,共同形成保卫王畿、巩固中央政权的态势。然后又明确规定,有一方千里之地,必须继续进行分封,公爵国不能超过方五百里,侯爵国不能超过方四百里,伯爵国方三百里,子爵国方二百里,男爵国方一百里。王选取诸侯当中的贤能者为州牧,治理各方,各方每年根据各地情况向周王贡赋,且每年得接受王的巡视和检查,有懈怠而不敬戒者,甚至可能遭受诛杀的大刑。此一经济格局,不仅确保王室在经济政治等方面的优势地位,不至于被

其他诸侯国进行挑战,实际上也赋予了地方比较高的灵活性与机动性,具有某种联邦的性质,在中央和地方权力配置方面有某种平衡机制存在,后来井田制瓦解,秦朝采用郡县制实行自上而下的统治,逐渐使得地方权力不断削弱,以至于到了明清时候至于专制顶峰,地方权力基本被剥夺殆尽。第三步就是设官分职,把国家治理的各项任务具体落实到实际生活中去。周朝的官职制度,有中央与地方的区别,中央主要是六官,地方主要是六乡六遂。六官是指天官冢宰、地官司徒、春官宗伯、夏官司马、秋官司寇、冬官司空,又称为六卿。"天官冢宰"亦称"治官",后来演化为吏部,类似今天的组织部和人事部。"帅其属而掌邦治,以佐王均邦国。"其长官称太宰,掌建邦之六典,即治典、教典、礼典、政典、刑典和事典,辅佐王全面治理国家,实际上就类似后来的宰相。"地官司徒"亦称"教官","帅其属而掌邦教,以佐王安抚邦国。"主要管地方事务,包括对土地和百姓的管理、生产和流通的管理,后来演化为户部,类似今天的财政部和民政部。"春官宗伯"亦称"礼官",主要掌握天下邦国礼仪事务,后来演化为礼部,类似今天的外交部、教育部、文化部等部门。"夏官司马"亦称"政官",主要掌管天下兵马,相当于后来的兵部,类似于今天的国防部。"秋官司寇"亦称"刑官",掌管全国刑法事务,后来发展为刑部,类似于今天的司法部和公安部。"冬官司空"掌管百工,此篇已经失散,汉朝刘昕以《考工记》补之,后来演化为工部,类似于今天的农业部和商业部。周代的官员系统,从周王以下有天、地、春、夏、秋、冬六大系统,各大系统有长官和副长官。以天官为例,大宰是正职,小宰为副职。这些官长之下,领有各种属官,属官下面还有属员,如《宰夫》所言,各类官员共有正、师、司、旅、府、史、胥、徒八个等级,每个等级具有哪些职权,该做什么事,都规定得非常清楚。等级越低的如胥、徒等,干的事最多。

地方组织统称为乡遂制。六乡指王城之外百里以内,分为比、间、族、党、州、乡等六乡,每乡设乡大夫管理政务。即文献中常出现的"国人",相当于普通自由民,而不是奴隶,有自己的土地,实行井田制,有赋役。六乡之外是六遂,即"邻、里、酂、鄙、县、遂"。遂人掌邦之野,五家为邻,五邻为里,四里为酂,五酂为鄙,五鄙为县,五县为遂。即文献中所称野人或氓人。也就是被征伐的俘虏及他族姓,或刑罚之人所居,亦称遂人。遂人主要是提供王之贡赋,也是军队预备军,"军法六乡为正,六遂为副"。王室每有战事,六乡各出一军,称为正六军,六遂则称副六军。依次下排,大国是三军,次国是二军,小国是一军。实际上从周代的乡遂制度来看,中国夏、商、周三代不完全等同于西方的奴隶制,而是带有明显的氏族公社宗法家族制的特点,同时其六遂亦有某些西方的奴隶制色彩,但不完全类同。

周朝王对国家的控制是采用两种方式:一是王直接控制方圆千里的王畿,然后是设立州牧,驾驭一方诸侯;二是王畿之外的九服,不是王直接控制,而是分封给诸侯,这些诸侯享有土地、民众,但是得承认王为天下共主,要将自己的出产贡献给王,有时候还得遵照王的意旨带兵打仗。这种分散控制的好处是可以提高局部控制的效果,即使一个控制器失灵,不至于引起整个系统瘫痪。但是也有其缺点,就是上下信息经过层层沟通,效率不高,另外,如果整个中央王朝实力衰落或者出现较大的变故时,地方会对中央形成较大的威胁。春秋战国时期就是如此。春秋五霸、战国七雄,最终直接废掉周王,所以秦朝汲取其教训,加强中央集权,建立起郡县制为基础的集中控制系统,到明清达到顶峰。虽然地方对中央的权力威胁大为减轻,但是其局限性也更为明显,一是系统越大,要处理的信息量也越大,当时的计算能力很难找到最优化的解决方案,很多改革是按下葫芦浮起瓢,难得两全。二是集中控制的高度刚性结构,一方面可以保持系统的长期稳定,另一方面控制中心的指令如有错误很难得到纠正,由集中控制造成的社会和经济停滞不前,甚至导致社会经济崩溃的例子比比皆是。因此说来,在中央权力与地方以及其他社会团体之间如何分配,进而保持既有权力集中又有地方活力是值得深思的一个问题。

2. 分工协作、组织严密的社会治理体系

一个国家的正常运行是诸多体系协同运行的结果，是一个系统的大工程。政府机构的分工协作与相互制约、官员的选拔与考核、从低到高的教育体系、民事关系的处理与协调、生产生活秩序的管理与运转，都必须有具体而实在的方案和措施，才能保证社会的良性运转。我们首先来看周代政务机关的系统运转，《周礼·天官·大宰》中有大宰八法、八则、八柄等原则，其中尤以八法集中讨论了如何进行官治的问题。所谓的八法治官府就是官属、官职、官联、官常、官成、官法、官刑和官计。官属就是六官之下各有六十属官来完成上面交代的任务；官职就是处理不同的职务和政事；官联就是有些事情需要联合办理；官常就是六官平时只处理自己分内的职事；官成就是各自有一套办理政事的程序；官法就是严格按照法度办事；官刑就是惩戒官吏的刑罚，对不作为、乱作为的官员要进行警戒或惩治；官计就是要有为政的记录，每年要检查和考核。这八法主要是针对官员而言，其核心乃是"定分"，即明确各自职责，分工明确，然后还有法律运行规范，有严格的考核标准。周代的官员考核，有一年一度的小考核，还有三年一度的大考核。一年的考核主要是年初就制定任务，比如一年的贡赋预算收入，事先就写在木券上，一剖为二，君执右而臣执左，年终之时国君亲自核对是否完成，进而决定官员的升黜，普通官员则直接与俸禄挂钩。三年进行汇总考核，分别加以诛罚或者奖赏。考核的内容也非常具体，不仅要检查文书，文书也细致到每一天（日成）、每一月（月要）、每一年（岁会）；而且包括的内容也极其广泛，有所谓的官府八成，包括记载力役者姓名的伍籍，记载士卒兵器的簿书，记载户口土地的户籍与地图，记载待放款的契约债券，记载官员禄位的礼命文书，记载官府财务开支的簿书，记载市场贸易的交易合同，记载收支情况的会计账册。不仅要检查文书，还要用六计来考核实际治

绩,主要就是廉善、廉能、廉敬、廉正、廉法、廉辨这六个方面,用今天的话来说,就是是否善于完成自己分内之事,是否彻底推行了相关政令,是否做到了办事勤劳审慎,是否做到了公平公正,是否做到了遵守法纪,是否做到了明断是非。在这六者之中,"善""能"置于前列,也就是说把官员是否有才干,能否完成任务放在了首要的位置,后面的勤勉办事、遵纪守法、公平公正主要是为政之德,只有才能、道德两者齐备,才能称为良吏。《诗经》中的国风其实就是一项专门的考察的标准,《汉书·食货志上》曰:"男女有不得其所者,因相与歌咏,各言其伤。……孟春之月,群居者将散,行人振木铎徇于路以采诗,献之大师,比其音律,以闻于天子。故曰,王者不窥牖户而知天下。"采诗的主要目的就是观风俗,知得失,自考正,其实也就是考察官员的治理效果,从而决定下一步怎么去做。根据考核结果,将成绩定为上、中、下等诸多等次。后来唐代的官员考核之法依据四善(德义有闻、清慎明著、公平可称、恪勤匪懈)和执行公务的二十七最(比如决断不滞,与夺合理,为判事之最),将官员的考核结果定为上上、上中、上下、中上、中中、中下、下上、下中、下下九等,严格进行奖励和惩罚,国家出现盛世局面。从某种意义上说,治国首先在于治吏,只有把官员监督、问责落实到位了,才能使得各项事业顺利完成。而如果豪强得不到抑制,懒惰得不到责罚,勤干得不到升迁,整个社会风气不正,就不能形成发展的良性循环,最终必然出现越来越衰败的恶性结局。

八则是治理都鄙的办法,就是各类地区管理的方法,类似于今天的地方管理和社会管理。这八个方面是祭祀、法则、废置、禄位、赋贡、礼俗、刑赏和田役。这实际上是形成了一套比较完备的治理系统,祭祀主信仰、法则统官员、废置约群吏、禄位选贤能、贡赋主经济、礼俗化百姓、刑赏树威仪、田役保农时。首先我们来分析《周礼》中的礼法规范。法的来源是王命,由天、地各官进行公布,每年的正月由小宰、小司马、小司徒等副职公布治法,然后摇动木质大铃率领各属官观看并且警告他们,如果不遵照法来行事,则国有常刑,国有大刑,违法失职,无情的刑罚随之降临。掌理国家法律禁令的官员称为士师,掌管国家五种禁令法规,即王宫禁令、官府禁令、王城禁令、郊野禁令、军队禁令,都必须用大木铃在朝廷内摇动昭告百官,并且书写出来挂在各处里间的门首。自从国家诞生以来,法律、监狱、军队等暴力机构都一直作为镇压敌对势力而存在,虽然儒家强调德治,但是也并没有废弃刑罚,儒家提倡周代的礼乐制度只是反对不教而诛,认为应该治国以德为主,以德为先,不主张滥用刑罚。而实际上,我们从夏商周以及封建社会的法律条文来看,刑罚都是相当残酷的。以《周礼》中的《秋官·司刑》来看,司刑掌管五种刑罚:墨罪五百、劓罪五百、宫罪五百、刖罪五百、杀罪五百。这些都是极端摧残人的肉体的,尤其是腰斩杀头、火烧刀剐、陈尸示众等陋习,在整个封建社会都还存在,可以说以严酷手段对待反对其统治地位的人,进而形成巨大的威慑在整个奴隶社会和封建社会都一直存在。深层的原因还是在于专制,从法的制定到执行,基本上都只是代表君王等少数人的利益,只要有不受限制的权利存在,就一定会有残酷的暴刑出现。

孔子一直非常赞美周代的制度,说郁郁乎文哉,因为他崇拜的是周公、文王那种敬德保民的治理理念,刑罚虽然残酷,然而只是居于辅助的地位,真正占据国家治理主导地位的乃是礼教,礼主刑次是周代的主流治理思想,后来荀子提出礼本刑用、礼法结合,也是渊源于此。《周礼》中首先以礼乐教化来引导平民百姓的思想和行为,一旦不服从这种教化的,威严的刑罚也会随之而来。首先是用教育来教化百姓,教育系统遍布全国。《学记》上记载:家有塾,党有庠,术有序,国有学。家里有私塾,乡里有乡学,郡县有郡学,国家有太学,形成一个完整的体系,教授的内容除了尔雅等基础的认字之外,主要是礼乐、道德方面的规范,包括六德(知、仁、圣、义、忠、和)、六行(孝、友、睦、姻、任、恤)、六艺(礼、乐、射、御、书、数)。六德是民众修养身心的六条标准,六行是行为上的六种规范,六艺是必须掌握的六种技能,要达到十二个方面的效果才叫教育有成效,即一曰以祀礼教敬,则民不苟。二曰以阳礼教让,则民不争。三曰以阴礼教亲,则民不怨。四曰以乐礼教和,和民不乖。五曰以仪辨等,则民不越。六曰以俗教安,则民不偷。七曰以刑教中,则民不虣。八曰以誓教恤,则民不怠。九曰以度教节,则民知足。十曰以世事教能,则民不失职。十有一曰以贤制爵,则民慎德。十有二曰,以庸制禄,则民兴功。(《地官·司徒》)教育的最终结果乃是达到社会的和谐,如果教育教化不了,那么也有相应的刑罚来进行惩罚。

其次是广泛宣传法令治典。所有的法令都要公之于众,要达到家喻户晓才行。天官冢宰的治典、地官司徒的教典、夏官司马的政典、秋官司寇的刑典、冬官司空的工典都一般在某个月的第一天宣布,然后公开悬示十天,让大家都引起重视。不仅如此,还有一套独特的"读法"制度,由六乡的各级治民官经常地向民众读法宣讲,比如闾胥一级基本上要每个月宣讲一次。目的在于防止民众因为不知道法律而触犯禁令,即所谓"毋使罪丽于民",应该说这种家喻户晓的宣传制度值得我们今天借鉴和学习,尤其是对那些基层民众更是要宣讲到位,遵纪守法的第一个前提就是要知法,知法才能守法。

三是八刑治理乡遂。与后来法家的弃礼任法不同,《周礼》中的刑乃是一种辅助礼的手段,"凡万民之不服教而有讼狱者,与有地治者听而断之",各地的治民官既负责行政工作,也负责一些不是重大刑事的案件审理,《地官·大司徒》上规定:"以乡八刑纠万民:一曰不孝之刑,二曰不睦之刑,三曰不姻之刑,四曰不弟之刑,五曰不任之刑,六曰不恤之刑,七曰造言之刑,八曰乱民之刑。"其中不孝、不睦均为后世所沿用。不姻即为对婚姻家庭义务的违犯;不任、不恤,是指对朋友邻里有急难、困苦时不加救助。据此可见,周代把违反孝悌忠信等伦理道德的行为纳入了犯罪的范畴,体现了德主刑辅、礼法合一的特点。除了用刑法纠正民众的不当行为之外,还用五礼(吉、凶、宾、军、嘉)来预防天下民众奢侈僭礼;用云门、咸池、大韶、大夏、大濩、大武这六种雅正的音乐来宣导民众的情欲,教导他们心地平和。如果民众之中发生了一些争议以及财产之类的民事纠纷,交付当地治民官听讯审理,作出判决。而对于墨、劓、宫、刖、杀等重罪案件,则移交给士师和司寇等司法官进行审理,定案讲究准确性,定案要遵循三刺的原则,即听取各大臣的意见、征询各官吏的意见、征询群众的意见,要十日后才能宣判。而对于已经定案的还有三宥、三赦等减轻刑罚的规定:三宥指的是没有认清人而误杀的、因为过失而杀人的、因为遗忘而杀人的,可以减轻处罚;三赦是指不满八岁的幼弱、八十岁以上的老人、智力不正常的蠢愚,可以赦免。王室宗亲、有德行、有才能、有功勋、很勤勉、显贵、宾客等八种有功之人可以减轻刑罚。此外,还有一种肺石告状的模式,对于下面不给办事,或者有怨不能诉的民众,可以站在肺石上满三日,有专门的士官来听取,如果查证属实会降罪惩罚那些不作为和乱作为的官员。《周礼》中的礼法制度,实际上对后来整个中国社会的影响都极为深刻,比如杨乃武与小白菜的案件实际上就是肺石告状的另一种版本。古代的法律制度,虽然也有爱护人民的一面,但是其刑不上大夫以及君王权力不受限制等特权,无疑会埋下权力滥用的祸根,尤其是一个昏庸而又残暴的君主在位的时候,国家的衰败就不可避免。

3. 完备细密、绿色生态的经济管理体系

一个庞大的国家机器要正常运转,首先考验的就是其财政系统。从《周礼》中我们推算了一下,仅六官系统就有五万余人,还不包括闾县都鄙之长,军师卒伍之徒,维持这样庞大的政府机构是需要一套比较完善的财政管理体系的。掌管全国财政的最高机构是大府,直接辅佐大宰,岁入岁出、财物开支、年终决算等都归大府总管。大府之下,又分别设有掌管财物出纳的机构和掌管会计账目以及审核的机构,各自独立又相互制约,形成一种大府领导而又互相制约和配合的官联格局。掌管财物出纳的机构有三:玉府、内府

和外府。玉府是王的私库,供给王和王室的享用。内府和外府是国家的公库,内府管实物,外府管货币。会计和审核系统包括司会为首的,下设职内、职岁、职币等职务的诸机构。司会总管国家收入支出的账目,是全国最高的会计官员。职内是专管岁入的会计,职岁是专管岁出的会计,各官府都鄙的用度有了结余,又归职币统一管理。所有的账目都由司书来进行记载,然后正本存于大宰处,副本藏在各级具体办事的机构,以备平时检查、考核和将来存档之用。

在这样的一个庞大的财政系统之中,贯彻的是开源节流、公私分明、账目细密的原则。首先,我们来看财政收入的具体来源,有所谓的九贡、九赋、九功,都有明确的来源和用途,不能乱用。关卡市场的赋税,供应王的膳食衣服费用;王城中的赋税,用来招待宾客;四郊六乡的赋税,用来供应牛马饲料;公邑、采地的赋税,用作赏赐之用;内六遂的赋税,用来制作器物用具;四百里地方的赋税,用来做使节的费用;五百里地方的赋税,用来祭祀;山林川泽的赋税,用来办重大丧事;公共财物有多余的,用来做特殊的赏赐或者救济之用。尽管规定了各地缴纳的物品,最好的藏于内府供王使用,但是同时又规定,王不能私自动用国家公库来为己用,只有当九贡、九赋、九功所得财物供应开支后的剩余款项,才能作为王的玩好之用。王如果要对臣下进行赏赐,只能动用自己玉库财物,而如果王和冢宰要赐给四方宾客的礼物,则由内府供给。所有的收支以及赏赐都必须登记在册。应该说这种制度,对于限制王权的滥用,尤其是防止君王的奢侈腐化,应该是有很好的效果的。而且这种会计与出纳分开,上下级分别保存正本与副本的做法,都有利于互相监督,对于防止造假和整体腐败有很好的制约作用。

国家的财政收入主要是九赋和九贡,九赋就是关卡、王城、乡遂等地收来的赋税,而九贡主要是来自万民的实物纳贡。《周礼》将天下万民分为九种职业:三农(种五谷)、园圃(种植蔬果)、虞衡(经营山泽)、薮牧(饲养禽兽)、百工(制作器物)、商贾(流通货物)、嫔妇（纺织丝麻）、臣妾（采集野生植物）、闲民（给人帮佣）。这九种人做什么就纳贡什么，如果没有职业的，仍然要交一个人的赋税。整个《周礼》中厉行开源节流的理念，其中规定普通家庭，如果牧养牲畜的，祭祀时不能用牲畜；不耕田的，祭祀时不允许用谷物；不种树的，死后不允许用五寸厚的椁；不养蚕的，不能穿丝绸之类的衣服；不织麻的，死后不能穿甩裳。通过这样的措施来刺激生产，增加社会财富。同时，也厉行节约。前面说过，每项收入都有特定的用处，即使是王，也不能随意支配国家公库的钱物。不仅如此，还有宰夫来专门稽查财物用品的支出收入情况，凡是损失公家财物的、贪污浪费的、虚列账册没有实物的，要进行处罚；那些财用充足、增加生产、管理优良的，要进行奖赏。各级政府结余的财物，统一记录在职币处，实物则由遗人管理。这些财政的结余，也不是说可以给各级官员享受，而是有特定的用途，《地官·遗人》上规定：王畿内的结余，用来给王施恩天下；乡里的结余，用来救济穷苦；门关的结余，用来赡养孤独；郊里的结余，用来招待宾客；野鄙的结余，用来接济旅客；县都的结余，用来救济灾荒。充分考虑到了社会保障的问题。《周礼》中主张节用、反对靡费的思想和制度设计尤其是值得后世的借鉴。

《周礼》中还有一套合理开发自然资源、保持可持续发展的制度设计，这种思想在当时生产力不是很发达，人口也是很多的时代是非常难得的。主要根据《地官》里面的记载，山林、川泽、矿藏、田地都有专职官员进行管理，避免过度开发或者破坏。山虞是掌管山林的政令官，《地官·山虞》里面规定，山林有专人管理，严禁擅自入内砍伐，只能在仲冬和仲夏时节可以入山砍伐树木。仲冬时节只允许砍山南向阳处的树木，仲夏时节只能砍伐山北背阴处的树木，而且限定天数，避免过度砍伐。凡是不按规定盗砍树木的，按规定的刑罚惩处。管理沼泽的官员叫泽虞，管理田间水沟、渎、浍和水池的官员叫雍氏，他们要照看湖泽中的皮角革贝，不到季节不准捕捞，禁止占山为园囿，禁止在湖泽中投放毒药毒杀鱼类。迹人是专门管理田猎的,田猎只能在许可的时间和地方才能狩猎,禁止捕杀幼龄动物,禁止掏取鸟卵,禁止用毒箭射杀禽兽。矿人专门掌管矿产开发,禁止过度采掘和胡乱开采,破坏自然环境。应该说在这些政策的影响下,保持了良好的自然生态平衡,而当前现代人对动植物、对自然资源的无止境的开采和破坏,导致了严重的生态危机,我们是不是应该借用《周礼》中的做法来制定相应的政策呢?

此外,《周礼》在市场的设立和管理方面也有鲜明的特点。与我们想象不同的是,《周礼》中非常重视商业的流通和市场的管理,并且将关市之赋作为国家财政的重要来源之一。从《地官》的记载来看,司市掌理市集的治理、教化、政令、刑罚、量度以及禁令,商品的上市交易由司市以及下属的肆长、质人、贾师、廛人共同管理,商品的转运和稽查,则由司市、司门、司关共同负责。司市在其办公场所思次处挂上旗帜,即表示开市。市集内有若干市肆,每肆由若干市舍排成长列,两肆之间形成市巷。肆长的任务就是负责把相同物品集中在一块,调整货物的排列,征收货物税,掌管市肆中的戒禁。戒禁主要禁止伪劣商品和奢侈细巧的物品。奢侈细巧物品一是作为有身份者享用,不准上市,二是细巧物品不耐用,所以也不准上市。贾师管理二十个肆,除了管理市场秩序之外,还严格控制商品的价格,就物品的质地优劣来制定价格,防止商贾乘天灾哄抬物价,进而稳定物价,同时也对那些卖不出去的货物实行保护性收购。贾师还和胥师一起处理各种争端和纠纷。市集中的刑罚,小刑用文书公布于市,中刑游行示众,大刑加以鞭挞。质人负责评估市集中的货物、奴婢、牛马、兵器等物品的价格,监督买卖中的契约与合同。大宗买卖要订立长券,称为质;小宗买卖要订立短券,称为剂。大宗买卖主要指牛马、奴婢交易,要用长券;小宗买卖主要指兵器、珍异之物,用短券,已经有商业合同的意识。此外,还有书券,相当于提货单,买卖双方各执一半,两札相合无差错,才能提货。廛人主要负责收税,包括房屋租费、货物税、券书契约税、罚金、仓储费等,费用缴入泉府。司门掌管城门,稽查可疑之人,征收出入城门的货物税金。司关查验出入国境的货物，同时也征税。遇到灾荒和瘟疫的时候，免除关卡和城门的征税，但是查验货物则照旧。这实际上反映了先秦时期商品经济已经有很大发展，成为国家收入的一个重要来源，但是完全由官府来控制货物的价格，而不是服从价值规律，肯定会出现很多问题。然而这也体现出儒家后来重视商业是有历史依据的，后来的孟子主张保护商贾、活跃市场；荀子虽然鄙视商贾的重利，但是仍然重视商业的重要作用，认为"商贾敦悫无诈，则商旅安，货财通，而国求给矣"。（《荀子·王霸》）真正反对商业的是法家，商鞅、韩非都认为农业是本，商业是末，舍本逐末不符合国家强盛之道，只有通过抑商重农才能促使国家富强。后世往往把抑商主义算到儒家头上，这是明显地张冠李戴，儒商提倡的义而后取恰恰是现代市场经济的一个重要原则。

（二）皇权时代的制度体系变迁

自秦始皇统一全国，建立中央集权的帝制王朝一直到清帝退位，中国封建社会经历了两千多年之久，这两千多年的制度，能否用专制黑暗一语而概括之，我们需要从历史的发展中寻找答案。仔细研究从秦至清的制度发展历史变迁，实际上我们发现，每个时代都有其时代的问题，而思想家和政治家所设计的解决之道，也许在当时是有用的，但是后来却逐渐异化甚至弊大于利，有些缺陷却是整个封建王朝所共有的，比如皇帝权力的边界问题，土地制度私有化的问题以及历史周期律的问题，伴随着整个封建王朝一直都没有得到解决。我们今天本着历史与逻辑相统一的原则，从客观实在的历史进程来探索一下传统制度的演变，也许对于我们理解历史周期律及其破解之道有非常重要的理论意义。由于整个封建王朝的制度体系也极为庞大，我们仅选取政府组织、选拔（考试）制度、赋税制度、兵役制度等四个方面来做管中窥豹的解剖，历史王朝也重点分析汉、唐、宋、明、清五朝，梳理一下制度变迁的内在道路,从而得出一些值得我们今天借鉴的治理经验。

1. 传统政府组织的历史演变

中国历史上出现统一的中央集权政府出现在秦朝,然后一直延续到清帝退位,持续了两千多年的时间。在这两千多年的时间里面,权力的分配也有一个演变的过程,基本上呈现出皇权日益强化,臣僚与地方权力日益削弱的现象,最后出现皇权过度专制、社会活力日益僵化的问题,最终封建皇权专制遭到了历史的无情抛弃。

首先,我们来看秦汉的政府组织结构。秦朝统一六国之后,面临庞大的帝国需要治理,在当时由于交通、信息等的不发达,同时也为了防备民众的反抗,因而废除了周朝的分封制,而采取了郡县制的组织形式,汉代基本继承了此一组织架构。其主要特点有二。一是在中央组织,宰相拥有实权,全国的政务都要汇集到宰相,负责政治上的一切实际责任。以汉代为例,皇帝和宰相都有秘书处,皇帝的秘书处掌管"六尚",即尚衣、尚食、尚冠、尚席、尚浴和尚书,只管皇帝的饮食起居和文书。而宰相的秘书处则称为"十三曹",包括东曹、西曹、户曹、奏曹、词曹、法曹、尉曹、贼曹、决曹、兵曹、金曹、仓曹、黄阁,相当于国务院下面的各个部门,宰相才是政府的真正领袖。中央政府组织采用三公九卿制,三公指的是丞相、太尉、御史大夫,丞相管行政,太尉管军事,御史大夫管监察。"丞"的意思是"副贰","相"也是"副",丞相就是皇帝的"副官","宰相"的原本意义就是宰杀牲牛,分封制时期,贵族家庭最重要的事情就是祭祀。秦汉统一,由封建转为郡县,化家为国,宰相由大家庭的管家变成全天下的管家,帮助皇帝治理国家,很少有时间来管理皇帝的家事,于是在御史大夫之下,设立一个"御史中丞",专门管理皇室的事情,皇帝有什么事情,交代御史中丞,御史中丞报告御史大夫,再转报宰相。此时,虽然皇帝仍然是最高的权力统治者,但是宰相拥有实权,这与后来的废除丞相,皇帝大权独揽是有很大区别的。

九卿是政府部门的九个要职,分别是太常(掌管祭祀)、光禄勋(门房)、卫尉(门卫屯兵)、太仆(车夫)、廷尉(法律)、大鸿胪(外交部)、宗正(管皇帝家族)、大司农(政府经济)、少府(皇室经济),全部隶属于宰相,后来逐渐演变为六部。地方政府只有两级,即"郡"与"县"。汉代有一百多个郡,一个郡管辖十个到二十个县,共计有一千一百多个县。郡的长官称为太守,地位和九卿平等,郡太守调到中央可以做九卿,九卿放出来也可以做郡太守。汉代官级分得少,升转灵活,管理方便,与后世层级太多形成鲜明对比。每郡每年向中央上各种统计表册,称为"计簿",包括财政、经济、教育、刑事、民事、盗贼、灾荒,分项分类,在九、十月间呈报中央。中央派到地方来调查的官员称为"刺史",全国分为十三个区,每区一个刺史,平均每个刺史的调查区域,不能超过九个郡。此外,皇宫里面还有十五个侍御史,负责劾奏中央乃及皇宫里的一切事情,部刺史和侍御史的意见,都报告到御史大夫,再报告宰相,行使监察之责。汉代的政府组织架构,精简而高效,同时亦赋予臣僚及地方很大的灵活性,因此国家亦兴亡发达,但是同时这种权力的下放和分权,亦容易造成地方的自大,七国之乱、八王之乱等局面的出现,也使得后来的统治者开始加强中央集权以避免此种现象。

整个封建社会,最大的制度问题就在于没有一种制度来限定皇帝的权力,西方有句名言,权力有一种扩张的本性,直到权力的边界为止。汉代皇权和相权是分开的,甚至于皇帝的事情也由宰相来管,但是从来没有正式规定过皇权的边界,往往依据不成文法来处理二者关系,虽然有随机应变之灵活性,但是碰着一个有雄心的皇帝,常常要侵夺宰相的职权,汉武帝到后来就连宰相的事情都管了。皇帝管事也没有错,问题在于不曾有一个管束皇帝的制度,因此皇权扩张到极限之后,一个好皇帝可以把事情办成千古伟业,但是一个坏皇帝却没有办法得到纠正,最终只能是走向覆灭。此一问题,可以说贯穿了整个封建皇权时代,一直都无法得到有效的解决。

到了唐代,政府组织架构一方面为了防止大权旁落,开始削弱臣僚和地方的权力,另一方面也还比较注重吸纳各个阶层及团体的意见,推行政事堂制度,带有某种委员制与合议制的性质,在权力分配方面还具有某些均衡的性质。在中央组织架构方面,唐代推行的是三省六部制,唐代直接把宰相的行政权分为三省:中书主发令,政府一切最高命令,皆由中书省发布。中书省正职为中书令,副职为中书侍郎,下面还有中书舍人七八名。中书舍人负责草拟诏书,然后由中书侍郎选定之后进行补充润饰,送呈皇帝画一"敕"字之后即成为正式诏书。正式诏书还必须送到门下省进行审核,若门下省反对此项诏书,即将原诏书批注送还,称为"涂归"或者"封驳"。每一命令,必须门下省副署名,始得发生正式效能,然后送尚书省执行。应该说这种制度设计,可以防止一些随意和坏的诏令,有利于权力的制衡,但是也有其麻烦之处。如果中书省拟好的命令总是遇到门下省的反对,往往是议而不行,因此后来就规定凡是要下诏敕,便先由中书省和门下省举行联席会议,会议场所称为"政事堂",中书、门下两省长官及侍郎皆出席,尚书省的左右仆射在唐太宗时期是可以出席政事堂会议的,开元以后就不具备此一权力了,然而尚书省下面也有一些相关人员可以参与政事堂会议。此种制度,类似西方的参议院,可以较好地防止政策的失误。但是由于皇帝权力没有一个有效的边界,即如后来的武则天、唐中宗,就有不经两省而下命令之做法,刘祎批评武则天"不经凤阁鸾台,何名为敕?"就招来杀身之祸。到了后来的王朝,则直接废除了此一封驳制度。尚书省是最高最大的行政机构,下设六部,即吏(主管人事及任用)、户(掌管民政、户口)、礼(主管宗教、教育)、兵(掌管军事)、刑(掌司法)、工(主管建设),后来历代秩序稍有不同,但是一直沿用至清朝。六部亦是从汉代九卿演化而来,但是名称更顺,分工更为明确。如吏部即由汉代光禄勋转化而来,名称脱离了宫廷私职的称谓。兵部即由卫尉转化而来,唐代改为兵部,职名始正。尚书省六部主管,上午都在都堂集体办公,商讨各种事情,下午则各归本部分别办公。六部每部分四司,共计二十四司,分工明确。唐代有《唐六典》一书,专门记载六部之组织、用人、职务分配等名,与《周礼》同为中国政治制度之两大名著。唐代的地方政府亦与汉代有所不同,地方行政最低一级仍然称"县",县又分上、中、下三等,三千户以下为下县,三千至六千为中县,六千户以上为上县,全国有一千五百七十三县。县以上为州,州的行政长官为刺史,刺史本为汉代监察官,州也分上、中、下三级,十万户以上为上州,两万至十万之间为中州,两万户以下为下州,全国共计三百五十八州。州县数目较汉代更多更细,然而汉代地方长官之下属,由郡太守、县令长自行辟署任用,唐代则任用之权集中于吏部,这样就可以防止地方私自势力做大威胁中央权力。关于官员的升迁,汉代仅有郡县两级,因为分级少,升迁机会容易,人事变动不大,因而行政效率较高。唐代则州县就有六个分级,底层官员很难升迁至上级,于是官品中渐分清浊等层次,于行政效力影响很大。唐代的监察制度较汉代亦有区别,汉代御史大夫即使副丞相,也属于丞相管辖,唐代设御史台,为三省、六部之外的独立机构,监察权脱离相权而独立存在,此种权力分配与制衡于防止过度集权有进步意义,然而演化至后来,反而出现了"藩镇割据"之局面,导致唐朝的衰落与灭亡。唐中宗以后,御史台分左右御史,左御史监察朝廷中央政府,右御史监察地方州县政府,监察地方政府则分全国为十道,派去监察之人,称为巡察使、观察使,本来是中央官员派到地方巡视观察,但是后来却常驻地方,演变成为居于州县之上的最高地方行政长官,而有些监察使巡视边疆,中央临时授以全权,称为节度使,节度使在其区域,军事、财政、用人大权都掌握在手,遂形成"藩镇",藩镇势力强大之后,回头来反抗中央,最后把唐朝都灭亡了。我们从唐代的政府组织来看,既想解决汉代以来的地方势力自大的问题,因而加强中央集权,但是最后又因为太过集权导致节度使反噬而灭国。同时亦想保留某种民主合议的政体结构,但是正如整个封建社会皇权没有明确限制的通病一样,一旦出现昏庸无能的君主悲剧就会不可避免地发生了。而要限制皇权，进行自我革命却是非常艰难的事情。

到了宋代，为了汲取汉唐最后都是因为地方势力过大而灭亡的教训，中央集权得到进一步加强，大臣以及地方的权力被进一步削弱，再也无力对抗中央，但是亦产生出很多意想不到的问题。宋代依然实行三省制，但是只有中书省单独领旨，中书即为丞相，门下、尚书都移到皇宫外面，同时又增加了一个管军事的枢密院，同称"两府"，为两个最高的政府机构，门下、尚书两省长官不再预闻政府之最高命令。唐代自安史之乱后财政困难，往往宰相兼任财政司职，宋代亦采取三司（户部司、盐铁司、度支司）管财政，遂形成中书治民、枢密主兵、三司理财之格局，王安石改革试图将三权回归宰相，最后宣告失败。宋代又将用人权别立出来，设立"考课院""审官院""三班院"，实际上将吏部、户部、兵部之职能从宰相手中分割出来，相权低落的同时就是君权的提升。宋太祖原本只是一个"殿前都检点"，即皇帝的侍卫长，因缘际会一夜之间就做了皇帝，前车之鉴，为了防止此类事情再度出现，削弱朝中重臣的权力，直接归自己掌握似乎才能够安心，此是宋代政府组织之原初意图。为了加强皇权，除了直接将兵部、户部、吏部的权力直接收归皇帝以外，发布政令之决定权也开始收归皇帝，唐代皇帝之诏书，基本上是宰相决定之后让皇帝画印，门下没有意见就可降出奉行，而宋代则必须先由宰相（中书）写一草案（"札子"）给皇帝，皇帝同意后宰相才能按照皇帝意见正式拟旨，决定权在皇帝，宰相只能奉命行事。再说监察制度，汉代的御史大夫归宰相管辖，其下的御史中丞专门监督王室和宫廷，到了唐代御史退出皇宫，御史台只能监察政府，没有监察皇帝和宫廷的职权，但还保留了"谏官"，可以谏诤和讽议皇帝的言行，隶属于宰相，往往可以起到调节君权与相权之关系，因为宰相如果对皇帝有不同意见，往往可以通过谏官来表达，以免宰相和皇帝产生直接冲突。到了宋代，台官、谏官不得由宰相任用，必须由皇帝亲擢，因此谏官遂不再纠绳天子，反而纠绳宰相，变成了一个空发议论而不尽责的政府反对机关,这就是后来的清议,其背后往往有皇帝的支持,也因此往往变成宰相的掣肘,范仲淹、王安石的变法失败,很大一部分原因就在于谏垣的反对。此外,在地方政府方面,宋代除了增加了很多官员之外,更是将用人、军权、财权全部集中于中央,地方积贫积弱由此开始。宋代地方政府分为三级。最高一级为"路",即唐代的"道",全国有二十多路,每一路共有四个监司官,其中的"帅"是安抚使,管兵工民事;"漕"是转运使,掌财赋上缴,地方全部财富都由其转运到中央;"宪"是提刑按察使,管司法;"仓"是提举常平使,掌"救恤"。唐代地方只要奉承一个观察使就行,宋代则要奉承四个上司,如果上司贪婪,地方官之难做可想而知。不仅如此,地方财政全部上缴中央,则是开历史之先河,唐代尚有地方收入一半保留在地方的做法,宋代则一律收归中央,其结果是地方贫弱,一旦有战事,中央一败,全国土崩瓦解,地方没有能力勤王,后来之宋败于元,明亡于清,皆由此起。而地方有一定的经济和军事实力的时候,在中央困难之时,尚可以有地方来救助,如安史之乱,唐两京俱失,可是州郡财兵富厚,还可以各自为战,实现中兴,而自宋以后,则基本无法中兴。宋代地方政府中一级是府、州、军、监,最低一级为县。宋太祖杯酒释兵权,解除了武臣控制地方的问题,替他们在首都修建了大的宅第,拿着丰厚的俸禄,名义上仍是地方长官,但是全部集中于中央,地方的治理则重新派文官下去,称为"知某州事""知某府事",这样一来朝廷养了大量的冗官,财政开支巨大,只有从民间夺取,所以宋代地方之贫弱可想而知。不仅如此,皇帝将很多相权收归自己,虽然出现了宋代无权臣的局面,不太容易出现属下乱上的局面,但是如果出现皇帝昏庸无能,则无以纠偏的局面,如果宰相有权,国家治理出了问题,还可以换相,但是如果皇帝治理无能,则只有听天由命了。

尽管皇权在不断扩张,相权在不断缩减,但是还仍然有着某种平衡关系,但是封建王朝到了明清两代,则直接废除了丞相,实行彻底的皇帝专制,其流弊所及,无以复加,物极必反,诚因如此,封建王朝也开始走向了终结。明太祖洪武十三年,因为宰相胡惟庸造反,朱元璋废止宰相,自此以后,封建王朝再也没有宰相。唐代三省分职,宋代门下省退处无权,"给事中"变成和宰相对立,已经基本不能对诏敕行使封驳权,到了明代,朱元璋直接把中书省、门下省皆废去,只留中书舍人,这个七品的京官如何能够封驳诏敕?尚书省亦没了长官,改为六部尚书分头负责,六部尚书,各不相属,统归皇帝管辖。此外,还有"都察院",专掌弹劾纠察各级官员,司法方面,则由三法司负责,通政司管理章奏,是一个公文出纳的总机关;大理院主平反,有什么冤枉,都可以到大理院求平反;刑部尚书管刑罚。六部尚书加上都察院和三法司,称为九卿,皆直接听命于皇帝,此外在全国还设有大都督,管理出兵打仗,至于征调军队,动员群众等则是兵部负责,如此一来,全国一切最高权力皆集中于皇帝手上,公务之繁忙,可想而知。据当时统计,仅洪武十七年九月十四日至二十一日八天时间,皇帝要处理的奏章就有一千一百六十件,涉及事情有三千二百九十一件,如果没有特别好的精力和能力,如明太祖和明成祖那样的能干,如何能够做到亲裁政务,且每天还有早朝、午朝、晚朝三次朝会,所以后来的皇帝受不了这个罪,干脆就不上朝了,万历皇帝二十几年没上过朝,自宪宗成化到熹宗天启,前后一百六十七年,皇帝没有召见过大臣,由此可以想象国家废除丞相之后,国家治理的不堪,但是谁又敢批评皇上呢?皇帝不管事,那么谁来处理军国大事呢?权力就落入内阁与太监两种人手中。内阁本是皇帝的秘书处,皇帝在宫里办公,需要几个秘书来帮忙,这些人便被称为内阁大学士,但是官阶只有五品,不能号令群臣的,但是一旦由尚书兼任内阁学士之后其地位便位高权重了。内阁学士本来只是帮皇帝当代笔和参谋,但是皇帝一旦不管事时,基本上就把权力委托给内阁了。甚而至于有些皇帝连内阁都不想见的时候,往往靠太监来沟通,甚至于有些皇帝连"批红"这样的事都不愿意干,直接让太监代笔,所以又出现了太监弄权的局面。但是按照明制，大学士是没有资格主持政令的，太监亦有"内臣不得干预政事"的祖训，所以一旦失势，其下场都很惨，张居正本想做一番事业，但是名不正则言不顺，最后落了个被抄家的结局，太监刘瑾、魏忠贤的下场就更惨。在地方政府方面，明代为了对内防乱，地方控制甚严，致使地方政府也失去了活力。顾炎武在《日知录》中有个观点：天下太平，则小官多，大官少；天下之乱，则必然是大官多而小官少。这其实涉及地方治理的问题，如果朝廷不要过分干预地方事务，可能地方政治更为完善，各项建设会更好；如果朝廷委派各等官员来进行监控和管理，可能效果就更差，因为最了解基层的还是地方官员。以明代为例，地方政府分为四级，最低一级为县，县上面有府和州，是为第二级，上面还有省，称为承宣布政司，是为第三级。"行中书省"本是元代为了镇压地方反抗临时派大员来进行军事控制的，明代把这一做法正式化，将全国划分为十三个"承宣布政使司"，最高长官称布政使。与承宣布政使并列的，还有"提刑按察使"和"都指挥使"，布政使管行政，按察使管司法，都指挥使管军事，合称为"三司"。布政使下面有参政、参议等官，提刑按察使下面有副使、佥事等官，这些官派出去，叫"分司"，清代俗称"道台"，普通称"监司官"，变成了明代地方政府之第四级。这样一来，官员级别比宋代还多，整个地方管官的官多，管民的官少。处于最底层的县官，服侍奉承上面的各种长官都来不及，哪有工夫去为百姓做实事？不仅如此，后来在三司之上还有巡抚和总督，虽然是临时的，但是下面也不胜其烦，而清代更是将总督、巡抚变成永久的了。

明清两代地方还出现了胥吏掌握地方实权的现象。本来古代机关的长官称官，属官皆称吏，官和吏之间可以转换，没有判然的划分。元代的政府长官都是蒙古人，汉族读书人只能做书记与文案的工作，两者判然分割，泾渭分明。明成祖时候规定胥吏不能当御史，后来又规定胥吏不准考进士，由此"官"和"吏"就显然分为两种路径。胥吏没有出身，又不能当御史，不能考进士，就是升迁的希望很渺茫,因此就只顾自己捞好处,而明清地方长官都管官不管事,大小事情都交与胥吏去管理,如铨选、处分、财赋、典礼、人命、狱讼、工程等事,这些师爷,各衙门都有,上下相混,四方勾结,而地方官则把精力都花在了奉承各级上等官员,因此明清地方腐败亦与此有莫大关系。

2. 人才选拔制度的演变

国家治理在很大程度上要依靠各级官吏来完成,那么官员的选拔标准是什么?如何把相应的人才选拔到各级岗位上?这也是政治制度上的一个关键问题。古往今来,用什么人来执政,大抵有四种类型:贵族世袭、军人政治、富人政治以及全民选拔。在夏、商、周时期,主要以世袭制度为主,而到了秦汉进入封建皇权时代以来,除了皇权贵族享有世袭制度之外,其余的官员选拔则主要靠学校进行教育和挑选,尤其是隋唐以后的科举制度更是选拔人才的重要机制,应该说中国古代的学校制度以及文官制度对于封建国家的长期稳定有非常重要的积极作用。

首先来看汉代的人才选拔制度。汉代到汉武帝时期,人才选拔制度基本定型,从政人员的来源主要来自两类:太学和选举。当时的太学是唯一的国立大学,里面考试毕业的学生又分为两等,甲科出身的为郎,乙科出身的为吏。郎官先在皇宫里面当侍卫,遇政府需要人,便从里面挑选分发到各地做官。乙科出身的则回到其本乡地方政府充当吏职,吏是地方长官的下属,由地方长官自己辟用,称为"辟署"。除了国立大学选拔人才之外,汉代还有称为"乡举里选"的选拔制度,主要有三种选举类型:第一种是不定期地要求地方推举贤良,往往是在新皇登基或者大瘟疫等,贤良到了政府之后,由政府提出一些重大问题,要求他们发表意见,被称为"策问"或者"对策"。第二种是政府下诏征求一些特殊人才,比如能通西域语可以出使匈奴。这种专门人才可以举荐也可是自己直接应选。第三种是选举孝廉,汉代原来一直有诏令要求地方察举孝子廉吏，但是地方政府怕担责，因为一旦举孝廉出了问题，举荐者会负连带责任，因此地方对此事情一直不踊跃，汉武帝时期要求每郡每年都必须要举一到两个孝廉才行，因此武帝之后便形成了一年一举的郡国孝廉制，其他的无定期选举和特殊选举都被废弃。汉代的人才选拔制度有其合理性，既兼顾了太学培养人才，又对整个社会广纳贤才，不讲门第出身，这样就使得大量有一技之长或者真才实学的能够脱颖而出，但是后来由于每年孝廉人数巨大，给国家造成不少负担，同时也很难保证举荐的孝廉质量水准，但是总体来说没有后来的论资排辈是有利于各种人才被发现和运用的。

汉代的乡选里举然后进行策试的制度到了东汉末年，由于天下大乱，中央与地方各自为政，无法推行下去。曹操采用陈群的意见，创设了"九品中正制"，由各地州郡分别公推大中正一人到中央任职，然后由大中正产生小中正，将各地流入中央的人士，一律填写人才调查表，其中将人才分成上上、上中、上下、中上、中中、中下、下上、下中、下下等九品，吏部根据此表册之等第和评语来斟酌任用。此一制度，对于曹魏广纳贤才，起到了非常重要的作用，但是到了承平时期，就开始出现问题，一是人才都往中央汇聚，地方就出现人才危机，二是这种靠几个中正来评定人才的制度毕竟不是很客观，难免会有徇私舞弊的现象存在，后来的门阀制度就是九品中正制的结果。隋唐针对此弊，改成统一考试，既不需要地方官察举，更不需要中央九品中正评定，而是自己到地方政府报名，统一参加中央的考试，考试由尚书礼部主持，考试及格，即为进士及第，便有做官资格了。至于实际分发任用，则还需要吏部进行考察，考察的主要是干练。因为礼部考试有明经、进士等诸多科目，因此又称为科举制。此项制度一经实行，便成为文官任用之圭臬，一直延续至今，虽然其中亦出现过明清八股取士的僵化，也出现过政治臃肿之病，但是总体来说，以考试和铨叙代替选举，建立了一项比较客观的标准，比仅靠一二人之私意要客观标准得多。

宋代之考试制度，大体沿袭唐代，但是比唐代更为严密化。唐代门第势力兴盛,门第子弟有家教熏陶,更是懂得许多政治事故,所以农村子弟、白屋书生进入仕途之比例,远远小于门第子弟。此外,唐代也不是单凭考试定短长,还有公卷、通榜制度,考生把平日诗文成绩遍送中央之道德文章前辈阅看,是为"公卷",考后出榜,还得参考社会及政府以及先辈舆论来选拔知名之士,是为"通榜"。此项制度当然亦有可能被异化,出现作弊。宋代考试则取消公卷和通榜,一律凭成绩进行录取,录取之后则直接任用,不再需要在幕僚做僚吏进行历练。此外,宋代开始重视整个社会的教育,汉代培养人才的是掾属,唐代培养人才在门第,而宋代则广兴社会教育之风,除了改革国子监等中央官学之外,大兴地方教育,建立了府、州、县、社各类学校的建制与廪养制度(规定教官名称、职责以及学生人数和待遇),教学制度,考试制度,奖惩制度,以及向中央国子监输送监生的贡士制度等,颇为详备,有专门管理地方教育的行政长官,有固定的经费支持,因此宋代书院制度盛行,比较著名的石鼓书院、白鹿洞书院、应天府书院与岳麓书院、丽泽书院与象山书院等,或是私人设置,或是地方郡守修建,均不纳于官学系统之中,其自由讲学之风盛行,国家亦出现大量文人学士。然而宋代科举改革考试内容,不考诗赋,改考经义,其本意是要用儒家之精神来治理国家,但是后来却出现很多死读书之学究,也正如王安石所说本欲变学究为秀才,不料却变秀才为学究,此一僵化模式到明清更为典型。

　　明清两代的科举,开始成熟和定型,但是同时亦逐渐走向僵化。在中国古代,轻视工业和商业,并且这两者不能参加科举考试,因此大多数读书人的出路就是参加科举从而进入仕途。到了明代,报考人数越来越多,就开始将以前的一考定终身变成几次来考。首先是府县考,考中了就是秀才。然后是省试,考试地点在各省直的省会,俗称乡试,考中者称为举人。最后是各地举人到中央进行会试,考中者称为进士。这样的结果可以有效化解报考人数太多录取太少的问题,人数太多而官员职数有限,于是就一方面延长学校教育到任用的时间，明清两代把培养人才的机构都归并到了考试制度里面，比如中了进士，还得读书满三年再进行一次考试，成绩好的入翰林院，然后才能开始做官。另一方面就是划分品级，规定进士、翰林才能做大官，举人、秀才只能做小官小吏，因此造成明代的胥吏制度，因为下层官吏很难得到晋升，因此营私舞弊就逐渐成为社会风气，同时亦埋没了很多不善于考试但却有能耐的人才。此外，明代开始推行八股文制度，其本意乃是报考人很多，录取标准很难客观化，比如唐代考律诗，一字不合律诗法度就不录取。宋代不考诗赋考经义，但是儒家仁义道德，大家都会说，判断标准亦是一个难题，于是就严格了考试文章标准，每篇由破题、承题、起讲、入题、出题、起股、中股、后股、束股、落下十个部分组成。到了明宪宗成化年间，又正式规定了一套完整的八股文写作方法，并且限定字数，规定乡试、会试《五经》义一题，限五百字，《四书》义一题限三百字，以后到清朝最长也不得超过七百字。流弊所及，文章格式越来越严谨，但是内容越来越空疏，没有一点实用的内容，尤其是每当帝国面临重大危机，却找不出可用之才，于是八股制度遂成为千夫所指。

应该说科举之本意在于选拔真才实学，但是演变到后来，却成了羁縻读书人自由、实行思想控制的工具，考试的内容仅限于儒家经典，后来又主要限于朱熹的著作，这样无限丰富的社会生活就被单向度化，大家都把全副精力用在了儒家的伦理学和政治学上面，工业、商业、农业等其他领域由于没有激励很难有创新和突破。同时从秀才到进士，往往需要十年甚至几十年时间，当有少数人能登至大学士、尚书、侍郎之位时，又已经都是头白齿落，垂老气尽之人，国家人才尽失，社会焉能发展，封建帝国也不可避免地走向没落。

3. 赋税制度的演变

国家必须依靠经济才能运行，在封建社会时代，国家的财政来源主要有三个部分：田赋、劳役和税收。所涉及的对象主要就是广大的民众，征收多大比率的赋税和承担多少的劳役不仅直接关系到民众的生活，也直接关系到国家的安定。历史上凡是实行轻徭薄赋的时期，往往也是王朝进入盛世或者治平的时期，而凡是苛捐杂税繁多、民力耗尽的时期，也多伴随衰乱的到来。历史的经验告诉我们，民富才能国强，民生乃是社稷之本，爱惜民力，藏富于民是社会安定和繁荣的前提和基础。

就汉代而言，汉初实行文景之治，轻徭薄赋，社会生产力得到恢复与发展，创造了文景之治。在战国时期，孟子认为"什一之税"就是王政，汉代的税额只有十五分之一，在汉初实际上只缴纳一半，为三十税一，甚至在文帝时候，有十一年的时间全部免收田租，在中国古代历史上这是仅有的一次。然而汉代不同于分封时期的土地制度，亦逐渐导致了土地兼并。秦汉两代，土地的所有权属于农民私有，田地可以自由买卖，有些农民因为各种困境被迫卖去了自己的土地，其中也不乏有些豪强的掠夺，所以王朝的历史越久，尤其是灾荒年成，土地兼并就更为严重，导致后来政府虽然租税很轻，仍有很多无地或者少地的农民生活仍然困苦。在先秦时期，耕地以及山林池泽都是国家所有，农民都是租用，没有所有权。汉代开始民间开始私下闯入，烧炭伐木，捕鱼狩猎，政府防不胜防，后来干脆开放，只在出入关隘，征收几分之几的实物，这也就是关税和商税之缘起。按照当时的制度，田赋归于大司农，充当政府经费；山海池泽之税归属少府，为皇室私用。但是后来随着商品经济的发展，山海池泽的税收渐渐超过了田租，尤其是其中的盐铁税收入，所占比例很大。汉武帝时期，讨匈奴，通西域，军事开支巨大，不仅把大司农的钱用完了，甚至把少府的金钱也用完了，没有钱了怎么办？开始把盐铁经营等商业收归国有，后来甚至把煮酒也归入官卖，开启了与民争利的先河，后来土地兼并也愈加严重，王莽曾经实行改革，想把一切田亩收归国有，进行重新分配，结果引发了一次大变乱，后来汉朝的衰败可以说由此就埋下伏笔。

唐代的经济政策之发展也与汉代类似,唐初实行租庸调制,为民制产,竭力保证底层民众的基本生存,也因此出现了贞观之治和开元盛世。所谓的"租"就是把土地平均配给那些十八岁到六十岁的农民,收取四十税一之田赋。所谓的"庸"就是劳役,每人每年服役二十天,较之汉代每人每年三十天缩短了十天。"调"就是各地人民须以各地土产上缴一部分给中央,当时主要就是织丝织麻,主要就是布帛之征。全国有严格的人口户籍制度,自小孩出生,到他成丁(18岁),以至老死,都要登载,壮丁册子一年普查一次,户籍册子三年重造一次,然后依据户籍册子进行田亩的重新分配,可以说中唐以前的太平治安富足强盛都与租庸调制有密切的关系,它极大地保证了民众的基本生产和生活,同时极低的赋税也激发了民众生产积极性,开启了历史上的大唐盛世。但是依靠当时唐代的交通与科学技术,经常的调查、登记、改动、校对,困难极大,所以后来渐渐就偷懒马虎起来,甚至很多年也再没有进行此类调查,加上地方豪强门第的舞弊行为,户口登记逐渐错乱,租庸调制已经很难推行下去。才有了"两税制"的改革。"两税制"改革的初衷本来是化繁为简,将租庸调三项合并,一年分夏、秋两次收税,且统一用货币征收,不再收米谷。这样一来,政府的征收手续是简单得多了,但是却又引发了一些弊端。其一是政府不再授田,民间自由兼并,土地兼并的封建社会痼疾就依然存在,贫富不均,社会矛盾的激化也就不可避免。其二,在不限定人口流动的情况下,又以某一年的标准为准硬性规定税额,这就使得很多农户逃亡到人口户数较多的地方,因为那样分担的税额较少,而留在原地的可能一户两户要承担十户的税额,最终导致这些地方的破产和灭绝。后来虽然有三年一定税额的规定,但是此一弊端仍然没有解决,导致穷地愈穷,富地愈富的分化现象。其三,以货币代谷米,导致商人上下其手,农民损失更大,有些农民的负担增加了两三倍。唐代自玄宗以下,也由于开疆拓土,军事开支巨大,为了增加政府收入,也开始增收茶盐之税,又开始服劳役、出土贡,再加上两极分化也越来越严重，导致穷人民不聊生，最终也导致了唐代的败落。

宋代的赋税制度基本上秉承两税制，但是依然要地方出力役，出贡调，由于农民负担沉重，没有人愿意去征收，因此便强行派差到地方上的富户，收不齐的由办差自己出钱，办差的办上三五年，家私就垮了，于是又轮到下一个兴旺之家，如此循环，是为"差役法"。王安石变法，始订出"免役钱"，由政府规定，叫地方出钱，每家摊派，以解私家为政府办公破产之苦，后来此制度得以推行，一直到清代，中国社会便不再有力役了，但是农民又多了一项出钱免役的负担。实际上后来税赋制度的每一次改革，农民负担都有所增加，地方贫穷了，国家又焉能富强？明代的赋税制度，又有所改变，国家专门设置有"黄册"和"鱼鳞册"。"黄册"登记户口，每十年更定一次，本意为限制兼并，但是后来有些豪强想法变乱黄册，把新受随便挪移成旧管，兼并之风仍然无法得到有效遏制。"鱼鳞册"登记田亩，每县田土以四境为界，标记成图，其中田地，或官有，或民有，详细标上业主名字，其有田地买卖，则一年一登记。然而后来亦无法防止舞弊取巧，册上的田地四至，依然未变，然而业主花名，则是混淆糊涂，到嘉靖之时，已然形同虚设。此种现象的出现，与地方政府之腐败密切相关。后来张居正进行改革推行"一条鞭法"，把各州县的田赋、徭役以及其他杂征总为一条，合并征收银两，按亩折算缴纳。这样大大简化了税制，方便征收税款。其本义与"两税制"实无差别，但是由于明朝中后期的官场腐败，底层农民并没有得到真正的好处，相反出现了额外增派、火耗聚敛、银贵谷贱等问题，到万历天启年间，一条鞭法便已经无法推行下去。整个封建王朝都避免不了早期均田，后期兼并的恶性循环，清代亦复如是。

中国封建社会赋役制度的最后一次大改革是康熙、雍正时期的摊丁入亩，为了解决土地兼并引起的地主占有大量土地而按照人头收取丁银结果中下层民众负担沉重的问题，康熙五十一年（1712年）康熙下旨"永不加赋"，清政府规定以康熙五十年（1711

年)的人丁数作为征收丁税的固定数,以后"滋生人丁,永不加赋",废除了新生人口的人头税;雍正元年(1723年)开始普遍推行"摊丁入亩",把固定下来的丁税平均摊入田赋中,征收统一的地丁银,不再以人为对象征收丁税,而是按地亩之多少,定纳税之数目。地多者多纳,地少者少纳,无地者不纳。表面上看起来,这是对地主多收税,而对农民进行保护,然而后来的结果却是地主又想方设法把负担转嫁到民众身上,地主被多收税的确是前提,但是农民的负担并没有真正减轻。无地贫民租种地主的土地,要交产量50%的地租,甚至有些高达八成。清王朝对地主阶级向佃农转嫁地丁负担行为,甚至公开采取支持的态度,甚至于晚清各地官员在征收朝廷的税额时,税额多出80%,赋粮多出250%,社会极其腐败,民众处于水深火热之中。①"三年清知府,十万雪花银"的结果是清王朝最终被各地的起义而葬送。

封建社会由于其地主阶级掌握政权的本质使得土地兼并和社会腐败呈现周期性的循环,而地主阶级与农民阶级对立的经济基础也使得任何的改革都不免沦为空想,这也就是黄宗羲所说的越改革民众越贫困的怪现象,只有民众真正成为国家的主人,一切政策都做到以人民为中心,也许才能解决封建社会兴衰治乱的历史周期律。

4. 兵役制度的历史演变

军队在国家系统中具有非常重要的作用,不仅承担着保卫国家安全、维护社会治安的任务,也是很多人做官封侯、建功立业的渠道。文武之道,一张一弛,国家运行需要一支强大而又听从指挥的武装力量。传统社会的兵役制度经历了几次大的转变,从全民皆兵到雇佣制,从自给自足到高薪养兵,从威武之师蜕化为羸弱之兵,其中的经验和教训值得我们深思。

---

① 徐中约.中国近代史:第6版[M].北京:世界图书出版公司,2008:99.

首先来看汉代的兵役制度,汉代还基本上继承了先秦时期的全民皆兵模式。汉代的兵役有三种类型:中央有卫兵,边疆有戍卒,地方有国民兵。每一个壮丁到二十三岁就得开始服兵役,服役往往在这三种兵役中轮转。中央卫兵又分为保卫皇宫的南军和保卫首都的北军,总共约七万人,由各地方壮丁轮流到中央当卫兵一年,来回旅费、平时穿戴皆由中央供给。当戍兵则需要一切费用自付,虽然期限只有三天,但是如果路程遥远,就会引发大的社会动乱,陈胜吴广就是因为戍兵不能按期赶到而起义的。但是汉代规定,如果不去可以出钱免役,一天一百个钱,三天三百个钱,交给政府,政府另雇一人代替。地方部队则由都尉来管,凡属壮丁,每年秋天集合操演一次,名为"都试",为期一个月,期满回乡,操演主要是骑兵、水师、步兵之类。国家有事,三种军队皆可调用。汉代虽然田赋只有三十税一,但是每个壮丁每人每年还得给国家做一个月义务劳动,称为"更卒",不去的可以缴纳两百钱,每个国民也还要缴纳人口税,因此说来每个壮丁一年的负担也不轻,好在汉代还有一种志愿从军的制度,有些家庭平时训练,报名从军,希望能够打仗立功,做官封侯。总体来说,汉代的兵役制度是全农皆农,其好处是生产集团即是武装集团,对于地方安定以及边境国防都非常有利,其不足也在于全农皆兵,往往容易有名无实,训练不精。而唐代的"全兵皆农"制度算是在汉代基础上的一次重大改进。

唐代推行"府兵"制,"府"是指在州县里面专门划出的军队屯扎地,全称为"折冲府",共分三等,上府一千二百人,中府一千人,下府八百人,以唐代盛时全国共有八百个府来折算,大概共有军队八十万左右。唐制规定,全国户口根据经济情况分为九等,下三等民户,没有当兵资格,只在上等、中等家庭中报名选拔。当兵人家的租庸调全部豁免,同时军人享有较高的荣誉,国家并不发给饷给,一切随身武装须军人自办,全国将近八十万的军队,并不需要国家另发一文钱、一粒米来给养。军人一面保卫国家,一面自力生产。全国设有十六个卫,各卫设有大将军,有事打仗,由大将军统领出征，战事结束，兵归于府，将归于卫，将军不预问政事，立功的享有勋爵，国家有优待。应该说唐代的兵役制度是非常值得提倡的，唐代的强盛也与此密切相关，但是后来却演变成为一种人人不愿当兵的窘境，令人深思。其原因主要在于对于军人的照顾后来不仅不能到位，反而把士兵当苦力来用。唐初军队到中央宿卫，皇帝还亲自与他们共同练兵，他们也就觉得光荣，后来天下太平，皇帝自然也不会接见这每年轮番来宿卫的几万军队了。不仅如此，某位大臣或者王官要造宅第，往往借用这些士兵去做苦力，甚至于边疆的营官往往想用做苦力的方式累死士兵后好没收他的财物。此外，以往士兵战死，政府有慰问，赏勋爵，赏抚恤，后来慢慢地也没有了，打仗回来的士兵还要被派去服力役，后来皇帝刻意开边，以往轮番戍边的士兵几年都不得回来，因此后来府兵都怕到边疆，在本府先行逃亡，逐渐兵源枯竭，朝廷临时买外国人当兵，边疆上逐渐变成外国兵，安禄山、史思明就是外国兵，后来的藩镇割据也由此形成，唐代也就由此衰落下去。这里我们可以看出，对于民力，绝不可以任意滥用，本来极好的府兵制，后来因为政策异化而导致人人不愿当兵的局面。

宋代实行募兵制。宋代军队分为两种：一种是禁军，一种是厢军。禁军是由军队中挑选出精壮的，保卫中央；厢军则是驻在各地城厢的。因为宋代秉承五代藩镇骄横以来，军人骄横，为了防止军人政变，采用高薪养兵之策略，一个士兵招募起来，从二十岁入伍，到六十岁才退伍，享受优厚待遇，真正能够打仗的只有二十岁到三十多岁之间，而北宋建都开封，北边无险可守，为了防御北方强敌，却又不得不增加新兵，所以宋代冗兵之严重，历代罕见，开国时只有二十万军队，太宗时有六十六万，仁宗时有一百二十五万，冗兵和冗吏使得财政开支巨大，使得宋朝积贫积弱。养了这么多军队，真正能打仗的寥寥无几。为了防止军人政变，军队一批批调防，年年如此，将官却是原地不动，如此将不习兵，兵不习将，根本就不能打胜仗，好歹出了一个岳飞和狄青，因怕他们黄袍加身，立了大功也不重用，甚至以莫须有的罪名诛杀了岳飞。所以我们来看历史上的兵役制度，可以说宋代是最坏的兵制了，开国不以战斗攻势立国，一味消极防御，结果是北宋二帝被金兵俘虏，南宋亦无法偏安下去，此种教训值得后人深思。

明初兵制，采用类似唐代府兵制的卫所制度，建立了赫赫战功。大的兵区叫"卫"，小的兵区叫"所"，以五千六百人为一卫，一千一百二十八人为所，一百一十二人为百户所，外统于都司，内统于五军都督府。遇到战事，由朝廷派出总兵官，带领卫所军队出战，战事结束，总兵官交出兵权，军队回归卫所，平时军队给田自养，不交赋税。应该说这种制度还是非常有效的，但是承平一久，刀兵入库，武库的军装、武器全部霉烂腐朽，遇有战事，全国军队平均分调，云南、广西、四川各处汇集中央，然后开拔边疆，如何能够抵挡住清朝的铁骑。当时总兵官杜松，被满洲兵一箭射死，原因就在于帽子铁锈得很厉害，箭头穿胄而入。虽然也出现袁崇焕之类的猛将，但是由于政治的腐败，轻易就被清朝反间计而被诛杀。由此可见，越是天下太平，越是要居安思危，要训练军队，保持战斗力，才能确保一旦有事，战之能胜。

清代实行八旗制度，丁壮战时皆兵，平时皆民，使其军队具有极强的战斗力。清廷即采取了大规模的"圈地"活动，圈占人民的大批良田划归旗人，豁免旗人的税赋与劳役。优惠政策造成了旗人的颓废和寄生性，致使其后代骑射荒废，发展到贩卖人口，吸食鸦片，当卖军中的盔甲器械，完全沦为社会的寄生虫，以至于在面对西方列强的侵略和农民起义的时候，没有丝毫的战斗力，节节败退。如果不是曾国藩、李鸿章、左宗棠等人编练新军，清朝恐怕早已灭亡，然而即使是后来的袁世凯以及蒋介石，都秉承曾国藩的建军方法，任用嫡系，军队数目虽多，战斗力亦弱。后来中国共产党建立新式军队，坚持在部队的理想信念和组织纪律教育，坚持与人民群众打成一片，才真正取得反帝反封建的彻底胜利，建立人民民主共和国，开创了历史的新篇章。

(三)中国古代制度变迁的现代启示

历史的教训值得我们深思和学习。在新的历史时代,我们要推行国家治理体系和治理能力的现代化,需要在具体制度层面学习以往的成功经验,克服历史上的失败教训,必须深刻学习历史,汲取智慧,才能开创未来,才能实现中华民族的伟大复兴。

1. 官僚制度的启示

中国古代的政府组织和官僚制度的演变,也给予我们今天治国理政深刻的启示。首先从权力的配置来看,国家元首和政府首脑职责应该明确划分,皇权不应该过分侵犯相权,更不能直接代替。古代的皇帝推行的家天下,对各级官员和民众的控制越来越严格,这是颠倒本末的做法,没有了民富,哪来的国强?把各级官员管控森严,把地方财政全部收归中央,下层官员和地方政府没有了积极性与灵活性,如果碰见强大的外敌入侵,如何能够有效组织民众和官员来进行抵抗?崇祯皇帝自缢之前只怨各级官员不负责任,哪知问题就出现在制度之上。

我们当今的国家性质,已经是人民当家做主,不再是皇权专制,但是依然有一些皇权时代的治理思想存在,这是值得我们反思和克服的。如今的国家治理应该坚持以人民为中心的理念,切实把发展和解决好广大老百姓的福祉作为各级官员从政的核心理念。我们不能有封建时代的官本位思想,而是要树立为人民服务的理念,今天的各级官员是人民的公仆。同时亦要借鉴一些古代政府组织的有益经验,比如汉代或者唐代的政府组织,只有两级或者三级,办事效率高,底层官员有积极性,尤其是吸取明清时代胥吏政治的教训。从中央与地方政府的关系来看,也应该保持汉唐时代的平衡关系,既要做到中央政府的政令能够有效地贯彻,又不能把地方管得过死,失去发展的活力,尤其是应该允许地方有适度的财政。此外,古代的某些权力监督和制衡也值得我们借鉴,比如监察制度,对官员的监督还是非常有效的。党的十八大以来设立国家监察委是非常有必要的,但是也要避免历史上御史台后来成为高于地方的一级地方政府,进而出现藩镇割据等问题的出现。

2. 赋税制度的启示

经济基础决定上层建筑。在农业社会,拥有土地就意味着拥有了起码的生存条件,失去土地也就意味着基本的生存也难以保障。因此,历代农民都把土地看成是自己的命根子,中国历史上的革命也大多围绕着土地的所有权和使用权而展开。最开始的原始氏族公社时期的井田制,从《诗经》上可以看出,有公田和私田之分,农民要先耕种好公田之后才能耕种自己的私田,如果私田的收成比公田好,那么私田的好收成就变成了公家的财产,然而个人对于土地是拥有所有权的。到了夏商周三代,普天之下,莫非王土,所有的土地都属于王,王把土地分配给农民耕种,农民要缴纳租税和服徭役,虽然有些阶层的人缴纳的赋税比较重,但是土地公有,不允许买卖,而且还经常根据劳动力的变化对土地进行合理的调配,因此可以说此时的自由民的生活还是能够得到保障的,也因此整个夏商周,虽然是奴隶社会时期,但是王朝存在的时间都比较长。

到了后来的封建社会,土地可以自由买卖,对土地的占有权变成了实际上的土地的所有权,土地买卖与土地兼并是中国封建社会土地制度的根本特点,也形成了整个封建社会兴衰治乱循环的历史死结。以封建土地所有制的三种主要形式来分析,封建土地国家所有制、封建地主土地所有制和封建个体农民土地所有制三者之中,封建地主土地所有与个体农民所有之间的矛盾运动就构成了一个王朝的兴衰史。封建中央政府直接控制的土地,一般只存在于一个封建王朝的初期,如北魏、隋、唐的均田制,曹魏、明、清的屯田制,在王朝建立之初,由于是剥夺了前朝的大地主的土地而来，平均分配给了那些极端需要土地的农民，因此王朝初期基本上都呈现一种休养生息、蓬勃发展的局面。而到了每个封建王朝的中晚期，封建政府无田可分的时候，地主阶级和农民阶级的矛盾便不可调和，农民起义就爆发了。于是，为了缓和社会矛盾，维持王朝的统治，就必须进行土地改革，然而绝大部分的土地改革都先后失败，如王莽的"王田制"，要把天下的田地都改名为王田，并不准买卖，要给无地的农民分给土地，结果是大地主不同意，自己又没有力量对付这些大地主，被迫收回成命。后来三国时期的王朝、唐朝杨炎的"两税法"、宋朝王安石的"方田均税法"、明朝张居正的"一条鞭法"等，虽然没有"王田制"那样激烈，但是最后都由于整个地主阶级的反对，没有解决农民的土地问题，因此王朝最后都免不了被农民起义所葬送的命运。而土地兼并最终都兼并到了地主阶级那里，而失去土地的往往都是封建个体农民。出于国家富强和安稳的考虑，就必须保护男耕女织、自给自足的小农经济，限制土地兼并，而整个封建的制度设计就是为了保护地主阶级利益的，土地私有制和土地自由买卖是合法的存在，因此其结果必然是土地会兼并集中到少数地主手中，虽然某些改革能够延缓土地兼并的速度，但是只能起到一时的作用，不能解决根本的问题。土地兼并的必然结果是个体农民大量破产，少数的自耕农也逐渐被消灭，加上天灾人祸，民众连基本的吃饭问题都无法解决的时候，起义就会如期而至。这种现象一直贯穿整个封建社会，甚至后来的蒋介石政府说到底也是广大的农民和工人无法生存下去，才形成了国统区的反饥饿、反迫害、反内战的运动，最终葬送了大陆的蒋介石政权。

中国共产党能够取得革命的胜利，一个非常重要的原因就是实行了彻底的土地改革。在井冈山时期，土地政策是依靠贫雇农、联合中农、限制富农，保护中小工商业者，消灭地主阶级，变封建半封建的土地所有制为农民的土地所有制，这些政策使得农民分到了土地，极大地激发了农民保卫苏维埃政府的热情。延安时期是应该地主普遍地减租减息,农民交租交息,虽然由于抗日民族战线的需要保留了地主的土地所有制,但是极大减轻了农民的负担,也赢得了群众的支持。解放战争时期是废除地主阶级封建剥削的土地制度,实行农民的土地所有制,农民翻身做了土地的主人,同时也在政治上成了国家的主人。新中国成立后,我们的土地政策虽然有几次大的变化,尤其是十一届三中全会实行家庭联产承包责任制和最近几年的土地三权分立制影响很大。家庭联产承包责任制废除了人民公社吃大锅饭,积极性不高的弊端,极大提高了农民的积极性。而改革开放40多年之后,随着我国工业和服务业的兴起,不种地也可以解决生存和发展的新时期,党中央根据实际情况的变化,指导思想从耕者有其田也开始转变到耕者有其业,保障广大民众就业成了最大的民生问题。同时,针对农村有大量土地被弃荒的现象,提出所有权、承包权、经营权三权分置,进而放活经营权,促进农村生产力发展。此一政策,是继家庭联产承包责任制后农村改革又一重大制度创新,具有非常重要的现实意义。然而结合历史上的土地制度变迁及其带来的社会影响,我觉得有以下几点是值得注意的。

一是坚持土地国有,不能自由买卖的国策。历史上允许土地自由买卖,最后导致土地兼并,大量农民流离失所,最后爆发起义。虽然当今农业在整个国民经济中的比重已经没有以前大,但是农业是基础,吃饭是最大的民生仍然没有也不会过时。国家在保住18亿亩耕地的红线基础上还得优化好土地的使用,比如采用承包权与经营权分置来耕种荒田。还得保证在任何时候在外打工的农民无事可做的时候,回到老家还有田地可耕,能够保证基本的粮食自给,尤其是在重大的风险到来之时,比如如果出现重大的卫生事件或者公共事件,要长期采取隔离政策的时候,有自己的田地可以保证生活的自足,不至于引发社会的混乱。

二是适时对土地的承包权进行重新分配。历史上就有周朝的采地政策,其主人只是采食这方土地上的租税,不拥有土地的所有权。受封者由于犯罪或者无人承袭时，采地由天子收回，重新分封。我们当前也存在由于诸多原因很多土地无人承袭或者多年无人耕种的，应该由国家或者集体收回，承包给那些无地或者少地又愿意耕种的家庭。虽然现在农村有些地方开始实行集约化经营，但是也有很多家庭一无技术，二无资金，或者年纪很大不能外出打工，对于这类人除了国家的低保等政策之外，还要留一些土地让他们自己耕种，不能出现全部实行异地搬迁，却又无事可做的局面，要根据实际情况具体处理。

三是要切实转变地方政府经济发展模式。农村全面建成小康社会整体脱贫之后的主要任务就是要实现乡村振兴，建设社会主义现代化的新农村。习近平主席提出的乡村振兴计划中产业兴旺可以说是核心，只有乡村盘活了土地资源、旅游资源、文化资源、特色资源，只有有了产业，村民不外出打工就能挣到钱，才能实现真正的乡村振兴。而从目前乡村的情况来看，很多县乡政府仍然无法摆脱卖地挣钱的思维模式，今年已经有个别县乡发不起工资而托付给省里管了，实际上乡村发展绝对不能靠卖地来维持收入，因为土地是有限的，一旦卖完，如果还没有别的产业发展起来的话，仍然是脱不了贫的。扶贫要先扶智，很多基层干部的确有能力不足的危险，应该充分调动各种智力和资金资源到乡村去，比如有很多大学生可以送到乡村去锻炼，以实际业绩为考核目标，真能把乡村振兴起来的，应该放宽各种考试限制，把这些人提升到干部队伍中来。另外，也应该充分发挥一些乡贤的作用，尤其是那些乡村里面德高望重的村民、退休的干部、教师以及一些企业家，他们愿意为家乡做贡献，但是由于很多机制、体制的限制，使得他们的作用还没很好发挥出来，将来应该采用某种机制激活这一批人。

四是要坚持长期反腐。历史上曾经有多次改革试图推行土地平均和减轻农民负担的政策，但是最后都因为下面的阳奉阴违、徇私舞弊而不了了之，说到底就是因为整个社会的官僚系统彻底腐败，上面的政策到下面就变了样，欺上瞒下，营私舞弊成为整个社会的通病。而身居皇官的高官要么不愿意,要么没有相应的能力来进行改变,使得底层民众越来越走向赤贫甚至连基本的温饱问题都不能解决,最后导致国家河决鱼滥、改朝换代的结局。新中国是人民当家做主的国家,所有的官员都是人民的公仆,如果出现相互勾结,侵犯人民利益的事情,必须进行重拳反腐,有一例打击一例,充分发挥人民群众的监督作用,也只有真正让人民过上了好日子,国家才会长治久安;而如果不顾人民死活,一味掠夺和压榨,没有最终不走向毁灭的。

3. 人才制度的启示

所有的事业都要靠人来做,选拔出国家需要的人才并且安置到合适的位置是国家治理的关键环节。中国古代的人才选拔制度从总体上来说是要把那些德才兼备的人才选拔出来,其主要的方式就是选举和考试。隋唐以前以选举为主,考试为辅,隋唐开始以考试为主,选举为辅,二者孰优孰劣?应该说各有各的好处。选举可以把群众所认可的选拔出来,于当地的治理是非常有效的,但是选举也容易造成某些徇私舞弊,而且像中国这么幅员辽阔的国家,在封建时代指望所有的人都对被选举人很熟悉是显然不可能的,所以选举在小范围规模内是有效的。此外,往往选举出来的人情商比较高,但是才能和智商则不一定就很高,而考试是可以把那些智商较高的人选拔出来的,而且标准化的考试可以在很大程度上避免乡选里举有时候带来的随意性,所以封建时代后来重视科举应该说在选拔人才方面能够有效避免选举所带来的问题。但是考试也有其弊端,考试很有可能选拔出一些智商高而情商并不高的人员,古代科举考出来的学究比比皆是,然而真能经邦济世的却不多。这一方面与考试的内容有关,如果考试的内容是三百六十行,行行出状元,那么显然各行各业都会形成奋发向上、积极创新的局面,但是如果考试的内容仅仅是伦理学或者政治学的内容,而对于专业方面的考察却付之阙如,那么如明清那种八股取士,考出来的大多数都是书呆子，做不得实际事务的。另一方面，考试往往注重的是知识的背诵和运用，对于实际人际交往和社会实践往往得不到有效的考察，这也是科举制度在后期显示出来的弊端，尤其是晚明认为科举培养出来的大多是平时袖手谈心性，临危一死报君王的书呆子。两者权衡来说，应该说考试还是优越于选举，考试的弊端可以通过改变考试的内容和形式来进行弥补，内容可以加入那些贴近社会实际生活，于民生福祉相关的专业知识，同时也可以对考试上来的再进行实践能力的培训和选拔，然后再择优录用。

实际上选举和考试还可以结合起来，可以先通过考试选拔出一批德才兼备的干部队伍，然后让他们在基层进行历练，每个干部都必须从基层进行历练，然后看群众的评价，一步一步进行提升。新中国成立后，我们曾经尝试过推荐上大学的模式，后来发现还是考试上大学更为客观，然后恢复高考，不断改革考试的内容和形式，为国家培养了大量改革开放的人才。所以我们从历史得出的结论有以下几点：一是要发挥考试在选拔人才中的基础性作用，从小学到大学的完整培育模式的确是能够最大限度地把大量人才选拔出来，所以不一定非要唯学历论，但是的确学历越高，其总体体现的知识能力和专业能力比同辈要强，应该首先重视大学生及高学历人才的作用。二是不能堵塞其他上升的途径，有些人考试不理想，可能有诸多原因，有些是智力不够，有些是考试的内容可能不足以体现其能力，也有些是后来才发奋，人是可以通过自己的努力提升各方面的能力的，所以在人才选拔方面也应该本着实事求是的原则，打破唯学历论、资历论，把能够真正干事的人提拔出来，尤其要避免明清进士和举人判然分品的做法。三是适当减少官员以及考试层级的做法，从历史上看，汉唐官员和科举层级较少，选拔出来的人才创造性很强，能够开创汉唐雄风，而后来官员层级和科举等次越多，往往把人的积极性和创造性都抹杀掉了，等你学历读完或者行政上升到较高层次已经是中年甚至老年了，这种制度不适合信息时代，信息时代和网络时代往往是年轻人的天下，所以我们有必要减少教育的年限和官员的级别,现在教育体系,从幼儿园到小学、初中、高中、大学以及硕士、博士下来,起码都已经到三十多岁了,最富有创造性和精力的年龄往往是二十多岁到三十多岁之间,而且很多学习的内容有重复性,各种各样的考试一是重复以往的内容,二是反复强调的标准答案思维磨灭了很多学生的创造性,实际上社会上很多问题很难说有一个标准答案,而是拥有无限的丰富性。官员的升迁也同样如此,不论是领导职务层次或者是综合管理类公务员职级序列都有十多级,宋明清时期官员级别多,但是人浮于事,财政负担沉重,导致国家积贫积弱的经验值得我们重视。

4. 兵役制度的启示

《孙子兵法》上讲:兵者,国之大事,死生之地,存亡之道,不可不察也。军队在治国理政中具有极其重要的作用,建设一支什么样的军队,如何保持军队的战斗力都是一个值得深思的问题。传统社会的兵役制度要么采用雇佣制,要么采取兵农合一的模式,从历史来看,各有其优缺点。雇佣制可以更专业,兵农合一可以更有效地动员民众的力量。我们党之所以能够取得革命的胜利,可以说将二者进行了有机的结合,民兵是正规部队的有效辅助,不论是新民主主义革命还是社会主义革命时期,民众的参与与支持都是不可忽视的重要因素,如果没有广大民众的大力支持,很难想象我们能够打败强大的帝国主义、封建主义和官僚资本主义。历史进入新时代之后,我们坚持部队的革命化、年轻化、知识化、专业化,打造精兵强将,提升部队的战斗力,这是非常有必要的,但是民兵制度还是有必要继续坚持,虽然和平时期不需要全民参与民兵训练,但是让民众居安思危,时常进行一些战备训练还是非常有必要的。汉唐时期,坚持兵农合一,所以往往一旦中央出现危机,地方势力还可以起来平叛地方叛乱,实现王朝的中兴。虽然现在大学生都在入校时会进行军事训练,但是这与常备化的训练还是有很大差距的。此外,如何保持军队的战斗力与活力也是一件非常重要的事情,越是承平日久,越是容易懈怠和懒惰,历史上的王朝几乎都没有逃出此一命运,习近平主席提出战斗力是军队的唯一标准,这是值得我们时刻注意的。军队要保持持久的战斗力,除了市场的军事训练之外,良好的纪律和持续的防腐也是一件不可忽视的事情。再次,慎用兵力也是国家强盛的重要环节,历史上任何一个大国立国,没有一个不是以战斗攻势立国的,如果仅仅只是采取防御性的战斗国策,往往都是要失败的,宋代即是一个典型。在这方面,我们的确是需要有军事斗争的心理准备的,和平崛起在历史上并不多见。同时,也不能穷兵黩武,历史上凡是好战的,推行帝国主义策略的,基本上最终都难逃衰落的命运,罗马帝国如此,秦朝、汉朝、唐朝之衰落,也与大规模对外用兵进行开边,耗尽国力有非常大的关系。《道德经》上讲:兵者不祥之器,非君子之器,不得已而用之,恬淡为上。胜而不美,而美之者,是乐杀人。夫乐杀人者,则不可得志于天下矣。治理国家首要还是推行仁政,靠德行服众,这样才能持久;如果一味以霸权主义横行,时间久了一定是无法支撑下去的,即使强大如元朝,也因为高强度的扩张战争所产生的巨额军费,导致巨大的财政亏空和严重的通货膨胀,最终逼得民众造反,仅仅只维持了97年的时间。历史也一再证明,只要真正做到了以人民为中心,建立起军民鱼水情的良好关系,就能够在战争中立于不败之地。只有民心才是真正的钢铁长城。

结　语

　　党的十八大以来,特别是党的十九届四中全会,以习近平同志为核心的党中央就国家治理现代化提出了一系列的新理念,形成了政治引领、法治保障、德治教化、自治强基、智治支撑等"五治"相结合的具体要求,提出要广泛学习和借鉴以往的一切经验和教训。2014年,在中央政治局就我国历史上的国家治理进行第十八次集体学习时,习近平强调指出:中华民族创造了独树一帜的灿烂文化,积累了丰富的治国理政经验,其中既包括升平之世社会发展进步的成功经验,也有衰乱之世社会动荡的深刻教训。我国古代主张民惟邦本、政得其民,礼法合治、德主刑辅,为政之要莫先于得人、治国先治吏,为政以德、正己修身、居安思危、改易更化等等,这些都能给人们以重要启示。治理国家和社会,今天遇到的很多事情都可以在历史上找到影子,历史上发生过的很多事情也都可以作为今天的镜鉴。习近平主席指出,我们要牢记历史经验、历史教训、历史警示,为国家治理能力现代化提供有益借鉴。如果我们把中国古代的治国理政思想与习近平主席的治国理政思想进行对比,就会发现习近平主席既吸收借鉴了传统治国理政思想的合理内核,同时又对其不足之处进行了扬弃,最终超越了传统治国理政思想。

　　总结我国历史上的治国理政经验,我们会发现,凡是坚持了以德修身、以民为本、严于律吏、法律公正、作风务实的历史时期，都基本上达到了升平之世，而凡是君主专权、搜刮百姓、官员腐败、严刑峻法、空谈盛行、穷兵黩武的时期，基本上都是处于乱世或者即将走向乱世的时期。习近平主席站在全面深化改革，实现国家长治久安的高度，在2013年十八届三中全会将全面深化改革总目标设定为"推进国家治理体系和治理能力现代化"。这是继"工业现代化、农业现代化、国防现代化、科学技术现代化"之后的第五个现代化，"国家治理能力和治理体系的现代化"不仅是国家机构、官员素质的现代化，也是执政理念的现代化。对于中国走出以往人治的阴影，使治理国家变得文明规范，从而实现长治久安具有关键作用。结合我国历史上国家治理成功和失败的经验教训，我们发现习近平主席在以下几个方面实现了对传统治国理政理念的超越。

一是实现了从民本主义到以人民为中心的超越。儒家和黄老之学都非常重视民生，孟子甚至还有民贵君轻的说法，然而民本主义往往是依托于有一个贤明的君主或者官僚集团发善心，爱民如子，为民做事，但是权力的主体仍然是统治者，如果统治者不为民做主，而是鱼肉百姓，老百姓实际上是无能为力的，只有矛盾激化到一定程度引发革命才有可能迎来明君。所以中国古代的政治与其说是民本主义，倒不如说是官本主义更为贴切。社会主义民主制度下的国家，人民直接是权力的主体，所有的官员都由人民选举产生，对人民负责，这样就从制度上保证了民本主义落到实处。全心全意为人民服务是党的宗旨，也是每个公务人员所必须坚持的行为准则，习近平主席把党的群众路线发展到一切以人民为中心，可以说是把全心全意为人民服务的宗旨更进一步进行深化。因为全心全意为人民服务如果没有明确的判断标准就有可能变成一句口号，所以习近平强调指出："热爱人民不是一句口号，要有深刻的理性认识和具体的实践行动。"① 要把人民高兴不高兴、满意不满

---

① 习近平.习近平谈治国理政：第2卷[M].北京：外文出版社，2018：318.

意、答应不答应作为检验工作的标准,维护好最广大人民群众的根本利益。也就是说群众的满意度是评判工作的第一标准,人民群众对美好生活的向往就是我们的奋斗目标。坚持以人民为中心的立场可以说是真正实现了人民的当家做主。

二是实现了从传统人治到现代法治的超越。中国两千多年的封建社会,不是没有法律,不是没有法制,而是缺乏法治。从《秦律十八种》到《大清律》,法律条文多如牛毛,但是是否真正实现了公平正义呢?答案是否定的。首先是皇帝独立于法律之外,皇帝又是整个国家权力的顶点,如何保证皇帝不犯错误?如何保证皇帝守法?艾克顿有句名言:权力导致腐败,绝对的权力绝对导致腐败。① 孟德斯鸠也说:"任何有权力的人都容易倾向于权力滥用,这是一条亘古不变的规律","有权力的人会一直使用到权力临近极限时才停下来。"②皇帝的权力没有界限,根本就没有外在的力量保证他不犯错误,也没有办法保证他不骄奢淫逸,滥用权力。所以从本质上说中国古代就没有法治,只有人治。此外,法制的前提必须是法律是良法,良法必须要能体现和保证广大人民的利益。实际上封建社会的法律大多数情况下老百姓是没有办法参与法律的制定流程的,也因此才有层出不穷的严刑峻法,逼得无数个陈胜吴广起来造反,逼得无数良民走上梁山。正因为没有封建社会的法律从根本上说不能保护广大老百姓的利益,所以也就不可能达到真正的长治久安。党的十八届四中全会上通过了《中共中央关于全面推进依法治国若干重大问题的决定》。决定全面推进依法治国战略,这既可以说是对传统法家思想的全面超越,也是中国进入长治久安的关键环节。习近平主席全面依法治国战略中,我觉得有几点是特别值得重视的。一是坚持人民的主体地位,强调必须坚持法治为了人民、依靠人民、造福人民、保护人民。强调立法

---

① [英]阿克顿.自由与权力[M].南京:译林出版社,2011:294.
② [法]孟德斯鸠.论法的精神[M].彭盛,译.北京:当代世界出版社,2008:76.

先行,强调必须立善法,必须把体现人民利益、反映人民愿望、维护人民权益、增进人民福祉落实到依法治国的全过程,使法律及其实施充分体现人民意志。二是必须坚持法律面前人人平等,没有"铁帽子王",任何人、任何单位都必须依法办事,不能有人治思想和长官意识,不允许以言代法,以权压法;违反法律必须追究,不管什么人、不管涉及谁,只要违反法律就要追究责任,绝不允许出现执法和司法的"空档"。三是坚持依法治国和以德治国相结合。强调道德的教化作用,必须以道德滋养法治精神、强化道德对法治文化的支撑作用。再多再好的法律,必须转化为人们内心自觉才能真正为人们所遵行。① 这可以说是对中国传统德法并举观念的继承与创新,因为如果没有道德修养,即使法律再严密,都会有人去钻空子,去设法绕开法律,只有从内心提升自己的道德修养,才会真正达到孔子所说的最终没有诉讼的文明阶段。

  三是实现了从运动反腐到体系反腐的超越。腐败问题是古今中外一直都难得解决的大问题,尤其是在中国封建社会,由于权力体制是自上而下的,下层百姓很难监督官员,因此尽管有儒家教育,有监察体系,有请君入瓮、剥皮抽筋等酷刑,都很难杜绝腐败的现象。进入新时代后,习近平主席一方面提出要积极借鉴我国历史上的优秀廉政文化和世界各国反腐倡廉的有益做法,另一方面又开拓创新,着力构建不敢腐、不能腐、不想腐的有效机制,通过治腐惩贪、制度建设、思想教育等措施和手段,多管齐下,标本兼治,综合施策,取得了很好的效果。首先是挺纪在前、有腐必反、高压严治,坚持"老虎""苍蝇"一起打,形成对腐败分子的高压态势,构建不敢腐的惩戒机制;其次是完善制度、制定法律、强化监督、严防严控,构建不能腐的防范机制;最后是抓理想信念、抓法纪意识、抓廉政文化,固本培元、扶正祛邪,构建不想腐的保障机制。可以说中国古代一直很难解决的痼疾,在当今得到了有效的根治,这对于

---

① 习近平. 习近平谈治国理政:第 2 卷[M]. 北京:外文出版社,2018:117.

提高党的执政能力,取得人民的信任,从而实现中华民族伟大复兴,达到长治久安奠定了良好的基础。

四是实现了从"我注六经"到知行合一的超越。学习方法在相当大的程度上决定学习效果。如果学习方法不正确,那么获得的知识的深度与广度,以及知识的正确性都是值得怀疑的。学习直接关乎人的素质,尤其是执政者的素质更是与国家的前途命运息息相关。中国封建社会的学习方法大多局限于"我注六经"与"六经注我"的方式,往往只注重经典,不注重实际,因此主观想象的成分居多,到底是不是符合客观现实,是不是有利于国家的长治久安,则没有在实践中去进行调查研究。最典型的就是宋明理学,存天理,灭人欲的理论体系是论证得非常严谨,但是造成了个性的极度压抑,造成了社会的积贫积弱,直接导致了宋明王朝的衰败。基于治学的坚持实事求是的精神长期得不到重视,只有到清代朴学时期才开始得到彰显,也因为此一学风的转变,导致了近代无数仁人志士探索救国救民的真理,使得中国近代避免了亡国的命运。习近平主席非常重视学习的方法,把马克思主义认识论细化到学习方法中去,把我党实事求是的思想路线又往前发展了一步。习近平主席指出,学习首先要正确把握学习的方向,这种方向就是马克思主义、毛泽东思想和中国特色社会主义理论体系所指引的方向。在任何时候、任何情况下都不能偏离这个方向,没有正确方向,不仅学不到有益的知识,还很容易被一些天花乱坠、脱离实际甚至荒唐可笑、极其错误的东西所迷惑、所俘虏。这就要求我们一定要读经典、读原著、学原文、悟原理,而且必须学懂弄通做实,掌握其精神实质,才能应对各种复杂的情况。学习的内容也不能仅仅限于书本,还要向实践学习,向人民群众学习,向专家学者学习,向国外有益经验学习,这种全面的学习就能有效克服盲人摸象,只见树木、不见森林的片面倾向,在工作中少犯错误。其次,学习的目的全在于应用。习近平总书记在中央党校2012年春季学期开学典礼上的讲话上指出:"一切学习都不是为学而学,学习的目的全在于应用","领导干部加强学习,根本目的是增强工作本领、提高解决实际问题的水平"。从理论与实践的结合上研究和解决新时代遇到的重大问题,同自己的实际工作紧密结合起来,用学到的理论指导实践、推动工作,做到学用结合、学以致用。最后,习近平主席还强调学习需要沉下心来,持之以恒,要牢固树立终身学习的理念,把学习作为一种政治责任、一种生活方式、一种精神追求,自觉做终身学习的表率。当今社会,知识更新迭代越来越快,各行各业对从业者的要求也越来越高,一段时间不学习就面临"本领恐慌"的问题,只有坚持终身学习,才能增强工作能力,才能跟上时代步伐,也最终才能实现国家的持续发展。

参考文献

[1] 马克思,恩格斯.马克思恩格斯文集[M].北京:人民出版社,2009.
[2] 恩格斯.家庭、私有制和国家的起源[M].北京:人民出版社,1972.
[3] 列宁.列宁选集[M].北京:人民出版社,1995.
[4] 毛泽东.毛泽东选集[M].北京:人民出版社,1991.
[5] 邓小平.邓小平文选[M].北京:人民出版社,1994.
[6] 江泽民.江泽民文选[M].北京:人民出版社,2006.
[7] 胡锦涛.胡锦涛文选[M].北京:人民出版社,2016.
[8] 习近平.习近平谈治国理政(第一卷)[M].北京:外文出版社,2014.
[9] 习近平.习近平谈治国理政(第二卷)[M].北京:外文出版社,2017.
[10] 习近平.习近平谈治国理政(第三卷)[M].北京:外文出版社,2020.
[11] 《中国政治思想史》编写组.中国政治思想史[M].北京:高等教育出版社,2012.
[12] 王国棉.古代中国治国理政思想[M].太原:山西教育出版社,2017.
[13] 陆元兵.《资治通鉴》治国理政智慧160问[M].北京:华文出版社,2017.
[14] 俞可平.论国家治理现代化[M].北京:社会科学文献出版社,2014.
[15] 俞可平.走向善治:国家治理现代化的中国方案[M].北京:中国文史出版社,2016.
[16] 徐斌,等.中国改革为什么能成功?[M].北京:世界图书出版公司,2018.
[17] [古罗马]西塞罗著.[美]弗里曼编.如何治理国家:献给当代领袖的政治智慧[M].陈越骅,译.上海:上海社会科学院出版社,2015.
[18] [英]阿克顿.自由与权力[M].南京:译林出版社,2011.
[19] [法]孟德斯鸠.论法的精神[M].北京:当代世界出版社,2008.

[20] [美]贾雷德·戴蒙德.枪炮、病菌与钢铁[M].谢延光,译.上海:上海译文出版社,2016.

[21] [法]托克维尔.旧制度与大革命[M].王千石,译.北京:九州出版社,2012.

[22] [美]摩尔根.古代社会[M].杨东莼,等译.北京:商务印书馆,1981.

[23] 龚自珍.龚自珍(1辑)[M].上海:上海人民出版社,1975.

[24] 林则徐.林则徐书简[M].福州:福建人民出版社,1981.

[25] 魏源.海国图志[M].长沙:岳麓书社,1998.

[26] 郭嵩焘.郭嵩焘日记[M].长沙:湖南人民出版社,1982.

[27] 严复.严复集(第一册)[M].北京:中华书局,1986.

[28] 孙中山.孙中山全集[M].北京:中华书局,2006.

[29] 胡适.胡适文集(第2册)[M].北京:北京大学出版社,1998.

[30] 陈独秀.陈独秀著作选编(第2卷)[M].上海:上海人民出版社,2009.

[31] 李大钊.李大钊全集(第3卷)[M].北京:人民出版社,2006.

[32] 林语堂.老子的智慧[M].西安:陕西师范大学出版社,2004.

[33] 赖永海.中国佛教文化论[M].北京:中国青年出版社,1999.

[34] (唐)吴兢.贞观政要[M].王贵,标点.长沙:岳麓书社,2000.

[35] 胡鞍钢,胡联合,等.转型与稳定:中国如何长治久安[M].北京:人民出版社,2005.

[36] 卜宪群.与领导干部谈历史[M].北京:中共中央党校出版社,2020.

[37] 史革新.宏观中国史:乱世卷[M].郑州:大象出版社,2003.

[38] 冼剑民.中国古代治国方略[M].广州:暨南大学出版社,2000.

[39] 王建政,陈秀梅.治国史鉴:施政行为与执政规律研究[M].北京:红旗出版社,2004.

[40] 宋昌斌.中国长治久安的必由之路[M].西安:陕西人民出版社,2015.

[41] 金观涛.兴盛与危机:论中国社会超稳定结构[M].北京:法律出版社,2011.

[42] [古罗马]西塞罗.如何治理国家[M].陈越骅,译.上海:上海社会科学院出版社,2016.

[43] 周溯源.千年忧思:古代思想家政治家治乱兴衰思想论纲[M].上海:上海人民出版社,2009.

[44] 虞崇胜,唐皇凤.第五个现代化——国家治理体系和治理能力现代化[M].武汉:湖北人民出版社,2015.

[45] 马立诚.当代中国八种社会思潮[M].北京:社会科学文献出版社,2012.

[46] 司马光.资治通鉴[M].胡三省,注疏.北京:中华书局,1956.

[47] 冯绍霆.周礼:远古的理想[M].上海:上海古籍出版社,1997.

[48] 钱穆.中国历代政治得失[M].北京:九州出版社,2012.

[49] 郭建龙.中央帝国的哲学密码[M].厦门:鹭江出版社,2018.

[50] 梁治平.为政:古代中国的致治理念[M].北京:三联书店,2020.

后 记

在整个世界历史长河之中，中华文明上下五千年没有中断，而且至今仍然在产生影响。中国自夏朝建立奴隶制国家到清朝结束，传统国家治理经历了差不多四千年之久，在这漫长的历史之中，有的王朝甚至可以延续八百年之久，有的王朝开创了中外钦服的盛世，有的王朝却只存在了十几年，也有的王朝一直积贫积弱。究竟怎么看待中国传统国家治理的道与术？如何看待传统治理的是非得失？这些问题，如果能够厘清其内在的逻辑关系，无疑对当今的国家治理具有重要的借鉴意义。

就国家治理的理念而言，中国传统治理的成功无疑与儒家文化关系密切。儒家不仅继承了周代盛世时期的理念，而且将其归纳总结，形成六经，尤其是《周礼》《仪礼》《礼记》为代表的"三礼"更是直接反映周代的国家制度，虽然后来历经封建社会的因循损益，有了很大的变化，但是其影响延续至今。儒家民本主义、德治思想、中和之道、重视教育以及选贤举能成为传统治理的主流思想，加上法家的法一而固以及道家的精神逍遥、墨家的平民理想、佛教的轮回解脱等思想，形成了整个封建社会的综合治理理念，其中既有主旋律，又有多样性，这种主导性与包容性相统一的治理之道，同时又与宗法制度、文官制度等一起形成了中国传统社会的超稳态结构，开创了文景之治、贞观之治、开元盛世、康乾盛世等盛世局面，国泰民安，万邦来朝。应该说这些成功经验是传统国家治理中的主流。但是我们也必须清醒地认识到传统国家治理中的问题和不足，甚至认识和改正错误比发扬优势和长处更为重要，千里之堤，毁于蚁穴，因为任何一个国家治理中的漏洞或者短板，都有可能引发蝴蝶效应进而导致整个系统的崩溃。

有一些问题是传统社会本身制度所导致的，比如皇权制度的权力扩张问题。由于皇帝权力的边界制约没有规定或者难以执行，必然导致皇权的扩张，从有宰相分权发展到最后干脆废除宰相，六部直接归皇帝管辖，就导致皇帝有错误没有办法得到纠正，其结果必然是一次新的农民战争起来推翻以前的王朝，然后又陷入兴衰治乱的历史循环。经济制度上，一方面承认土地私有，甚至皇帝和大官僚地主都带头圈地，其结果必然是土地兼并，到最后百姓无立锥之地，而制度又是承认和支持土地私有买卖的，其结果必然是改革无法推展开来，最后导致百姓饥寒交迫被迫起义。从文化上来说，当三纲五常被确立为绝对地位的时候，皇权、族权、夫权又进而导致文化专制主义，甚至发展到文字狱，社会的公平和正义就很难得到保障，文化上也必然陷入万马齐喑的死寂状态，加上后来又把深受佛道禁欲主义影响的宋明理学立为官学，而实事求是、经世致用的科学精神难以发挥，从而导致空谈心性，而于实际民生和社会实践积贫积弱。如此发展到极致，出现以礼杀人、以理杀人以及个性被扼杀，社会活力被遏制，出现了近代以来批判传统、进而否定传统的局面也不是空穴来风，而是传统治理发展到末期异化很普遍，出现了严重的危机。

从上层建筑与经济基础相适应的理论来看，国家治理没有必要把传统、西方与马克思主义国家治理学说视为不可兼容的系统，只要符合社会生产力发展，能够提高人民生活水平，能够促进国家长治久安，都可以为当下所用。然而如果出发点或者说方法论有分歧，就必然会有选择性地顾此失彼，对其他文明的优秀成果视而不见，这种现象往往集中于新保守主义和自由主义的理论观点之中，而如果我们采取马克思主义的认识论，实事求是地看待问题，坚持人民立场，就能够避免当代所谓的社会思潮争论。因此，我们坚持马克思主义国家学说，坚持马克思主义的方法论，就能够海纳百川，将传统治理、西方治理乃至一切人类优秀文明成果为我所用，从而实现将传统治理、西方治理等有益经验与当前社会实践有机结合，而这正是党的十九届四中全会推进国家治理体系和治理能力现代化的内在要求。笔者也结合当下实践提出了一些个人的观点，但是这只是一些很肤浅和不成熟的看法。一方面，社会实践需要我们不断推陈出新，实现传统治理经验的现代转换；另一方面，也需要更多的学者秉持开放和包容的立场，来进行更深入的研究。宋代张载曾用"为天地立心，为生民立命，为往圣继绝学，为万事开太平"来自勉，我觉得这种立场也值得我们研究国家治理的学者学习。

  我之所以选择传统治理的现代转换来做一些研究，确实是深感传统有很多东西值得我们学习尤其是以《资治通鉴》为代表的古代典籍，而且也极为迫切，正如习近平主席所说历史记述了前人积累的各种科学文化知识，记述了他们治理国家和社会的思想与智慧，记述了他们经历的成功和失败的经验与教训，学习和了解这些历史上的文化知识、思想智慧、经验教训，本着"择其善者而从之，其不善者而去之"的科学态度，或者吸取应用，或者引为警戒，这对于提高我们的思想政治水平、改进我们的工作，是会大有助益的。此外，本书得以出版，首先要感谢华中科技大学国家治理研究院的各位教授，尤其是欧阳康院长、杜志章副院长、虞崇胜研究员等，是他们带领我走进国家治理研究这块宝地，使我得以窥见国家治理的"宗庙之美、百官之富"，虽然我在这方面的研究还很薄弱，但是我相信继续在他们的带领、启发、培养下会渐入佳境的。同时也感谢武汉轻工大学马克思主义学院的胡沫院长、黄木副院长和宋幼奇书记，他们对我从事国家治理研究提供了软硬件的大力支持，我们也已经组建一个团队来重点研究传统的国家治理思想。最后也得感谢华中科技大学出版社周晓方社长和杨玲老师以及所有的编辑，感谢他们在百忙之中的编辑校对和热忱服务。

2021 年 5 月 6 日